Die Osterweiterung der Europäischen Union

AF868354

Kölner Schriften zu Recht und Staat

Herausgegeben von
Prof. Dr. Hartmut Schiedermair und
Prof. Dr. Bernhard Kempen

Band 38

PETER LANG
Frankfurt am Main · Berlin · Bern · Bruxelles · New York · Oxford · Wien

Stefania Slavu

Die Osterweiterung der Europäischen Union

Eine Analyse des EU-Beitritts Rumäniens

PETER LANG
Internationaler Verlag der Wissenschaften

Bibliografische Information der Deutschen Nationalbibliothek
Die Deutsche Nationalbibliothek verzeichnet diese Publikation in der Deutschen Nationalbibliografie; detaillierte bibliografische Daten sind im Internet über <http://www.d-nb.de> abrufbar.

Zugl.: Köln, Univ., Diss., 2008

Umschlagabbildung:
Historisches Universitätssiegel der
Universität zu Köln.

Mannheimer Zentrum für
Europäische Sozialforschung
-Bibliothek-
E.A. | MGS1396
Ausgeschieden als Universitätsbibliothek Mannheim

Gedruckt auf alterungsbeständigem,
säurefreiem Papier.

D 38
ISSN 1433-0253
ISBN 978-3-631-57994-7

© Peter Lang GmbH
Internationaler Verlag der Wissenschaften
Frankfurt am Main 2008
Alle Rechte vorbehalten.

Das Werk einschließlich aller seiner Teile ist urheberrechtlich geschützt. Jede Verwertung außerhalb der engen Grenzen des Urheberrechtsgesetzes ist ohne Zustimmung des Verlages unzulässig und strafbar. Das gilt insbesondere für Vervielfältigungen, Übersetzungen, Mikroverfilmungen und die Einspeicherung und Verarbeitung in elektronischen Systemen.

Printed in Germany 1 2 3 4 5 7

www.peterlang.de

Meiner Familie

Familiei mele

Vorwort

Die vorliegende Arbeit wurde im Sommersemester 2008 von der Rechtswissenschaftlichen Fakultät der Universität zu Köln als Dissertation angenommen.

Mein aufrichtiger Dank gilt meinem Doktorvater, Herrn Prof. Dr. Hartmut Schiedermair für die Anregung und tatkräftige Betreuung der Arbeit. Besonderer Dank gebührt auch Herrn Prof. Dr. Bernhard Kempen für die unverzügliche Erstellung des Zweitgutachtens. Die Aufnahme der Arbeit in die „Kölner Schriften zu Recht und Staat" empfinde ich als besondere Ehre.

Herzlich danke ich darüber hinaus Herrn Prof. Dr. Christian Katzenmeier für die vielfältige Unterstützung und nicht zuletzt für die Möglichkeit, während der Erstellung dieser Arbeit als wissenschaftliche Mitarbeiterin am Institut für Medizinrecht der Universität zu Köln zu arbeiten.

Mein ganz besonderer Dank gilt schließlich allen, die mich während der Entstehung dieser Untersuchung begleitet haben, insbesondere meinen Eltern Nina und Marian Slavu sowie meiner Tante Irina Slavu. Ganz herzlich danke ich Mario Schrag, MBA für seine wertvolle Unterstützung während dieser Zeit. Für die förderlichen Anregungen und die kritische Durchsicht des Manuskriptes bedanke ich mich herzlich bei Dr. Martin Fielenbach.

Die Arbeit widme ich in Dankbarkeit meiner Familie.
Dedic această lucrare cu multă dragoste familiei mele.

Köln, im Juni 2008 Stefania Slavu

Inhaltsübersicht

Inhaltsverzeichnis

Abkürzungsverzeichnis

a.A.	andere Ansicht
a.a.O.	am angegeben Ort
Abs.	Absatz
a.F.	alte Fassung
allg.	allgemeine
Alt.	Alternative
Anm.	Anmerkung
AnwBl	Deutsches Anwaltsblatt
APuZ	Aus Politik und Zeitgeschichte (Beilage zur Wochenzeitung *Das Parlament*)
ArchVR	Archiv des Völkerrechts
Art.	Artikel
Aufl.	Auflage
BB	Betriebsberater
Bd., Bde.	Band, Bände
BDGV	Berichte der Deutschen Gesellschaft für Völkerrecht
BGBl.	Bundesgesetzblatt
BR	Bundesrat
BR-Drs.	Bundesrats-Drucksache
BT	Bundestag
BT-Drs.	Bundestags-Drucksache
Bull. EG	Bulletin der Europäischen Gemeinschaften
Bull. EU	Bulletin der Europäischen Union
BVerfG	Bundesverfassungsgericht
BVerfGE	Entscheidungen des Bundesverfassungsgerichts
COMECON	Council for Mutual Economic Assistance (vgl. auch RGW)
DDR	Deutsche Demokratische Republik
ders.	derselbe
d.h.	das heißt
dies.	dieselbe
Dok. KOM	Dokumente der Kommission der Europäischen Gemeinschaften
DÖV	Die Öffentliche Verwaltung
DVBl.	Deutsches Verwaltungsblatt

EA	Europa-Archiv
EAG	Europäische Atomgemeinschaft
EAGV	Vertrag zur Gründung der Europäischen Atomgemeinschaft
ebd.	ebenda
EEA	Einheitliche Europäische Akte
EFTA	European Free Trade Association
EG	Europäische Gemeinschaften; Europäische Gemeischaft (nach dem EGV)
EGKS	Europäische Gemeinschaft für Kohle und Stahl
EGKSV	Vertrag zur Gründung der Europäischen Gemeinschaft für Kohle und Stahl
EGMR	Europäischer Gerichtshof für Menschenrechte
EGV	Vertrag zur Gründung der Europäischen Gemeinschaft
ELRev.	European Law Review
EMRK	Europäische Menschenrechtskonvention
endg.	endgültig
EP	Europäisches Parlament
EPG	Europäische Politische Gemeinschaft
EPU	Europäische Politische Union
EPZ	Europäische Politische Zusammenarbeit
etc.	et cetera
EuG	Europäisches Gericht erster Instanz
EuGH	Gerichtshof der Europäischen Gemeinschaften
EuGRZ	Europäische Grundrechte-Zeitschrift
EuR	Europarecht (Zeitschrift)
Euratom	Europäische Atomgemeinschaft
EUV	Vertrag über die Europäische Union
EuZW	Europäische Zeitschrift für Wirtschaftsrecht
EVG	Europäische Verteidigungsgemeinschaft
evtl.	eventuell
EWG	Europäische Wirtschaftsgemeinschaft
EWGV	Vertrag zur Gründung der Europäischen Wirtschaftsgemeinschaft
EWR	Europäischer Wirtschaftsraum
EWS	Europäisches Währungssystem
EZB	Europäische Zentralbank

f.; ff.	folgende(r); fort folgende
Fn.	Fußnote
FS	Festschrift
GA	Generalanwalt/-anwältin
GAP	Gemeinsame Agrarpolitik
GASP	Gemeinsame Außen- und Sicherheitspolitik
GATT	General Agreement on Tariffs and Trade
GG	Grundgesetz
grds.	grundsätzlich
GS	Gedächtnisschrift
GZT	Gemeinsamer Zolltarif
HK	Handkommentar
h.L.	herrschende Lehre
h.M.	herrschende Meinung
hrsg.	herausgegeben
Hrsg.	Herausgeber
HS	Halbsatz
i.d.F.	in der Fassung
i.d.R.	in der Regel
incl.	inklusive
i.S.	im Sinne
i.S.d., i.S.v.	im Sinne des, im Sinne von
i.V.m.	in Verbindung mit
JA	Juristische Arbeitsblätter
JEL	Journal of European Law
JöR	Jahrbuch des öffentlichen Rechts
Jura	Juristische Ausbildung (Zeitschrift)
JuS	Juristische Schulung (Zeitschrift)
JZ	Juristenzeitung
KSZE	Konferenz über Sicherheit und Zusammenarbeit in Europa (vgl. OSZE)
LG	Landgericht
lit.	litera
LKV	Landes- und Kommunalverwaltung (Zeitschrift)

m.N.	mit Nachweisen
MOE	Mittel- und Osteuropa
MOEL	Mittel- und Osteuropäische Länder
MS	Mitgliedstaaten
m.w.N.	mit weiteren Nachweisen
NATO	North Atlantic Treaty Organisation
n.F.	neue Fassung
NJW	Neue Juristische Wochenschrift
Nr.	Nummer
NVwZ	Neue Zeitschrift für Verwaltungsrecht
OECD	Organisation for Economic Cooperation and Development
OEEC	Organisation for European Economic Cooperation
OSZE	Organisation für Sicherheit und Zusammenarbeit in Europa (vgl. KSZE)
PJZS	Polizeiliche und justitielle Zusatnmenarbeit in Strafsachen
Rn.	Randnummer
RGW	Rat für gegenseitige Wirtschaftshilfe (vgl. auch COMECON)
RIW/AWD	Recht der internationalen Wirtschaft/Außenwirtschaftsdienst
RL	Richtlinie
Rs.	Rechtssache
Rspr.	Rechtsprechung
s.	siehe
S.	Seite(n); Satz
s.a.	siehe auch
SDÜ	Schengener Durchführungsübereinkommen
Slg.	Rechtsprechungssammlung des EuGH
sog.	so genannte(r/s)
str.	strittig
st. Rspr.	ständige Rechtsprechung

TAZ	Die Tageszeitung
u.a.	unter anderem; und andere
UdSSR	Union der Sozialistischen Sowjetrepubliken
UNO	United Nations Organisation
usw.	und so weiter
u.U.	unter Umständen
Verf.	Verfasser
vgl.	vergleiche
VO	Verordnung
Vol.	Volume
VRÜ	Verfassung und Recht in Übersee (Zeitschrift)
WAB	Währungsausgleichsbeträge
WEU	Westeuropäische Union
WiRO	Wirtschaft und Recht in Osteuropa (Zeitschrift)
WTO	World Trade Organisation
WVRK	Wiener Vertragsrechtskonvention
WWU	Wirtschafts- und Währungsunion
ZaöRV	Zeitschrift für ausländisches öffentliches Recht und Völkerrecht
z.B.	zum Beispiel
ZBJI	Zusammenarbeit in den Bereichen Justiz und Inneres
ZfRV	Zeitschrift für Rechtsvergleichung
ZÖR	Zeitschrift für öffentliches Recht
ZRP	Zeitschrift für Rechtspolitik
z.T.	zum Teil

Darüber hinaus wird verwiesen auf *Kirchner, Hildebert/Butz, Cornelie*, Abkürzungsverzeichnis der Rechtssprache, 5. Auflage, Berlin 2003.

Literaturverzeichnis

ACHTEN, PETER — Die Osterweiterung der Europäischen Union, Bergisch Gladbach/Köln, 1996.

ACKERMANN, SANDRA — GmbH nach rumänischem und deutschem Recht unter besonderer Berücksichtigung der Konsequenzen aus dem EU-Beitritt Rumäniens, Hamburg 2004.

ALBER, JENS — Zehn Fragen zum EU-Beitritt der Türkei, in: ALBER, JENS/MERKEL, WOLFGANG (HRSG.), Europas Osterweiterung: Das Ende der Vertiefung?, Berlin 2006, S. 359 – 390.

DERS./MERKEL, WOLFGANG (HRSG.) — Europas Osterweiterung: Das Ende der Vertiefung?, Berlin 2006.

ALEXY, ROBERT — Rechtsregeln und Rechtsprinzipien, in: Archiv für Rechts- und Sozialphilosophie 1985, Beiheft 25, S. 13 – 29.

ALTMANN, FRANZ-LOTHAR — Albanien, Bulgarien, Rumänien, ehemaliges Jugoslawien, in: WEIDENFELD, WERNER/WESSELS, WOLFGANG (HRSG.), Jahrbuch der Europäischen Integration 1996/1997, Bonn 1997, S. 417 – 426.

DERS. — Albanien, Bulgarien, Rumänien, ehemaliges Jugoslawien, in: WEIDENFELD, WERNER/WESSELS, WOLFGANG (HRSG.), Jahrbuch der Europäischen Integration 1997/1998, Bonn 1998, S. 435 – 444.

ANDERSON, JAMES/GRAY, CHERYL — Anticorruption in Transition 3 – Who Is Succeeding… And Why?, The World Bank, Washington 2006.

ARNDT, HANS-WOLFGANG Europarecht, 8. Auflage, Heidelberg 2006.

ARNOLD, HANS Wege und Möglichkeiten künftiger europäischer Sicherheitspolitik, Aus Politik und Zeitgeschichte (APuZ) B 24/2002, S. 22 – 30.

DERS. Die Europäische Gemeinschaft zwischen Vertiefung und Erweiterung, Europa-Archiv 1991, S. 318 – 326.

AVERY, GRAHAM/ CAMERON, FRASER The Enlargement of the EU, Sheffield 1998.

BAGA, ENIKÖ/ TATUR, MELANIE Rumäniens Sonderweg in Mitteleuropa: Ein Beitrag zu den zivilgesellschaftlichen Ressourcen der Transformation in Osteuropa, Comparativ 1997, S. 114 – 135.

BÂRSAN, MARIA Integrarea economică europeană (Europäische wirtschaftliche Integration), Maramureş 1999.

BARTZ, SABINE Arbeitnehmerfreizügigkeit erst nach einer Übergangsfrist: Lehren aus den Süderweiterungen der EG für die Osterweiterung der EU, in: STURM, ROLAND/ PEHLE, HEINRICH (HRSG.), Die neue Europäische Union: Die Osterweiterung und ihre Folgen, Opladen 2006, S. 127 – 144.

BECK, ULRICH Was ist Globalisierung? Irrtümer des Globalismus, Antworten auf Globalisierung, 4. Auflage, Frankfurt am Main 1998.

BECKER, ULRICH EU-Erweiterung und differenzierte Integration – Zu beitrittsbedingten Übergangsregelungen am Beispiel der Arbeitnehmerfreizügigkeit, Baden-Baden 1999.

BEICHELT, TIMM — Nach der Osterweiterung: Ist der Zusammenhalt der Europäischen Union gefährdet, in: KUTTER, AMELIE/TRAPPMANN, VERA (HRSG.), Das Erbe des Beitritts, Baden-Baden 2006, S. 75 – 97.

BERCEANU, BARBU — Istoria constituţională a României (Verfassungsgeschichte Rumäniens), Bukarest 2003.

BERCK, OLIVER — Die EU-Osterweiterung. Konsequenzen für die erforderlichen Reformprozesse in Deutschland und in den Beitrittsländern, Herbolzheim 2003.

BERGMANN, JAN — Die Osterweiterung der Europäischen Union, ZRP 2001, S. 18 – 23.

BEUTLER, BENGT/ BIEBER, ROLAND/PIPKORN, JÖRN/ STREIL, JOCHEN (HRSG.) — Die Europäische Union. Rechtsordnung und Politik, 5. Auflage, Baden-Baden 2001. (zit.: BEARBEITER in: BEUTLER/BIEBER/PIPKORN/STREIL (HRSG.), Die Europäische Union, Kap. Rn.)

BEYME, KLAUS VON — Systemwechsel in Osteuropa, Frankfurt am Main 1994.

BIEBER, ROLAND/EPINEY, ASTRID/HAAG, MARCEL (HRSG.) — Die Europäische Union. Europarecht und Politik, 7. Auflage, Baden-Baden 2006. (zit.: BEARBEITER in: BIEBER/EPINEY/HAAG (HRSG.), Die Europäische Union, § Rn.)

BIERMANN, RAFAEL — Stabilitätspakt und EU-Balkanpolitik, in: integration 3/2002, S. 210 – 225.

BÖHMER, MICHAEL — Migrationseffekte der Osterweiterung auf die EU-Arbeitsmärkte, Berlin 2001.

BOGDANDY, ARMIN VON — Europäische Verfassung und europäische Identität, JZ 2004, S. 53 – 61.

DERS. Konstitutionalisierung des europäischen öffentlichen Rechts in der europäischen Republik, JZ 2005, S. 529 – 540.

DERS. Konturen des integrierten Europa. Stand und Perspektiven der europäischen Integration, Europa-Archiv 1993, S. 49 – 58.

BOIA, LUCIAN Historische Wurzeln der politischen Kultur Rumäniens, Aus Politik und Zeitgeschichte (APuZ) 27/2006, S. 13 – 20.

BORA, HORIA Die Einwirkung des Europäischen Gemeinschaftsrechts auf das rumänische Verwaltungsrecht, Münster 2005.

BORCHMANN, MICHAEL Der Vertrag von Nizza, EuZW 2001, S. 170 – 173.

BOTA-MOISIN, ANTON FLORIN (HRSG.) The International Conference – The "Acquis communautaire"– A Need for the European Integration = La Conference Internationale – "L'Acquis communautaire" – besoin pour l'intégration européenne, Piteşti 2006.

BRÜCKER, HERBERT The Impact of Eastern Enlargement on Employment and Labour Markets in the EU Member States, Berlin, Milano 2000.

BRUHA, THOMAS/NOWAK, CARSTEN (HRSG.) Die Europäische Union: Innere Verfasstheit und globale Handlungsfähigkeit, Baden-Baden 2006.

BRUHA, THOMAS/ VOGT, OLIVER Rechtliche Grundfragen der EU-Erweiterung, VRÜ 1997, S. 477 – 502.

BRUHA, THOMAS/ SCHÄFER, WOLF/WASS VON CZEGE, ANDREAS Die Europäische Union nach der Erweiterung – Deutsche und ungarische Standpunkte, Baden-Baden 2004.

BRUNNER, GEORG (HRSG.) Verfassungs- und Verwaltungsrecht der Staaten Osteuropas, Berlin 1995.

DERS. Die innenpolitischen Reformvorstellungen Gorbatschows, in: LUCHTERHANDT, OTTO/NUßBERGER, ANGELIKA (HRSG.), Krakow 2006, S. 66 – 78.

DERS. Verfassungsrechtliche Rahmenbedingungen der wirtschaftlichen Transformation, in: LUCHTERHANDT, OTTO/NUßBERGER, ANGELIKA (HRSG.), Krakow 2006, S. 239 – 261.

DERS. Die neue Verfassungsgerichtsbarkeit in Osteuropa, in: LUCHTERHANDT, OTTO/NUßBERGER, ANGELIKA (HRSG.), Krakow 2006, S. 284 – 333.

DERS. Grundrechtsschutz durch Verfassungsgerichtsbarkeit in Osteuropa, in: LUCHTERHANDT, OTTO/NUßBERGER, ANGELIKA (HRSG.), Krakow 2006, S. 333 – 352.

DERS. Die Europäische Union zwischen Erweiterung und Vertiefung, in: LUCHTERHANDT, OTTO/NUßBERGER, ANGELIKA (HRSG.), Krakow 2006, S. 354 – 369.

BUCHOWSKI, MICHAŁ When Myth Becomes Reality: Polish Identities During and After EU Accession, in: KUTTER, AMELIE/TRAPPMANN, VERA (HRSG.), Das Erbe des Beitritts, Baden-Baden 2006, S. 135 – 153.

CĂLINESCU, MATEI/TISMĂNEANU, VLADIMIR The 1989 Revolution and Romania's Future, NELSON (HRSG.), Romania after Tyranny, San Francisco/Oxford 1992, S. 11 – 44.

CALLIESS, CHRISTIAN — Europa als Wertegemeinschaft – Integration und Identität durch Europäisches Verfassungsrecht?, JZ 2004, S. 1033 – 1045.

DERS. — Quo vadis Europa? – Zwischen „Markt ohne Staat“ und „Superstaat“, Göttinger Online-Beiträge zum Europarecht, Nr. 31 vom 03.08.2005, S. 1 – 12. (http://www.europarecht.uni-goettingen.de/Paper31.pdf)

DERS./RUFFERT, MATTHIAS (HRSG.) — EUV/EGV – Das Verfassungsrecht der Europäischen Union mit Europäischer Grundrechtecharta (Kommentar), 3. Auflage, München 2007. (zit.: BEARBEITER in: CALLIESS/RUFFERT, Art. EU-/EG-Vertrag Rn.)

CÂMPEANU, PAVEL/ COMBEŞ, ADRIANA/ BERINDEI, MIHNEA — România înainte şi după 20 mai (Rumänien vor und nach dem 20. Mai), Bukarest 1991.

CĂPĂŢÎNĂ, OCTAVIAN — Acordurile de asociere a Romaniei la Comunitatile Europene: Aspecte juridice (Assoziierungsabkommen Rumäniens mit der Europäischen Gemeinschaften: Juristische Aspekte), in: Revista de Drept, Nr. 8/1993, S. 3 – 10.

CARIUS, ALEXANDER/, HOMEYER INGMAR VON/ BÄR, STEFANIE — Die Osterweiterung der Europäischen Union, Aus Politik und Zeitgeschichte (APuZ), B 48/ 1999, S. 21 – 30.

CERNEA, EMIL/MOLCUT, EMIL — Istoria statului si dreptului romanesc (Rumänische Staats- und Rechtsgeschichte), Bukarest 1993.

CETERCHI, ION — Les problèmes institutionnels de la transition en Roumanie, in: Revue d’études comparatives Est-Ouest 4/1992, S. 89 – 125.

CONLAN, PATRICIA — EC Free Movement of Persons. From Messina to Amsterdam and beyond, via Rome, Luxembourg and Maastricht, in: Festschrift für Thomas Oppermann, Berlin 2001, S. 551 – 569.

CREMONA, MARISE — EU Enlargement: Solidarity and Conditionality, in: European Law Review 30/2005, S. 3 – 22.

CUPERUS, RENÉ — Why the Dutch Voted No. An Anatomy of the New Euroscepticism in Old Europe, in: Progressive Politics 2005, Vol. 4, No. 2, S. 92 – 101.

DAGTOGLOU, PRODROMOS — Die Süderweiterung der Europäischen Gemeinschaft – Insbesondere der Beitritt Griechenlands, EuR 1980, S. 1 – 21.

DĂIANU, DANIEL — Transformation and the Legacy of Backwardness: Thoughts from a Romanian Perspective, in: Économies et Sociétés No. 4-5/1992, S. 181 – 206.

DANWITZ, THOMAS VON — Wege zur besserer Gesetzgebung in Europa, JZ 2006, S. 1 – 9.

DERS. — Grundfragen einer Verfassungsbindung der Europäischen Union, JZ 2003, S. 1125 – 1132.

DAUDERSTÄDT, MICHAEL — Die mittel- und osteuropäischen Beitrittskandidaten der ersten Reihe auf dem Weg in die Europäische Union, in: LIPPERT, BARBARA (HRSG.), Osterweiterung der Europäischen Union – Die doppelte Reifeprüfung, Bonn 2000, S. 167 – 221.

DERS. Interessen und Hindernisse bei der EU-Osterweiterung: Die Rolle des „acquis communautaire“, Politikinformation Osteuropa Nr. 98 der Friedrich-Ebert-Stiftung, Bonn 2002.
(http://library.fes.de/fulltext/id/01170.htm)

DAUSES, MANFRED. A. Osterweiterung der EU, Rechtsangleichung und struktur-politischer Rahmen, Wiesbaden 1998.

DE NÈVE, DOROTHÉE Die Entwicklung des Parteiensystems in Rumänien nach 1989, in: Osteuropa 1996, S. 40 – 52.

DIES. Die Parlamentarische Opposition in Rumänien, in: Südosteuropa Mitteilungen 1995, S. 322 – 332.

DE TINGUY, ANNE Konkurrenten statt Partner: Die russische Sicht auf die EU und die Nachbarschaftspolitik, in: KOOPMANN, MARTIN/LEQUESNE, CHRISTIAN (HRSG.), Partner oder Beitrittskandidaten?, Baden-Baden 2006, S. 85 – 108.

DEIMEL, JOHANNA Bulgarien, in: WEIDENFELD, WERNER/ WESSELS, WOLFGANG (HRSG.), Jahrbuch der europäischen Integration, Baden-Baden 2005, S. 435 – 438.

DIEGRITZ, UTA Einstellungen zur EU-Osterweiterung aus sozial-psychologischer Sicht am Beispiel Tscheschiens, Münster 2000.

DIEDRICHS, UDO/ WESSELS, WOLFGANG Die erweiterte Union als internationaler Akteur in: Internationale Politik 1/2003, S. 11 – 18.

DIETZ, BARBARA — Ost-West-Migration nach Deutschland im Kontext der EU-Erweiterung, Aus Politik und Zeitgeschichte (APuZ) B 5 – 6/2004, S. 41 – 47.

DIMITROVA, ROSSITSA — Europarechtliche Perspektiven einer Gemeinsamen Außen-, Sicherheits- und Verteidigungspolitik, in: STURM, ROLAND/PEHLE, HEINRICH (HRSG.), Die neue Europäische Union: Die Osterweiterung und ihre Folgen, Opladen 2006, S. 17 – 34.

DOEHRING, KARL — Einseitiger Austritt aus der Europäischen Gemeinschaft, in: Festschrift für Hartmut Schiedermair, Heidelberg 2001, S. 695 – 704.

DORAU, CHRISTOPH — Die Öffnung der Europäischen Union für europäische Staaten – „Europäisch" als Bedingung für einen EU-Beitritt nach Art. 49 EU-Vertrag, EuR 1999, S. 736 – 753.

DORF, YVONNE — Zur Auslegung der Grundrechtecharta, JZ 2005, S. 126 – 132.

DUCULESCU, VICTOR — Dreptul Integrării Europene (Recht der Europäischen Integration), Bukarest 2003.

DERS. — România şi tratatele internaţionale (Rumänien und die internationalen Verträge), in: Studii de Drept Românesc Nr.4/1994, S. 349 – 354.

DUMITRIU, IRINA — Company Management and Capital-Markets Development in the Transition in Romania, in: Russian and East European Finance and Trade No. 2/ 1993, S. 49 – 58.

EHLERMANN, CLAUS-DIETER — Mitgliedschaft in der Europäischen Gemeinschaft – Rechtsprobleme der Erweiterung, der Mitgliedschaft und der Verkleinerung, EuR 1984, S. 113 – 125.

EICKHOF, NORBERT — Konsequenzen einer EU-Osterweiterung für den gemeinsamen Markt und Anpassungserfordernisse der Gemeinschaft, Potsdam 1997.

EINEM, CASPAR — Eine Verfassung für Europa. Anmerkungen zu ausgewählten Aspekten des Verfassungsentwurfs, EuR 2004, S. 202 – 215.

EVERLING, ULRICH — Integrationspolitische Probleme der Erweiterung der EG, in: HASENPFLUG, HAJO/KOHLER, BEATE (HRSG.), Die Süderweiterung der Europäischen Gemeinschaft. Wende oder Ende der Integration?, Hamburg 1977, S. 61 – 87.

FELDMANN, JÖRG — Quo vadis Romania? Rumäniens Innen-, Sozial- und Wirtschaftspolitik und die Osterweiterung der EU und der NATO, Münster 2000.

FIEGEN SEBASTIAN — Die Reform des EU-Finanzsystems unter besonderer Berücksichtigung der Osterweiterung der Europäischen Gemeinschaft, Essen 2002.

FISCHER, HANS GEORG — Europarecht, 3. Auflage, München 2001.

FISCHER, JOSEPH MARTIN — Vom Staatenverbund zur Föderation – Gedanken über die Finalität der Europäischen Union, in: integration 3/2000, S. 149 – 156.

FRAHM, THOMAS — Savoir vivre auf Bulgarisch, Aus Politik und Zeitgeschichte (APuZ) 27/2006, S. 32 – 38.

FRENZ, WALTER — Handbuch Europarecht, Band 1: Europäische Grundfreiheiten, Berlin, Heidelberg 2004.

FRICKENHELM, GERD — Die rumänische Abweichung: Eine Beschreibung und Analyse ihrer Entstehung, Münster 1990.

FROWEIN, JOCHEN — Die rechtliche Bedeutung des Verfassungsprinzips der parlamentarischen Demokratie für den Europäischen Integrationsprozess, EuR 1983, S. 301 – 317.

FRYDMAN, ROMAN/ RAPACZYNSKI, ANDREZEJ — The Privatization Process in Central Europe, New York 1993.

GABANYI, ANNELI UTE — Die unvollendete Revolution. Rumänien zwischen Diktatur und Demokratie, 2. Auflage, München 1990.

DIES. — Systemwechsel in Rumänien: Von der Revolution zur Transformation, München 1998.

DIES. — Rumänien, Anatomie einer Dauerkrise, in: ELWERT, JÜRGEN/SALEWSKI, MICHAEL (HRSG.), Der Umbruch in Osteuropa, Stuttgart 1993, S. 135 – 148.

DIES. — Rumänien, in: WEIDENFELD, WERNER (HRSG.), Demokratie und Marktwirtschaft in Osteuropa, Gütersloh 1995, S. 209 – 225.

DIES. — Rumänien, in: WEIDENFELD, WERNER/ WESSELS, WOLFGANG (HRSG.), Jahrbuch der europäischen Integration 1999/2000, Bonn 2000, S. 421 – 424.

DIES. — Rumänien, in: WEIDENFELD, WERNER/ WESSELS, WOLFGANG (HRSG.), Jahrbuch der europäischen Integration 2003/2004, Baden-Baden 2004, S. 435 – 438.

DIES. — Rumänien, in: WEIDENFELD, WERNER/ WESSELS, WOLFGANG (HRSG.), Jahrbuch der europäischen Integration 2005, Baden-Baden 2006, S. 441 – 444.

DIES. Rumänien, in: WEIDENFELD, WERNER/ WESSELS, WOLFGANG (HRSG.), Jahrbuch der europäischen Integration 2006, Baden-Baden 2007, S. 449 – 452.

DIES. Das politische System Rumäniens, in: ISMAYR, WOLFGANG (HRSG.), Die politischen Systeme Osteuropas, Opladen 2002, S. 525 – 562.

DIES. Rumänien vor dem EU-Beitritt, Studie 31 der Stiftung Wissenschaft und Politik, Berlin Oktober 2005. (http://www.swp-berlin.org/common/getdocument.php?asset_id=2520)

DIES. Die Wahlen in Rumänien, in: Südosteuropa 39/1990, S. 405 – 428.

DIES. Politische Parteien in Rumänien nach der Wende, in: Südosteuropa 44/1995, S. 1 – 50.

DIES. Systemwandel in Rumänien: Verfassung und neue Institutionen, in: Südosteuropa 44/1995, S. 533 – 559.

DIES./ZAMFIRESCU, ELENA Rumänien, in: WEIDENFELD, WERNER (HRSG.), Mittel- und Osteuropa auf dem Weg in die europäische Union: Bericht zum Stand der Integrationsfähigkeit, Gütersloh 1995, S. 141 – 166.

GALLAGHER, TOM Romania after Ceausescu: The Politics of Intolerance, Edinburgh 1995.

DERS. To Be Or Not To Be Balkan: Romania´s Quest for Self-Definition, in: Daedalus, Spring 1997, S. 63 – 83.

GEERLINGS, JÖRG — Der Europäische Verfassungsprozess nach den gescheiterten Referenden in Frankreich und den Niederlanden, DVBl. 2006, S. 129 – 133.

GEIGER, RUDOLF — EUV/EGV, Kommentar des Vertrages über die Europäische Union und des Vertrages zur Gründung der Europäischen Gemeinschaft, 4. Auflage, München 2004.
(zit.: GEIGER, Art. EU-/EG-Vertrag Rn.)

GEOANA, MIRCEA — Romania: Euro-Atlantic Integration and Economic Reform, in: Fordham International Law Journal, Vol. 21/1992.

GHERMANI, DIONISIE — Rumänien: Marxismus-Leninismus in Theorie und Praxis, München 1990.

GIERING, CLAUS — Die institutionellen Reformen von Nizza – Anforderungen, Ergebnisse, Konsequenzen, in: WEIDENFELD, WERNER (HRSG.), Nizza in der Analyse – Strategien für Europa, 3. Auflage, Gütersloh 2002, S. 51 – 144.

DERS. — Neue Zuversicht und alte Zweifel: Die Europäische Union nach „Nizza“ und vor der Erweiterung, in: integration 24/2001, S. 179 – 193.

GILBERG, TROND — Nationalism and Communism in Romania: The Rise and the Fall of Ceausescu´s Personal Dictatorship, San Francisco/Oxford 1990.

GIURCĂNEANU, CLAUDIU — Geografia României (Lehrbuch für Erdkunde), Bukarest 2003.

GLOMBOWSKI, JÖRG/ FUHRMANN, NORA/ PIEPER, KARIN/RABENSCHLAG, KAI (HRSG.) — Erweiterung und Integration der EU – Eine Rechnung mit vielen Unbekannten, Wiesbaden 2004.

GLOTZ, PETER — Die letzte Chance für ein vereinigtes Europa. Der Kopenhagener Gipfel in realistischer Perspektive, Aus Politik und Zeitgeschichte (APuZ) B 1 – 2/ 2003, S. 3 – 6.

GÖLER, DANIEL/ JOPP, MATHIAS — Kann Europa gelingen? Vorhaben und Chancen der deutschen Ratspräsidentschaft, in: integration 1/2007, S. 3 – 24.

GORDIEWSKY, OLEG/ ANDREW, CHRISTOPHER — KGB: Die Geschichte seiner Auslandsoperationen von Lenin bis Gorbatschow, München 1990.

GORGHIU, ALINA — Harmonization of national legislation with community regulations, in: BOŢA-MOISIN, ANTON FLORIN (HRSG.), Acquis communautaire – A Need for the European Integration, Piteşti 2006, S. 356 – 363.

GRABITZ, EBERHARD/ HILF, MEINHARD (HRSG.) — Das Recht der Europäischen Union. Vertrag über die Europäische Union, Vertrag zur Gründung der Europäischen Gemeinschaft, Loseblattsammlung/Bände I und II, 6. Auflage, Baden-Baden 2003.
(zit.: BEARBEITER in: GRABITZ/HILF, Art. EU-/ EG-Vertrag Rn.)

GRILLER, STEFAN/ HUMMER, WALDEMAR — Die EU nach Nizza. Ergebnisse und Perspektiven, Wien/New York 2002.

GRIMM, DIETER — Braucht Europa eine Verfassung?, JZ 1995, S. 581 – 591.

GRIMM, SONJA/ MERKEL, WOLFGANG — Die Grenzen der EU: Erweiterung, Vertiefung und Demokratie, in: ALBER, JENS/MERKEL, WOLFGANG (HRSG.), Europas Osterweiterung: Das Ende der Vertiefung?, Berlin 2006, S. 183 – 206.

GROEBEN, HANS VON DER/ SCHWARZE, JÜRGEN (HRSG.) — Kommentar zum Vertrag über die Europäische Union und zur Gründung der Europäischen Gemeinschaft, 6. Auflage, Baden-Baden 2003. (zit.: BEARBEITER in: VON DER GROEBEN/ SCHWARZE, Art. EU-/EG-Vertrag Rn.)

GSTÖHL, SIEGLINDE — Die Flexibilität der Europäischen Union gegenüber Mitgliedern und europäischen Drittstaaten, in: GLOMBOWSKI, JÖRG/FUHRMANN, NORA/PIEPER, KARIN/RABENSCHLAG, KAI (HRSG.), Erweiterung und Integration der EU, Wiesbaden 2004, S. 147 – 173.

HÄNLEIN, ANDREAS — Übergangsregelungen beim EU-Beitritt der MOE-Staaten im Bereich der Arbeitnehmerfreizügigkeit und der sozialen Sicherheit, EuZW 2001, S. 165 – 170.

HÄNSCH, KLAUS — Aspekte der Europäischen Integration in einem ungeteilten Europa. Gedanken zur EG-Regierungskonferenz über die Politische Union, Europa-Archiv 1990, S. 563 – 572.

DERS. — Die EU – keine Selbstverständlichkeit, in: integration 1996, S. 189 – 190.

HAGEDORN, AMELIE — Gleiche Maßstäbe für Ost und West?, Frankfurt am Main 2004.

HANKEL, WILHELM — Europas Größenwahn, Aus Politik und Zeitgeschichte (APuZ) B 52 – 53/2000, S. 5 – 7.

HARTWIG, INES — Die Europapolitik Rumäniens. Entwicklung institutionalisierter Kooperation, Baden-Baden 2001.

DIES./SOVEROSKI, MARIE — Slowakei, Bulgarien und Rumänien – EU-Kandidaten der zweiten Reihe, in: LIPPERT, BARBARA (HRSG.), Osterweiterung der Europäischen Union – die doppelte Reifeprüfung, Bonn 2000, S. 251 – 284.

HASENPFLUG, HAJO — Industrie- und agrarpolitische Probleme der Beitrittskandidaten - Ein Überblick -, in: HASENPFLUG, HAJO/KOHLER, BEATE (HRSG.), Die Süd-Erweiterung der Europäischen Gemeinschaft. Wende oder Ende der Integration?, Hamburg 1977, S. 109 – 124.

DERS./KOHLER, BEATE (HRSG.) — Die Süd-Erweiterung der Europäischen Gemeinschaft. Wende oder Ende der Integration?, Hamburg 1977.

HASSE, ROLF/MOLSBERGER, JOSEF/WATRIN, CHRISTIAN (HRSG.) — Ordnung in Freiheit, Stuttgart 1994.

HATJE, ARMIN — Grenzen der Flexibilität einer erweiterten Europäischen Union, EuR 2005, S. 148 – 161.

HEBLER, MARTIN — Arbeitsmarkteffekte der EU-Osterweiterung – Zur Wirkung von Integration, Migration und institutionellem Wandel auf dem Arbeitsmarkt, Berlin 2002.

HEIMPEL, CHRISTIAN — Motive, Folgen und Verpflichtungen des Beitritts Spaniens und Portugals zur Europäischen Gemeinschaft, in: HASENPFLUG, HAJO/KOHLER, BEATE (HRSG.), Die Süd-Erweiterung der Europäischen Gemeinschaft. Wende oder Ende der Integration?, Hamburg 1977, S. 161 – 178.

HEINDRICHS, SEBASTIAN „A stronger Britain in a wider Europe"? Großbritannien und die EU-Osterweiterung unter der Regierung Blair, in: STURM, ROLAND/ PEHLE, HEINRICH (HRSG.), Die neue Europäische Union: Die Osterweiterung und ihre Folgen, Opladen 2006, S. 279 – 294.

DERS. Die Europapolitik Großbritanniens unter besonderer Berücksichtigung der britischen Position zur Osterweiterung der Europäischen Union und der Regierung Blair, Berlin 2005.

HEINTZEN, MARKUS Gemeineuropäisches Verfassungsrecht in der Europäischen Union, EuR 1997, S. 1 – 16.

HELLMANN, JOEL Lässt sich Gemeinschaftsrecht in 27 Mitgliedstaaten durchsetzen?, EU-Magazin 10/2002, S. 21 – 22.

HERDEGEN, MATTHIAS Europarecht, 8. Auflage, München 2006.

HERRMANN, CHRISTOPH Die Rolle der erweiterten Union in der WTO: Das Integrationsmodell der Union als geeignetes Leitbild für die Mitwirkung?, in: BRUHA, THOMAS/NOWAK, CARSTEN (HRSG.), Die Europäische Union: Innere Verfasstheit und globale Handlungsfähigkeit, Baden-Baden 2006, S. 229 – 236.

HERRNFELD, HANS-HOLGER Recht europäisch. Rechtsreform und Rechtsangleichung in den Visegrád-Staaten, Gütersloh 1995.

DERS. Rechtsreform und Rechtsangleichung in den Beitrittsstaaten Mittel- und Osteuropas, EuR 2000, S. 454 – 468.

HOBE, STEPHAN Europarecht, 3. Auflage, Köln/Berlin/München 2006.

DERS. Bedingungen, Verfahren und Chancen europäischer Verfassungsgebung: zur Arbeit des Brüsseler Verfassungskonvents, EuR 2003, S. 1 – 16.

HÖLSCHEIDT, SVEN Voraussetzungen der Osterweiterung der EU, JA 2001, S. 85 – 87.

HUDALLA, ANNEKE/ PRADETTO, AUGUST Desintegration durch Integration? Dilemmata der Osterweiterung der Europäischen Union und die Europapolitik der Regierung Schröder, Hamburg 1999.

HUFEN, BIRGIT Der Verlauf des Transformationsprozesses in Rumänien unter spezieller Berücksichtigung der Steuer- und Privatisierungsproblematik, in: Wirtschaftswissenschaftliche Schriftenreihe des Lehr- und Entwicklungszentrums für Internationale Marketing, Außenwirtschaft und Strukturförderung, Bochum 1997.

HUMMER, WALDEMAR Die Union und ihre Nachbarn – Nachbarschaftspolitik vor und nach dem Verfassungsvertrag, in: integration 3/2005, S. 233 – 245.

HUSEMANN, WOLFGANG EU-Erweiterung: Die sozialpolitische Dimension – eine Zwischenbilanz, in: BArbBl. 2002, S. 15 – 24.

ILIOPOULOS, CONSTANTIN Rechtsproblematik der Erweiterung der EU um die Staaten Mittel- und Osteuropas sowie um Zypern und Malta, in: PASCHKE, MARIAN/ ILIOPOULOS, CONSTANTIN (HRSG.). Die Osterweiterung der Europäischen Union, Hamburg 2006, S. 335 – 356.

DERS. Rechtsfragen der Osterweiterung der EU unter besonderer Berücksichtigung des Beitritts der Republik Zypern, EuR 2004, S. 637 – 648.

IPSEN, HANS PETER — Über Verfassungs-Homogenität in der Europäischen Gemeinschaft, in: Festschrift für Günter Dürig, München 1990, S. 159 – 182.

INOTAI, ANDRÁS — Droht der „Big Bang“?, Internationale Politik 1/2002, S. 27 – 32.

DERS. — Erfolgreiche Erweiterung durch zügige Vertiefung: Prioritäten der EU-25, in: integration 1-2/2004, S. 4 – 11.

ISMAYR, WOLFGANG — Die politischen Systeme der EU-Beitrittsländer im Vergleich, Aus Politik und Zeitgeschichte (APuZ) B 5-6/2004, S. 5 – 14.

DERS. (HRSG.) — Die politischen Systeme Osteuropas, Opladen 2002.

JANKOWSKA-GILBERG, MAGDALENA — Verfassungsrechtliche Grundlagen des Beitritts und der Mitgliedschaft Polens in der Europäischen Union, EuR 2003, S. 417 – 439.

JANNING, JOSEF — Am Ende der Regierbarkeit? Gefährliche Folgen der Erweiterung der Europäischen Union, Europa-Archiv 1993, S. 645 – 652.

DERS. — Zweiter Anlauf – Die „verstärkte Zusammenarbeit“ im Vertrag von Nizza, in: WEIDENFELD, WERNER (HRSG.), Nizza in der Analyse – Strategien für Europa, 3. Auflage, Gütersloh 2002, S. 145 – 159.

JEFFRIES, IAN — Socialist Economies and the Transition to the Market. A Guide, London/New York 1993.

KARL, JOACHIM — Zur Rechtswirkung von Protokollerklärungen in der Europäischen Gemeinschaft, JZ 1991, S. 593 – 599.

KELLERBAUER, MANUEL — Von Maastricht bis Nizza – Neuformen differenzierter Integration in der Europäischen Union, Berlin 2003.

KENDI, ERICH — Minderheitenschutz in Rumänien, München 1992.

KNELANGEN, WILHELM — Das Politikfeld Innere Sicherheit im Integrationsprozess. Die Entstehung einer Europäischen Politik der inneren Sicherheit, Opladen 2001.

DERS. — Chance oder Risiko? Die „innenpolitische Seite" der Osterweiterung, in: Politische Bildung 35/2002, S.29 – 41.

KOCH, ECKART (HRSG.) — Osterweiterung der EU – neue Chancen für interkulturelle Kooperation, München/Mering 2005.

KOENIG, CHRISTIAN/ HARATSCH, ANDREAS — Europarecht, 4. Auflage, Tübingen 2003.

KOLAR, OTHMAR — Rumänien und seine nationalen Minderheiten 1918 bis heute, Wien/Köln 1997.

KOHLER, BEATE — Die Süd-Erweiterung der Gemeinschaft, in: HASENPFLUG, HAJO/KOHLER, BEATE (HRSG.), Die Süd-Erweiterung der Europäischen Gemeinschaft. Wende oder Ende der Integration?, Hamburg 1977, S. 15 – 48.

KOOPMANN, MARTIN/ LEQUESNE, CHRISTIAN (HRSG.) — Partner oder Beitrittskandidaten? Die Nachbarschaftspolitik der Europäischen Union auf dem Prüfstand, Baden-Baden 2006.

KRAFT, DANIEL — Zur Zukunft der EU angesichts der bevorstehenden Erweiterung, Aus Politik und Zeitgeschichte (APuZ) B 15/2001, S. 6 – 12.

KRIEGER, HUBERT — Migration Trends in an Enlarged Europe, Luxemburg 2004. (www.eurofound.ie/publications/htmlfiles/ef 03199.htm)

KRÜGER, HERBERT — Die verfassungsgerichtliche Beurteilung wirtschaftspolitischer Entscheidungen, DÖV 1971, S. 289 – 298.

KÜHNHARDT, LUDGER — Quo vadis Europa?, Aus Politik und Zeitgeschichte (APuZ) 36/2005, S. 3 – 7.

KUTTER, AMELIE/ TRAPPMANN, VERA (HRSG.) — Das Erbe des Beitritts, Baden-Baden 2006.

LANGENFELD, CHRISTINE — Erweiterung ad infinitum? – Zur Finalität der Europäischen Union, ZRP 2005, S. 73 – 76.

DIES. — Erweiterung und Vertiefung? – Die Europäische Union und die Türkei, Göttinger Online-Beiträge zum Europarecht, Nr. 24 vom 21.6.2005, S. 1 – 18. (http://www.europarecht.uni-goettingen.de/ Paper24.pdf)

LANGEWIESCHE, RENATE — The Enlargement of the European Union – Reflections on the Position of Romania and Bulgaria, in: South-East Europe Review, Vol. 2/1999, S. 95 – 106.

LEBER, REINHARD — Politische Kultur und Systemtransformation in Rumänien, Frankfurt am Main 1996.

LEIPOLD, HELMUT — Die Osterweiterung als Prüfstein für die Reformfähigkeit der EU, in: NUTZINGER, HANS G. (HRSG.), Osterweiterung und Transformationskrisen, Berlin 2000, S. 51 – 83.

LEIßE, OLAF — Rumänien und Bulgarien vor dem EU-Beitritt, Aus Politik und Zeitgeschichte (APuZ) 27/2006, S. 6 – 13.

DERS./LEIßE, UTTA-KRISTIN/ RICHTER, ALEXANDER — Beitrittsbarometer Rumänien, Wiesbaden 2004.

LENZ, CARL OTTO/ BORCHARDT, KLAUS-DIETER (HRSG.) — EU- und EG-Vertrag – Kommentar zu dem Vertrag über die Europäische Union und zu dem Vertrag zur Gründung der Europäischen Gemeinschaft, 4. Auflage, Köln 2006. (zit.: BEARBEITER in: LENZ/BORCHARDT, Art. EU-/EG-Vertrag Rn.)

LEONHARDT, PETER — Die neue Verfassung Rumäniens vom 21. November 1991, in: BRUNNER, GEORG (HRSG.), Verfassungs- und Verwaltungsrecht der Staaten Osteuropas, Berlin 1995, S. 1 – 10.

LEPSIUS, RAINER — Prozesse der europäischen Identitätsstiftung, Aus Politik und Zeitgeschichte (APuZ) 38/2004, S. 3 – 5.

LINDEN, RONALD — After the Revolution: A Foreign Policy of Bounded Change, in: NELSON (HRSG.), Romania after Tyranny, San Francisco/Oxford 1992, S. 203 – 238.

LIPPERT, BARBARA — Von Kopenhagen bis Kopenhagen: Eine erste Bilanz der EU-Erweiterungspolitik, Aus Politik und Zeitgeschichte (APuZ) B 1-2/2003, S. 7 – 15.

DIES. — Der Erweiterungsgipfel von Kopenhagen: Abschluss der Beitrittsverhandlungen und Neubeginn für die EU, in: integration 1/2003, S. 48 – 65.

DIES. Auf dem Weg in eine größere Union, in: Informationen zur politischen Bildung Nr. 279/2003, S. 42 – 53.

DIES. Erweiterungsfragen und Nachbarschaftspolitik der Europäischen Union, insbesondere die Türkeifrage und ihre Implikationen, in: MÜLLER-GRAFF, PETER-CHRISTIAN (HRSG.), Die Rolle der erweiterten Europäischen Union in der Welt, Baden-Baden 2006, S. 175 – 203.

DIES. Die Erweiterungspolitik der Europäischen Union – Stabilitätsexport mit Risiken, in: LIPPERT, BARBARA (HRSG.), Osterweiterung der Europäischen Union – Die doppelte Reifeprüfung, Bonn 2000, S. 105 – 164.

DIES. Glanzloser Arbeitserfolg von epochaler Bedeutung: Eine Bilanz der EU-Erweiterungspoitik 1989 – 2004, in: LIPPERT, BARBARA (HRSG.), Bilanz und Folgeprobleme der EU-Erweiterung, Baden-Baden 2004, S. 13 – 71.

DIES. (HRSG.) Bilanz und Folgeprobleme der EU-Erweiterung, Baden-Baden 2004.

DIES. (HRSG.) Die Osterweiterung der Europäischen Union – Die doppelte Reifeprüfung, Bonn 2000.

DIES./BODE, WOLFGANG Die Erweiterung und das EU-Budget – Reformoptionen und ihre politische Durchsetzbarkeit, in: integration 4/2001, S. 369 – 389.

DIES./BECKER, PETER Bilanz und Zukunft des Strukturierten Dialogs, in: integration 2/1997, S. 56 – 71.

LOPIAN, ARTHUR Übergangsregime für Mitgliedstaaten der Europäischen Gemeinschaften, Baden-Baden 1994.

LUCHTERHANDT, OTTO (HRSG.) — Neue Regierungssysteme in Osteuropa und der GUS. Probleme der Ausbildung stabiler Machtinstitutionen, 2. Auflage, Berlin 2002.

DERS./NUßBERGER, ANGELIKA (HRSG.) — Transformation in Mittel- und Osteuropa, Krakow 2006.

MALLOSSEK, JÖRG — Die Erweiterung der Europäischen Union um mittel- und osteuropäische Länder, Köln 1999.

MANEA, MIHAI/TEODORESCU, BOGDAN (HRSG.) — Istoria Românilor (Lehrbuch für Rumänische Geschichte), Bukarest 2003.

MARTENS, STEPHAN — Das erweiterte Europa, Aus Politik und Zeitgeschichte (APuZ) B 17/2004, S. 3 – 5.

MAUREL, MARIE-CLAUDE — Territoriale Ungleichgewichte in Europa, in: KOOPMANN, MARTIN/ LEQUESNE, CHRISTIAN (HRSG.), Partner oder Beitrittskandidaten, Baden-Baden 2006, S. 207 – 225.

MAURER, ANDREAS — Entscheidungseffizienz und Handlungsfähigkeit nach Nizza: die neuen Anwendungsfelder für Mehrheitsentscheidungen, in: integration 2/2001, S. 133 – 145.

MEIER, GERT — Die rechtlichen Grenzen für einen Beitritt zu den Europäischen Gemeinschaften, EuR 1978, S. 12 – 25.

DERS. — Ernstgemeinte Ratschläge für ewig Gestrige, die immer noch den Beitritt der Türkei zur Europäischen Union verhindern wollen, EuZW 2005, S. 134.

MICKEL, WOLFGANG W./ BERGMANN, JAN (HRSG.) — Handlexikon der Europäischen Union, 3. Auflage, Baden-Baden 2005.

MILDENBERGER, MARKUS — Die Europadebatte in Politik und Öffentlichkeit der ostmitteleuropäischen EU-Kandidatenländer, Aus Politik und Zeitgeschichte (APuZ) B 1-2/ 2002, S. 3 – 10.

MONAR, JÖRG — Die Entwicklung des „Raumes der Freiheit, der Sicherheit und des Rechts“: Perspektiven nach dem Vertrag von Amsterdam und dem Europäischen Rat von Tampere, in: integration 23/2000, S. 18 – 33.

DERS. — Die Integration der mittel- und osteuropäischen Länder in den Raum der Freiheit, der Sicherheit und des Rechts, in: LIPPERT, BARBARA (HRSG.), Osterweiterung der Europäischen Union – die doppelte Reifeprüfung, Bonn 2000, S. 325 – 346.

DERS. — Der Raum der Freiheit, der Sicherheit und des Rechts in der erweiterten Union, in: LIPPERT, BARBARA (HRSG.), Bilanz und Folgeprobleme der EU-Erweiterung, Baden-Baden 2004, S. 221 – 240.

MONTIAS, J. M. — The Romanian Economy: A Survey of Current Problems, in: European Economy, Special Edition No. 2/1991, S. 177 – 198.

MOSLER, HERMANN — Die Aufnahme in internationale Organisationen, ZaöRV 1958, S. 275 – 317.

MÜLLER-GRAFF, PETER-CHRISTIAN (HRSG.) — Die Rolle der erweiterten Europäischen Union in der Welt, Baden-Baden 2006.

MUŞAT, MIRCEA — Marea Unire din 1918 si confirmarea ei pe plan international (Die große Vereinigung von 1918 und ihre internationale Bestätigung), in: Anale de istorie, Jg. XXIII, Nr. 1/1977, S. 144 – 159.

NASS, KLAUS OTTO — Der Beitrittsvertrag – Erste Bemerkungen zur Erweiterung der Gemeinschaft, EuR 1972, S. 103 – 123.

NEGULESCU, OANA — Politische und wirtschaftliche Transformation in Rumänien 1989 - 1996, Stuttgart 2002.

NETTESHEIM, MARTIN — Beitritt und Unrechtsaufarbeitung, EuR 2003, S. 36 – 64.

DERS. — Die Kompetenzordnung im Vertrag über eine Verfassung für Europa, EuR 2004, S. 511 – 546.

NICOLAYSEN, GERT — Europa als Ziel der Union, in: Festschrift für Jürgen Gündisch, Köln 1999, S. 185 – 192.

NICOLL, WILLIAM — Does the EU have a Future?, in: Romanian Journal of European Affairs, Vol. 5, No. 4/ 2005, S. 29 – 34.

NIEDOBITEK, MATTHIAS — Völker- und europarechtliche Grundfragen des EU-Beitrittsvertrages, JZ 2004, S. 369 – 375.

NISSEN, SYLKE — Europäische Identität und die Zukunft Europas in: Aus Politik und Zeitgeschichte (APuZ) 38/2004, S. 21 – 29.

NOWAK, CARSTEN — Übergangsfristen im Rahmen der EU-Osterweiterung und alternative Arrangements zur Migrationssteuerung, in: BRUHA, THOMAS/ SCHÄFER, WOLF/WASS VON CZEGE, ANDREAS (HRSG.), Die Europäische Union nach der Erweiterung – deutsche und ungarische Standpunkte, Baden-Baden 2004, S. 98 – 123.

DERS. — EU-Osterweiterung, Personenfreizügigkeit und staatliche Schutzpflichten im Bereich der sozialen Sicherheit, EuZW 2003, S. 101 – 107.

NUßBERGER, ANGELIKA Die „Zweite Wende“: Zur Verfassungsentwicklung in den Ländern Mittel- und Osteuropas im Zuge der EU-Erweiterung, DÖV 2005, S. 357 – 367.

NUTZINGER, HANS G. (HRSG.) Osterweiterung und Transformationskrisen, Berlin 2000.

OLAH, LAVINIA Die Osterweiterung der Europäischen Union – Chancen und Risiken, Erwartungen und Nutzen, in: BOȚA-MOISIN, ANTON FLORIN (HRSG.), Acquis communautaire – A Need for the European Integration, S. 303 – 310.

OPPERMANN, THOMAS Europarecht, 3. Auflage, München 2005.

DERS. Die Grenzen der Europäischen Union oder das Vierte Kopenhagener Kriterium, in: Festschrift für Manfred Zuleeg, Baden-Baden 2005, S. 72 – 79.

DERS. Zur normativen Kraft des Europarechts in einer sich erweiternden „Groß-EU“, JZ 2005, S. 1017 – 1021.

DERS. Der Europäische Traum zur Jahrhundertwende, JZ 1999, S. 317 – 326.

DERS. Rechtsfragen der Mitgliedschaft in internationalen Organisationen, BDGV 1975, S. 53 – 75.

OROVEANU, MIHAI Istoria dreptului românesc si evoluția instituțiilor constituționale (Rumänische Rechtsgeschichte und Entwicklung der verfassungsrechtlichen Institutionen), Bukarest 1992.

OSCHLIES, WOLF Ceaușescus Schatten schwindet: politische Geschichte Rumäniens 1988 – 1998, Köln 1998.

OTT, ANDREA — Die anerkannte Rechtsfortbildung des EuGH als Teil des gemeinschaftlichen Besitzstandes (acquis communautaire), EuZW 2000, S. 293 – 298.

PACEPA, ION MIHAI — Red Horizons. Chronicles of a Communist Spy Chef, Washington 1987.

PACHE, ECKHARD/ SCHORKOPF, FRANK — Der Vertrag von Nizza, NJW 2001, S. 1377 – 1386.

PASCHKE, MARIAN/ JULGA, GRIT — Die politische Entwicklung der Osterweiterung der EU, in: PASCHKE, MARIAN/ILIOPOULOS, CONSTANTIN (HRSG.), Die Osterweiterung der Europäischen Union, Hamburg 2006, S. 71 – 334.

PĂUN, LAURA/ DOBROT, DANIELA/ SLARU, DRAGOŞ — A adera sau a nu adera? (Beitreten oder nicht beitreten?), in: SEVERIN, ADRIAN (HRSG.), PÂ-Un concept românesc privind viitorul Uniunii Europene (Ein rumänisches Konzept für die Zukunft der Europäischen Union), Iaşi 2001.

PECHSTEIN, MATTHIAS — Osterweiterung und Zukunftsperspektiven der Europäischen Union, ZfRV 1996, S. 108 ff.

DERS. — Die Justitiabilität des Unionsrechts, EuR 1999, S. 1 – 26.

DERS./KOENIG, CHRISTIAN — Die Europäische Union, 3. Auflage, Tübingen 2000.

DERS./KUBICKI, PHILIPP — Dienstleistungsfreiheit im Baugewerbe für polnische Handwerker, EuZW 2004, S. 167 – 172.

PENSKI, ULRICH — Rechtsgrundsätze und Rechtsregeln – Ihre Unterscheidung und das Problem der Positivität des Rechts, JZ 1989, S. 105 – 114.

PFETSCH, FRANK — Die Europäische Union. Geschichte, Institutionen, Prozesse, 3. Auflage, München 2005.

PHINNEMORE, DAVID — Romania and the European Union: Barriers to Membership, in: ERDELI, GEORGE/DUMBRĂVEANU, DANIELA (HRSG.), Romanian-British Geographical Interchanges, Liverpool 1996, S. 19 – 30.

PLATTNER, DANKWART — Privatisierung in der Systemtransformation. Eine ökonomische Untersuchung am Beispiel der Privatisierung in Tschechien, Slowakei, Ungarn, Polen und Rumänien, Berlin 1996.

PONS, EMMANUELLE — Ţiganii din România: o minoritate in tranziţie (Die Zigeuner aus Rumänien: eine Minderheit im Wandel), Bukarest 1999.

PREDESCU, LUCIAN — Armonizarea legislativă – Componentă a integrării europene (Rechtsangleichung – Bestandteil der europäischen Integration), in: Reformele administrative şi judiciare in perspectiva integrării europene (Verwaltungs- und Justizreformen im Hinblick auf die europäische Integration), Sibiu 2004.

PRIDHAM, GEOFFREY — Between Rhetoric and Action: Reflections on Romania´s European Union Accession and Political Conditionality – The Views from Brussels and Bucharest, Romanian Journal of European Affairs, Vol. 6, No. 3/2006, S. 5 – 24.

RABE, HANS-JÜRGEN — Zur Metamorphose des Europäischen Verfassungsvertrags, NJW 2007, S. 3153 – 3157.

REBREANU, MIRCEA — Die schicksalhaften Entscheidungen in der rumänischen Geschichte, Egelsbach, Frankfurt am Main, Washington 1997.

REMMEL, FRANZ — Die Roma Rumäniens: Volk ohne Hinterland, Wien 1993.

RHEIN, EBERHARD — Plädoyer für eine erweiterte Gemeinschaft, in: HASENPFLUG, HAJO/KOHLER, BEATE (HRSG.), Die Süd-Erweiterung der Europäischen Gemeinschaft. Wende oder Ende der Integration?, Hamburg 1977, S. 49 – 59.

RICHTER, PASCAL — Die Erweiterung der Europäischen Union, Baden-Baden 1997.

ROMETSCH, DIETRICH/ WESSELS, WOLFGANG (HRSG.) — The European Union and the Member States: Towards Institutional Fusion?, Manchester/ New York 1996.

ROTH, ANDREI — Staatliche Bürokratie und neue Eliten im posttotalitären Rumänien, in: STERBLING, ANTON/ ZIPPRIAN, HEINZ (HRSG.), Max Weber und Europa, Beiträge zur Osteuropaforschung, Band 1, Hamburg 1997, S. 181 – 204.

ROTHACHER, ALBRECHT — Die EU 25 – Chancen, Risiken und politische Folgen der Osterweiterung, Aus Politik und Zeitgeschichte (APuZ) B 5-6/2004, S. 25 – 34.

RÜB, FRIEDBERT — Schach dem Parlament! Regierungssysteme und Staatspräsidenten in den Demokratisierungsprozessen Osteuropas, Wiesbaden 2001.

RUFFERT, MATTHIAS — Schlüsselfragen der Europäischen Verfassung der Zukunft. Grundrechte – Institutionen – Kompetenzen – Ratifizierung, EuR 2004, S. 165 – 201.

RUPP, HANS HEINRICH — Grundgesetz und Europäischer Verfassungsvertrag, JZ 2005, S. 741 – 745.

SACCO, GIUSEPPE — Italien im Umbruch, Europa-Archiv 1992, S. 335 – 344.

SAMARDZIC, DARKO — Das Wahlrecht Serbiens und Montenegros im Spiegel der Kopenhagener Beitrittsvoraussetzungen, Osteuropa 2004, S. 480 – 503.

SANDER, GERALD — Die Teilhabe mittel- und osteuropäischer Staaten an wirtschaftlichen Integrationsräumen, am Beispiel der Tschechischen Republik, in: Festschrift für Thomas Oppermann, Berlin 2001, S. 301 – 328.

DERS./VLAD, MONICA (HRSG.) — Quo vadis, Europa?, Hamburg 2006.

SARCEVIC, EDIN — Das Bundesstaatsprinzip, Tübingen 2000.

DERS. — EU-Erweiterung nach Art. 49 EUV: Ermessensentscheidungen und Beitrittsrecht, EuR 2002, S. 461 – 482.

SCHASER, ANGELIKA — Die Kontrolle der Außengrenzen der EU – vor und nach der Osterweiterung, in: STURM, ROLAND/PEHLE, HEINRICH (HRSG.), Die neue Europäische Union: Die Osterweiterung und ihre Folgen, Opladen 2006, S. 165 – 180.

SCHEFFER, MARKUS — Die Magnetwirkung der Sozialleistungssysteme und die EU-Osterweiterung, ZRP 2003, S. 55 – 58.

SCHMIDT-PREUß, MATTHIAS — Regierungskonferenz 2000 – Zur Fortentwicklung des europäischen Vertragswerks, in: Festschrift für Hartmut Schiedermair, Heidelberg 2001, S. 705 – 735.

SCHIMMELFENNIG, FRANK — Osterweiterung: Strategisches Handeln und kollektive Ideen, in: JACHTENFUCHS, MARKUS/ KOHLER-KOCH, BEATE (HRSG.), Europäische Integration, Opladen 2003, S. 541 – 568.

SCHLADEBACH, MARCUS — Der Vertrag über den Beitritt zur EU, LKV 2004, S. 10 – 14.

DERS. — Die Übernahme des gemeinschaftlichen Besitzstands als Voraussetzung des EU-Beitritts, LKV 2002, S. 457 – 460.

SCHOLL, BRUNO — Wie tragfähig ist die neue institutionelle Architektur der EU? Der Verfassungsentwurf des Konvents im Spiegel national-staatlicher Präferenzen, integration 3/2003, S. 204 – 217.

SCHROEDER, KLAUS-HENNING — Sprachtheorie und Nationalismus in Rumänien, in: GREGORI, ILINA/SCHASER, ANGELIKA (HRSG.), Rumänien im Umbruch: Chancen und Probleme der europäischen Integration, Bochum 1993, S. 73 – 79.

SCHÜBEL, DIRK — Twinning – ein probates Mittel zum Aufbau der Verwaltungsstrukturen in den Beitrittsländern, EuZW 2000, S. 226 – 227.

DERS. — Die EU-Erweiterung – eine Bestandsaufnahme mit Hinblick auf die Vorbeitrittsstrategie der EU, EuZW 2000, S. 641.

SCHÜTTERLE, PETER — Effiziente Kontrolle staatlicher Beihilfen in den mittel- und osteuropäischen Ländern als Beitrittskriterium, EuZW 2001, S. 711 – 714.

SCHWARZE, JÜRGEN — EU-Kommentar, Baden-Baden 2000.
(zit.: BEARBEITER in: SCHWARZE, Art. EU-Vertrag Rn.)

DERS. — Der Europäische Verfassungsvertrag, JZ 2005, S. 1130 – 1137.

DERS. — Ein pragmatischer Verfassungsentwurf – Analyse und Bewertung des vom Europäischen Verfassungskonvent vorgelegten Entwurfs eines Vertrags über eine Verfassung für Europa, EuR 2003, S. 535 – 573.

SEDIVY, JIRI — The new Member States: bridges between the former Member States and the eastern neighbourhood, in: KOOPMANN, MARTIN/ LEQUESNE, CHRISTIAN (HRSG.), Partner oder Beitrittskandidaten?, Baden-Baden 2006, S. 33 – 47.

SEELER, HANS-JOACHIM — Perspektiven der weiteren Entwicklung der Europäischen Union, in: BRUHA, THOMAS/ NOWAK, CARSTEN (HRSG.), Die Europäische Union: Innere Verfasstheit und globale Handlungsfähigkeit, Baden-Baden 2006, S. 335 – 363.

SEVERIN, ADRIAN — L'intégration de la Roumanie dans l'Union Européenne et l'OTAN: Un aquis pour la Sécurité en Europe, in: Studia Diplomatica, Vol. L, No. 2/1997, S.17 – 30.

SEUFERT, GÜNTER — Türkei, in: WEIDENFELD, WERNER/WESSELS, WOLFGANG (HRSG.), Jahrbuch der europäischen Integration 2005, S. 445 – 450.

SLAVU, STEFANIA — Rumänien und die Europäische Union, in: Osteuropa-Recht 2007, S. 314 – 333.

DIES. — Rumänien auf dem Weg in die Europäische Union, in: BOȚA-MOISIN, ANTON FLORIN (HRSG.), Acquis communautaire – A Need for the European Integration, Pitești 2006, S. 364 – 375.

DIES./OLAH, LAVINIA — Die Erweiterung der Europäischen Union nach Art. 49 EU-Vertrag – Beitrittsverfahren und Beitrittsbedingungen, in: BOȚA-MOISIN, ANTON FLORIN (HRSG.), Acquis communautaire – A Need for the European Integration, Pitesti 2006, S. 149 – 162.

STERBLING, ANTON — Gesellschaftliche Eliten und nationale Mythen im Modernisierungsprozess – das Beispiel Rumänien, in: ZACH, CHRISTA/ZACH, CORNELIUS (HRSG.), Modernisierung auf Raten in Rumänien. Anspruch, Umsetzung, Wirkung, München 2004, S. 45 – 70.

STREINZ, RUDOLF — Europarecht, 7. Auflage, Heidelberg 2005.

DERS. — Der Vertrag von Amsterdam – Einführung in die Reform des Unionsvertrages von Maastricht und erste Bewertung der Ergebnisse, EuZW 1998, S. 137 – 147.

DERS. — Die Türkei als Partner – Formen der Zugehörigkeit zur EU, in: Bitburger Gespräche, Jahrbuch 2005.

DERS. (HRSG.) — Kommentar zum EGV/EUV – Vertrag über die Europäische Union und Vertrag zur Gründung der Europäischen Gemeinschaft –, München 2003.
(zit.: BEARBEITER in: STREINZ, Art. EG-/EU-Vertrag Rn.)

STURM, ROLAND — Welches Europa soll es sein? Interessenkonflikte im Vorfeld der Erweiterung, Internationale Politik 1/2003, S. 3 – 10.

DERS./PEHLE, HEINRICH (HRSG.) — Die neue Europäische Union: Die Osterweiterung und ihre Folgen, Opladen 2006.

ŞINCAI, OVIDIU — Preşedintele: “monopol al puterii” sau influenţă? (Der Präsident: „Monopol der Politik” oder Einfluss?) in: Sfera politicii Nr. 13/1994.

ŞUIAN, PAVEL — Integrarea vest-europeană (Westeuropäische Integration), Cluj-Napoca 1997.

TETTINGER, PETER J. — Die Charta der Grundrechte der Europäischen Union, NJW 2001, S. 1010 – 1015.

TISMĂNEANU, VLADIMIR — New Masks. Old Faces, in: The New Republic, Vol. 202, No. 6/1990, S. 17 – 21.

TOMUSCHAT, CHRISTIAN — Das Endziel der europäischen Integration – Maastricht ad infinitum?, DVBl. 1996, S. 1073 – 1082.

TONTSCH, GÜNTHER — Rumänien, in: NUßBERGER, ANGELIKA (HRSG.), Minderheitenschutz im östlichen Europa. (http://www.uni-koeln.de/jur-fak/ostrecht/minderheitenschutz/index.htm)

TOTH, GABRIELLA — Umsetzungsprobleme des Acquis Communautaire in Rumänien am Beispiel der EG-Datenschutzrichtlinie für elektronische Kommunikation – ein Fallbeispiel, in: SANDER, GERALD/VLAD, MONICA (HRSG.), Quo vadis, Europa?, Hamburg 2006, S. 131 – 147.

VARWICK, JOHANNES — EU-Erweiterung: Stabilitätsexport oder Instabilitätsimport?, Aus Politik und Zeitgeschichte (APuZ) B 1-2/2002, S. 23 – 30.

VASTAG, HANS/MANDICS, GYÖRGY/ENGELMANN, MANFRED — Temesvar, Symbol der Freiheit, Wien/München 1992.

VEDDER, CHRISTOPH — Die Unterscheidung von Unionsrecht und Gemeinschaftsrecht nach Amsterdam, EuR Beiheft 1/1999, S. 7 – 44.

VERHEUGEN, GÜNTER — Europa in der Krise. Für eine Neubegründung der europäischen Idee, Köln 2005.

DERS. — Die EU-Erweiterungsverhandlungen – Stand und Ausblick, in: integration 4/2000, S. 221 – 228.

VERSECK, KENO — Rumänien, München 2001.

VIEFHAUS, ERWIN Die Minderheitenfrage und die Entstehung der Minderheitenschutzverträge auf der Pariser Friedenskonferenz 1919. Eine Studie zur Geschichte des Nationalitätenproblems im 19. und 20. Jahrhundert, Würzburg 1960.

VLAD, MONICA Rechtsfragen der europäischen Integration – aktuelle Aspekte für Rumänien, in: SANDER, GERALD/VLAD, MONICA (HRSG.), Quo vadis, Europa?, Hamburg 2006, S. 113 – 130.

VÖLKL, EKKEHARD Rumänien. Vom 19. Jahrhundert bis in die Gegenwart, München 1995.

VRABIE, GENOVEVA Integrarea europeană şi suveranitatea de stat (Europäische Integration und Staatssouveränität), Revista de Drept Public 1/2001, S. 9 – 19.

VULCĂNESCU, MIRCEA Dimensiunea românească a existenţei (Die rumänische Dimension des Seins), Bukarest 1943.

WAGENER, HANS-JÜRGEN Rückkehr nach Europa, in: NUTZINGER, HANS G. (HRSG.), Osterweiterung und Transformationskrisen, Berlin 2000, S. 93 – 117.

WAGNER, RICHARD Autistische Nachbarn, Aus Politik und Zeitgeschichte (APuZ) 27/2006, S. 3 – 6.

WEBER, ALBRECHT Charta der Grundrechte der Europäischen Union, München 2002.

DERS. Die Europäische Grundrechtscharta – auf dem Weg zu einer Europäischen Verfassung, NJW 2000, S. 537 – 544.

DERS. Vom Verfassungsvertrag zum Vertrag von Lissabon, EuZW 2008, S. 7 – 14.

WEIDENFELD, WERNER — Zwischen Anspruch und Wirklichkeit – die europäische Integration nach Nizza, in: DERS. (HRSG.), Nizza in der Analyse – Strategien für Europa, 3. Auflage, Gütersloh 2002, S. 19 – 49.

DERS. (HRSG.) — Nizza in der Analyse – Strategien für Europa, 3. Auflage, Gütersloh 2002.

DERS. (HRSG.) — Demokratie und Marktwirtschaft in Osteuropa, Gütersloh 1995.

DERS./JANNING, JOSEF — Der Umbruch Europas: die Zukunft des Kontinents, Gütersloh 1990.

DERS./HUTERER, MANFRED — Der Westen und die Stabilisierung der Demokratien in Osteuropa, Europa-Archiv 1992, S. 325 – 334.

DERS./WESSELS, WOLFGANG (HRSG.) — Jahrbuch der europäischen Integration, Baden-Baden, Einzelbände 1989 – 2006.

WEINREICH, FRIEDRICH E. — Die Verfassung von Rumänien von 1923, München 1932.

WESSELS, WOLFGANG — Der Amsterdamer Vertrag – Durch Stückwerksreformen zu einer effizienteren, erweiterten und föderalen Union?, in: integration 3/1997, S. 117 – 135.

DERS. — Grenzen- und ratlos – Institutionelle Flexibilisierung gegen geographische Überdehnung, in: LIPPERT, BARBARA (HRSG.), Osterweiterung der Europäischen Union – Die doppelte Reifeprüfung, Bonn 2000, S. 349 – 367.

WIELAND, JOACHIM — Erweitern und Teilen – Die künftige Finanzordnung der Europäischen Union, ZRP 2002, S. 503 – 508.

DERS. Die Finanzordnung der Europäischen Union nach der Osterweiterung, JZ 2004, S. 774 – 779.

WUERMELING, JOACHIM Die Tragische: Zum weiteren Schicksal der EU-Verfassung, ZRP 2005, S. 149 – 153.

DERS. Kalamität Kompetenz: Zur Abgrenzung der Zuständigkeiten in dem Verfassungsentwurf des EU-Konvents, EuR 2004, S. 216 – 229.

ZEH, JULI Recht auf Beitritt? Ansprüche von Kandidatenstaaten gegen die Europäische Union, Baden-Baden 2002.

ZULEEG, MANFRED Zum Verhältnis nationaler und europäischer Grundrechte. Funktionen einer EU-Charta der Grundrechte, EuGRZ 2000, S. 511 – 517.

ZUREK, MAX/LOTZ, KLAUS-MARTIN EU-Landwirtschaft und Osterweiterung, Bonn 1996.

„Die Einheit Europas war ein Traum weniger.
Sie wurde eine Hoffnung für viele.
Sie ist heute eine Notwendigkeit für alle."

KONRAD ADENAUER (1876-1967)

Einleitung

I. Einführung in die Thematik

Das internationale politische System veränderte sich in den Jahren 1989 und 1990 grundlegend durch den Zusammenbruch des Sozialismus in Mittel- und Osteuropa, die Auflösung des Rates für Gegenseitige Wirtschaftshilfe (RGW)[1] und des Warschauer Paktes,[2] durch das Auseinanderbrechen der Sowjetunion und den Beitritt der Deutschen Demokratischen Republik (DDR) zur Bundesrepublik Deutschland im Rahmen des Wiedervereinigungsprozesses.[3] Dadurch fanden sich die Staaten Mittel- und Osteuropas in einem politischen, ökonomischen und gesellschaftlichen Vakuum wieder. Sämtliche bisherigen Beziehungsgeflechte existierten auf einmal nicht mehr.[4] Es stellte sich

---

[1] RGW ist die Bezeichnung für die Organisation zur wirtschaftlichen Integration Ost- und Mitteleuropas auf der Basis der Koordination der nationalen Volkswirtschaftspläne und der Spezialisierung und Kooperation der industriellen Produktion innerhalb der internationalen sozialistischen Arbeitsteilung. Der RGW wurde am 25.1.1949 in Moskau von Vertretern der Sowjetunion, Bulgariens, Polens, Rumäniens, Ungarns und der ehemaligen Tschechoslowakei gegründet. Später traten ihm Albanien, die Deutsche Demokratische Republik, die Mongolische Volksrepublik, das ehemalige Jugoslawien und Kuba bei. Der RGW wurde als Reaktion auf die Wirtschaftspolitik in Westeuropa geschaffen, speziell unter dem Eindruck der ersten Erfolge des MARSHALL-Plans und der Gründung der Organisation für wirtschaftliche Zusammenarbeit und Entwicklung (OECD).

[2] Bezeichnung für das Militärbündnis, das am 14.5.1955 in Warschau mit dem von Albanien, Bulgarien, der DDR, Polen, Rumänien, der ehemaligen Tschechoslowakei, der Sowjetunion und Ungarn unterzeichneten „Vertrag über Freundschaft, Zusammenarbeit und gegenseitigen Beistand" sowie mit dem Beschluss über die Bildung eines „Vereinten Kommandos der Streitkräfte" gegründet wurde. Neben dem RGW war der Warschauer Pakt die wichtigste multilaterale Organisation der europäischen kommunistischen Staaten.

[3] Vgl. VEDDER in: GRABITZ/HILF, Art. 49 EU-Vertrag Rn. 6; BOOß in: LENZ/BORCHARDT, Art. 49 EU-Vertrag Rn. 8; OPPERMANN, Europarecht, § 32 Rn. 25.

[4] KOENIG/HARATSCH, Europarecht, Kapitel II Rn. 42; OPPERMANN, Europarecht, § 32 Rn. 27; PECHSTEIN/KOENIG, Die Europäische Union, Kap. 8 Rn. 440 ff.; SANDER in: FS für

nunmehr die Frage nach dem künftigen Weg dieser Länder sowohl auf nationaler als auch auf internationaler Ebene. Welche territorialen, ethnischen und kulturellen Grenzen, welches zukünftige Gesellschaftsmodell, welche konkrete Organisationsform sollten sie wählen, welche Rolle sollten diese Staaten in der internationalen Politik einnehmen?

Angesichts des bis heute vorhandenen wirtschaftlichen und politischen Machtvakuums in Mittel- und Osteuropa wird ein Beitritt zur Europäischen Union[5] von vielen Staaten dieser Region, darunter auch Rumänien, als ein Garant für wirtschaftliche Entwicklung und Rückversicherung gegen eine Kehrtwende zu alten Strukturen und wiedererstarkenden nationalistischen Interessen erachtet.[6] Seit der Gründung der Europäischen Gemeinschaft für Kohle und Stahl („Montanunion") im Jahre 1951 gehört die Aufnahme neuer Mitglieder zu den von den europäischen Verträgen vorgesehenen Handlungsoptionen der Europäischen Union.[7] Die Aufnahme unter das Dach der Europäischen Union entspricht ebenfalls den legitimen Erwartungen vieler Staaten aus Mittel- und Osteuropa sowie aus dem Mittelmeerraum. Aus diesem Grund sind die mittel- und osteuropäischen Staaten seit den historischen Umwälzungen der Jahre 1989 und 1990 hauptsächlich damit befasst, neue Rechts- und Wirtschaftsordnungen zu etablieren.[8] Sie wollen sich möglichst bald aus der sicherheitspolitischen Mittellage zwischen Westeuropa und dem argwöhnisch betrachteten Russland befreien, indem sie sich den internationalen Organisationen nähern.[9] Bereits im Jahr 1991 führte der damalige tschechische Staatspräsident VÁCLAV HAVEL diesen europäischen Grundgedanken, der heute nach wie vor Gültigkeit besitzt, mit folgenden Worten zutreffend aus:

Oppermann, S. 301 ff.; VERHEUGEN, integration 4/2000, S. 221 ff.; ISMAYR, APuZ B 5-6/2004, S. 5.

[5] In der vorliegenden Untersuchung wird der Begriff EUROPÄISCHE UNION verwandt. Das gilt auch dann, wenn der betrachtete Sachverhalt zeitlich vor Inkrafttreten des Vertrages zur Gründung der Europäischen Union lag.

[6] ACHTEN, Die Osterweiterung der Europäischen Union, S. 59 f.; NICOLL, Does the EU have a Future?, Romanian Journal of European Affairs, Vol. 5, No. 4/2005, S. 29, 30 f.; LIPPERT, APuZ B 1-2/2003, S. 7, 8.

[7] Vgl. Art. 98 EGKS-Vertrag vom 18.4.1951; Art. 237 EWG-Vertrag vom 25.3.1957; Art. 49 EU-Vertrag vom 7.2.1992 in der Fassung vom 26.2.2001.

[8] SANDER in: FS für Oppermann, S. 301 ff.; RICHTER, Die Erweiterung der Europäischen Union, S. 187 ff.; WEIDENFELD/HUTERER, Europa-Archiv 1992, S. 325 ff.

[9] MENG in: VON DER GROEBEN/SCHWARZE, Art. 49 EU-Vertrag Rn. 14; EICKHOF, Konsequenzen einer EU-Osterweiterung, S. 3; BECKER, EU-Erweiterung und differenzierte Integration, S. 12; BEUTLER in: BEUTLER/BIEBER/PIPKORN/STREIL, Die Europäische Union, Kap. 2 Rn. 80.

„Europa ist ein sehr bunter und ungleichartiger Kontinent, um so mehr, als er bis vor kurzem so grausam geteilt war. Die Aufgabe, die beste Gestalt seiner zukünftigen Einheit zu finden, ist daher in keinem Fall leicht und kann gewiss nicht von einem Tag auf den anderen erfüllt werden. Die Länder Mittel- und Osteuropas bekennen sich zu dieser Aufgabe und orientieren sich auf sie nicht etwa, weil sie als heute arme und zerstörte Länder von ihren reichen und prosperierenden westlichen Freunden erwarten würden, dass sie alle Probleme an ihrer Stelle lösen. Indem wir uns heute zum so genannten Westen bekennen, bekennen wir uns damit hauptsächlich zu einer bestimmten Zivilisation, zu einer bestimmten Kultur, zu bestimmten geistigen Werten und universellen Prinzipien. Dabei geht es nicht um eine Zivilisation, Kultur und Werte, die uns – nach dem Zusammenbruch des kommunistischen Systems – plötzlich gefallen, sondern um eine Zivilisation, Kultur und Werte, die wir als die Unseren empfinden, weil wir lange Jahrhunderte hindurch an ihrer Schaffung beteiligt waren. Es geht also nicht um die Faszination durch eine andere Welt. Es geht im Gegenteil um das Sehnen, nach Jahrzehnten unnatürlicher Abweichung wieder auf den Weg zurück zu kehren, der einst auch der Unsere war.“[10]

Gegenüber anderen internationalen Institutionen und Organisationen bildet die Europäische Union *den* Stabilitätsanker am Horizont politischer Hoffnungen, der nach innen wie nach außen weitgehend Frieden, Sicherheit, sozialen Ausgleich und persönliche Freiheit für die Staaten Mittel- und Osteuropas zu garantieren scheint.[11] Die Gründe für einen Beitritt mögen von Land zu Land unterschiedlich sein, konvergieren aber in ihrer Verpflichtung auf gemeinsame Werte, auf europäische Prinzipien wie Gewaltfreiheit, Demokratie, Menschenrechte, Marktwirtschaft, soziale Verpflichtungen sowie in ihrem Interesse an der Herstellung eines dauerhaften Zustandes des Friedens in Europa.[12] Die Perspektive der EU-Mitgliedschaft ist für die jungen Demokratien aus

---

[10] Auszug aus der Dankesrede von VÁCLAV HAVEL anlässlich der Verleihung des Internationalen Karlspreises zu Aachen am 9.5.1991 zitiert nach: Die neue EU. Wochenschau II, Nr. 5, September/Oktober 2004, S. 178.

[11] Siehe die Äußerung des ehemaligen polnischen Präsidenten WALESA: „Für uns zählt nur eins: die Mitgliedschaft in der EG“, Der Spiegel 19/1991, S. 210; vgl. auch BIEBER in: BEUTLER/BIEBER/PIPKORN/STREIL, Die Europäische Union, Kap. 35 Rn. 1282; DERS. in: BIEBER/EPINEY/HAAG (HRSG.), Die Europäische Union, § 36 Rn. 2; NICOLL, Does the EU have a Future?, Romanian Journal of European Affairs, Vol. 5, No. 4, 2005, S. 29, 30 f.; ACHTEN, Die Osterweiterung der Europäischen Union, S. 59 f.

[12] PECHSTEIN/KOENIG, Die Europäische Union, Kap. 8 Rn. 440 ff.; PFETSCH, Die Europäische Union, S. 365 f.; MARTENS, APuZ B 17/2004, S. 3 ff.

Mittel- und Osteuropa eine zentrale Voraussetzung, um die hohen Anpassungskosten und das enorme Modernisierungstempo auf sich zu nehmen.[13] Erst aus dieser Perspektive lassen sich auch die für die Bevölkerung oft schmerzhaften Transformationsprozesse entscheidend legitimieren.[14] Von einer Mitgliedschaft in der Europäischen Union versprechen sich diese Staaten nicht nur konkrete wirtschaftliche Verbesserungen, sondern in erster Linie die Garantie, nicht wieder von den allgemeinen Entwicklungen des westlichen Europas, dem sie sich historisch wie kulturell zugehörig fühlen, abgehängt zu werden. Man sieht sich nicht als *Neuling* in Europa, sondern als *Rückkehrer*. Entsprechend tritt man in dem Beitrittsprozess auch nicht als Bittsteller auf, sondern mit der Überzeugung, dass die Überwindung der Teilung des alten Kontinents auch im Interesse des übrigen Europas liegen müsse.[15] Durch den möglichst raschen EU-Beitritt wünschen sich die Reformländer, die *Zieltriade* von Demokratie, Marktwirtschaft und „Rückkehr nach Europa"[16] abzusichern.[17]

Während sich die jungen postkommunistischen Staaten im östlichen Europa inmitten umfassender ökonomischer und politischer Transformationsprozesse befinden, wird die westliche Staatengemeinschaft aufgefordert, ihre zukünftige Rolle, ihre innere Verfasstheit[18] und ihr Verhältnis zu den ehemaligen Ostblockstaaten neu zu definieren. Die Europäische Union sieht sich also mit der

---

[13] Vgl. OPPERMANN, Europarecht, § 32 Rn. 27 ff.; LIPPERT, APuZ B 1-2/2003, S. 14; MARTENS, APuZ 17/2004, S. 3.

[14] WAGENER, Rückkehr nach Europa, in: NUTZINGER (HRSG.), Osterweiterung und Transformationskrisen, S. 93, 115; ROTHACHER, APuZ B 5-6/2004, S. 25, 28; DAUDERSTÄDT, Interessen und Hindernisse bei der EU-Osterweiterung, Politikinformation Osteuropa Nr. 98 der Friedrich-Ebert-Stiftung, abrufbar im Internet unter: http://library.fes.de/fulltext/id/01170.htm (Stand: 30.6.2008).

[15] HARTWIG, Die Europapolitik Rumäniens, S. 18 ff.; SANDER in: FS für Oppermann, S. 301, 326 ff.; LIPPERT, APuZ B 1-2/2003, S. 7, 14.

[16] Ausführlich dazu WAGENER, Rückkehr nach Europa, in: NUTZINGER (HRSG.), Osterweiterung und Transformationskrisen, S. 93 ff. WAGENER stellt die Rückkehr nach Europa als einen komplexen Prozess dar, der mit einer Abkehr von Europa begonnen hat und mit der Integration in die Europäische Gemeinschaft noch nicht abgeschlossen sein wird.

[17] DAUDERSTÄDT, Interessen und Hindernisse bei der EU-Osterweiterung, Politikinformation Osteuropa Nr. 98 der Friedrich-Ebert-Stiftung, abrufbar im Internet unter: library.fes.de/fulltext/id/01170.htm (Stand: 30.6.2008); MARTENS, APuZ B 17/2004, S. 3; KRAFT, APuZ B 15/2001, S. 6 ff.

[18] Zur Verfasstheit der Europäischen Union vgl. RICHTER, Die Erweiterung der Europäischen Union, S. 18 ff.; WESSELS, Grenzen- und ratlos, in: LIPPERT (HRSG.), Osterweiterung der Europäischen Union, S. 349 ff.

Aufgabe konfrontiert, als Stabilisator für die jungen Demokratien Mittel- und Osteuropas zu agieren, Hilfestellung im Transformationsprozess zu leisten und die Reformländer in die bisher größtenteils auf die Weststaaten ausgelegten Bündnisse und Organisationen zu integrieren.[19] Dies geschieht jedoch in einer Zeit, in der selbst die „alten“ westlichen Industriestaaten die Härte des Anpassungsdrucks in Folge der allgegenwärtigen Globalisierung spüren.[20] Ebenfalls im Jahr 1989, als die alte Ordnung im Osten Europas zusammenbrach, verkündete die Europäische Gemeinschaft auf ihrem Straßburger Gipfeltreffen den Anspruch, als das politische und wirtschaftliche Gravitationszentrum auf dem Kontinent wirken zu wollen: ein starkes Europa der Integration im Westen gegenüber einem Europa der Desintegration im Osten.[21] Der Europäische Rat öffnete daher bei seinem historischen Erweiterungsgipfel von Kopenhagen im Dezember 2002 den Weg in die Europäische Union für zehn beitrittswillige Staaten aus Mittel- und Osteuropa sowie aus dem Mittelmeerraum: Estland, Lettland, Litauen, Polen, Ungarn, Slowakische Republik, Slowenien und Tschechische Republik sowie Malta und Zypern. Auf dem EU-Gipfel von Athen (16./17. April 2003) wurden die Beitrittsverträge mit diesen zehn Staaten unterzeichnet. Der Beitritt erfolgte am 1. Mai 2004, um den Bürgern der neuen EU-Mitgliedstaaten die Teilnahme an der Europawahl im Juni 2004 zu ermöglichen. Am 1. Januar 2007 wurden Rumänien und Bulgarien als jüngste Mitglieder der Europäischen Union begrüßt. Diese beiden letzten Erweiterungsrunden bedeuten einen Bevölkerungszuwachs in der Europäischen Union um über 100 Millionen auf insgesamt ca. 500 Millionen Einwohner. Der Entschluss zur Osterweiterung war die wichtigste konstituti-

---

[19] STREINZ, Europarecht, § 2 Rn. 68 f.; BEUTLER in: BEUTLER/BIEBER/PIPKORN/STREIL, Die Europäische Union, Kap. 2 Rn. 110; PECHSTEIN, ZfRV 1996, S. 108 ff.; OLAH, Die Osterweiterung der Europäischen Union, in: BOȚA-MOISIN (HRSG.), Acquis Communautaire – A Need for the European Integration, S. 303, 306 f.

[20] Vgl. SANDER in: FS für Oppermann, S. 301, 302 f.; HÄNSCH, integration 1996, S. 189 f.; vgl. auch die Rede des damaligen deutschen Außenministers JOSEPH MARTIN FISCHER, vom 12.5.2000 in der Berliner Humboldt-Universität, abgedruckt in: integration 3/2000, S. 149 ff.: „Entweder wird der Westen den Osten stabilisieren, oder der Osten wird den Westen destabilisieren.“

[21] Vgl. Schlussfolgerungen des Vorsitzes der Regierungskonferenz des Europäischen Rates von Straßburg vom 8./9.12.1989, Zif. IV: „In keeping with the principles set out in the Rhodes and Madrid Declarations, the Community will develop its role and that of its Member States in the international political and economic arena in a spirit of openness, solidarity and cooperation. It will fully meet its responsibilities vis-à-vis countries with which it maintains all manner of links and relationships, historical and geographical in origin“; vgl. auch FIEGEN, Die Reform des EU-Finanzsystems, S. 15 ff.; LIPPERT, APuZ B 1-2/2003, S. 7, 8; WEIDENFELD/HUTERER, Europa-Archiv 1992, S. 325, 326 ff.

onelle Entscheidung, die die Staats- und Regierungschefs nach dem Vertrag von Maastricht für die weitere Entwicklung der Europäischen Union getroffen haben.[22] Die Osterweiterung wird in die europäische Geschichte als die größte Erweiterungsrunde eingehen, die zehn Staaten Mittel- und Osteuropas sowie Malta und Zypern miteinbezogen hat.

Die rechts- und wirtschaftswissenschaftliche Forschung sieht sich, seitdem politisch entschieden ist, dass die Europäische Union nach Osten erweitert werden soll, ebenfalls aufgerufen, die Implikationen dieses neuen Integrationsschrittes zu analysieren. Die Osterweiterung, wie jede Erweiterung der Union, eröffnet Chancen und birgt gleichzeitig Risiken in sich. Sie wird Probleme aufwerfen, aber auch Erfolge mit sich bringen.[23] Dass die Osterweiterung der Union kein einfacher Prozess ist und sein wird, erscheint selbstverständlich. Zwar wurden aus Anlass der früheren Erweiterungen der Gemeinschaft zahlreiche Wirkungsanalysen durchgeführt. Doch stellen die darin enthaltenen Erkenntnisse nur sehr bedingt einen Leitfaden für das jetzt anstehende Vorhaben dar.[24] Anders als in der Vergangenheit macht die neue EU-Erweiterung grundlegende institutionelle Reformen und tiefgreifende Änderungen in den Hauptaktivitäten der Union (z.B. in der Agrar- oder Strukturpolitik) und den damit verbundenen Ausgabenprogrammen unumgänglich. Die Politik zögert noch, konsequent den Reformkurs einzuschlagen, doch sie wird früher oder später an dem enormen Handlungsbedarf nicht mehr vorbei kommen können.[25]

Mit der Osterweiterung sind zwölf neue Länder der Europäischen Union beigetreten. Ist dies nur eine Zwischenstation wie andere in der bisherigen Geschichte der europäischen Integration? Eine Etappe, die zunächst Spannungen

---

[22] OPPERMANN, JZ 2005, S. 1017, 1019; GRIMM/MERKEL, Die Grenzen der EU, in: ALBER/MERKEL (HRSG.), Europas Osterweiterung: Das Ende der Vertiefung?, S. 183 ff.; MARTENS, APuZ B 17/2004, S. 3 ff.

[23] PECHSTEIN/KOENIG, Die Europäische Union, Kap. 8 Rn. 440 ff.; SCHROEDER, Sprachtheorie und Nationalismus in Rumänien, in: GREGORI/SCHASER (HRSG.), Rumänien im Umbruch, S. 73 ff.; HUDALLA/PRADETTO, Desintegration durch Integration?, S. 41 f.; SCHASER, Die Kontrolle der Außengrenzen der EU, in: STURM/PEHLE (HRSG.), Die neue Europäische Union, S. 165, 178.

[24] Ähnlich mangelnde Erfahrungen waren auch bei der Deutschen Wiedervereinigung zu verzeichnen und führten langfristig zu großen – insb. wirtschaftlichen und sozialen – Ungleichgewichten zwischen Ost- und West-Deutschland sowie zu hohen Geldzahlungen von den alten in die neuen Bundesländer, vgl. MAUREL, Territoriale Ungleichgewichte in Europa, in: KOOPMANN/LEQUESNE (HRSG.), Partner oder Beitrittskandidaten, S. 207, 211 ff.

[25] CREMER in: CALLIESS/RUFFERT, Art. 49 EU-Vertrag Rn. 18; ARNOLD, Europa-Archiv 1991, S. 318, 322 f.; BERGMANN, ZRP 2001, S. 18 ff.; VARWICK, APuZ B 1-2/2002, S. 23 ff.

und Probleme hervorruft, die dann im weiteren Zeitverlauf gelöst werden, um nur noch zu mehr Wohlstand und engerer Kooperation der Mitglieder zu führen? Oder ist die Europäische Union mit der jüngsten und größten Erweiterung ihrer Geschichte an ihre Grenzen gestoßen und dadurch ihr die Gefahr einer Überdehnung und damit der Stagnation und Regression droht?[26] Kann die wirtschaftliche und politische Integration ohne feste Finalität erfolgreich weitergeführt werden? Wachsen die Gesellschaften der Mitgliedsländer, die Einstellungen, Werte, Wünsche und Präferenzen ihrer Bürger so zusammen, dass die politisch-institutionelle Gefahr der Überdehnung der Gemeinschaft gleichsam „sozial" verhindert werden kann? Sind die jüngsten EU-Mitglieder tatsächlich auf die Vollmitgliedschaft in der Europäischen Union vorbereitet? Das sind die allgemeinen Hintergrundfragen, die der vorliegenden Untersuchung zugrunde liegen.

II. Problemstellung der Arbeit

Die bisherigen Studien[27] haben die Problematik der Osterweiterung überwiegend am Beispiel der Staaten der so genannten „Ersten Welle" (insb. Polen, Tschechien und Ungarn) untersucht. Die vorliegende Arbeit befasst sich mit einem Land, über das in den westeuropäischen Staaten immer noch kaum hinreichende Kenntnisse vorhanden sind, das in politischer und wirtschaftlicher Hinsicht von Europa vielfach marginalisiert wurde und auch derzeit nur selten im Fokus der Aufmerksamkeit steht. Aus diesem Grund gilt es in dieser Arbeit, durch Zusammentragen der verschiedenen EU-Beitrittskriterien eine Übersicht über die Beziehungen zwischen der Europäischen Union und Rumänien bzw. über die Fortschritte Rumäniens auf seinem Weg zur EU-Mitgliedschaft zu erschaffen, die bislang noch nicht erarbeitet wurde. Der gewaltsame Umbruch im Dezember 1989 eröffnete Rumänien die Chance einer Neupositionierung seiner Europapolitik. Die vorliegende Studie unter-

---

[26] Vgl. OPPERMANN, Europarecht, § 1 Rn. 47; BEUTLER in: BEUTLER/BIEBER/PIPKORN/STREIL, Die Europäische Union, Kap. 2 Rn. 110; KRAFT, APuZ B 15/2001, S. 6 ff.

[27] Vgl. STURM/PEHLE (HRSG.), Die neue Europäische Union: Die Osterweiterung und ihre Folgen, 2006; BERCK, Die EU-Osterweiterung, 2003; LIPPERT (HRSG.), Osterweiterung der Europäischen Union – Die doppelte Reifeprüfung, 2000; DAUSES, Osterweiterung der EU, Rechtsangleichung und struktur-politischer Rahmen, 1998; DIEGRITZ, Einstellungen zur EU-Osterweiterung aus sozial-psychologischer Sicht am Beispiel Tschechiens, 2000; HERRNFELD, Recht europäisch. Rechtsreform und Rechtsangleichung in den Visegrád-Staaten, 1995; ISMAYR (HRSG.), Die politischen Systeme Osteuropas, 2002; NUTZINGER (HRSG.), Osterweiterung und Transformationskrisen, 2000.

sucht, ob und in welcher Form Rumänien diese Chance genutzt hat. Des Weiteren wird einerseits geprüft, wie reif das gegenwärtige Rumänien für die Mitgliedschaft in der Europäischen Union ist, und andererseits, welche Übergangsregelungen zur Übernahme der aus der EU-Mitgliedschaft erwachsenden Verpflichtungen im Falle Rumäniens vereinbart wurden.

Im Hinblick auf die historische Analyse des europäischen Integrationsprozesses werden im ersten Teil der Arbeit die Entwicklung der Europäischen Union und der aktuelle Stand des Osterweiterungsprozesses dargestellt und die Bedeutung der EU-Osterweiterung im Vergleich zu den vorangegangenen Erweiterungsrunden bewertet.

Hieran anschließend werden im zweiten Teil der Arbeit das Beitrittsverfahren dargestellt und die Beitrittskriterien analysiert. Da der EU-Vertrag keine Homogenitätsklausel enthält, sondern nur einen Beitrittsartikel (Art. 49 EU-Vertrag), spielt die Frage nach dem Beitrittsprofil eine besondere praktische Bedeutung: Aus welchen Gründen scheiden einzelne Länder auf Dauer als künftige EU-Mitglieder aus? Nach welchen Kriterien wird die Beitrittsfähigkeit eines Landes geprüft? Wie steht es um die Anforderungen im Hinblick auf die Regierungsform der Beitrittskandidaten oder deren Beachtung der Menschenrechte? Der Zusammenbruch der totalitären Regime in Mittel- und Osteuropa lenkt das Augenmerk in besonderer Weise auch auf den Wirtschaftsbereich: Welche Arten von Wirtschaftsordnungen sind mit dem Unionsrecht kompatibel? Wie verhält es sich mit öffentlichen Eingriffs- und Lenkungsbefugnissen oder hohen Staatsanteilen an der Volkswirtschaft? Zu klären ist weiterhin, ob das Beitrittsverfahren bzw. die Beitrittskriterien einer gerichtlichen Überprüfbarkeit unterliegen.

Im dritten Teil der Arbeit wird der Osterweiterungsprozess am Beispiel Rumäniens untersucht. Daran schließt sich eine Beschreibung der Entwicklung und des Standes der Beziehungen zwischen der Europäischen Union und Rumänien an. Dieses Land hat eine interessante, in der jüngeren Geschichte und Gegenwart Europas eigenartig ambivalente Stellung inne: Zunächst ist Rumänien unbestreitbar ein europäisches Land.[28] Trotz seiner Lage am Rande des Kontinents ist seine Bevölkerung europäischer Herkunft und verwendet eine Sprache, die auf das Latein als eine der ältesten Kultursprachen Europas zu-

[28] Rumänien bildet zusammen mit Polen, Ungarn, Bulgarien und Albanien die einzigen Nationalstaaten, die in Osteuropa auch vor den politischen Umwälzungen der Jahre 1989/1990 existierten.

rückgeht.[29] Rumänien war, nicht zuletzt als Objekt von Eroberungen und Bedrohungen, stets ein Bestandteil europäischer Geschichte.[30] Diese enge Verbundenheit mit Europa drückt sich nicht zuletzt darin aus, dass der Beitritt zur Europäischen Union für Rumänien, wie für zahlreiche andere Staaten der Region, als Hauptziel der Außenpolitik seit der Wende im Dezember 1989 angesehen wurde. Dennoch gehört Rumänien (zusammen mit Bulgarien) zu den Ländern, deren Aufnahmegesuch in der ersten Osterweiterungsrunde keine Berücksichtigung fand. Zu schlecht waren die politischen und vor allem die wirtschaftlichen Rahmenbedingungen, zu schleppend die Verbesserungen, zu zögerlich der Transformationsprozess des Landes.

Rumänien bietet sich – aufgrund seiner langjährigen Sonderstellung eines „Mitgliedstaates in der Warteschleife" – als ein besonders geeignetes Objekt für die vorliegende Untersuchung an. Die Europapolitik Rumäniens lässt sich nicht nur auf zwischenstaatliche Kooperationsstrukturen beschränken, da sie in zunehmendem Maße nationalstaatliche Politikgestaltung, Institutionen und Entscheidungsverfahren beeinflusst.[31] Darüber hinaus ist die Europapolitik Rumäniens mit den Traditionen und dem kulturellen Selbstverständnis des Landes eng verknüpft. Die Annäherung Rumäniens an die Europäische Union lässt sich somit nicht als klassische Außenpolitik analysieren, sondern muss auch als innenpolitische Fragestellung behandelt werden, die das gesamte politische System Rumäniens unmittelbar tangiert und durchdringt. Bis zu den Parlaments- und Präsidentschaftswahlen im November 1996 offenbarte sich den internationalen Beobachtern des rumänischen Transformationsprozesses ein eklatantes Paradoxon: Zwar erfolgte mit dem gewaltsamen Umsturz des CEAUŞESCU-Regimes im Dezember 1989 der radikalste Bruch mit der alten Ordnung innerhalb der postkommunistischen Gesellschaften, doch fand in den darauf folgenden sieben Jahren keine tiefgreifende Erneuerung des politischen und ökonomischen Systems statt. Obgleich demokratische und marktwirtschaftliche Institutionen bereits im Jahr 1991 implementiert wurden und die schleppende und mühsame Entstehung einer Zivilgesellschaft beobachtet

[29] So gehört die Perzeption der Rumänen als „lateinische Insel in einem slawischen Ozean" zum festen Bestandteil des nationalen Selbstverständnisses, vgl. GALLAGHER, To be or Not To be Balkan: Romania's Quest for Self-Definition, S. 63, 70; PIPPIDI, Mythen der Vergangenheit – Scheideweg der Gegenwart, *Neuer Weg* vom 27.3.1992, S. 1 ff.

[30] Vgl. VULCĂNESCU, Dimensiunea românească a existenţei (Die rumänische Dimension des Seins), S. 12 ff.; WAGNER, APuZ 27/2006, S. 3 ff.

[31] Vgl. im Hinblick auf die Wechselwirkungen zwischen der Europäischen Union und ihren Mitgliedstaaten ROMETSCH/WESSELS (HRSG.), The European Union and the Member States: Towards Institutional Fusion?, Manchester/New York 1996.

werden konnte, war die rumänische Realität durch einen profunden Kontrast zwischen pluralistischen, formal-legalen, demokratischen und ökonomischen Institutionen einerseits und den erhalten gebliebenen, wenngleich modifizierten autoritären Praktiken und Mentalitäten andererseits gekennzeichnet, die die Überwindung der Logik des Staatssozialismus blockierten und den katastrophalen Zustand der rumänischen Volkswirtschaft aufrecht erhielten.[32]

Ziel der vorliegenden Arbeit ist es, einen Erklärungsbeitrag zur Analyse des rumänischen Transformationsprozesses unter rechtswissenschaftlich relevanter Betrachtungsweise zu leisten. Es gilt, den Verlauf und die Ursachen des Systemwandels herauszuarbeiten sowie die Chancen einer demokratischen Konsolidierung und der Errichtung eines marktwirtschaftlichen Systems in Rumänien zu erläutern. Dabei werden die politischen, ökonomischen und gesellschaftlichen Entwicklungen dargestellt, die die rumänische Transformationsrealität seit dem im Jahre 1989 eingeleiteten Systemwechsel prägen und zu der soeben geschilderten paradox-erscheinenden Situation führten. Im Mittelpunkt der Betrachtung steht die demokratische und marktwirtschaftliche Institutionenbildung. Diese wird im Wesentlichen von drei komplexen Faktoren determiniert, auf die im Rahmen des dritten Teil der Arbeit eingegangen wird: Erstens von den strukturellen Problemen, die sich aus der Komplexität und den Interdependenzen der oftmals synchron verlaufenden Transformationsprozesse ergeben, zweitens vom nationalen Charakter der formellen und informellen institutionellen Arrangements als Erbe des CEAUŞESCU-Regimes, aber auch drittens von der vorkommunistischen historisch-kulturellen Tradition sowie von den diskretionären Entscheidungen der politischen Akteure in Rumänien. Auf diesem rechtlichen und historischen Fundament aufbauend wird ebenfalls im dritten Teil der Arbeit eine Analyse der Beitrittsreife Rumäniens und der Erweiterungsstrategie der Europäischen Union vorgenommen. Dieser Teil der Arbeit schließt mit einer Darstellung der einzelnen Vorteile des rumänischen Beitritts für die Europäische Union.

Im letzten Teil werden die zusammengefassten Ergebnisse der Untersuchung vorgetragen. In Anbetracht sowohl der hohen Anzahl der Neumitglieder aus Mittel- und Osteuropa als auch im Hinblick auf die gewaltige, jede bisherige Erweiterung weit übertreffende Steigerung der politischen und wirtschaftlichen Heterogenität einer Union mit 27 Mitgliedern rückt unvermeidlich die Frage in den Vordergrund, inwieweit die Europäische Union gegenwärtig auf

---

[32] HAGEDORN, Gleiche Maßstäbe für Ost und West, S. 95 ff.; ROTHACHER, APuZ B 5-6/ 2004, S. 25, 28 ff.; BOIA, APuZ 27/2006, S. 13 ff.

die Aufnahme neuer Mitglieder vorbereitet ist. Es gilt in diesem letzten Teil der Untersuchung, die Bedeutung der Reformnotwendigkeit innerhalb der Europäischen Union herauszuarbeiten, insbesondere des Erfordernisses, die Unterstützung der Unionsbürger zurückzugewinnen.[33] Die Arbeit schließt mit einer kurzen Betrachtung des Erweiterungskonzeptes der Europäischen Union und einem Vorschlag für dessen zukünftige Ausrichtung.

---

[33] MENG in: VON DER GROEBEN/SCHWARZE, Art. 49 EU-Vertrag Rn. 5 ff.; FIEGEN, Die Reform des EU-Finanzsystems, S. 15 ff.; LIPPERT, APuZ B 1-2/2003, S. 7 f.

1. Teil: Der europäische Integrationsprozess: ein historischer Abriss

I. Von der EWG-6 zur EU-15

Mit dem Ende des Zweiten Weltkrieges mit seinen mehr als 32 Millionen Todesopfern allein in Europa, seinem Ausmaß an Zerstörung, Vertreibung, Hunger und Leid gab es quer durch die demokratischen Parteien und Gruppierungen der meisten europäischen Länder eine Vielzahl von Stimmen und Plänen, die dahin zielten, auf den Trümmern des nationalistischen Gegeneinanders eine Zukunft des Miteinanders der europäischen Völker und Staaten aufzubauen.[34] Hierbei war die Zahl maßgeblicher Stimmen des Widerstandes sowie auch demokratischer Exilgruppen aus den von Deutschland besetzten Ländern besonders groß, die anstelle des Systems der souveränen Nationalstaaten, als dem institutionalisierten Egoismus und Gegeneinander der europäischen Völker, die Organisation einer Friedens- und Solidargemeinschaft Europas nach föderalistisch-bundesstaatlichen Prinzipien für notwendig hielt.[35] Damit sollten zugleich Demokratie und Rechtsstaatlichkeit in Europa gegenüber totalitären Kräften gesichert und die für Wiederaufbau und Wohlstand hinderlichen Zoll- und sonstigen Wirtschaftsschranken beseitigt werden.

In diesem Zusammenhang wurden vor über 50 Jahren zwei bahnbrechende Reden gehalten, die für die Zukunft Europas von grundlegender Bedeutung waren, auch wenn die Perspektiven, die in diesen Reden aufgezeigt wurden, sich zum Teil erst Jahrzehnte später verwirklichten: JAMES BYRNES, der amerikanische Außenminister, kündigte in Stuttgart im Jahr 1946 die Änderung der amerikanischen Politik für Deutschland und für ganz Europa an. An die Stelle einer Politik des Appeasements und des Arrangierens mit JOSEF STALIN sollte eine Politik der Eindämmung der Sowjetunion in ihrem Expansionsdrang treten.[36] Am 19. September 1946 beschwor der britische Staatsmann und Premierminister während des Krieges, WINSTON CHURCHILL, in seiner für Aufsehen erregenden Rede in Zürich eine „Neugründung der Europäischen Völkerfamilie“ in Gestalt der „Vereinigten Staaten von Europa“.[37] Großbri-

[34] OPPERMANN, Europarecht, § 1 Rn. 13; HOBE, Europarecht, § 2 Rn. 12; STREINZ, Europarecht, § 2 Rn. 12 ff.; BIEBER in: BEUTLER/BIEBER/PIPKORN/STREIL, Die Europäische Union, Kap. 1 Rn. 1; PFETSCH, Die Europäische Union, S. 19 ff.

[35] DUCULESCU, Dreptul Integrării Europene (Das Recht der Europäischen Integration), S. 50 ff.

[36] ŞUIAN, Integrarea vest-europeană (West-Europäische Integration), S. 89 ff.

[37] Aus der Rede WINSTON CHURCHILLS am 19.9.1946 in Zürich zitiert nach OPPERMANN, Europarecht, § 1 Rn. 13: „In ausgedehnten Gebieten Europas starrt eine Menge gequälter,

tannien, das seine wichtigste Rolle noch im Commonwealth sah, wollte aber zunächst im Hintergrund bleiben und die ersten Schritte anderen europäischen Staaten, vor allem Deutschland und Frankreich, überlassen.[38] Geprägt durch das in den Nachkriegsjahren hervorgerufene Sicherheitsbedürfnis, war die neue westeuropäische Einigungsidee auch als Gegenreaktion auf den wirtschaftlichen und weltpolitischen Niedergang der ehemaligen europäischen Großmächte nach dem Zweiten Weltkrieg entworfen worden. Einer der wichtigsten Anhänger dieser Politik war KONRAD ADENAUER. Schon aus dem Jahre 1945 sind Äußerungen ADENAUERS überliefert, einem von Russland beherrschten Osteuropa müsse ein starker westlicher Block entgegengesetzt werden.[39] CHURCHILLS und ADENAUERS Vision nahm zuerst im Europarat (1949), dann in der Montanunion (1951), später in der Europäischen Wirtschaftsgemeinschaft (1957) und seit 1993 in der Europäischen Union Gestalt an.

Der Europäische Integrationsprozess ist seit jeher durch ein Miteinander von Vertiefung und Erweiterung gekennzeichnet.[40] Die europäische Integration war die Antwort auf Jahrhunderte eines unsicheren Gleichgewichts der Mächte auf diesem Kontinent, das immer wieder in verheerende Hegemonialkriege umschlug und in den beiden Weltkriegen zwischen 1914 und 1945 kulminier-

---

hungriger, sorgenerfüllter und verwirrter Menschen die Ruinen ihrer Städte und Heime an. [...] Trotzdem gibt es ein Heilmittel. [...] Dieses Mittel besteht in der Erneuerung der europäischen Völkerfamilie [...] und in ihrem Neuaufbau unter einer Ordnung, unter der sie in Freiheit, Sicherheit und Frieden leben kann. Wir müssen eine Art *Vereinigter Staaten von Europa* errichten." Vgl. auch PFETSCH, Die Europäische Union, S. 22; PECHSTEIN/KOENIG, Die Europäische Union, Kap. 1 Rn. 26.

[38] WINSTON CHURCHILL zitiert nach PFETSCH, Die Europäische Union, S. 22: „Der erste Schritt bei der Neugründung der europäischen Familie muss eine Partnerschaft zwischen Deutschland und Frankreich sein. Nur auf diese Weise kann Frankreich die moralische Führung Europas wiedererlangen. Es gibt kein Wiederaufleben Europas ohne ein geistig großes Frankreich und ein geistig großes Deutschland. Die Struktur der Vereinigten Staaten von Europa, wenn sie gut und echt errichtet wird, muss so sein, dass die materielle Stärke eines einzelnen Staates von weniger großer Bedeutung ist. Kleine Nationen zählen ebensoviel wie große und erwerben sich ihre Ehre durch ihren Beitrag zu einer gemeinsamen Sache." Vgl. auch OPPERMANN, Europarecht, § 1 Rn. 13 f.

[39] Vgl. PFETSCH, Die Europäische Union, S. 23; KOENIG/HARATSCH, Europarecht, Kapitel II Rn. 31; PECHSTEIN/KOENIG, Die Europäische Union, Kap. 1 Rn. 27.

[40] OPPERMANN, Europarecht, § 1 Rn. 35 ff.; KOENIG/HARATSCH, Europarecht, Kapitel II Rn. 39 ff.; CALLIESS, Quo vadis Europa?, S. 3 ff.

te.[41] Der Kern des Europagedankens nach 1945 war und ist deshalb die Absage an das Prinzip des europäischen Gleichgewichtssystems und des Hegemonialstrebens einzelner Staaten, wie es nach dem Westfälischen Frieden von 1648 als Schlusspunkt des Dreißigjährigen Krieges entstanden war. Dies kann durch eine enge Verflechtung vitaler Interessen und die Übertragung nationalstaatlicher Souveränitätsrechte an supranationale europäische Institutionen geschehen.[42] Die Abgabe nationaler Souveränitätsrechte an supranationale Institutionen und die intergouvernementale Verflechtung auf dem europäischen Kontinent sind in ihrer Tiefe und Breite beispiellos in der Geschichte souveräner Nationalstaaten und können daher als durchaus revolutionär bezeichnet werden.[43] Auch wenn die Vertiefung und die Erweiterung des europäischen Zusammenschlusses keineswegs immer gleichzeitig und gleichmäßig verliefen, waren ernsthafte Rückschläge und Gefährdungen der weiteren Integration bislang relativ selten und niemals von nachhaltiger Wirkung.[44]

Mit dem Vorschlag des französischen Außenministers ROBERT SCHUMAN vom 9. Mai 1950, die deutsche und französische Kohle- und Stahlindustrie in einer neuartigen (zunächst funktional auf Kohle und Stahl begrenzten) Wirtschaftsgemeinschaft (Montanunion) zusammenzufassen, wurde der Aufruf CHURCHILLS aus Zürich 1946 in einer konkreten Form aufgegriffen und somit der institutionelle Grundstein der europäischen Integration gelegt. Der SCHUMAN-Plan verband Sicherheitsgarantien für Frankreich gegenüber einem wiedererstarkenden Deutschland durch Kontrolle der Schlüsselindustrien der damaligen Zeit mit einer ausbaufähigen Integrationsordnung auf partnerschaftlicher Grundlage. Die Besonderheit der 1951 gegründeten Europäischen Gemeinschaft für Kohle und Stahl (EGKS) bestand darin, dass die sechs Teilnehmerstaaten (Belgien, Deutschland, Frankreich, Italien, Luxemburg und die Niederlande) auf Hoheitsrechte verzichteten und sich insoweit europäischen

---

[41] KOENIG/HARATSCH, Europarecht, Kapitel II Rn. 26 ff.; OPPERMANN, Europarecht, § 1 Rn. 15; ARNDT, Europarecht, S. 9 f.; BIEBER in: BEUTLER/BIEBER/PIPKORN/STREIL, Die Europäische Union, Kap. 1 Rn. 3 ff.

[42] STREINZ, Europarecht, § 2 Rn. 9 ff.; PFETSCH, Die Europäische Union, S. 31 f.; ARNOLD, Europa-Archiv 1991, S. 318 f.

[43] ARNDT, Europarecht, S. 10 f.; BIEBER in: BEUTLER/BIEBER/PIPKORN/STREIL, Die Europäische Union, Kap. 1 Rn. 8 ff.; CALLIESS, Quo vadis Europa?, S. 8.

[44] Dies gilt auch für das Scheitern der zu weit vorauseilenden Europäischen Verteidigungsgemeinschaft (1954) und für die von Frankreich betriebene „Politik des leeren Stuhls" (1965). Ausführlich dazu HEIMPEL, Motive, Folgen und Verpflichtungen des Beitritts Spaniens und Portugals zur Europäischen Gemeinschaft, in: HASENPFLUG/KOHLER (HRSG.), Die Süd-Erweiterung der Europäischen Gemeinschaft, S. 161 ff.

Institutionen unterordneten.[45] Die Montanunion verfolgte nicht nur die Schaffung eines Binnenmarktes für die Güter der Schwerindustrie (Kohle, Eisen und Stahl), sondern auch indirekt sicherheitspolitische Interessen und verstand sich als „erste Etappe der Europäischen Föderation“.[46] Nachdem sich am Beispiel der EGKS der wirtschaftliche Bereich als derjenige erwiesen hatte, in dem Fortschritte des europäischen Einigungswerkes am ehesten machbar erschienen, unterzeichneten die EGKS-Mitgliedsstaaten am 25. März 1957 die Römischen Verträge zur Gründung der Europäischen Wirtschaftsgemeinschaft (EWG) und der Europäischen Atomgemeinschaft.[47] Diese drei Gemeinschaften bildeten bis Juli 2002 als Europäische Gemeinschaften den ersten Pfeiler der Europäischen Union (EU).[48]

Nachdem dieser wirtschaftliche Zusammenschluss sich sehr erfolgreich entwickelt hatte,[49] kam es im Jahr 1973 zur ersten Erweiterung der Europäischen Gemeinschaften: Großbritannien, Dänemark und Irland traten den Gemeinschaften bei, um dadurch eine bessere ökonomische Entwicklung zu erreichen.[50] Die Norderweiterung von 1973 war zwar zunächst durch französischen Widerstand, der seine Ursache in nationalen, dem europäischen Grundgedanken des EG-Vertrages zuwiderlaufenden Überlegungen hatte, lange verzögert worden.[51] Bei ihrem Vollzug war sie dann jedoch in politischer und

---

[45] ARNDT, Europarecht, S. 11; KOENIG/HARATSCH, Europarecht, Kapitel II Rn. 31.

[46] OPPERMANN, Europarecht, § 1 Rn. 19; KOENIG/HARATSCH, Europarecht, Kapitel II Rn. 30.

[47] OPPERMANN, Europarecht, § 1 Rn. 21 f.; BIEBER in: BEUTLER/BIEBER/PIPKORN/STREIL, Die Europäische Union, Kap. 1 Rn. 10; STREINZ, Europarecht, § 2 Rn. 17.

[48] Die Europäische Gemeinschaft für Kohle und Stahl, die als dritte Gemeinschaft galt, existiert nicht mehr, nachdem die Geltungsdauer des EGKS-Vertrages am 23.7.2002 um 24.00 Uhr auslief und von den Mitgliedstaaten nicht verlängert wurde (Art. 97 EGKS-Vertrag). Das gesamte Vermögen und alle Verbindlichkeiten der EGKS sind am 24.7.2002 auf die EG überführt, vgl. Art. 1 Abs. 1 des dem Nizza-Vertrag beigefügten Protokolls über die finanziellen Folgen des Ablaufs der Geltungsdauer des EGKS-Vertrages. Ab dem 24.7.2002 findet auf die Bereiche der Kohle und des Stahls der EG-Vertrag Anwendung. Die nachfolgenden Angaben des EG-Vertrages beziehen sich jeweils auf die durch den Vertrag von Amsterdam geänderte Fassung, die am 1.5.1999 in Kraft getreten ist.

[49] Zwischen 1957 und 1962 wuchs der innergemeinschaftliche Güterhandel mehr als doppelt so stark wie der weltweite Güterhandel.

[50] VEDDER in: GRABITZ/HILF, Art. 49 EU-Vertrag Rn. 50; STREINZ, Europarecht, § 2 Rn. 67; PFETSCH, Die Europäische Union, S. 46 ff.

[51] Großbritannien stellte zusammen mit Dänemark und Irland bereits im Jahr 1961 einen Antrag auf Beitritt zu den drei Europäischen Gemeinschaften. Im Jahr 1962 wuchsen in Frankreich die Vorbehalte wegen des Verhältnisses zum Commonwealth, zur EFTA und wegen der Agrarpolitik. Die britische Haltung in diesen Fragen bei den Beitrittsverhand-

wirtschaftlicher Hinsicht nicht nur unumstritten, sondern galt unter beiden Gesichtspunkten als eine Notwendigkeit und ein Gewinn für die Europäische Gemeinschaft.[52]

Ein nächster Erweiterungsschub vollzog sich in den 80er Jahren mit der sog. Süderweiterung: Griechenland, das bereits 1961 ein Assoziations-Abkommen mit der Europäischen Wirtschaftsgemeinschaft abgeschlossen und somit teilweise besonderen Zugang zum Gemeinsamen Markt bekommen hatte, wurde im Jahr 1981 zehnter Mitgliedstaat der Europäischen Gemeinschaft.[53] Am 1. Januar 1986 traten Spanien und Portugal den Europäischen Gemeinschaften bei. In diesen Ländern bildeten die politischen Umwälzungen, die aus autoritären Regimes – der spanischen FRANCO- bzw. portugiesischen SALAZAR-Diktatur – Demokratien werden ließen, die Voraussetzung für einen Beitritt zur Europäischen Gemeinschaft.[54] Ein wichtiges Ziel der Süderweiterung bestand seinerzeit in der Absicht, die demokratische Entwicklung Spaniens und Portugals zu fördern.[55] Innerhalb von weniger als zwanzig Jahren verdoppelte sich somit die Mitgliederzahl der Gemeinschaft, was sowohl bedeutende Auswirkungen auf ihre innere Struktur als auch auf ihre Rolle in den internationalen Beziehungen mit sich brachte.

Ebenfalls im Jahr 1986 wurden durch die Unterzeichnung und das Inkrafttreten der Einheitlichen Europäischen Akte (EEA) die Gründungsverträge der Gemeinschaft einer ersten grundlegenden Änderung und Ergänzung unterzo-

---

lungen wurde daraufhin sehr reserviert. Da der damalige französische Präsident CHARLES DE GAULLE fürchtete, Großbritannien werde seinen Vorstellungen über eine europäische Integration nicht folgen, zogen sich die Franzosen einseitig von den Beitrittsverhandlungen mit Großbritannien zurück. Die Verhandlungen wurden erst Ende 1969 nach dem Rücktritt DE GAULLES von der politischen Bühne wieder aufgenommen, vgl. MENG in: VON DER GROEBEN/SCHWARZE, Art. 49 EU-Vertrag Rn. 38.

[52] BIEBER in: BEUTLER/BIEBER/PIPKORN/STREIL, Die Europäische Union, Kap. 1 Rn. 14; STREINZ, Europarecht, § 2 Rn. 67; ARNOLD, Europa-Archiv 1991, S. 318, 320.

[53] MENG in: VON DER GROEBEN/SCHWARZE, Art. 49 EU-Vertrag Rn. 40; PFETSCH, Die Europäische Union, S. 53 f.; DAGTOGLOU, EuR 1980, S. 1 ff. Zur Süderweiterung vgl. statt anderer HASENPFLUG/KOHLER (HRSG.), Die Süd-Erweiterung der Europäischen Gemeinschaft, 1977.

[54] MENG in: VON DER GROEBEN/SCHWARZE, Art. 49 EU-Vertrag Rn. 40 f.; ACHTEN, Die Osterweiterung der Europäischen Union, S. 59 f.; ARNOLD, Europa-Archiv 1991, S. 318, 320.

[55] HEIMPEL, Motive, Folgen und Verpflichtungen des Beitritts Spaniens und Portugals zur Europäischen Gemeinschaft, in: HASENPFLUG/KOHLER (HRSG.), Die Süd-Erweiterung der Europäischen Gemeinschaft, S. 161 ff.

gen. Die EEA sah neben der Stärkung der Gemeinschaftsorgane als wesentlichen Bestandteil die Vollendung eines europäischen Binnenmarktes bis Ende 1992 vor.[56] Mit dieser Akte wurden der Europäische Rat und die Europäische Politische Zusammenarbeit vertraglich festgeschrieben und somit der Wille zur weiteren Vertiefung der Integration bekräftigt. Im Juni 1988 beauftragte der Europäische Rat in Hannover eine Arbeitsgruppe mit der Prüfung einer schrittweisen Verwirklichung der Europäischen Wirtschafts- und Währungsunion. Im Juni 1990 wurde in Dublin beschlossen, neben der Regierungskonferenz über eine Wirtschafts- und Währungsunion einen parallelen Ratsgipfel zur Gründung einer umfassenden Europäischen Union einzuberufen.[57] Im Jahr 1993 trat der Vertrag von Maastricht in Kraft, auf dessen Grundlage die Europäische Union gegründet wurde. Diese umfasst neben den Europäischen Gemeinschaften eine Gemeinsame Außen- und Sicherheitspolitik (GASP) sowie eine verstärkte Zusammenarbeit in den Bereichen Justiz und Inneres (ZBJI[58]). Als weiterer bedeutender Schritt der Vertiefung wurde die Schaffung der Europäischen Wirtschafts- und Währungsunion (EWWU)[59] beschlossen, deren dritte Stufe am 1. Januar 1999 mit der Einführung des Euro im bargeldlosen Zahlungsverkehr in Kraft getreten ist und die nunmehr dreizehn Teilnehmerländer umfasst.[60]

Im Jahr 1995 fand die sog. EFTA-Erweiterung der Europäischen Union statt: Mit Österreich, Finnland und Schweden traten drei Mitglieder der Europäischen Freihandelszone (European Free Trade Association) der Union bei.[61]

---

[56] Zollunion und Binnenmarkt unterscheiden sich im Wesentlichen dadurch, dass in letztgenanntem zusätzlich zu gemeinsamen Außenzöllen sowie freiem Austausch von Waren und Dienstleistungen auch für die Arbeitskräfte und das Kapital keine institutionellen Mobilitätshemmnisse bestehen.

[57] OPPERMANN, Europarecht, § 1 Rn. 33; KOENIG/HARATSCH, Europarecht, Kapitel II Rn. 41.

[58] Durch den Amsterdamer Vertrag wurde die ZBJI in PJZS (Polizeiliche und Justizielle Zusammenarbeit in Strafsachen) umbenannt, wie der Titel VI EU-Vertrag seitdem lautet.

[59] Art. 98 – 124 EG-Vertrag bilden die Vertragsgrundlagen.

[60] Am 1.1.2007 ist Slowenien als 13. Land und am 1.1.2008 sind Malta und Zypern als 14. bzw. 15. Land der Euro-Zone beigetreten. Für den 1.1.2009 wurde der Beitritt der Slowakei zur Euro-Zone durch die EU-Kommission empfohlen. Die EU-Staats- und Regierungschefs gaben auf ihrem Brüsseler Gipfeltreffen vom 19./20.6.2008 grünes Licht für den Beitritt der Slowakei zum gemeinsamen europäischen Währungsgebiet, vgl. die Schlussfolgerungen des Vorsitzes der Regierungskonferenz des Europäischen Rates unter: www.consilium.europa.eu/ueDocs/cms_Data/docs/pressdata/de/ec/101359.pdf (Stand: 30.6.2008)

[61] Vgl. zu diesen Beitritten HUMMER (HRSG.), Die EU und Österreich, 1997; JAKOBSON, Sicherheit für Europa aus Sicht Finnlands, 1995; WEBER, Schweden und die EU, 2001.

Auf diese Weise entstand die EU-15. Sowohl wirtschaftlich als auch rechtlich waren diese Beitritte unproblematisch, weil alle drei Staaten zum Europäischen Wirtschaftsraum (EWR) gehörten und bereits im Vorfeld ihres EU-Beitritts einen gemeinschaftsrechtskonformen Rechtsstand hatten, der keine wesentlichen Änderungen und Anpassungen notwendig machte.[62]

Diese vier Erweiterungsrunden, zu denen nach dem Grundsatz der beweglichen Vertragsgrenzen faktisch auch der Beitritt der DDR zur Bundesrepublik Deutschland im Jahr 1990 gehört,[63] führten hinsichtlich des Gebietes der Union, ihres Bruttoinlandsprodukts sowie ihres gesamten inneren Zusammenhaltes zu grundlegenden Veränderungen. So stieg die Bevölkerung der Union von 209 Millionen Einwohnern im Jahr 1957 auf 376 Millionen im Jahr 1995. Ihre Fläche wurde mehr als verdoppelt und durch die Produktionszuwächse infolge der Erweiterungen kam es fast zu einer Verzehnfachung des EU-Bruttoinlandprodukts.[64]

II. Von der EU-15 zur EU-27 – Vorgeschichte und Vergleich der Osterweiterung zu den vorangegangenen Erweiterungsrunden

Die Osterweiterung findet in einem erheblich größeren Maßstab statt als die vorangegangenen Erweiterungen. Zunächst hat sie eine große historische Tragweite inne, so dass sie sich nicht mit einer der vorangegangenen Erweiterungen vergleichen lässt. Bei dieser Erweiterung handelt es sich um einen grundlegenden politischen Wandel, da er die postkommunistischen Länder mit dem westlichen Europa verbindet und somit zu „Europas Wiedervereinigung" führt, die vor den politischen Umwälzungen der Jahre 1989 und 1990 kaum vorstellbar war.[65] Diese Erweiterung verbindet zwei politisch unter-

---

[62] MENG in: VON DER GROEBEN/SCHWARZE, Art. 49 EU-Vertrag Rn. 42; OPPERMANN, Europarecht, § 32 Rn. 26; STREINZ, Europarecht, § 2 Rn. 65; BIEBER in: BEUTLER/ BIEBER/PIPKORN/STREIL, Die Europäische Union, Kap. 1 Rn. 14.

[63] Die Einbeziehung der DDR in die Gemeinschaft war nur mit dem Konsens aller EU-Mitgliedstaaten im Wege eines beitrittsähnlichen Verfahrens möglich, das sich an dem damaligen Art. 237 EWG-Vertrag orientierte, vgl. VEDDER in: GRABITZ/HILF, Art. 49 EU-Vertrag Rn. 6; BOOß in: LENZ/BORCHARDT, Art. 49 EU-Vertrag Rn. 8; OPPERMANN, Europarecht, § 32 Rn. 25.

[64] Vgl. Informationen zur politischen Bildung – *aktuell*, September 2002, S. 2 f.

[65] Vgl. VERHEUGEN, integration 4/2000, S. 221 ff.; vgl. auch die Rede des Bundespräsidenten a.D. JOHANNES RAU vor dem polnischen Parlament am 30.4.2004, *Frankfurter Allgemeine Zeitung* vom 3.5.2004, S. 4: „Die Erweiterung gewinnt mit der Erweiterung eine

schiedliche Kulturkreise und bringt der Europäischen Union neue Außengrenzen mit Ländern, wie Russland, die politisch instabil, ethnisch heterogen und wirtschaftlich rückständig sind, gleichwohl aber als Atommächte militärisch eine bedeutende Rolle spielen.[66] Daraus ergeben sich weitreichende Folgen für die Union; die Bedeutung der Osterweiterung lässt sich daher mit den Römischen Verträgen vergleichen, die nicht nur wirtschaftliche, sondern vielmehr sicherheitspolitische und geostrategische Interessen verfolgten.[67]

Mit der ersten Runde der Osterweiterung traten am 1. Mai 2004 zehn neue Länder der Europäischen Union bei. Durch den Beitritt Rumäniens und Bulgariens am 1. Januar 2007 umfasst die Union gegenwärtig insgesamt 27 Mitglieder. Die Erweiterung der Europäischen Union um die mittel- und osteuropäischen Länder stellt eine große politische und institutionelle Herausforderung für die Union dar. Diese Erweiterung wurde bislang nur der äußeren Form nach vollzogen. Im Hinblick auf die politische Integration der Staaten Mittel- und Osteuropas ist jedoch die Europäische Union nur dann gewachsen, wenn sie weiterhin handlungsfähig bleibt.[68] Je mehr Länder der Union beitreten, desto schwieriger wird die gemeinsame Entscheidungsfindung. Für eine effektive Erfüllung der gestellten Aufgaben und zur Bewältigung der globalen Herausforderungen ist daher eine Neuorganisierung der Union erforderlich.[69] Auf dem Treffen des Europäischen Rates von Kopenhagen im Juni 1993 wurde die grundsätzliche Beitrittsperspektive für die Staaten Mittel- und

---

Dimension, von der ihre Gründerväter kaum zu träumen wagten. […] Das neue Europa ist eine machtvolle, aus leidvoller Geschichte geborene Idee, die morgen wieder ein Stück mehr zur Wirklichkeit wird."

[66] LEIPOLD, Die Osterweiterung als Prüfstein für die Reformfähigkeit der EU, in: NUTZINGER (HRSG.), Osterweiterung und Transformationskrisen, S. 51 ff.; BIEBER in: BEUTLER/BIEBER/PIPKORN/STREIL, Die Europäische Union, Kap. 1 Rn. 1; PECHSTEIN/KOENIG, Die Europäische Union, Kap. 8 Rn. 440 ff.; DIEDRICHS/WESSELS, Internationale Politik 1/2003, S. 11, 12 ff.

[67] Vgl. OPPERMANN, Europarecht, § 1 Rn. 19; STREINZ, Europarecht, § 2 Rn. 16 ff.; FRITZ-VANNAHME, Die Rückkehr Europas, in: Der Fischer Weltalmanach – EU-Erweiterung 2004, S. 11 ff.; OLAH, Die Osterweiterung der Europäischen Union, in: BOȚA-MOISIN (HRSG.), Acquis Communautaire – A Need for the European Integration, S. 303, 307 f.; WIELAND, ZRP 2002, S. 503 ff.; ARNOLD, Europa-Archiv, S. 318, 319 m.w.N.

[68] DIMITROVA, Europarechtliche Perspektiven einer Gemeinsamen Außen-, Sicherheits- und Verteidigungspolitik, in: STURM/PEHLE (HRSG.), Die neue Europäische Union, S. 28; MARTENS, APuZ B 17/2004, S. 3, 4.

[69] AVERY/CAMERON, The Enlargement of the EU, S. 17 ff.; OPPERMANN, Europarecht, § 1 Rn. 39 ff.; WIELAND, ZRP 2002, S. 503 ff.; GRIMM, JZ 1995, S. 581, 587 ff.; ARNOLD, APuZ B 24/2002, S. 28.

Osteuropas eröffnet. Der Kopenhagener Formelkompromiss von 1993 war jedoch nur ein politisches Versprechen ohne Programm und Strategie und vor allem ohne einen ausformulierten Konsens über die interne Lastenteilung sowie die notwendige Tiefe der EU-Politikreformen im Zuge der Osterweiterung.[70] Trotz langjähriger und vielfältiger Erweiterungserfahrungen verfügt die Union gegenwärtig über keine spezielle Erweiterungs- oder Beitrittspolitik, etwa als Teil der Gemeinsamen Außen- und Sicherheitspolitik.[71] Der Westen – wie der Osten – muss sich daher darauf einstellen, dass der Prozess der radikalen ökonomischen Transformation viel länger dauern und viel kostspieliger sein wird als ursprünglich angenommen.[72] Mittel- und Osteuropa wird beim Aufbau von marktwirtschaftlichen Strukturen und demokratischen Institutionen mit präzedenzlosen Herausforderungen und Problemen konfrontiert. Im Unterschied zu früheren Erweiterungen müssen sich aber nicht nur die Aufnahmekandidaten auf die Europäische Union vorbereiten, sondern auch die Europäische Union selbst hat diesbezüglich einen hohen Reformbedarf. Die Integration von zwölf neuen Ländern stellt höhere Anforderungen an die institutionelle Aufnahmefähigkeit der Union und die emotionale Aufnahmebereitschaft ihrer Bürger als die etappenweise Ausdehnung der Mitgliederzahl um jeweils nur höchstens drei Staaten zuvor.[73] Diesmal weist die Erweiterung eine völlig andere Größenordnung auf. Ein Europa von 27 Ländern mit fast 500 Millionen Bürgern ist eine große Aufgabe. Hinzu kommt auch der mögliche Beitritt der aktuellen Kandidatenstaaten (der Türkei, Kroatiens und Mazedoniens), der die Europäische Union erneut erheblich vergrößern würde.[74] In diesem Zusammenhang ist es fraglich, ob die Integrations-

---

[70] PECHSTEIN/KOENIG, Die Europäische Union, Kap. 8 Rn. 440; HUDALLA/PRADETTO, Desintegration durch Integration?, S. 16 ff.; v. BOGDANDY, Europa-Archiv 1993, S. 49 ff.; LIPPERT, APuZ B 1-2/2003, S. 7, 8.

[71] ARNDT, Europarecht, S. 21 ff.; LIPPERT, APuZ B 1-2/2003, S. 7; INOTAI, integration 1-2/2004, S. 4 ff.

[72] WEIDENFELD, Die Verantwortung des Westens für den Wandel in Mittel- und Osteuropa, in: WEIDENFELD (HRSG.), Demokratie und Marktwirtschaft in Osteuropa, S. 16.

[73] PECHSTEIN/KOENIG, Die Europäische Union, Kap. 8 Rn. 440 ff.; BEUTLER in: BEUTLER/BIEBER/PIPKORN/STREIL, Die Europäische Union, Kap. 2 Rn. 110; LEIPOLD, Die Osterweiterung als Prüfstein für die Reformfähigkeit der EU, in: NUTZINGER (HRSG.), Osterweiterung und Transformationskrisen, S. 51, 53; HUDALLA/PRADETTO, Desintegration durch Integration?, S. 20 ff.; BERCK, Die EU-Osterweiterung, S. 192 ff.

[74] Blickt man pragmatisch in das Mitgliederverzeichnis des Europarates, so kommen weitere europäische Staaten als Mitglieder in Betracht, darunter Aserbaidschan, Georgien, Weißrussland und die Ukraine. Sogar die russische Föderation wäre antragsberechtigt. Wegen deren Größe und der daraus resultierenden geopolitischen Sonderrolle dürfte ein

kraft der heutigen Europäischen Union für eine wesentliche Erweiterung auf bis zu 30 Staaten ausreicht, oder ob eine solche Erweiterung letztlich das europäische Einigungswerk in seiner derzeitigen Konzeption insgesamt gefährden würde.[75] Auffallend bei dieser Erweiterung ist, dass die erweiterungsbezogenen Aufgaben der Union zeitlich nicht nur durch globale Herausforderungen (u.a. allgegenwärtige Globalisierungstendenzen, steigende wirtschaftliche Kraft der USA und Japan, Verdichtung der Lebensräume durch Technik und Technologie), sondern auch durch einen einmaligen Europa-politischen und sogar nationalen Reformstau und Reformdruck innerhalb der alten EU-Mitgliedstaaten überlagert sind.[76]
Bei früheren Erweiterungen gab es eine klare Europa-politische Dynamik, die einerseits auf dem wirtschaftspolitischen Wachstum der EU-Gründungsmitglieder beruhte und andererseits durch einen zuvor gestarteten Vertiefungsprozess innerhalb der Union getragen wurde.[77] Diesmal fehlen beide Elemente. Vielmehr wurde die Aufnahme der mittel- und osteuropäischen Länder in die Europäische Union stärker als im Falle Griechenlands, Spaniens und Portugals durch moralische Erwägungen,[78] wie „Wiedervereinigung des Kontinents" oder „Solidarität zwischen den Völkern Europas",[79] und durch nicht näher konkretisierte geopolitische Überlegungen über die demokratische

---

Beitritt Russlands zur Europäischen Union deren Integrationskraft bei weitem überschreiten, vgl. STREINZ, Europarecht, § 2 Rn. 65.

[75] CREMER in: CALLIESS/RUFFERT, Art. 49 EU-Vertrag Rn. 18; OPPERMANN, Europarecht, § 1 Rn. 47; STREINZ, Europarecht, § 2 Rn. 67; ALBER/MERKEL, Das Ende der Vertiefung, in: ALBER/MERKEL (HRSG.), Europas Osterweiterung: Das Ende der Vertiefung, S. 16; HÄNSCH, Europa-Archiv 1990, S. 563 ff.; ARNOLD, Europa-Archiv 1991, S. 318, 323 ff.

[76] Vgl. BERCK, Die EU-Osterweiterung, S. 191 ff.; PECHSTEIN/KUBICKI, EuZW 2004, S. 167 ff.; NOWAK, EuZW 2003, S. 101 ff.; vgl. auch *Frankfurter Allgemeine Zeitung* vom 17.5.2006, S. 13.

[77] LIPPERT, Erweiterungsfragen und Nachbarschaftspolitik der Europäischen Union, in: MÜLLER-GRAFF (HRSG.), Die Rolle der erweiterten Union in der Welt, S. 175, 177 ff.; WESSELS, Grenzen- und ratlos, in: LIPPERT (HRSG.), Osterweiterung der Europäischen Union, S. 349, 361 ff.; INOTAI, integration 1-2/2004, S. 4, 10 f.

[78] BRUNNER, Die Europäische Union zwischen Erweiterung und Vertiefung, in: LUCHTERHANDT/NUßBERGER (HRSG.), Transformation in Mittel- und Osteuropa, S. 354, 355; VARWICK, APuZ B 1-2/2002, S. 23, 25; INOTAI, Internationale Politik 1/2002, S. 27, 29 ff.

[79] Vgl. FISCHER, integration 3/2000, S. 157, 158 ff.; VERHEUGEN, integration 4/2000, S. 221, 224 ff. Mit der Aufnahme der Beitrittsverhandlungen mit der Türkei tritt ein weiterer Gedanke der „Überwindung des Gegensatzes von Christentum und Islam" unter dem Dach von Demokratie, Rechtsstaatlichkeit und Menschenrechten als universellen Prinzipien hinzu, vgl. STREINZ, Europarecht, § 2 Rn. 67.

Stabilisierung Mittel- und Osteuropas befürwortet.[80] Bislang hat der Westen jedoch noch kein überzeugendes Konzept für die Bewältigung der anstehenden Herausforderung durch die Osterweiterung formuliert. Ein strategisches Gesamtkonzept ist längst überfällig.[81] Denn zum einen bestehen immer noch beträchtliche Unsicherheiten hinsichtlich der Fortsetzung und vor allem der praktischen Umsetzung der rechtsstaatlichen Reformen im Osteuropa; zum anderen besteht aber die Gefahr, dass der EU-Beitritt der mittel- und osteuropäischen Länder, und möglicherweise auch der Türkei, die notwendige Konsolidierung und Stärkung des europäischen Integrationsprozesses hin zu einer politischen, im globalen Kontext handlungsfähigen Union auf Dauer behindern könnte.[82]

III. Die Osterweiterung – ein Gebot der Zeit

Nach den politischen Umbrüchen in Mittel- und Osteuropa in den Jahren 1989 und 1990 akzeptierte die Europäische Union den moralisch-politischen Anspruch der Länder dieser Region auf eine EU-Mitgliedschaft und interpretierte die Osterweiterung als „ein Gebot historischer Gerechtigkeit".[83] Bereits auf dem Gipfeltreffen von Kopenhagen im Juni 1993 stellte der Europäische Rat fest, dass „Frieden und Sicherheit in Europa" vom Erfolg des Reformprozesses und des Übergangs zur Marktwirtschaft in den mittel- und osteuropäischen Ländern abhängig seien.[84] Ein Jahr später auf dem Treffen des Europäi-

---

[80] OPPERMANN, Europarecht, § 32 Rn. 27; BEUTLER in: BEUTLER/BIEBER/PIPKORN/STREIL, Die Europäische Union, Kap. 2 Rn. 110; LIPPERT, APuZ B 1-2/2003, S. 7 ff.

[81] WEIDENFELD, Die Verantwortung des Westens für den Wandel in Mittel- und Osteuropa, in: WEIDENFELD (HRSG.), Demokratie und Marktwirtschaft in Osteuropa, S. 16; GRIMM, JZ 1995, S. 581, 587 ff.; MARTENS, APuZ B 17/2004, S. 3, 4.

[82] Vgl. ARNDT, Europarecht, 7. Aufl., S. 21: „Die Gemeinschaft ist auf dem besten Weg, zum unbeweglichen Koloss zu degenerieren." Vgl. auch OPPERMANN, Europarecht, § 1 Rn. 47: Die Europäische Union „wäre mit dem in 50 Jahren gewachsenen „Gestrüpp" des primären Gemeinschafts- und Unionsrechts kaum weiter zukunftsfähig."; LANGENFELD, ZRP 2005, S. 73; KRAFT, APuZ B 15/2001, S. 6 ff.; vgl. auch Bundeskanzler a.D. HELMUT KOHL, Europa hat seine Chance genutzt, *Die Welt* vom 24.3.2007, S. 1.

[83] GERHARD SCHRÖDER, Rede des Bundeskanzlers a.D. vor dem Sejm am 6.12.2000 in Warschau, zitiert nach HOFMANN, Von Warschau nach Nizza, *Die Zeit* – Online-Ausgabe 50/2000, abrufbar im Internet unter: www.zeit.de/archiv/2000/50/200050_nizza1.xml (Stand: 30.6.2008); GLOTZ, APuZ B 1-2/2003, S. 3; vgl. auch VERHEUGEN, integration 4/2000, S. 221 ff.

[84] Schlussfolgerungen des Vorsitzes der Regierungskonferenz des Europäischen Rates von Kopenhagen vom 21./22.6.1993, S. 12, Bulletin der Europäischen Union, Beilage 5/1997,

schen Rates in Essen wurde betont, dass die Heranführung Mittel- und Osteuropas in die Europäische Union „ein Beitrag zur Sicherheit und Stabilität in Europa“ sei.[85] Im Dezember 1995 bezeichnete der Europäische Rat in Madrid die Osterweiterung als „politische Notwendigkeit und historische Chance des europäischen Kontinents“. Sie sorge für Stabilität und Sicherheit in Europa und eröffne sowohl für die beitrittswilligen Staaten als auch für die derzeitigen Mitglieder der Europäischen Union „neue Perspektiven des Wirtschaftswachstums und des allgemeinen Wohlstands“.[86] Damit wurde erstmals ausdrücklich auf die ökonomischen Vorteile einer Osterweiterung der Europäischen Union verwiesen. In der *Agenda 2000* formulierte die Europäische Union ihre Erwartungen hinsichtlich der Osterweiterung folgendermaßen: „Die Ausdehnung des Modells der friedlichen und gewollten Integration freier Nationen auf den gesamten europäischen Kontinent ist ein Garant für Stabilität. Über 100 Millionen neue Bürger in der Union werden den Handel und die Wirtschaft beleben und dem Zusammenwachsen der Märkte neuen Schwung verleihen. Die kulturelle Vielfalt Europas wird eine Quelle der Kreativität und des Reichtums sein. Auch auf der internationalen Bühne gewinnt die Union durch den Beitritt neuer Mitglieder an Gewicht und Einfluss.“[87]

Europa fing – wie oben dargestellt – mit nur sechs Mitgliedstaaten an. Jetzt umfasst die Europäische Union 27 Mitglieder und erstreckt sich fast über den gesamten Kontinent. In zahlreichen wissenschaftlichen Diskussionen wurden die Chancen und Risiken der EU-Osterweiterung gegeneinander abgewogen.[88] Der politische Nutzen, der in der Ausweitung einer Zone der Sicherheit, der Demokratie und der Marktwirtschaft nach Osten liegt, stellt aus Sicht der Europäischen Union das überragende Motiv dieser bislang größten Erwei-

---

Teil II. Die Schlussfolgerungen sind auch abrufbar im Internet unter: http://ue.eu.int/ueDocs/cms_Data/docs/pressdata/de/ec/72924.pdf (Stand: 30.6.2008).

[85] Schlussfolgerungen des Vorsitzes der Regierungskonferenz des Europäischen Rates von Essen vom 9./10.12.1994, abrufbar im Internet unter: http://ue.eu.int/ueDocs/cms_Data/docs/pressdata/de/ec/SN300-X.DE.htm (Stand: 30.6.2008).

[86] Schlussfolgerungen des Vorsitzes der Regierungskonferenz des Europäischen Rates von Madrid vom 15./16.12.1995, abrufbar im Internet unter: http://ue.eu.int/ueDocs/cms_Data/docs/pressdata/de/ec/00400-C.D5.htm (Stand: 30.6.2008).

[87] Vgl. Europäische Kommission KOM (1997) 2000 vom 15.7.1997, Agenda 2000: Eine stärkere und erweiterte Union, Bulletin der Europäischen Union, Beilage 5/1997, S. 13.

[88] Vgl. Europäische Kommission, Die EU-Erweiterung: eine historische Gelegenheit, Brüssel 2001; LIPPERT (HRSG.), Osterweiterung der Europäischen Union – Die doppelte Reifeprüfung, 2000; WEIDENFELD/JANNING (HRSG.), Der Umbruch Europas: die Zukunft des Kontinents, 1990; LUCHTERHANDT (HRSG.), Neue Regierungssysteme in Osteuropa und der GUS, 2002; STURM/PEHLE (HRSG.), Die neue Europäische Union, 2006.

terungsrunde dar.[89] Diese politische Perspektive der Osterweiterung ist dadurch zu erklären, dass die Europäische Integration – auch wenn in ihrer Entwicklung bislang tatsächlich der ökonomische Fortschritt der politischen Annäherung vorausging (und nicht umgekehrt) – dennoch von Anfang an immer ein politisches, ja ein stabilitätssicherndes, friedenspolitisches Projekt war.[90] Es geht bei der Osterweiterung darum, die Vielfalt von Kulturen, Verwaltungstraditionen und wirtschaftlichen Strukturen innerhalb der Union in einem handlungsfähigen Konzept zusammenzuführen.[91] Als übergeordnetes Anliegen stellt sich die Aufgabe, die Architektur des neuen Europas zu gestalten: Einerseits wird die Aufnahme der mittel- und osteuropäischen Länder insgesamt die Europäische Union grundlegend verändern, aber andererseits wird sich die Union selbst in einer völlig geänderten Position wiederfinden.[92] Die EU-Osterweiterung zwingt die Europäische Union daher zu einer grundlegenden Reform ihrer wichtigen Politikbereiche. Die Sicherung von Beschäftigung und Sozialstaatlichkeit im globalen Wettbewerb, der Schutz der Umwelt sowie die innere und äußere Sicherheit und namentlich der Kampf gegen Terrorismus bedürfen intensiver gemeinsamer Anstrengungen der alten sowie der neuen EU-Mitgliedstaaten.[93] Die Osterweiterung legt der Europäischen Union die Verantwortung auf, die Beitrittsländer in ihre Bemühungen um die Bewältigung gemeinsamer Aufgaben in der globalisierten Welt einzubeziehen und sie an den höheren Standard der alten Mitgliedsländer heranzuführen.[94] Die Notwendigkeit und der Druck auf die Mitgliedstaaten der Union, stärker zusammen zu arbeiten, um mit anderen Regionen der Welt mithalten zu kön-

---

[89] CREMER in: CALLIESS/RUFFERT, Art. 49 EU-Vertrag Rn. 18; BEUTLER in: BEUTLER/BIEBER/PIPKORN/STREIL, Die Europäische Union, Kap. 2 Rn. 110; KNELANGEN, Chance oder Risiko?, in: Politische Bildung 35/2002, S. 29 f.; KRAFT, APuZ B 15/2001, S. 6, 7 ff.

[90] Vgl. Europäische Kommission KOM (1997) 2000 vom 15.7.1997, Agenda 2000: Eine stärkere und erweiterte Union, Bulletin der Europäischen Union, Beilage 5/1997, S. 14 f.; vgl. auch FIEGEN, Die Reform des EU-Finanzsystems, S. 18 ff.; BERGMANN, ZEuS 2003, S. 103, 105; LIPPERT, integration 1/2003, S. 48, 62.

[91] BIEBER in: BIEBER/EPINEY/HAAG (HRSG.), Die Europäische Union, § 36 Rn. 3; BÖHMER, Migrationseffekte der Osterweiterung auf die EU-Arbeitsmärkte, S. 5 f.; VERHEUGEN, integration 4/2000, S. 221 ff.; vgl. auch *Die Zeit* Nr. 2 vom 4.1.2007, S. 3 und 20 f.

[92] VEDDER in: GRABITZ/HILF, Art. 49 EU-Vertrag Rn. 3 f.; MALLOSSEK, EU-Erweiterung, S. 5 ff.; STURM, Internationale Politik 1/2003, S. 3 ff.; vgl. auch die Rede des Bundespräsidenten a.D. JOHANNES RAU vor dem polnischen Parlament am 30.4.2004, *Frankfurter Allgemeine Zeitung* vom 3.5.2004, S. 4.

[93] OPPERMANN, Europarecht, § 1 Rn. 47; PFETSCH, Die Europäische Union, S. 343 ff.; MARTENS, APuZ B 17/2004, S. 3 ff.; VERHEUGEN, integration 23/2000, S. 221 f.

[94] CREMER in: CALLIESS/RUFFERT, Art. 49 EU-Vertrag Rn. 18; KRAFT, APuZ B 15/2001, S. 6 ff.; MARTENS, APuZ B 17/2004, S. 3 ff.

nen, sind in den letzten Jahren erheblich gewachsen.[95] Der Europäischen Union muss daher der Schritt hin zu einem effizient organisierten, an einem übergreifenden Gemeinwohl orientierten föderalen Verbund gelingen.[96] Dies ist zugleich als Chance zu verstehen, die festgefahrenen Strukturen in der Europäischen Union nach allokations- und marktwirtschaftlichen Gesichtspunkten zu reformieren.[97] Dies gilt insbesondere auch deshalb, weil es weder die alte noch die neue Europäische Union bis heute geschafft hat, jene institutionellen Reformen und Haushaltsumschichtungen vorzunehmen, die sie besser auf diese Herausforderungen vorbereitet hätten.[98] Vielmehr schob die Europäische Union zentrale Entscheidungen in Bezug auf ihre Erweiterungsreife immer wieder auf und hielt am *status quo* fest.[99] Demgegenüber waren die Kandidatenländer gezwungen, ihre Beitrittsreife in einem enormen Anpassungsprozess bis zum Zeitpunkt der Mitgliedschaft zu beweisen.[100]

Mehr oder weniger parallel zu dem immer schneller werdenden EU-Erweiterungsprozess[101] wurde versucht, die innere Konsolidierung der Union zu fördern. In hektischer Betriebsamkeit wurde alle Jahre wieder ein revidier-

---

[95] Vgl. *Frankfurter Allgemeine Zeitung* vom 27.11.2006, S. 12 sowie die Regierungserklärung der Bundeskanzlerin MERKEL zur Deutschen EU-Ratspräsidentschaft, *Frankfurter Allgemeine Zeitung* vom 15.12.2006, S. 1 f.

[96] STREINZ, Europarecht, § 2 Rn. 67; PECHSTEIN/KOENIG, Die Europäische Union, Kap. 8 Rn. 433 ff.; LANGENFELD, ZRP 2005, S. 73, 75.

[97] OPPERMANN, Europarecht, § 32 Rn. 20; DERS., JZ 2005, S. 1017, 1019; SCHASER, Die Kontrolle der Außengrenzen der EU, in: STURM/PEHLE (HRSG.), Die neue Europäische Union, S. 165, 178 ff.

[98] OPPERMANN, Europarecht, § 1 Rn. 39 ff.; PECHSTEIN/KOENIG, Die Europäische Union, Kap. 8 Rn. 432 ff.; AVERY/CAMERON, The Enlargement of the EU, S. 17 ff.; MARTENS, APuZ B 17/2004, S. 3 ff.

[99] Im Dezember 2003 haben sich z.B. die sechs „großen" Nettozahler der Union (Deutschland, Frankreich, Großbritannien, Österreich, Schweden und die Niederlande) für das Beibehalten der EU-Ausgaben in der nächsten Finanzperiode (2007 – 2013) etwa auf dem bisherigen Niveau ausgesprochen. Gleichzeitig haben die „Sechs" aber auch beteuert, sie fühlten sich dem Prinzip der europäischen Solidarität und der Erhaltung der Kohäsionspolitik in der erweiterten Union verpflichtet. Es ist daher ein Widerspruch in der Unionspraxis, sich einerseits zu einer Fülle von neuen, ambitionierten Gemeinschaftszielen zu bekennen, und andererseits die künftigen Unionsausgaben auf dem damaligen Stand von rund einem Prozent der Wirtschaftsleistung einfrieren zu wollen, vgl. MARTENS, APuZ B 17/2004, S. 3, 4.

[100] VEDDER in: GRABITZ/HILF, Art. 49 EU-Vertrag Rn. 60 ff.; OPPERMANN, Europarecht, § 32 Rn. 27 ff.; LIPPERT, APuZ B 1-2/2003, S. 7.

[101] Rumänien hat nur fünf Jahre (2000 – 2004) verhandelt. Die Beitrittsverhandlungen mit Malta wurden sogar in nur vier Jahren (1999 – 2003) abgeschlossen.

ter Vertrag verabschiedet, weil der jeweils vorangegangene so viele Defizite (sog. Leftovers) enthielt, dass die nächste Vertragsänderung schon vorprogrammiert war. Die jüngsten bedeutenden Schritte des Europäischen Integrationsprozesses stellen der im Jahr 1997 unterzeichnete Vertrag von Amsterdam, der im Dezember 2000 verabschiedete Vertrag von Nizza, der im Jahr 2004 beschlossene, aber gescheiterte „Vertrag über eine Verfassung für Europa“ und der daraufhin im Jahr 2007 modifizierte, aber noch nicht ratifizierte Vertrag von Lissabon dar.

Der Vertrag von Amsterdam[102] beinhaltete hauptsächlich sozial- und beschäftigungspolitische Aspekte sowie ergänzende Bestimmungen zur Europäischen Wirtschafts- und Währungsunion und brachte eine Reihe von weiteren Neuerungen mit sich, die in einigen Bereichen zu einer Stärkung der Gemeinschaftsstrukturen führten:[103] In materiell-inhaltlicher Hinsicht wurde die „Vergemeinschaftung“ eines wesentlichen Teils der Zusammenarbeit in der Innen- und Justizpolitik, wie Visa, Asyl, Einwanderung sowie anderer Politiken betreffend den freien Personenverkehr, erreicht. Die Vorschriften über diese Politikbereiche wurden in den EG-Vertrag überführt und somit den Mitwirkungsmöglichkeiten der Gemeinschaftsorgane zugänglich gemacht. Die demokratische Legitimation der Europäischen Union stieg, denn der Anwendungsbereich des Mitentscheidungsverfahrens, bei dem das Europäische Parlament gleichberechtigt neben dem Rat an der Entscheidungsfindung mitwirkt, weitete sich deutlich aus.

Mit dem Vertrag von Nizza[104] wurde eine Überarbeitung der Europäischen Verträge im Hinblick auf die institutionellen Notwendigkeiten der EU-Osterweiterung beschlossen.[105] Ein weiterer Schwerpunkt der Konferenz von

---

[102] Vertrag von Amsterdam, Amtsblatt der Europäischen Union Nr. C 340 vom 10.11.1997, S. 1 ff.

[103] ARNDT, Europarecht, S. 15 ff.; KOENIG/HARATSCH, Europarecht, Teil II Rn. 48 ff.; OPPERMANN, Europarecht, § 1 Rn. 36; STREINZ, EuZW 1998, S. 137 ff.; vgl. auch PECHSTEIN/KOENIG, Die Europäische Union, Kap. 8 Rn. 432, die über „die spärlichen Ergebnisse des Amsterdamer Vertrages“ sprechen.

[104] Vertrag von Nizza, Amtsblatt der Europäischen Union Nr. C 80 vom 10.3.2001, S. 1 ff.

[105] OPPERMANN, Europarecht, § 1 Rn. 39 ff.; ARNDT, Europarecht, S. 17 ff.; KOENIG/HARATSCH, Europarecht, Teil II Rn. 51 f.; HERDEGEN, Europarecht, § 32 Rn. 4; PACHE/SCHORKOPF, NJW 2001, S. 1377 ff.

Nizza war die Proklamation der Europäischen Grundrechtecharta.[106] Der umstrittene Vertrag von Nizza ist am 1. Februar 2003 in Kraft getreten, nachdem ihn Irland – einer ersten fehlgeschlagenen Volksabstimmung zufolge – nach einem weiteren Referendum als letzter Unterzeichner ratifiziert hatte. Die institutionellen Reformen des Nizza-Vertrages, die im Europäischen Parlament und in der Presse deutliche Kritik hervorriefen, galten nach allgemeinem Urteil als unbefriedigend.[107] Eine anschließende EU-Verfassungsreform erschien notwendig, um die Union nach der bevorstehenden Osterweiterung handlungsfähig zu erhalten.[108] Eine dem Nizza-Vertrag beigefügte „Erklärung zur Zukunft der Union" kündigte „geeignete Initiativen" für einen Post-Nizza-Prozess an.[109]

Der Vertrag über eine Verfassung für Europa wurde am 29. Oktober 2004 in Rom unterzeichnet.[110] Er sollte die zu erwartenden Probleme einer erweiterten Union lösen sowie gleichzeitig einen einheitlichen Rahmen für das erweiterte Europa schaffen.[111] Der Europäische Verfassungsvertrag wurde jedoch am 29. Mai 2005 in Frankreich und am 1. Juni 2005 in den Niederlanden durch Volksabstimmungen abgelehnt. Auf dem EU-Gipfel am 16. Juni 2005 in Brüssel beschlossen die Staats- und Regierungschefs den Ratifizierungsprozess des Verfassungsvertrages bis Mitte 2007 zu verlängern und erst dann Bilanz über seine Zukunft zu ziehen.[112]

---

[106] Vgl. ausführlich zu diesem Thema WEBER, Charta der Grundrechte der Europäischen Union, München 2002; ZULEEG, EuGRZ 2000, S. 511 ff.; DORF, JZ 2005, S. 126 ff.; TETTINGER, NJW 2001, S. 1010 ff.

[107] GRILLER/HUMMER (HRSG.), Die EU nach Nizza – Ergebnisse und Perspektiven, 2002; GIERING, Die institutionellen Reformen von Nizza, in: WEIDENFELD (HRSG.), Nizza in der Analyse, S. 51 ff.; TOMUSCHAT, DVBl. 1996, S. 1073 ff.; BORCHMANN, EuZW 2001, S. 170 ff.; MAURER, integration 2/2001, S. 133 ff.

[108] ARNDT, Europarecht, S. 19 ff.; OPPERMANN, Europarecht, § 1 Rn. 41; WEIDENFELD (HRSG.), Nizza in der Analyse, 2001.

[109] Die „Erklärung zur Zukunft der Union" ist als Erklärung Nr. 23 dem Vertrag von Nizza beigefügt, Amtsblatt der Europäischen Union Nr. C 80 vom 10.3.2001, S. 85 f.

[110] Vertrag über eine Verfassung für Europa, Amtsblatt der Europäischen Union Nr. C 310 vom 16.12.2004, S. 1 ff.

[111] CREMER in: CALLIESS/RUFFERT, Art. 49 EU-Vertrag Rn. 15 ff.; KOENIG/HARATSCH, Europarecht, Teil II Rn. 53; ARNDT, Europarecht, S. 19 ff.; STREINZ, Europarecht, § 2 Rn. 57 ff.; SCHWARZE, JZ 2005, S. 1130 ff.; RUFFERT, EuR 2004, S. 165 ff.

[112] Vgl. *Frankfurter Allgemeine Zeitung* vom 20.6.2005, S. 1 ff. sowie vom 21.6.2005, S. 1 f. u. 12.

Am 13. Dezember 2007 unterzeichneten die europäischen Staats- und Regierungschefs den modifizierten „Vertrag von Lissabon zur Änderung des Vertrags über die Europäische Union und des Vertrags zur Gründung der Europäischen Gemeinschaft".[113] Um in Kraft treten zu können, muss der Vertrag von Lissabon von allen EU-Mitgliedstaaten ratifiziert werden, was in einigen EU-Ländern durch Referenden geschehen kann. Durch den neuen Vertrag soll die *Drei-Säulen-Konstruktion* des Maastrichter Vertrages beendet werden. Angestrebt werden auf der Grundlage des EU-Verfassungsvertrages eine Weiterentwicklung der Europäischen Union bei gleichzeitiger Vereinfachung der Verträge, eine klarere Kompetenzabgrenzung zwischen der Europäischen Union, den Europäischen Gemeinschaften und den Mitgliedstaaten sowie eine Stärkung der Demokratie und Transparenz auf europäischer Ebene.[114] Durch den neuen Vertrag soll die Europäische Union den rechtlichen Rahmen und die Mittel erhalten, die notwendig sind, um künftige Herausforderungen zu bewältigen und auf die Bedürfnisse der Unionsbürger einzugehen. Der historische Traum von einem vereinten Europa, das alle seine Staaten und Völker in einer friedlichen und freiheitlichen gemeinsamen Ordnung zusammenführt, würde somit in seiner Realisierungschance einen großen Schritt nach vorne bedeuten.

IV. Zusammenfassung

Die Osterweiterung bedeutet für die Europäische Union zugleich eine enorme Herausforderung als auch eine Chance. Obwohl die Reformnotwendigkeit in einer erweiterten Union spätestens 1994 erkannt wurde,[115] ist es jedoch den europäischen Entscheidungsträgern bisher noch nicht gelungen, die „Union der 27" institutionell so zu verfassen, dass die Entscheidungsprozesse effizient und transparent ablaufen und den gestiegenen Komplexitätsanforderun-

---

[113] Vertrag von Lissabon zur Änderung des Vertrags über die Europäische Union und des Vertrags zur Gründung der Europäischen Gemeinschaft, Amtsblatt der Europäischen Union Nr. C 306 vom 17.12.2007, S. 1 ff.

[114] Vgl. OPPERMANN, Europarecht, § 1 Rn. 43 ff.; HERDEGEN, Europarecht, § 33 Rn. 5 ff.; ARNDT, Europarecht, S. 19 ff.; GEERLINGS, DVBl. 2006, S. 129 ff.; EINEM, EuR 2004, S. 202, 206 ff.; kritisch WUERMELING, EuR 2004, S. 216 ff.

[115] Vgl. AVERY/CAMERON, The Enlargement of the EU, S. 17 ff.; FIEGEN, Die Reform des EU-Finanzsystems, S. 15 ff.

gen in demokratischer Weise angepasst sind.[116] Trotz wiederholter Revision der Gründungsverträge (Amsterdam, Nizza, Rom und jetzt Lissabon) wurde weder ein föderalistischer Verfassungsvertrag noch die effektive Etablierung des Subsidiaritätsprinzips oder eine echte Reform der Finanzordnung und der großen Ausgabenprogramme der Agrar- und Regionalpolitik erreicht.[117] Die nunmehr von 27 Mitgliedstaaten einstimmig zu bewältigende Lösung dieser konstitutionellen Fragen wird durch die teilweise politische Instabilität der neuen EU-Mitglieder, die durch die anhaltende Transformationskrise und die Spaltung zwischen Post- und Antikommunisten bedingt ist, nicht gerade erleichtert.[118] Der funktionalistische Glaube, dass die dringenden Reformerfordernisse innerhalb der Union geradezu zwangsläufig die angemessenen institutionellen Veränderungen hervorbringen werden, droht zunehmend von den Eigeninteressen der Mitgliedstaaten zerrieben zu werden.[119] Dies galt schon für die EU-15 und gilt nun verstärkt für die Union der 27 Mitgliedstaaten, da die Gefahr des Scheiterns bei Entscheidungsfindungen innerhalb der EU-Institutionen erheblich gestiegen ist.

---

[116] VEDDER in: GRABITZ/HILF, Art. 49 EU-Vertrag Rn. 3 f.; PECHSTEIN/KOENIG, Die Europäische Union, Kap. 8 Rn. 433 ff.; OPPERMANN, JZ 2005, S. 1017, 1018; vgl. STROHMEIER, APuZ 10/2007, S. 24 ff.

[117] Angesichts der nach wie vor bestehenden Sonderrolle der Landwirtschaft sollte nicht vergessen werden, dass sie in der Integrationsgeschichte der Europäischen Gemeinschaft eine wichtige Rolle als Konfliktherd gespielt hat. Zur Agrar- und Regionalpolitik als Beitrittsrisiko vgl. PECHSTEIN/KOENIG, Die Europäische Union, Kap. 8 Rn. 452 ff.; vgl. auch *Frankfurter Allgemeine Zeitung* vom 22.6.2005, S. 1 f. sowie vom 23.6.2005, S. 5 u. 13.

[118] Vgl. OPPERMANN, FS für Zuleeg, S. 72, 76 ff.; GABANYI, Rumänien, in: WEIDENFELD/WESSELS (HRSG.), Jahrbuch der europäischen Integration 2005, S. 441 ff.; DEIMEL, Bulgarien, in: WEIDENFELD/WESSELS (HRSG.), Jahrbuch der Europäischen Integration 2005, S. 435 ff.

[119] HERDEGEN, Europarecht, § 32 Rn. 4 f.; OPPERMANN, Europarecht, § 1 Rn. 47; ALBER/MERKEL, Das Ende der Vertiefung, in: ALBER/MERKEL (HRSG.), Europas Osterweiterung: Das Ende der Vertiefung, S. 16; STROHMEIER, APuZ 10/2007, S. 24 ff.; ähnlich bereits HÄNSCH, Europa-Archiv 1990, S. 563 ff.

2. Teil: Das Beitrittsverfahren und die Beitrittsbedingungen

I. Allgemeine Grundlagen

Die Integrationsidee und die Institutionen der drei ursprünglichen Europäischen Gemeinschaften waren nur auf sechs politisch und ökonomisch recht homogene Staaten angelegt, wenngleich der entfernte Wunsch nach einem vereinten Gesamteuropa dabei mit Pate stand.[120] Diese grundsätzliche Offenheit wurde in Art. 49 EU-Vertrag festgeschrieben, der jedem europäischen Staat, der die in Art. 6 Abs. 1 EU-Vertrag formulierten „Grundsätze der Freiheit, der Demokratie, der Achtung der Menschenrechte und Grundfreiheiten sowie der Rechtsstaatlichkeit“ achtet, das Recht einräumt,[121] die Mitgliedschaft in der Europäischen Union zu beantragen.[122] Die in Abs. 8 der Präambel des EG-Vertrages enthaltene „Aufforderung an die anderen Völker Europas, [...] sich diesen Bestrebungen anzuschließen“, macht zusammen mit Art. 49 EU-Vertrag und Art. 310 EG-Vertrag deutlich, dass die Europäische Union gegenüber anderen europäischen Staaten offen ist.[123] Art. 49 EU-Vertrag steht in der Kontinuität seines Vorläufers Art. O EU-Vertrag Maastrichter Fassung, der seinerseits an die Stelle der Art. 237 EWG-Vertrag, Art. 205 EAG-Vertrag und Art. 98 EGKS-Vertrag getreten war.[124] Durch Art. O EU-Vertrag Maastrichter Fassung wurden die separaten Beitrittsartikel der drei Gemeinschaftsverträge in die Klammerbestimmungen des EU-Vertrages überführt und damit nunmehr auch normativ klargestellt, dass ein Beitritt nur zur Union als Ganzes, nicht etwa zu den einzelnen Gemeinschaften (EU, EG oder EAG),

---

[120] OPPERMANN, Europarecht, § 1 Rn. 19 ff. und § 32 Rn. 1; IPSEN in: FS für Dürig, S. 159, 163 ff.; ARNOLD, Europa-Archiv 1991, S. 318 f.; NETTESHEIM, EuR 2003, S. 36, 38 ff.

[121] Die Beschränkung auf *europäische* Staaten weist die Europäische Union als *begrenzt* offene Organisation aus, vgl. PECHSTEIN in: STREINZ, Art. 49 EU-Vertrag Rn. 1; KOENIG/HARATSCH, Europarecht, Kapitel VII Rn. 969; OPPERMANN in: FS für Zuleeg, S. 72, 74; BRUHA/VOGT, VRÜ 1997, S. 477, 479 f.

[122] Vgl. Art. 49 EU-Vertrag: „Jeder europäischer Staat, der die in Artikel 6 Absatz 1 genannten Grundsätze achtet, kann beantragen, Mitglied der Union zu werden.“ Ähnlich auch Art. 49 der konsolidierten Fassung des Vertrages von Lissabon, vgl. www.consilium.europa.eu/uedocs/cmsUpload/st06655-re01.de08.pdf (Stand: 30.6.2008).

[123] VEDDER in: GRABITZ/HILF, Art. 49 EU-Vertrag Rn. 8; HOBE, Europarecht, § 5 Rn. 82; ARNOLD, Europa-Archiv 1991, S. 318, 319.

[124] MENG in: VON DER GROEBEN/SCHWARZE, Art. 49 EU-Vertrag Rn. 1; CREMER in: CALLIESS/RUFFERT, Art. 49 EU-Vertrag Rn. 1.

möglich ist.[125] Die Entwicklung dieser Norm reflektiert kodifizierend die Entwicklung des Gemeinschaftsrechts sowie des Unionsrechts.

Aus der Erfüllung der Beitrittskriterien resultiert allerdings kein Rechtsanspruch des beitrittswilligen Staates auf EU-Mitgliedschaft.[126] Auch die in Abs. 8 der Präambel des EG-Vertrages enthaltene „Aufforderung an die anderen Völker Europas, [...] sich diesen Bestrebungen anzuschließen", begründet keinen Aufnahmeanspruch. Diese Bestimmung der Präambel des EG-Vertrages ist vielmehr im Kontext von Art. 49 EU-Vertrag und Art. 310 EG-Vertrag zu lesen und verdeutlicht, dass die Integration auf Öffnung angelegt ist, ohne dass sich die EU-Mitglieder eine Rechtspflicht zur Aufnahme neuer Staaten auferlegen wollten.[127] Trotz der Existenz rechtlicher, politischer und wirtschaftlicher Beitrittsbedingungen liegt die Entscheidung über einen EU-Beitritt im Ermessen der EU-Organe und der EU-Mitgliedstaaten.[128] Auch wenn es einen rechtlichen Anspruch auf Beitritt nicht gibt, kann sich aufgrund bereits bestehender vertraglicher Bindungen jedoch ein Anspruch der beitrittswilligen Staaten gegenüber der Europäischen Union ergeben, den Beitrittsantrag nach pflichtgemäßem Ermessen zu prüfen und in Beitrittsverhandlungen einzutreten.[129] Je mehr durch Assoziierungsabkommen, gegebenenfalls verbunden mit Beitrittsvorbereitungsphasen, die politischen Weichen für einen Beitritt bereits gestellt sind, desto mehr verlagert sich für den Fall der Ablehnung eines Beitrittsantrags die Begründungslast auf die Europäische Union.[130] In der Literatur zeichnet sich ebenfalls eine Tendenz ab,[131] die Auf-

---

[125] BOOß in: LENZ/BORCHARDT, Art. 49 EU-Vertrag Rn. 1; GEIGER, Art. 49 EU-Vertrag Rn. 3; MENG in: VON DER GROEBEN/SCHWARZE, Art. 49 EU-Vertrag Rn. 2; OPPERMANN, Europarecht, § 32 Rn. 4; HOBE, Europarecht, § 5 Rn. 82; RICHTER, Die Erweiterung der Europäischen Union, S. 23 f.

[126] VEDDER in: GRABITZ/HILF, Art. 49 EU-Vertrag Rn. 8; HOBE, Europarecht, § 5 Rn. 85; KOENIG/HARATSCH, Europarecht, Kapitel VII Rn. 970; SARCEVIC, EuR 2002, S. 461, 463.

[127] HERRNFELD in: SCHWARZE, Art. 49 EU-Vertrag Rn. 1 f.; OPPERMANN, Europarecht, § 32 Rn. 2; BRUHA/VOGT, VRÜ 1997, S. 477, 479 f.

[128] MENG in: VON DER GROEBEN/SCHWARZE, Art. 49 EU-Vertrag Rn. 14; PECHSTEIN in: STREINZ, Art. 49 EU-Vertrag Rn. 4; OPPERMANN, Europarecht, § 32 Rn. 27; SLAVU/OLAH, Die Erweiterung der Europäischen Union nach Art. 49 EU-Vertrag, in: BOȚA-MOISIN (HRSG.), Acquis Communautaire – A Need for the European Integration, S. 149, 150 f.

[129] RICHTER, Die Erweiterung der Europäischen Union, S. 57 ff.; NETTESHEIM, EuR 2003, S. 36, 58 ff.; BRUHA/VOGT, VRÜ 1997, S. 477, 500; SARCEVIC, EuR 2002, S. 461 ff.

[130] VEDDER in: GRABITZ/HILF, Art. 49 EU-Vertrag Rn. 8; OPPERMANN, Europarecht, § 32 Rn. 6; SAMARDZIC, Osteuropa 2004, S. 480, 483 f.; NETTESHEIM, EuR 2003, S. 36, 58 ff.

nahme neuer Mitglieder in internationale Organisationen, insbesondere wenn eine Mitgliedschaft an besondere Voraussetzungen geknüpft ist, nicht mehr in das freie politische Ermessen gestellt zu sehen. Diese Tendenz ist in der Europäischen Union insbesondere nach dem Gipfeltreffen in Luxemburg 1997 zu beobachten, wo der Europäische Rat ankündigte, dass „jedes europäische Land [bei Kriterienerfüllung] *berechtigt* ist, der Europäischen Union beizutreten".[132]

II. Das Beitrittsverfahren

Die einheitliche Regelung des Beitrittsverfahrens zur Europäischen Union setzt den Beitritt zu den zwei Gemeinschaften EG und Euratom sowie zu der Europäischen Union als einen einheitlichen Vorgang voraus.[133] Das Prozedere des Beitritts ist sehr umfangreich und zeitaufwändig. Es beginnt mit der Antragstellung, der ein dreiphasiges Beitrittsverfahren folgt.[134] Mangels erschöpfender Bestimmungen des Art. 49 EU-Vertrag richtet sich dessen Ablauf im Einzelnen überwiegend nach der bisherigen Beitrittspraxis der Union.[135] Zwischen der Beantragung des Beitritts und der endgültigen Mitgliedschaft liegen erfahrungsgemäß mehrere Jahre. Entsprechend dieser Praxis lässt sich der praktische Beitrittsverlauf wie folgt gliedern:

---

[131] SCHERMERS/BLOKKER, International Institutional Law, 1995, §§ 88 ff., 97; OPPERMANN, BDGV 1975, S. 53, 60 ff.; BRUHA/VOGT, VRÜ 1997, S. 477, 500 f.; SAMARDZIC, Osteuropa 2004, S. 480, 483 f.

[132] Vgl. Schlussfolgerungen des Vorsitzes der Regierungskonferenz des Europäischen Rates von Luxemburg vom 12./13.12.1997, Punkt 7, abrufbar im Internet unter: www.consi lium.europa.eu/ueDocs/cms_Data/docs/pressData/de/ec/00400.D7.htm (Stand: 30.6.2008); vgl. auch BOOß in: LENZ/BORCHARDT, Art. 49 EU-Vertrag Rn. 2, der die o.g. Schlussfolgerung Nr. 5 des Europäischen Rates von Luxemburg als „lediglich eine politische Erklärung" betrachtet.

[133] Die Europäische Gemeinschaft für Kohle und Stahl, die als dritte Gemeinschaft galt, existiert nicht mehr, nachdem die Geltungsdauer des EGKS-Vertrages am 23.7.2002 abgelaufen ist (Art. 97 EGKS-Vertrag), vgl. Fn. 48.

[134] Teilweise werden – ohne inhaltliche Differenz – zwei Phasen des Beitrittsverfahrens unterschieden, vgl. CREMER in: CALLIESS/RUFFERT, Art. 49 EU-Vertrag Rn. 2 f.; HOBE, Europarecht, § 5 Rn. 86; KOENIG/HARATSCH, Europarecht, Kapitel VII Rn. 971 f.; RICHTER, Die Erweiterung der Europäischen Union, S. 160 f.

[135] MENG in: VON DER GROEBEN/SCHWARZE, Art. 49 EU-Vertrag Rn. 88; BOOß in: LENZ/BORCHARDT, Art. 49 EU-Vertrag Rn. 5; OPPERMANN, Europarecht, § 32 Rn. 6; SARCEVIC, EuR 2002, S. 463.

1. Die Antragstellung und die Einleitungsphase

Gemäß Art. 49 Abs. 1 EU-Vertrag richtet der beitrittswillige Staat seinen Antrag auf EU-Mitgliedschaft an den Rat. Der Antrag ist eine nicht formgebundene, empfangsbedürftige, einseitige Willenserklärung, die bis zur Hinterlegung der Ratifikationsurkunde durch den Bewerberstaat jederzeit zurückgenommen werden kann.[136] Dies geschah im Falle Norwegens nach den gescheiterten Referenden im Jahre 1972 bzw. 1994[137] implizit durch die Nichthinterlegung der Ratifikationsurkunde innerhalb der vereinbarten Frist.[138]

Der Aufnahmeantrag wird an die Europäische Kommission zu einer durch Art. 49 EU-Vertrag nicht vorgeschriebenen Stellungnahme weitergeleitet.[139] Die Kommission untersucht die generellen Möglichkeiten und Schwierigkeiten des beantragten Beitritts, insbesondere die politische, rechtliche, institutionelle und wirtschaftliche Situation des jeweiligen beitrittswilligen Staates. Die Kommission begründet ihre Einschätzung der Beitrittsreife des betreffenden Bewerberlandes ausführlich und legt dazu dem Rat eine vorläufige Stellungnahme vor.[140] Erst nach dieser detaillierten Stellungnahme der Kommission über das Für und Wider des Beitritts eines Beitrittsaspiranten sowie nach Zustimmung des Beitrittsantrages durch das Europäische Parlament (mit der absoluten Mehrheit seiner Mitglieder) entscheidet der Rat einstimmig über die Eröffnung von Verhandlungen mit dem Bewerberstaat. Der Rat beschließt über die Aufnahme der Beitrittsverhandlungen unter Berücksichtigung der Stellungnahme der Kommission, jedoch ohne an ihre Empfehlung gebunden zu sein.[141] Durch das Einholen dieser Stellungnahme wird jedoch sichergestellt, dass der Standpunkt und das Interesse der Union, welche zu wahren der Kommission nach dem EU-Vertrag obliegt, hinreichend Berücksichtigung

[136] VEDDER in: GRABITZ/HILF, Art. 49 EU-Vertrag Rn. 27; OPPERMANN, Europarecht, § 32 Rn. 16.
[137] Das erste Referendum fand am 25.9.1972 statt, das zweite am 28./29.11.1994.
[138] MENG in: VON DER GROEBEN/SCHWARZE, Art. 49 EU-Vertrag Rn. 87; BOOß in: LENZ/BORCHARDT, Art. 49 EU-Vertrag Rn. 5.
[139] VEDDER in: GRABITZ/HILF, Art. 49 EU-Vertrag Rn. 27; GEIGER, Art. 49 EU-Vertrag Rn. 10; KOENIG/HARATSCH, Europarecht, Kapitel VII Rn. 972.
[140] Z.B. Stellungnahmen der Kommission zu den Anträgen Rumäniens, Ungarns, Polens, Lettlands, Estlands, Litauens, Bulgariens, Sloweniens, der Slowakei und der Tschechischen Republik auf EU-Beitritt vom 16.7.1997, Bulletin der Europäischen Union, Beilage 6-15/1997.
[141] VEDDER in: GRABITZ/HILF, Art. 49 EU-Vertrag Rn. 28; OPPERMANN, Europarecht, § 32 Rn. 16; RICHTER, Die Erweiterung der Europäischen Union, S. 160 f.

finden.[142] Mit dem positiven Beschluss des Rates über die Aufnahme der Beitrittsverhandlungen rückt ein beitrittswilliges Land vom Status eines *Antragstellers* in den *Kandidatenstatus* auf und nähert sich dadurch der EU-Mitgliedschaft. Der Beitrittskandidat bleibt in diesem Status bis zur definitiven Entscheidung des Rates über den Beitritt. Auch wenn ein einstimmiger Ratsbeschluss, in Verhandlungen einzutreten, eine rechtliche Voraussetzung für den Beitritt darstellt, bewirkt er gegenüber dem Bewerberstaat keinerlei Bindung in Bezug auf den möglichen Beitritt; er ist notwendige, jedoch nicht hinreichende Voraussetzung für einen Beitritt.[143] Vertritt der Europäische Rat in dieser Phase hingegen die Auffassung, dass ein Beitritt nicht in Betracht komme, muss er den in Art. 49 Abs. 1 S. 2 EU-Vertrag vorgesehenen einstimmigen – und in diesem Fall negativen – Beschluss fassen wie im Falle Marokkos im Jahr 1987.[144]

2. Die Beitrittsphasen

a. Die Verhandlungsphase

aa. Allgemeines

Art. 49 EU-Vertrag enthält keine Bestimmungen über den Ablauf der Beitrittsverhandlungen.[145] Nach den zunächst gescheiterten Beitrittverhandlungen mit Großbritannien (1961 – 1963; 1967 – 1969), die durch die Mitgliedstaaten unter Teilnahme der Kommission geführt worden waren, wurde die Verhandlungsprozedur politisch auf der Gipfelkonferenz der Staats- und Regierungschefs der Gemeinschaft in Den Haag am 1./2. Dezember 1969 erarbeitet. Durch den Ratsbeschluss vom 9. Juni 1970 wurde entschieden, die Beitrittsverhandlungen nunmehr in einem einheitlichen Verfahren von den Gemeinschaften durch den Rat im Namen der Mitgliedstaaten zu führen.[146] Diese Verlagerung der Führung der Beitrittsverhandlungen von den Mitgliedstaaten auf den Europäischen Rat entspricht der durch Art. 237 EWG-Vertrag bzw.

---

[142] MENG in: VON DER GROEBEN/SCHWARZE, Art. 49 EU-Vertrag Rn. 90; KOENIG/HARATSCH, Europarecht, Kapitel VII Rn. 971 f.

[143] VEDDER in: GRABITZ/HILF, Art. 49 EU-Vertrag Rn. 29; OPPERMANN, Europarecht, § 32 Rn. 16; PECHSTEIN/KOENIG, Die Europäische Union, Kap. 8 Rn. 414 ff.

[144] MENG in: VON DER GROEBEN/SCHWARZE, Art. 49 EU-Vertrag Rn. 91; CREMER in: CALLIESS/RUFFERT, Art. 49 EU-Vertrag Rn. 2 f.; VEDDER in: GRABITZ/HILF, Art. 49 EU-Vertrag Rn. 35.

[145] Siehe auch die Ausführungen auf S. 33.

[146] Beschluss des Rates vom 9.6.1970, Bulletin EG Beilage 3/1970, S. 127 ff.

nunmehr Art. 49 EU-Vertrag vorgenommenen Abgrenzung der Entscheidungskompetenzen zwischen den Gemeinschaftsorganen und den Mitgliedstaaten.[147] Faktisch kommt jedoch der Kommission die entscheidende Rolle als Verhandlungsakteur zu, da sie die gemeinsame Position der Europäischen Union vorschlägt, koordiniert und in vielfältigen Arbeitskontakten mit den Bewerberstaaten steht.[148] So kann die Kommission, insbesondere in den Bereichen der gemeinsamen Politiken, zahlreiche Initiativen ergreifen und Belange der Europäischen Union vertreten sowie durch ihren Sachverstand erheblichen Einfluss auf den Beitrittsprozess nehmen.[149]

bb. Die Beitrittsstrategie

Die Divergenz und Anzahl der beitrittswilligen Staaten machten mit der Zeit einen strukturierten und gesteuerten Weg des Beitritts erforderlich. Im Juni 1994 beauftragte daher der Europäische Rat von Korfu die Kommission damit, einen Bericht über die im Hinblick auf die Vorbereitung des Beitritts zu verfolgende Strategie auszuarbeiten.[150] Der Kommissionsvorschlag sah verschiedene praktische Schritte zur Integration der bereits mit der Union assoziierten Staaten in den EU-Entscheidungsprozess vor.[151] Die auf dem Europäischen Rat in Essen im Dezember 1994 verabschiedete *Präadhäsions- und Heranführungsstrategie* zur Vorbereitung der Ostblockstaaten auf die EU-Mitgliedschaft sah die zeitlich abgestufte Aufnahme dieser Staaten in den Binnenmarkt vor,[152] ein Prozess, an dessen Ende die volle rechtliche, politische und wirtschaftliche Beitrittsfähigkeit der beitrittswilligen Staaten stehen

---

[147] Vgl. VEDDER in: GRABITZ/HILF, Art. 49 EU-Vertrag Rn. 30; OPPERMANN, Europarecht, § 32 Rn. 17; PECHSTEIN/KOENIG, Die Europäische Union, Kap. 8 Rn. 415.

[148] BOOß in: LENZ/BORCHARDT, Art. 49 EU-Vertrag Rn. 5; BARTZ, Arbeitnehmerfreizügigkeit erst nach einer Übergangsfrist, in: STURM/PEHLE (HRSG.), Die neue Europäische Union, S. 127, 135 ff.

[149] MENG in: VON DER GROEBEN/SCHWARZE, Art. 49 EU-Vertrag Rn. 102; OPPERMANN, Europarecht, § 32 Rn. 17.

[150] Die Schlussfolgerungen des Vorsitzes der Regierungskonferenz des Europäischen Rates von Korfu vom 24./25.6.1994 sind abrufbar im Internet unter: www.consilium.europa.eu/ueDocs/cms_Data/docs/pressData/de/ec/00150.D4.htm (Stand: 30.6.2008).

[151] BOOß in: LENZ/BORCHARDT, Art. 49 EU-Vertrag Rn. 3; OPPERMANN, Europarecht, § 1 Rn. 42; BARTZ, Arbeitnehmerfreizügigkeit erst nach einer Übergangsfrist, in: STURM/PEHLE (HRSG.), Die neue Europäische Union, S. 127, 135.

[152] Die Präadhäsionsstrategie des Europäischen Rates, Bulletin EG 12/1994. Die Schlussfolgerungen des Vorsitzes des Europäischen Rates von Essen vom 9./10.12.1994 sind abrufbar im Internet unter: www.consilium.europa.eu/ueDocs/cms_Data/docs/pressData/de/ec/SN300-X.DE.htm (Stand: 30.6.2008).

sollte.[153] Nach Ansicht der Europäischen Kommission ermöglicht diese Strategie, dem gesamten Erweiterungsvorgang „Kohärenz zu verleihen" und erweiterungsbedingte Probleme zu lösen, „indem der systematische Rückgriff auf lange Übergangszeiten vermieden wird, die den *acquis communautaire*[154] und den Zusammenhalt der Union in Frage stellen könnten".[155] Dieses Vorgehen war mit Blick auf die mittel- und osteuropäischen, früheren sozialistischen Staaten notwendig, denn sie waren zum Zeitpunkt ihrer Beitrittsanträge rechtlich, politisch und wirtschaftlich vom Niveau der EU-Mitgliedstaaten noch weit entfernt.[156]

Die Heranführungsstrategie sollte sich auf folgende drei Elemente stützen: a) die Umsetzung der bestehenden Europa-Abkommen, b) das PHARE-Programm zur finanziellen Unterstützung dieser Staaten[157] und c) einen strukturierten Dialog zwischen allen Mitgliedstaaten und allen Beitrittskandida-

---

[153] Ausführlich zu der Präadhäsionsstrategie VEDDER in: GRABITZ/HILF, Art. 49 EU-Vertrag Rn. 20 ff.; MENG in: VON DER GROEBEN/SCHWARZE, Art. 49 EU-Vertrag Rn. 48; OPPERMANN, Europarecht, § 32 Rn. 42.

[154] Eine erste umfassende Definition des *acquis communautaire* wurde durch die Europäische Kommission in ihren Stellungnahmen zu der ersten Erweiterung der Europäischen Gemeinschaften formuliert: „Mit seiner Mitgliedschaft in den Gemeinschaften akzeptiert der antragstellende Staat vorbehaltlos die Verträge und ihre politischen Zielsetzungen, die seit In-Kraft-Treten der Verträge gefassten Beschlüsse jeglicher Art sowie die hinsichtlich des Ausbaus und der Stärkung der Gemeinschaften getroffenen Optionen.", vgl. Amtsblatt EG Nr. L 73/1972, S. 3.

[155] Vgl. Europäische Kommission KOM (1997) 2000 vom 15.7.1997, Agenda 2000: Eine stärkere und erweiterte Union, Bulletin der Europäischen Union, Beilage 5/1997, S. 43 ff.

[156] VEDDER in: GRABITZ/HILF, Art. 49 EU-Vertrag Rn. 20; OPPERMANN, Europarecht, § 32 Rn. 27.

[157] Die Schaffung des PHARE-Programms (*Poland and Hungary: Action for Restructuring the Economy*) erfolgte im Jahr 1989 in einem politischen Umfeld, das noch vollständig von den Umbrüchen in den mittel- und osteuropäischen Ländern gekennzeichnet war. Ursprünglich war das Projekt auf Polen und Ungarn beschränkt, wurde aber 1991 – 1993 auf alle mittel- und osteuropäischen Staaten ausgedehnt. Das Programm diente zunächst primär der Umgestaltung der Wirtschaft der mittel- und osteuropäischen Staaten, ist aber sukzessive auch für Projekte zur Modernisierung der Verwaltungsstrukturen geöffnet worden. Dementsprechend war die Zielbestimmung dieses finanziell umfangreichen Programms darauf ausgerichtet, hauptsächlich die Vorbereitung der einzelnen Länder auf die EU-Beitrittsfähigkeit zu unterstützen. Die größten Probleme haben dabei die im Vergleich zur Gemeinschaft geringere Arbeitsproduktivität und die agrarische Struktur der meisten Beitrittskandidaten verursacht. Für Einzelheiten siehe http://europa.eu/scadplus/leg/de/lvb/e50004.htm (Stand: 30.6.2008).

ten.[158] Dies ist ein multilateraler Rahmen für intensiven Dialog und Konsultationen zwischen der Europäischen Union und den durch Europa-Abkommen assoziierten Staaten. Seit Anfang 1995 treffen sich in diesem Rahmen neben den Assoziierungsräten die Staats- und Regierungschefs einmal jährlich am Rande eines Gipfeltreffens des Europäischen Rates,[159] die meisten Fachminister ebenfalls einmal jährlich und die Außenminister sowie die Justiz- und/oder Innenminister zweimal jährlich. Durch die Eröffnung dieser bilateralen Beitrittskonferenzen gewann der Europäische Rat und durch ihn auch der Ministerrat an Bedeutung und Einfluss im Erweiterungsprozess. Seine Aufgaben waren die Verabschiedung der gemeinsamen Verhandlungspositionen der Union auf Basis von Kommissionsvorschlägen und die Leitung der Beitrittskonferenzen.[160] Der Hauptteil der Beitrittsverhandlungen fand somit zwischen den Mitgliedstaaten statt, da dort häufig größere Interessengegensätze zu überwinden waren als zwischen der Europäischen Union und den Beitrittskandidaten.[161]

Auf der Regierungskonferenz in Luxemburg im Jahr 1997 wurde die Idee der Assoziation erstmals analysiert.[162] Dort wurde beschlossen, eine sogenannte *Europakonferenz* mit dem Ziel einzurichten, die Bewerberstaaten und die Union auf eine „Erweiterung unter guten Bedingungen" vorzubereiten.[163] So legte der Europäische Rat von Luxemburg im Dezember 1997 das Verfahren fest, mit Hilfe dessen die Union die Erfüllung der Beitrittsbedingungen durch die Kandidatenländer kontrollieren kann, sowie die Prinzipien und das Verfahren für die eigentlichen Verhandlungen. Gleichzeitig beschloss der Europäische Rat von Luxemburg die Intensivierung der Heranführungsstrategien, insbesondere durch die Aufstockung des PHARE-Programms und die Einfüh-

---

[158] Bulletin EG Nr. 12/1994, Ziff. 1.13 und Anhang IV. Ausführlich dazu LIPPERT/BECKER, integration 2/1997, S. 56 ff.

[159] MENG in: VON DER GROEBEN/SCHWARZE, Art. 49 EU-Vertrag Rn. 96; VEDDER in: GRABITZ/HILF, Art. 49 EU-Vertrag Rn. 21; HARTWIG, Die Europapolitik Rumäniens, S. 96 ff.

[160] CREMER in: CALLIESS/RUFFERT, Art. 49 EU-Vertrag Rn. 2; GEIGER, Art. 49 EU-Vertrag Rn. 10; OPPERMANN, Europarecht, § 32 Rn. 17.

[161] BARTZ, Arbeitnehmerfreizügigkeit erst nach einer Übergangsfrist, in: STURM/PEHLE (HRSG.), Die neue Europäische Union, S. 127, 135 ff.

[162] Schlussfolgerungen des Vorsitzes der Regierungskonferenz des Europäischen Rates von Luxemburg vom 12./13.12.1997, Punkt 1 – 30, abrufbar im Internet unter: www.consilium.europa.eu/ueDocs/cms_Data/docs/press Data/de/ec/00400.D7.htm (Stand: 30.6.2008).

[163] Schlussfolgerungen des Vorsitzes der Regierungskonferenz des Europäischen Rates von Luxemburg vom 12./13.12.1997, Punkt 4 – 9.

rung der sog. *Beitrittspartnerschaften.*[164] Diese bilden den Schwerpunkt der intensivierten Heranführungsstrategie und sollen alle Formen der Unterstützung für die mittel- und osteuropäischen Bewerberstaaten in einem einzigen Gesamtrahmen zum Einsatz bringen.[165] Durch die Beitrittspartnerschaften werden die besonderen Prioritäten und Ziele für jedes einzelne Land definiert, die Hauptinstrumente der technischen und finanziellen Hilfe sowie die Überprüfungsmechanismen festgelegt.[166] Damit wurde die Individualisierung des Beitrittsprozesses für jeden einzelnen Kandidatenstaat eingeleitet.[167] So sollte durch die Anwendung eines sog. *Screening des acquis communautaire* (der vollständigen Durchsicht des Rechtsbestandes der Union) den Bewerberstaaten geholfen werden, ihr Verständnis der Regeln, die der Europäischen Union zugrunde liegen, zu verbessern sowie klarer zu bestimmen, welche Fragen bei der Übernahme des gemeinschaftlichen Besitzstandes behandelt werden müssen.[168] Ab dem Frühjahr 1998 wandte die Kommission dieses System an,[169] nachdem die Aufnahme der Beitrittsverhandlungen mit den zwölf mittel- und osteuropäischen Staaten auf dem Gipfel des Europäischen Rates von Luxemburg beschlossen wurde.

cc. Die Durchführung der Beitrittsverhandlungen

Die Mitgliedstaaten legen zunächst die gemeinsamen Positionen der Europäischen Union für alle Materien des gemeinschaftlichen Besitzstandes nach Vorschlag der Kommission einstimmig fest. Daraufhin tritt die Union in Verhandlungen mit den Bewerberstaaten ein.[170] Die Beitrittsverhandlungen wer-

---

164 Ausführlich dazu PASCHKE/JULGA, Die politische Entwicklung der Osterweiterung der EU, in: PASCHKE/ILIOPOULOS (HRSG.), Die Osterweiterung der Europäischen Union, S. 71, 128 ff.

165 DUCULESCU, Dreptul Integrării Europene (Das Recht der Europäischen Integration), S. 452 ff.; MENG in: VON DER GROEBEN/SCHWARZE, Art. 49 EU-Vertrag Rn. 50; BIEBER in: BIEBER/EPINEY/HAAG (HRSG.), Die Europäische Union, § 36 Rn. 8; SCHÜBEL, EuZW 2000, S. 641.

166 Schlussfolgerungen des Vorsitzes der Regierungskonferenz des Europäischen Rates von Luxemburg vom 12./13.12.1997, Punkt 13 ff.

167 VEDDER in: GRABITZ/HILF, Art. 49 EU-Vertrag Rn. 60; OPPERMANN, Europarecht, § 32 Rn. 17; SCHÜBEL, EuZW 2000, S. 641.

168 MENG in: VON DER GROEBEN/SCHWARZE, Art. 49 EU-Vertrag Rn. 50; VEDDER in: GRABITZ/HILF, Art. 49 EU-Vertrag Rn. 60.

169 Vgl. Bulletin EG Nr. 12/1997, Ziff. 1.5.13.

170 BOOß in: LENZ/BORCHARDT, Art. 49 EU-Vertrag Rn. 5; VEDDER in: GRABITZ/HILF, Art. 49 EU-Vertrag Rn. 30; MENG in: VON DER GROEBEN/SCHWARZE, Art. 49 EU-Vertrag Rn. 95 f.

den jedoch immer bilateral, nicht als Gruppenverhandlungen, entlang der 31 Kapitel des gemeinschaftlichen Besitzstandes geführt.[171] Zu jedem einzelnen Verhandlungskapitel reichen die Bewerberländer ihre Forderungen nach Übergangsregelungen ein. Die Kommission legt dann dem Europäischen Rat Entwürfe für einen gemeinsamen Standpunkt der Union vor, d.h. den Standpunkt aller Mitgliedstaaten. Dies ist häufig der schwierigste Teil der Vorarbeit der Kommission, weil die Mitgliedstaaten unterschiedlich stark von den Regelungen für die neuen EU-Mitglieder betroffen sind und mit Rücksicht auf ihre verschiedenen nationalen Interessen Position beziehen.[172] Die besonders schwierigen Problempunkte werden üblicherweise im Paket und auf höchster politischer Ebene beschlossen, so dass insgesamt für jeden Beteiligten ein akzeptabler Kompromiss gefunden werden kann. Diese für die Union typische Form der Problemlösung wird als „Kuhhandel“ bezeichnet[173] und insofern heftig kritisiert, als es weniger gilt, die unter sachlichen und finanziellen Gesichtspunkten beste Lösung zu finden, als vielmehr eine, der alle Staaten zustimmen können, weil ihre jeweiligen Interessen dabei insgesamt ausreichend berücksichtigt worden sind.[174] Erst wenn sich alle Mitgliedstaaten auf einen gemeinsamen Standpunkt geeinigt haben, wird er den Bewerberstaaten übermittelt. Mit der Entscheidung über die eventuellen Übergangsregelungen kann das jeweilige Verhandlungskapitel abgeschlossen werden.

Mit der Wahrnehmung der Beitrittsverhandlungen hängt auch der Rückgang des Europa-Optimismus in den Kandidatenländern zusammen.[175] Denn anstelle der erwarteten Verhandlungen zweier gleichrangiger Partner erweisen sich diese als zunehmend bürokratische Überprüfung der Beitrittsfähigkeit anhand

---

[171] Diese Unterteilung erfolgte durch die Europäische Kommission, welche im Auftrag der Regierungskonferenz handelte, vgl. Bericht über die Fortschritte jedes Bewerberlandes auf dem Weg zum Beitritt aus dem Jahr 1999, S. 11 f.

[172] VEDDER in: GRABITZ/HILF, Art. 49 EU-Vertrag Rn. 60 ff.; OPPERMANN, Europarecht, § 32 Rn. 28.

[173] Vgl. *Die Zeit* Nr. 40 vom 28.9.2006, S. 10 sowie Hanse-Office-Newsletter 11/2005 unter: www.hanse-office.de/dl/330.pdf (Stand: 30.6.2008).

[174] VEDDER in: GRABITZ/HILF, Art. 49 EU-Vertrag Rn. 30; MENG in: VON DER GROEBEN/SCHWARZE, Art. 49 EU-Vertrag Rn. 94 ff.

[175] Vgl. European Commission, Eurobarometer 2002, S. 2 ff., abrufbar im Internet unter: http://ec.europa.eu/public_opinion/archives/cceb/2002/cceb_2002_highlights_en.pdf (Stand: 30.6.2008); Eurobarometer 2003, S. 7 ff., abrufbar unter: http://ec.europa.eu/public_opinion/archives/cceb/2003/2003.2_highlights.pdf (Stand: 30.6.2008) sowie Eurobarometer EB 61/2004, S. 6 ff., abrufbar im Internet unter: http://ec.europa. eu/public_opinion/archives/cceb/2004/cceb_2004.1_highlights.pdf (Stand: 30.6.2008).

von Brüssel vorgegebener Bedingungen.[176] Mit zunehmender Stärke wird dieses Verfahren in den Beitrittsländern als erniedrigendes „Diktat aus Brüssel" kritisiert.[177] Hinzu kommt auch die innenpolitische Praxis in den Beitrittsländern, notwendige, aber schmerzhafte Reformfortschritte mit Vorgaben aus Brüssel zu rechtfertigen, auch wenn dies nicht immer der Realität entspricht.[178] Verstärkt wird dieser Eindruck durch die jährlichen *Fortschrittsberichte* der Europäischen Kommission, deren Kritik an Mängeln in der Beitrittsvorbereitung oftmals als ungerecht und demütigend zurückgewiesen wird.[179]

dd. Die „Regelmäßigen Berichte" der Europäischen Kommission

Die *Fortschrittsberichte* der Europäischen Kommission sind Sachstandsberichte, die von der Kommission für den Europäischen Rat verfasst und veröffentlicht werden. Für die Erstellung der Fortschrittsberichte ist die *Generaldirektion Erweiterung* zuständig. Dort gibt es Kommissionsbeamte, die jeweils für einzelne Länder zuständig sind. Hinzu kommen dann sektorale Zuständigkeiten, zum Beispiel im Bereich *Justiz und Inneres* oder *Landwirtschaft*. In diesen einzelnen Vorgängen werden die Informationen über die Fortschritte der Beitrittskandidaten zusammengetragen und schließlich zu einem Bericht zusammengefasst. Die Entscheidung darüber, was letztlich in dem Bericht erfasst und in welcher Schärfe die Beurteilung formuliert wird, liegt beim Generaldirektor. Dieser wiederum konsultiert den Erweiterungskommissar (derzeit OLLI REHN, Finnland), der den *Fortschrittsbericht* mit seinen Kommissionskollegen abspricht und veröffentlicht.[180]

Die Einsetzung eines Kommissars für Erweiterungsfragen mit einer eigenen *Generaldirektion*, die im Rahmen der Kommissionsumbildung im September 1999 erfolgte, widerspiegelt die politische Bedeutung der Osterweiterung im gesamten EU-Kontext. Diese Institutionalisierung kann als Bestreben der Eu-

---

176 MENG in: VON DER GROEBEN/SCHWARZE, Art. 49 EU-Vertrag Rn. 101; OPPERMANN, Europarecht, § 32 Rn. 28.

177 MILDENBERGER, APuZ B 1-2/2002, S. 3, 4.

178 ROTHACHER, APuZ B 5-6/2004, S. 25, 28; MILDENBERGER, APuZ B 1-2/2002, S. 3, 4 ff. mit Beispielen aus Polen, Ungarn und der Slowakei.

179 KÜHNHARDT, APuZ 36/2005, S. 3, 4; HANKEL, APuZ 52-53/2000, S. 5 ff.

180 Die Fortschrittsberichte der Europäischen Kommission über die 2004 beigetretenen EU-Länder sind abrufbar im Internet unter: http://ec.europa.eu/enlargement/archives/enlargement_process/future_prospects/negotiations/eu10_bulgaria_romania/index_de.htm (Stand: 30.6.2008).

ropäischen Kommission bewertet werden, die bislang vor allem sektoral vorangetriebenen Erweiterungsprozesse stärker zu bündeln, indem die Zuständigkeit für die Durchführung der Maßnahmen aus den Erweiterungsstrategien auf einen einzelnen Akteur überging.[181]

Generell sind die *Fortschrittsberichte* der EU-Kommission ein zentrales Dokument für die von den politischen Gremien zu treffende Entscheidung, ob ein Land zu einem bestimmten Zeitpunkt Mitglied der Europäischen Union werden kann oder nicht.[182] Diese jährlich erscheinenden *Regelmäßigen Berichte*[183] geben einen Überblick über die Fortschritte, die ein Beitrittsland in seiner Beitrittsvorbereitung erzielt hat. Sie liefern für jedes Verhandlungskapitel eine kurze Bewertung des Grades der Umsetzung der in den Verhandlungen eingegangenen Verpflichtungen. Diese spiegeln das Ergebnis der Beitrittsverhandlungen wider. Sie können – im Einklang mit dem dem Beitrittsprozess zugrunde liegenden Grundsatz der Differenzierung – von Land zu Land unterschiedlich sein. Soweit sich ein Beitrittskandidat verpflichtet hat, bestimmte Maßnahmen bis zum Zeitpunkt des Beitritts umzusetzen, bewertet die Kommission die entsprechenden Vorbereitungen. Für die Kapitel, zu denen die Beitrittsverhandlungen noch andauern und die endgültigen Verpflichtungen noch festgelegt werden müssen, wird eine vorläufige Bewertung des Standes der Umsetzung der bisher eingegangenen Verpflichtungen vorgenommen.[184]

---

[181] Die Verhandlungsleistung der Europäischen Kommission mit dem deutschen EU-Kommissar für die Erweiterung a.D., GÜNTER VERHEUGEN, war im Rahmen der Osterweiterung äußerst bemerkenswert. Die Kommission rang sich trotz Feststellung vieler Defizite in allen Ländern immer wieder zu positiven Abschlussbewertungen durch, die zum erfolgreichen Abschluss der Beitrittsverhandlungen bzw. zum EU-Beitritt aller zwölf Beitrittsstaaten aus Mittel- und Osteuropa geführt haben, vgl. OPPERMANN, Europarecht, § 32 Rn. 28.

[182] OPPERMANN, Europarecht, § 32 Rn. 28; BARTZ, Arbeitnehmerfreizügigkeit erst nach einer Übergangsfrist, in: STURM/PEHLE (HRSG.), Die neue Europäische Union, S. 127, 136.

[183] Für Rumänien und Bulgarien wurden im Jahr 2006 ausnahmsweise zwei Regelmäßige Berichte erstellt, weil bei beiden Ländern die Entscheidung über einen eventuellen Aufschub ihrer EU-Mitgliedschaft anstand.

[184] Der aktuelle Stand der Beitrittsverhandlungen mit der Türkei, Kroatien und Mazedonien ist abrufbar im Internet auf der Website der Europäischen Kommission unter: http://ec.europa.eu/enlargement/candidate-countries/index_en.htm (Stand: 30.6.2008).

ee. Die Grundprinzipien für den Ablauf der Beitrittsverhandlungen

Bei den Grundsätzen für den Ablauf der Beitrittsverhandlungen handelt es sich um a) die Umsetzung und Anwendung des gemeinschaftlichen Besitzstandes, b) die Einräumung von Übergangsregelungen (befristet und im Umfang begrenzt), c) die Anwendung des sogenannten Prinzips der Differenzierung, womit gemeint ist, dass die Verhandlungen mit den Beitrittsländern individuell geführt werden und die Geschwindigkeit des Verhandlungsprozesses allein von der Vorbereitung jedes einzelnen Staates abhängt, d) die Anwendung des sogenannten Prinzips des „Aufholens“,[185] das den am besten vorbereiteten Staaten innerhalb einer Gruppe von Beitrittskandidaten ermöglicht, die Beitrittsverhandlungen schneller abzuschließen als andere Länder dergleichen Gruppe.[186] Der Europäische Rat von Nizza (Dezember 2000) fügte dann e) den „Fahrplan“ der Kommission hinzu, d.h. die Verpflichtung aller beteiligten Staaten zur Einhaltung eines realistischen Zeitplans für die Verwirklichung der Osterweiterung.[187] Anlässlich der Aufnahme der Beitrittsverhandlungen mit der Türkei und Kroatien im Oktober 2005 formulierte die Europäische Union drei weitere Grundprinzipien für ihre Beitrittspolitik:[188]

---

[185] Vgl. Bulletin EG 12/1997, Ziff. 1.5.13-27; vgl. auch MENG in: VON DER GROEBEN/SCHWARZE, Art. 49 EU-Vertrag Rn. 49.

[186] Diese sog. „Aufholfazilität“ wird zurzeit bei den Verhandlungen mit Kroatien und der Türkei beobachtet: Beide Staaten traten in Verhandlungen am 3.10.2005 ein. Der Abschluss der Beitrittsverhandlungen mit Kroatien ist voraussichtlich für Ende 2008, der Beitritt für 2009/2010 abzusehen. Im Falle der Türkei ist dies noch ungewiss, vgl. OPPERMANN, Europarecht, § 32 Rn. 30; ARNDT, Europarecht, S. 24; VERHEUGEN, Europa in der Krise, S. 95 f.; LIPPERT, Erweiterungsfragen und Nachbarschaftspolitik der Europäischen Union, in: MÜLLER-GRAFF (HRSG.), Die Rolle der erweiterten Union in der Welt, S. 175 ff.; ILIOPOULOS, Rechtsfragen der Osterweiterung, in: PASCHKE/ILIOPOULOS (HRSG.), Die Osterweiterung der Europäischen Union, S. 335, 354 ff.

[187] „Der Europäische Rat vertritt die Ansicht, dass es nunmehr an der Zeit ist, diesem Prozess neuen Schwung zu verleihen. Er macht sich die Schlussfolgerungen des Rates (Allgemeine Angelegenheiten) vom 4. Dezember 2000 zu der von der Kommission vorgeschlagenen Strategie zu Eigen. Er nimmt mit Genugtuung zur Kenntnis, dass der Grundsatz der Differenzierung, der sich auf die individuellen Leistungen eines jeden Beitrittslandes stützt, sowie die Möglichkeit eines Aufholens in den Schlussfolgerungen des Rates bekräftigt werden. Der "Fahrplan" für die kommenden achtzehn Monate wird den Fortgang der Verhandlungen erleichtern, wobei zu berücksichtigen ist, dass die am besten vorbereiteten Länder weiterhin die Möglichkeit haben, schneller voranzukommen.“, vgl. die Schlussfolgerungen des Vorsitzes der Regierungskonferenz des Europäischen Rates von Nizza vom 7./8./9.12.2000, Punkt 4 ff., abrufbar im Internet unter: www.consilium.europa.eu/ueDocs/cms_Data/docs/pressData/de/ec/00400.%20ann.d0.htm (Stand: 30.6.2008).

[188] Vgl. Mitteilung der Kommission KOM (2005) vom 9.11.2005; vgl. auch BOOß in: LENZ/BORCHARDT, Art. 49 EU-Vertrag Rn. 3.

f) interne Konsolidierung der Union durch eine Beschränkung der Erweiterungsperspektiven zunächst auf die Türkei und die Balkanstaaten; g) Konditionalität zwischen dem Fortschritt von Reformen in den Beitrittsländern und der Fortsetzung der Beitrittsverhandlungen mit der Maßgabe, dass diese ganz oder hinsichtlich einzelner Kapitel ausgesetzt werden können, wenn „das Beitrittsland ernsthaft und anhaltend gegen die demokratischen und rechtsstaatlichen Prinzipien der Europäischen Union verstößt"; und h) Kommunikation, d.h. eine intensivere Öffentlichkeitsarbeit, die auch den Erfolg der bisherigen Beitritte sicherstellen soll.

b. Die unionsinterne Entscheidungsphase

aa. Die Stellungnahme der Europäischen Kommission

Im Anschluss an die Verhandlungen formuliert die Europäische Kommission eine abschließende Stellungnahme, in der die Verhandlungsergebnisse bewertet werden.[189] Die Kommission bringt darin vor allem die Interessen der Union gegenüber den Interessen der Mitgliedstaaten zur Geltung, die im Wesentlichen das Beitrittsverfahren *de facto* dominieren.[190] Die Stellungnahme der Kommission ist für den Rat rechtlich unverbindlich.[191]

Im Fall Rumäniens gab die Europäische Kommission am 22. Februar 2005 eine befürwortende Stellungnahme zum Beitritt ab und leitete somit eine weitere Voraussetzung für die geplante Mitgliedschaft ein. Die Kommission reagierte damit auf den Abschluss der Beitrittsverhandlungen mit Rumänien und Bulgarien, der auf der Tagung des Europäischen Rates im Dezember 2004 beschlossen worden war.[192]

---

[189] Art. 49 Abs. 1 S. 2 EU-Vertrag: [Der Rat] „beschließt einstimmig nach der Anhörung der Kommission".

[190] VEDDER in: GRABITZ/HILF, Art. 49 EU-Vertrag Rn. 32; MENG in: VON DER GROEBEN/SCHWARZE, Art. 49 EU-Vertrag Rn. 102; SLAVU/OLAH, Die Erweiterung der Europäischen Union nach Art. 49 EU-Vertrag, in: BOȚA-MOISIN (HRSG.), Acquis Communautaire – A Need for the European Integration, S. 149, 152 f.

[191] HERRNFELD in: SCHWARZE, Art. 49 EU-Vertrag Rn. 7; PECHSTEIN in: STREINZ, Art. 49 EU-Vertrag Rn. 8 f.

[192] Vgl. Amtsblatt der Europäischen Union Nr. L 157 vom 21.6.2005, S. 3 f. Die abschließende Stellungnahme der Europäischen Kommission zum Beitrittsantrag Rumäniens ist auch im Internet abrufbar unter: http://eur-lex.europa.eu/LexUriServ/site/de/oj/2005/l_157/l_15720050621de00030004.pdf (Stand: 30.6.2008).

bb. Die Zustimmung des Europäischen Parlaments

Nach der Anhörung der Kommission wird der Beitrittsvertrag dem Europäischen Parlament zur Ratifizierung vorgelegt.[193] Der entscheidende Beitrag zum selbständigen Einfluß der Union auf den EU-Beitritt neuer Staaten liegt seit der Einheitlichen Europäischen Akte beim Europäischen Parlament. Denn die Befugnisse des Parlaments sind durch die EEA bei Beitrittsverträgen und Assoziierungsabkommen wesentlich gewachsen:[194] Es ist seitdem erforderlich, dass das Parlament mit der Mehrheit seiner Mitglieder jedem Beitritt zustimmt;[195] anderenfalls ist er gescheitert.[196] Durch die Einschaltung des Europäischen Parlaments in den Erweiterungsprozess steht ihm bei Beitrittsverträgen wie bei Assoziierungsabkommen gemäß Art. 310 EG-Vertrag eine echte Mitentscheidungsbefugnis zu. Dies ist ein wichtiger Fortschritt in Richtung demokratische Kontrolle innerhalb der Europäischen Union, denn jeder Beitritt verändert den Bestand und die Fortentwicklung der Union in entscheidender Weise.[197]

In Bezug auf die letzte Erweiterungsrunde gab das Europäische Parlament am 13. April 2005 seine Zustimmung zu den Anträgen der Republik Bulgarien und Rumäniens auf Mitgliedschaft in der Europäischen Union. Der Antrag Rumäniens wurde mit 497 Ja-Stimmen zu 93 Nein-Stimmen bei 71 Enthaltungen angenommen, der Antrag der Republik Bulgarien mit 522:70:69 Stimmen.[198] Rein formal würde dem Parlament, nachdem es seine Zustim-

---

[193] CREMER in: CALLIESS/RUFFERT, Art. 49 EU-Vertrag Rn. 3; GEIGER, Art. 49 EU-Vertrag Rn. 12; RICHTER, Die Erweiterung der Europäischen Union, S. 161.

[194] MENG in: VON DER GROEBEN/SCHWARZE, Art. 49 EU-Vertrag Rn. 90; GEIGER, Art. 49 EU-Vertrag Rn. 12; VEDDER in: GRABITZ/HILF, Art. 49 EU-Vertrag Rn. 33; OPPERMANN, Europarecht, § 32 Rn. 18.

[195] Art. 49 Abs. 1 S. 2 EU-Vertrag: „[Der Rat] beschließt einstimmig [...] nach Zustimmung des Europäischen Parlaments, das mit der absoluten Mehrheit seiner Mitglieder beschließt."

[196] CREMER in: CALLIESS/RUFFERT, Art. 49 EU-Vertrag Rn. 3; GEIGER, Art. 49 EU-Vertrag Rn. 12; OPPERMANN, Europarecht, § 32 Rn. 18.

[197] VEDDER in: GRABITZ/HILF, Art. 49 EU-Vertrag Rn. 33; BIEBER in: BIEBER/EPINEY/HAAG (HRSG.), Die Europäische Union, § 36 Rn. 7; ausführlich zur Rolle des Europäischen Parlaments im Beitrittsverfahren MENG in: VON DER GROEBEN/SCHWARZE, Art. 49 EU-Vertrag Rn. 103 ff.

[198] Vgl. Amtsblatt der Europäischen Union Nr. L 157 vom 21.6.2005, S. 5 f.; vgl. auch den Pressebericht des Europäischen Parlaments vom 13.4.2005, abrufbar im Internet unter: www2.europarl.eu.int. Die legislative Entschließung des Europäischen Parlaments zu dem Antrag Rumäniens auf Mitgliedschaft in der Europäischen Union ist abrufbar im Internet unter: http://eur-lex.europa.eu/LexUriServ/site/de/oj/2005/l_157/l_15720050621de00070008.pdf (Stand: 30.6.2008).

mung zum Beitritt der beiden Länder gegeben hat, nun keine Entscheidungsbefugnis mehr in den weiteren Beitrittsverhandlungen zustehen. Die EU-Abgeordneten wollten jedoch die Möglichkeit beibehalten, die Geschehnisse in den beiden Ländern bis zum Zeitpunkt des tatsächlichen Beitritts, der frühestens für den 1. Januar 2007 vorgesehen war, zu beeinflussen. Sie wollten damit in vollem Umfang in den Entscheidungsprozess über eine eventuelle Anwendung von Schutzklauseln für den Beitritt der beiden Länder einbezogen werden. Schon zu einem früheren Zeitpunkt hatte das Europäische Parlament das Recht eingefordert, eine Verschiebung des Beitritts um ein Jahr fordern zu können, sollte ein Land die für den Beitritt notwendigen Voraussetzungen nicht erfüllen. Dies war besonders wichtig für das Europäische Parlament, da der Beitritt Rumäniens und Bulgariens erst 20 Monate nach der Parlamentszustimmung stattfinden sollte. Nach diesem neuen Mechanismus konnte der Europäische Rat auf Vorschlag der Kommission den Beitritt der beiden Länder um ein Jahr verschieben, sollten gewisse Bedingungen nicht erfüllt sein.[199] Vor seiner Abstimmung sicherte daher die Europäische Kommission dem Parlament schriftlich zu, dass sie es vollständig in eine eventuelle Entscheidung über die Verschiebung des Beitritts mit einbeziehen würde. Dies wurde dem Parlament auch vom Europäischen Rat bestätigt.[200]

cc. Der Beschluss des Europäischen Rates

Die unionsinterne Entscheidungsphase über den EU-Beitritt neuer Länder wird nach Anhörung der Kommission und Zustimmung des Parlaments mit dem einstimmigen Beschluss des Europäischen Rates fortgeführt, ob dem Beitrittsantrag stattgegeben[201] oder dieser abgelehnt werden soll.[202] Wenn der Aufnahmeantrag nicht einstimmig abgelehnt wird, bleibt dieser wirksam und

---

[199] Vgl. Art. 36 – 39 der Beitrittsakte zum Beitrittsvertrag mit Rumänien und Bulgarien, Amtsblatt der Europäischen Union Nr. L 157 vom 21.6.2005, S. 29 ff.

[200] Vgl. Pressebericht vom 13.4.2005, abrufbar im Internet unter: www.europarl.europa.eu/news/archive.do?language=DE (Stand: 30.6.2008).

[201] Für den Aufnahmeantrag Rumäniens vgl. den Beschluss des Rates der Europäischen Union vom 25.4.2005, Amtsblatt der Europäischen Union Nr. L 157 vom 21.6.2005, S. 9. Der Beschluss ist auch im Internet abrufbar unter: http://eur-lex.europa.eu/LexUriServ/site/de/oj/2005/l_157/l_15720050621de00090009.pdf (Stand: 30.6.2008).

[202] MENG in: VON DER GROEBEN/SCHWARZE, Art. 49 EU-Vertrag Rn. 91 f.; GEIGER, Art. 49 EU-Vertrag Rn. 13; OPPERMANN, Europarecht, § 32 Rn. 18; KOENIG/HARATSCH, Europarecht, Kapitel VII Rn. 971.

die Beitrittsverhandlungen können wieder eröffnet werden.[203] Auch wenn die erforderliche Einstimmigkeit vorliegt, ist hiermit noch keine Bindungswirkung gegenüber dem Beitrittskandidaten eingetreten. Ein positiver Ratsbeschluss ist aber notwendige Voraussetzung für die nunmehr folgende Phase des Abschlusses des Beitrittsverfahrens durch die Mitgliedstaaten.[204] Wenn der Rat wie bei dem Vertragsänderungsverfahren nach Art. 48 EU-Vertrag nur vorbereitend tätig würde, hätte das Erfordernis der Einstimmigkeit seines Beschlusses keinen Sinn mehr.[205] Der Rat kann jedoch durch seinen Beschluss die Mitgliedstaaten nicht rechtlich verpflichten, das Beitrittsabkommen mit den Kandidatenländern zu unterschreiben bzw. zu ratifizieren.[206] Denn es gibt keine Rechtspflicht der EU-Mitgliedstaaten, der Aufnahme eines neuen Mitgliedstaates nach Art. 49 EU-Vertrag zuzustimmen. Eine solche Pflicht wird durch die Durchführung der Beitrittsverhandlungen ebenfalls nicht begründet.[207]

---

203 VEDDER in: GRABITZ/HILF, Art. 49 EU-Vertrag Rn. 35; OPPERMANN, Europarecht, § 32 Rn. 18.

204 VEDDER in: GRABITZ/HILF, Art. 49 EU-Vertrag Rn. 35; MENG in: VON DER GROEBEN/SCHWARZE, Art. 49 EU-Vertrag Rn. 109; CREMER in: CALLIESS/RUFFERT, Art. 49 EU-Vertrag Rn. 3; RICHTER, Die Erweiterung der Europäischen Union, S. 161; a.A. GEIGER, Art. 49 EU-Vertrag Rn. 13 sowie PECHSTEIN in: STREINZ, Art. 49 EU-Vertrag Rn. 4, die die Meinung vertreten, dass der einstimmige Beschluss des Rates nur gemeinschaftsinterne Wirkung hat und den Mitgliedtaaten lediglich die Möglichkeit eröffnet, den Beitrittsvertrag mit den Kandidatenländern abzuschließen.

205 Vgl. VEDDER in: GRABITZ/HILF, Art. 49 EU-Vertrag Rn. 35; HERRNFELD in: SCHWARZE, Art. 49 EU-Vertrag Rn. 7; vgl. auch PECHSTEIN in: STREINZ, Art. 49 EU-Vertrag Rn. 3, der das Vetorecht jedes EU-Mitgliedstaates bei der Abstimmung im Europäischen Rat betont.

206 CREMER in: CALLIESS/RUFFERT, Art. 49 EU-Vertrag Rn. 4; MENG in: VON DER GROEBEN/SCHWARZE, Art. 49 EU-Vertrag Rn. 92; VEDDER in: GRABITZ/HILF, Art. 49 EU-Vertrag Rn. 35.

207 NETTESHEIM, EuR 2003, S. 36, 59.

c. Die Vertragsschlussphase

aa. Der Abschluss des Beitrittsabkommens

Nach der positiven Ratsentscheidung wird zunächst das bereits ausgehandelte Beitrittsabkommen von den gemeinsam handelnden Mitgliedstaaten und dem jeweiligen Bewerberstaat unterzeichnet.[208]

Um dem Dilemma möglicher Differenzen zwischen dem Beschluss des Rates (eine Entscheidung der Europäischen Union) und der Entscheidung der Mitgliedstaaten zum Abschluss des Beitrittsabkommens zu entgehen, ist es nicht nur sinnvolle Praxis, sondern in systematischer Auslegung sogar geboten, diese zwei Verfahrensebenen zu verbinden. Dies kann dadurch erfolgen, dass der Ratsbeschluss erst nach erfolgreichem Abschluss der Beitrittsverhandlungen – zeitnah zum Abschluss des Beitrittsabkommens – erfolgt.[209]

(1) Der Inhalt und die rechtliche Rolle des Beitrittsabkommens

Gemäß Art. 49 Abs. 2 EU-Vertrag regelt das Beitrittsabkommen „die Aufnahmebedingungen und die durch eine Aufnahme erforderlich werdenden Anpassungen der Verträge, auf denen die Union beruht".[210] Außerdem wird im Beitrittsabkommen vorgesehen, dass die beitretenden Staaten Mitglieder der Europäischen Union (einschließlich EG und EAG) und Vertragsparteien der die Union begründenden Verträge werden.[211] Inhalt des Ratsbeschlusses gemäß Art. 49 Abs. 1 EU-Vertrag ist es dagegen, „den Aufnahmeanträgen stattzugeben".[212] Das Verhältnis von „Aufnahme" durch Stattgeben des Bei-

---

[208] CREMER in: CALLIESS/RUFFERT, Art. 49 EU-Vertrag Rn. 3; GEIGER, Art. 49 EU-Vertrag Rn. 14; KOENIG/HARATSCH, Europarecht, Kapitel VII Rn. 971; OPPERMANN, Europarecht, § 32 Rn. 18.

[209] Im Fall Rumäniens wurde das Beitrittsabkommen am 25.4.2005 unterschrieben, nachdem das Europäische Parlament am 13.4.2005 seine Zustimmung abgegeben hatte und die Beschlussfassung des Rates am 25.4.2005, dem Tag der Vertragsunterzeichnung, erfolgte.

[210] CREMER in: CALLIESS/RUFFERT, Art. 49 EU-Vertrag Rn. 4; GEIGER, Art. 49 EU-Vertrag Rn. 18; RICHTER, Die Erweiterung der Europäischen Union, S. 47 f.

[211] Vgl. Art. 1 Abs. 1 des Vertrages über den Beitritt der Republik Bulgarien und Rumäniens zur Europäischen Union vom 25.4.2005 (im Folgenden „EU-Beitrittsvertrag mit Bulgarien und Rumänien" genannt): „Die Republik Bulgarien und Rumänien werden Mitglieder der Europäischen Union" bzw. Art. 1 Abs. 2: „Die Republik Bulgarien und Rumänien werden Vertragsparteien des Vertrages über eine Verfassung für Europa und des Vertrages zur Gründung der Europäischen Atomgemeinschaft"; vgl. auch GEIGER, Art. 49 EU-Vertrag Rn. 17 f.; OPPERMANN, Europarecht, § 32 Rn. 18 f.

[212] Vgl. oben die Ausführungen auf S. 46 f.

trittsantrages durch Ratsbeschluss einerseits und „Erlangen der Mitgliedschaft“ durch Beitrittsabkommen andererseits lässt sich rechtlich nur dadurch erklären, dass der Ratsbeschluss die notwendige Voraussetzung für den Abschluss des Beitrittsabkommens zwischen den alten und den neuen Mitgliedstaaten darstellt.[213] Der Beitritt erfolgt somit durch den Ratsbeschluss *und* das Beitrittsabkommen.[214]

(2) Die Struktur des Beitrittsabkommens

Aus rechtstechnischen Gründen wird das Beitrittsabkommen in drei Rechtsinstrumente aufgeteilt: Der Gesamtvertrag besteht aus dem Vertrag über den Beitritt zur Europäischen Union (Beitrittsvertrag), der ihm beigefügten Beitrittsakte einschließlich Anhängen und Protokollen sowie der Schlussakte.

(2.1) Der Beitrittsvertrag

Der Beitrittsvertrag ist das in Art. 49 Abs. 2 EU-Vertrag vorgesehene Abkommen zwischen den Mitgliedstaaten der Europäischen Union und den antragstellenden Staaten. Der Inhalt des Beitrittsvertrages ist rechtlich nicht im Einzelnen vorgeschrieben, hat sich aber in der Erweiterungsgeschichte einheitlich entwickelt. Der eigentliche Beitrittsvertrag regelt nur den Beitritt als solchen und die Bestimmungen über das Inkrafttreten des Vertrages sowie die Vertragssprachen.[215] Hinsichtlich der Beitrittsbedingungen verweist er auf die Beitrittsakte,[216] die mit ihren gesamten Anhängen und Protokollen die vereinbarten Änderungen und Anpassungen der Verträge, auf denen die Union beruht, enthält.[217] Der Beitrittsvertrag umfasst daher neben der Präambel ledig-

---

[213] VEDDER in: GRABITZ/HILF, Art. 49 EU-Vertrag Rn. 36; BOOß in: LENZ/BORCHARDT, Art. 49 EU-Vertrag Rn. 5; OPPERMANN, Europarecht, § 32 Rn. 6.

[214] Im Fall Rumäniens (und Bulgariens) erfolgten diese beiden Akte tatsächlich am gleichen Tag, dem 25.4.2005, vgl. Amtsblatt der Europäischen Union Nr. L 157 vom 21.6.2005, S. 9 ff.

[215] MENG in: VON DER GROEBEN/SCHWARZE, Art. 49 EU-Vertrag Rn. 113.

[216] Vgl. Art. 1 Abs. 2 des Vertrages über den Beitritt der ersten zehn mittel- und osteuropäischen Länder zur Europäischen Union vom 16.4. 2003, Amtsblatt der Europäischen Union Nr. L 236, S. 1 ff.: „Die Aufnahmebedingungen und die aufgrund der Aufnahme erforderlichen Anpassungen der die Union begründenden Verträge sind in der diesem Vertrag beigefügten Akte festgelegt. Die Bestimmungen der Akte sind Bestandteil dieses Vertrags.“ Der Beitrittsvertrag ist abrufbar im Internet unter: http://eur-lex.europa.eu/LexUriServ/LexUriServ.do?uri=OJ:L:2005:157:0011:0027:DE:PDF (Stand: 30.6.2008).

[217] MENG in: VON DER GROEBEN/SCHWARZE, Art. 49 EU-Vertrag Rn. 4; OPPERMANN, Europarecht, § 32 Rn. 18.

lich wenige Artikel und regelt selbst nur das für den Beitritt der neuen Mitgliedstaaten unabdingbar Erforderliche. Dadurch werden Übersichtlichkeit und Lesbarkeit gefördert, was bei einem derart umfangreichen Vertragswerk eine große praktische Bedeutung hat.

(2.2) Die Beitrittsakte

Nach Art. 49 Abs. 2 EU-Vertrag hat ein Beitrittsvertrag die Aufnahmebedingungen und die durch die Aufnahme erforderlich werdenden Anpassungen der Verträge, auf denen die Union beruht, zu regeln. Vor dem Hintergrund des Erfordernisses der Übersichtlichkeit und Lesbarkeit überlässt der Beitrittsvertrag die einzelnen, sehr detaillierten Aufnahmebedingungen der ihm beigefügten Beitrittsakte. So enthält die Beitrittsakte mit ihren zahlreichen Anhängen und Protokollen die vereinbarten materiellen Anpassungen und Änderungen des Rechts aller Komponenten der Union[218] und hat als Primärrecht den gleichen Rang wie die Gründungsverträge selbst.[219] Die Beitrittsakte ist daher mit dem existierenden System des Unionsrechts verzahnt und muss unter Berücksichtigung der Systematik und der Grundlagen dieses Rechts ausgelegt werden.[220] In jeder Beitrittsakte wird diesen Detailregelungen für die jeweiligen Beitritte ein weitgehend identischer Katalog von Grundsätzen vorangestellt, der eine Zusammensetzung der Regeln umfasst, welche die rechtliche Identität der Union in ihrem Kern repräsentieren.[221] Diese Grundsätze tragen gleichzeitig der eigentümlichen Konstellation Rechnung, welche durch das Nebeneinander von Union und Mitgliedstaaten als Völkerrechtssubjekten gegenüber Drittstaaten und Organisationen zustande kommt. Diese äußere Identität der Union tritt zu der inneren hinzu.[222] Rechtlich wird diese äußere Identität insbesondere durch den allgemeinen Grund-

---

[218] Für den Beitritt Rumäniens siehe Amtsblatt der Europäischen Union Nr. L 157 vom 21.6.2005, S. 221 ff.

[219] VEDDER in: GRABITZ/HILF, Art. 49 EU-Vertrag Rn. 40 f.; MENG in: VON DER GROEBEN/SCHWARZE, Art. 49 EU-Vertrag Rn. 116 ff.; SCHLADEBACH, LKV 2004, S. 10, 11 f.

[220] Vgl. EuGH Rs. 231/78, *Kommission/Vereinigtes Königreich*, Slg. 1979, S. 1447, 1459 f.; EuGH Rs. 58/83, *Kommission/Griechenland*, Slg. 1984, S. 2027, 2033.

[221] Für den Beitritt Rumäniens und der Republik Bugarien sind es die Art. 1 – 9 der Beitrittsakte, vgl. Amtsblatt der Europäischen Union Nr. L 125 vom 21.6.2005, S. 29 – 32.

[222] MENG in: VON DER GROEBEN/SCHWARZE, Art. 49 EU-Vertrag Rn. 67; GLOTZ, APuZ B 1-2/2003, S. 3 ff.; LANGENFELD, ZRP 2005, S. 73.

satz der gleichen, vorrangigen und unmittelbaren Anwendung des Gemeinschaftsrechts gegenüber dem nationalen Recht verkörpert.[223]

(2.3) Die Schlussakte
Die Schlussakte der Unterzeichnungszeremonie beinhaltet im Wesentlichen die ein- bzw. mehrseitigen Absichts- und Interpretationserklärungen der derzeitigen sowie der neuen Mitgliedstaaten zu verschiedenen Einzelfragen. Diese Erklärungen werden von den beteiligten Staaten in der Regel dazu genutzt, ihre Auffassungen zu bestimmten umstrittenen Aspekten auszudrücken, die aus unterschiedlichen Gründen keinen oder nur begrenzten Eingang in die Beitrittsakte gefunden haben.[224] Die in der Schlussakte enthaltenen Erklärungen sind zwar nicht Inhalt des Beitrittsvertrages, besitzen jedoch rechtliche Bindungswirkung, da sie nach Art. 31 Abs. 2 a und b der Wiener Vertragsrechtskonvention ein Mittel zur Auslegung des Beitrittsvertrages sind.[225]

bb. Die Ratifikation des Beitrittsabkommens
Das Beitrittsabkommen bedarf laut Art. 49 Abs. 2 S. 2 EU-Vertrag der Ratifikation durch alle Beteiligten gemäß ihren nationalen verfassungsrechtlichen Vorschriften. Der Beitrittsvertrag tritt nach Hinterlegung aller Ratifikationsurkunden bei der italienischen Regierung, die gemäß Art. 52 Abs. 1 S. 2 EU-Vertrag Depositar des EU-Vertrages ist, zum vereinbarten Zeitpunkt in Kraft.[226] Dieser Abschlussakt bewirkt die völkerrechtliche Verbindlichkeit des Abkommens.[227]

---

[223] MENG in: VON DER GROEBEN/SCHWARZE, Art. 49 EU-Vertrag Rn. 68 f.; OTT, EuZW 2000, S. 293 f.; BERGMANN, ZRP 2001, S. 18 ff.

[224] MENG in: VON DER GROEBEN/SCHWARZE, Art. 49 EU-Vertrag Rn. 114; NIEDOBITEK, JZ 2004, S. 369, 370 f.

[225] Vgl. MENG in: VON DER GROEBEN/SCHWARZE, Art. 49 EU-Vertrag Rn. 114; KARL, JZ 1991, S. 593, 596; SCHLADEBACH, LKV 2004, S. 10, 12 m.w.N.

[226] MENG in: VON DER GROEBEN/SCHWARZE, Art. 49 EU-Vertrag Rn. 91; RICHTER, Die Erweiterung der Europäischen Union, S. 161. Beim Beitritt Finnlands, Schwedens und Österreichs wäre es fast zu einer Verschiebung gekommen, weil Spanien den Abschluss des Ratifikationsprozesses von der Beilegung eines Streits um Fischereirechte abhängig gemacht hatte. Spanien hinterlegte erst am 30.12.1994 in Rom die Ratifikationsurkunde.

[227] Vgl. BOOß in: LENZ/BORCHARDT, Art. 49 EU-Vertrag Rn. 8; OPPERMANN, Europarecht, § 32 Rn. 18; KOENIG/HARATSCH, Europarecht, Kapitel VII Rn. 971; vgl. auch Art. 2 Abs. 1 lit. b des Wiener Vertragsrechtsübereinkommens.

Mehrere Beitrittsverträge können in einer Beitrittsakte zusammengefasst und als Ganzes zur Ratifikation an die Mitgliedstaaten gegeben werden.[228] Dort müssen in der Regel die nationalen Parlamente zustimmen. Die nationalen Parlamente als Ratifizierungsorgane völkerrechtlicher Verträge haben nach Aushandlung und Abschluss des Beitrittsabkommens in der Regel nur das Recht der Zustimmung oder Ablehnung des Abkommens, und – anders als ihre Regierungen – keinen Einfluss auf den konkreten Inhalt des Vertrages.[229] Es ist jedoch im Interesse der parlamentarischen Kontrolle geboten, die nationalen Parlamente im Vorfeld des Vertragsabschlusses über die Beitrittsverhandlungen zu informieren und deren Stellungnahme einzuholen.[230] Gleiches gilt für das Europäische Parlament.[231]

Darüber hinaus ist die Ratifikation des Beitrittsabkommens durch die Kandidatenstaaten erforderlich.[232] In einigen EU-Staaten sowie in manchen Bewerberländern können[233] bzw. müssen[234] zu diesem Zweck Referenden durchgeführt werden. Es gibt folglich viele Akteure, die im Ratifizierungsprozess ein Veto einlegen oder Verzögerungen bewirken können.[235] Aus dieser Perspektive kann festgehalten werden, dass der letzte Satz des Art. 49 EU-Vertrag hohe Hürden für zukünftige Mitglieder aufbaut. Die Zustimmungspflicht durch alle Vertragsstaaten soll einerseits sicherstellen, dass keinem Gemeinschaftsmitglied durch die Aufnahme eines neuen Landes Nachteile entstehen.[236] Dieses Erfordernis der Zustimmung aller bisherigen EU-Mitgliedstaaten zum Beitritt

---

[228] MENG in: VON DER GROEBEN/SCHWARZE, Art. 49 EU-Vertrag Rn. 4; vgl. zuletzt den „Beitrittsvertrag über den Beitritt der Republik Bulgarien und Rumäniens zur Europäischen Union“ vom 25.4.2005.

[229] Vgl. MENG in: VON DER GROEBEN/SCHWARZE, Art. 49 EU-Vertrag Rn. 92 f.; OPPERMANN, Europarecht, § 32 Rn. 18.

[230] Ein ausführlicher Überblick über die Rolle der nationalen Parlamente der EU-Mitgliedstaaten im Beitrittsverfahren liefert DUCULESCU, Dreptul Integrării Europene (Das Recht der Europäischen Integration), S. 291 ff.

[231] VEDDER in: GRABITZ/HILF, Art. 49 EU-Vertrag Rn. 37; MENG in: VON DER GROEBEN/SCHWARZE, Art. 49 EU-Vertrag Rn. 104 ff.

[232] BOOß in: LENZ/BORCHARDT, Art. 49 EU-Vertrag Rn. 8; KOENIG/HARATSCH, Europarecht, Kapitel VII Rn. 971.

[233] Wie z.B. in der Niederlande, Spanien, Schweden, Malta.

[234] Wie z.B. in Irland, Dänemark, Polen, Slowakei, Ungarn.

[235] Wie z.B. die norwegische Bevölkerung den EU-Beitritt des Landes zwei Mal durch ein Referendum ablehnte, vgl. CREMER in: CALLIESS/RUFFERT, Art. 49 EU-Vertrag Rn. 3; RICHTER, Die Erweiterung der Europäischen Union, S. 161 m.w.N.

[236] CREMER in: CALLIESS/RUFFERT, Art. 49 EU-Vertrag Rn. 4; OPPERMANN, Europarecht, § 32 Rn. 18; PFETSCH, Die Europäische Union, S. 342 f.

neuer Staaten darf sich andererseits nicht langfristig als Hindernis für weitere Beitrittskandidaten auswirken.[237]

Die Hinterlegung der Ratifikationsurkunde ist durch die Beitrittsabkommen auf den letzten Tag vor dem vereinbarten Inkrafttreten des Beitritts befristet. Erst wenn alle Ratifikationsurkunden beim Depositarstaat hinterlegt sind, wird der Beitritt zum vertraglich vereinbarten Termin in Kraft treten.[238] Der Beitrittsvertrag würde jedoch selbst dann zum ausgemachten Termin – in geänderter Form – in Kraft treten, wenn neben allen EU-Mitgliedstaaten nur ein einziger Beitrittsstaat ihn ratifizieren würde.[239] Hierin zeigt sich, dass der Beitrittsvertrag die rechtliche Grundlage für mehrere selbständige, voneinander letztlich unabhängige Beitritte bilden kann, auch wenn er äußerlich ein einheitliches Dokument darstellt. Wenn es um den gleichzeitigen Beitritt mehrerer Staaten geht, bildet der Beitrittsvertrag in Wahrheit eine Kumulation von mehreren bilateralen Beitrittsverträgen.[240] Dies wird durch Formulierungen wie z.B. in Art. 4 Abs. 2 S. 1 des EU-Beitrittsvertrages mit Bulgarien und Rumänien verkannt, wonach er am 1. Januar 2007 in Kraft tritt, „sofern *alle* Ratifikationsurkunden vor diesem Tag [d.h. spätestens am 31. Dezember 2006] hinterlegt worden sind". Im nächsten Satz wird jedoch das Inkrafttreten des Vertrages auf denjenigen Staat beschränkt, der rechtzeitig seine Ratifikationsurkunde hinterlegt hat.[241] Wäre der Beitritt eines Landes wider Erwarten gescheitert, z.B. weil dieser durch ein Referendum abgelehnt wurde, müsste der Text des Vertrages, der in zahlreichen Artikeln den Beitritt beider Staaten explizit voraussetzt, umfangreichen Anpassungsmaßnahmen unterworfen werden, für die gemäß Art. 4 Abs. 2 S. 3 der Rat zuständig ist.[242] Wenn ein Beitrittsstaat den Beitrittsvertrag nicht ratifiziert, so ist das als Rücknahme des Beitrittsantrags anzusehen.[243] Der Beitritt ist ebenfalls gescheitert, wenn

---

[237] HERDEGEN, Europarecht, § 32 Rn. 5; PECHSTEIN, ZfRV 1996, S. 108 ff.

[238] Siehe die Ausführungen auf S. 51 f.

[239] BOOß in: LENZ/BORCHARDT, Art. 49 EU-Vertrag Rn. 5; NIEDOBITEK, JZ 2004, S. 369.

[240] VEDDER in: GRABITZ/HILF, Art. 49 EU-Vertrag Rn. 37; NIEDOBITEK, JZ 2004, S. 369 f.

[241] Art. 4 Abs. 2 S. 2 des EU-Beitrittsvertrages mit Bulgarien und Rumänien: „Hat jedoch einer der in Artikel 1 Absatz 1 genannten Staaten [Republik Bulgarien und Rumänien] seine Ratifikationsurkunde nicht rechtzeitig hinterlegt, so tritt der Vertrag für den anderen Staat in Kraft, der seine Urkunde hinterlegt hat."

[242] Solche Beschlüsse hat der Rat 1973 bzw. 1995 jeweils nach dem Scheitern des Beitritts Norwegens gefasst, vgl. Amtsblatt EG Nr. L 2 vom 1.1.1973, S. 1 ff. bzw. Amtsblatt EG Nr. L 1 vom 1.1.1995, S. 1 ff.

[243] Norwegen hat seinen Beitrittsantrag nach zwei gescheiterten Referenden zurückgezogen.

das Parlament eines Mitgliedstaates die nach den verfassungsrechtlichen Vorschriften erforderliche Mitwirkung an der Ratifikation verweigert. Da der Beitrittsantrag damit jedoch nicht abgelehnt worden ist, bleibt er wirksam, so dass die Beitrittsverhandlungen jederzeit wieder aufgenommen werden können.[244]

III. Die Beitrittsbedingungen

Die Europäische Union legt die Beitrittskriterien fest und entscheidet im Rahmen ihrer Auslegungshoheit über das Gemeinschaftsrecht und das Unionsrecht, ob die Beitrittsbedingungen im Einzelfall erfüllt sind.[245] Die systematische Stellung des Beitrittsverfahrens in Art. 49 EU-Vertrag lässt erkennen, dass sich die Aufnahmebedingungen aus Art. 49 Abs. 2 mit den in Art. 49 Abs. 1 enthaltenen Beitrittsbedingungen nicht gleichsetzen lassen.[246] In Art. 49 Abs. 1 S. 1 EU-Vertrag handelt es sich grundsätzlich um Kriterien eines zulässigen Beitrittsantrags.[247] Insofern regelt diese Vorschrift zunächst nur eine Antragsbefugnis. Die darüber hinausgehende Frage von möglichen rechtlichen Beitrittsvoraussetzungen lässt sich somit erst unter Berücksichtigung des weiteren Wortlauts des Art. 49 EU-Vertrag klären, dessen Abs. 1 S. 1 bezüglich derlei Bedingungen jedenfalls nicht erkennbar abschließend gefasst ist.[248] Die Existenz weiterer Beitrittsvoraussetzungen jenseits des Erfordernisses „europäischen Staates“ kann sich aus den in Art. 49 Abs. 2 EU-Vertrag erwähnten „Aufnahmebedingungen und die erforderlich werdenden Anpassungen“ der Unions- und der Gemeinschaftsverträge ergeben.[249] Sie beziehen sich inhaltlich auf die zwischen den Mitgliedstaaten und dem beitretenden Land zu regelnden Modalitäten des Beitritts bzw. auf die endgültige Entscheidung über die Aufnahme eines Bewerberlandes und sind nicht etwa die rechtlichen, wirtschaftlichen und politischen Vorbedingungen eines EU-

---

[244] VEDDER in: GRABITZ/HILF, Art. 49 EU-Vertrag Rn. 37; MENG in: VON DER GROEBEN/SCHWARZE, Art. 49 EU-Vertrag Rn. 93; siehe auch die Ausführungen auf S. 46 f.

[245] MENG in: VON DER GROEBEN/SCHWARZE, Art. 49 EU-Vertrag Rn. 2; RICHTER, Die Erweiterung der Europäischen Union, S. 61 f. und 161 f.

[246] EuGH Rs. 93/78, *Mattheus/Doego*, Slg. 1978, S. 2203, 2211.

[247] CREMER in: CALLIESS/RUFFERT, Art. 49 EU-Vertrag Rn. 5; GEIGER, Art. 49 EU-Vertrag Rn. 4; VEDDER in: GRABITZ/HILF, Art. 49 EU-Vertrag Rn. 8 ff.

[248] MEIER, EuR 1978, S. 12, 15; FROWEIN, EuR 1983, S. 301, 309 f.

[249] Vgl. CREMER in: CALLIESS/RUFFERT, Art. 49 EU-Vertrag Rn. 4; MENG in: VON DER GROEBEN/SCHWARZE, Art. 49 EU-Vertrag Rn. 116 ff.; RICHTER, Die Erweiterung der Europäischen Union, S. 29 f.; HEINTZEN, EuR 1997, S. 1, 6.

Beitritts.[250] Während unter „Anpassungen" Vertragsänderungen verstanden werden, sind die „Aufnahmebedingungen" Übergangs- und Ausnahmeregelungen, die den beitretenden Staaten zeitlich begrenzte Abweichungen vom primären und sekundären Gemeinschaftsrecht gestatten,[251] wie sie sich bislang bei jeder Erweiterungsrunde als Freistellung von einer sonst uneingeschränkten Geltung des Gemeinschafts- und Unionsrechts als notwendig erwiesen haben.[252] Die „erforderlich werdenden Anpassungen" der vertraglichen Grundlagen, die durch einen Beitrittsvertrag vorgenommen werden können, sind in erster Linie die zwingend mit dem Beitritt verbundenen Änderungen des Primärrechts, insbesondere die Anpassung der Vorschriften über die EU-Organe an die geänderte Zusammensetzung der Union und der Gemeinschaften.[253] Des Weiteren betreffen die „erforderlich werdenden Anpassungen der Verträge" auch die Änderungen des sekundären Rechts sowie weitere Änderungen, soweit diese kausal durch die Erweiterung veranlasst werden.[254] Weitergehend ist hieraus zu schließen, dass ein Beitrittskandidat mit den Vertragsprinzipien im Grundsatz übereinstimmen muss.[255] Dies ergibt sich daraus, dass diese lediglich – soweit erforderlich – angepasst, d.h. gerade nicht grundlegend umgestaltet werden.[256]

Bei der Aufnahme neuer Mitglieder handelt es sich um den Beitritt neuer Staaten zu einer bereits bestehenden Gemeinschaft, deren Identität grundsätzlich unverändert bleiben soll.[257] Dies schließt prinzipiell eine Neuverhandlung aus, bei der die Integrationsverträge und ihr Folgerecht wesentlich zur Dispo-

---

[250] Vgl. EuGH Rs. 93/78, *Mattheus/Doego*, Slg. 1978, S. 2203, 2211; vgl. auch MEIER, EuR 1978, S. 12, 16 ff.; SCHLADEBACH, LKV 2002, S. 457 ff.

[251] VEDDER in: GRABITZ/HILF, Art. 49 EU-Vertrag Rn. 40; CREMER in: CALLIESS/RUFFERT, Art. 49 EU-Vertrag Rn. 4; SCHLADEBACH, LKV 2004, S. 10, 11 f.

[252] GEIGER, Art. 49 EU-Vertrag Rn. 12; OPPERMANN, Europarecht, § 32 Rn. 29; RICHTER, Die Erweiterung der Europäischen Union, S. 30.

[253] MENG in: VON DER GROEBEN/SCHWARZE, Art. 49 EU-Vertrag Rn. 126 ff.; EHLERMANN, EuR 1984, S. 113, 116 f.; MEIER, EuR 1978, S. 12, 21.

[254] Erklärung der EU-Kommission zur Rechtssache *Mattheus/Doego*, Slg. 1978, S. 2203, 2208.

[255] OPPERMANN, Europarecht, § 32 Rn. 19; KOENIG/HARATSCH, Europarecht, Kapitel VII Rn. 973; RICHTER, Die Erweiterung der Europäischen Union, S. 63 ff.

[256] MENG in: VON DER GROEBEN/SCHWARZE, Art. 49 EU-Vertrag Rn. 130 f.; CREMER in: CALLIESS/RUFFERT, Art. 49 EU-Vertrag Rn. 4.

[257] VEDDER in: GRABITZ/HILF, Art. 49 EU-Vertrag Rn. 3 f.; HOBE, Europarecht, § 5 Rn. 83; BEUTLER in: BEUTLER/BIEBER/PIPKORN/STREIL, Die Europäische Union, Kap. 2 Rn. 95 ff.; OPPERMANN, Europarecht, § 32 Rn. 5 u. 13; VERHEUGEN, Europa in der Krise, S. 29 ff.

sition stünden.[258] Inhaltlich rechtfertigt sich diese Beschränkung daraus, dass die Tatsache der Vergemeinschaftung bisher mitgliedstaatlicher Kompetenzen ein Mindestmaß an Homogenität der hieran beteiligten Staaten voraussetzt.[259] Dies wurde bereits bei der Gründung der Europäischen Gemeinschaft deutlich: Ohne eine entsprechende Verfassungshomogenität zwischen den Mitgliedstaaten und der von diesen zu gründenden Gemeinschaft wäre es nicht zu ihrer Entstehung gekommen.[260] Die Tatsache der Errichtung der Gemeinschaft in einem Gesamtakt ist „Ausdruck und Bestätigung [...] der Existenz und Wirksamkeit hinreichender Homogenität. Sie wirkt horizontal zwischen den Verfassungen der Mitgliedstaaten, war in ihren Verfassungen Voraussetzung für die Errichtung einer Gemeinschaft [...] sowie die Gestaltung der Gemeinschaftsverfassung und bleibt in umgekehrter Richtung ein Bedingungselement der Gemeinschaftszugehörigkeit und eine Aufnahmevoraussetzung für Beitrittsbewerber".[261]

Nachdem der Unterschied zwischen den Beitritts- und Aufnahmebedingungen sowie Anpassungen der Verträge erörtert wurde, werden nachfolgend die Vorbedingungen eines EU-Beitritts analysiert. Die Aufnahme eines Bewerberlandes in die Europäische Union setzt den Abschluss der Beitrittsverhandlungen nach dem oben dargestellten Schema voraus und knüpft an das Vorliegen weiterer Beitrittsvoraussetzungen an.[262] Damit sind zunächst Anforderungen an die innerstaatliche Ordnung und an das Wirtschaftssystem der Beitrittskandidaten gestellt. Die Frage, ob ein Bewerberstaat im Übrigen beitrittsreif ist, wird in den Beitrittverhandlungen beantwortet. Dennoch muss der beitrittswillige Staat von seinem Rechts- und Wirtschaftssystem her fähig sein, den *acquis communautaire* der Europäischen Union zu übernehmen und in

---

[258] MENG in: VON DER GROEBEN/SCHWARZE, Art. 49 EU-Vertrag Rn. 101; VERHEUGEN, Europa in der Krise, S. 76 ff.; RICHTER, Die Erweiterung der Europäischen Union, S. 41 ff.; SCHLADEBACH, LKV 2002, S. 457, 458.

[259] Vgl. IPSEN in: FS für Dürig, S. 159, 163 ff.; SANDER in: FS für Oppermann, S. 301 ff.; NETTESHEIM, EuR 2003, S. 36, 38 ff. Die Homogenität der Wirtschaftsregeln wurde z.B. schon für den zum 1.1.1994 in Kraft getretenen Europäischen Wirtschaftsraum verlangt, siehe dazu das 1. EWR-Gutachten des EuGH, Slg. 1991, S. 6079, 6099 ff.

[260] MENG in: VON DER GROEBEN/SCHWARZE, Art. 49 EU-Vertrag Rn. 52; KOENIG/ HARATSCH, Europarecht, Kapitel II Rn. 31 ff.; OPPERMANN, Europarecht, § 1 Rn. 19 ff.

[261] IPSEN in: FS für Dürig, S. 159, 181 f.

[262] CREMER in: CALLIESS/RUFFERT, Art. 49 EU-Vertrag Rn. 5; GEIGER, Art. 49 EU-Vertrag Rn. 3 ff.; KOENIG/HARATSCH, Europarecht, Kapitel VII Rn. 969; SARCEVIC, EuR 2002, S. 461, 464.

sein nationales Recht effektiv zu implementieren.[263] Um die Beitrittskandidaten aus Mittel- und Osteuropa zur Beitrittsreife zu führen, hat die Europäische Kommission das Konzept der *Beitrittspartnerschaft* entwickelt. Diese zielt hauptsächlich auf die Übernahme bestimmter politischer und wirtschaftlicher Verpflichtungen durch die Beitrittskandidaten einerseits und Gewährung erheblicher Strukturhilfen durch die Europäische Union andererseits.[264]

1. Formelle Zulässigkeitsvoraussetzung des Beitrittsantrags: Europäischer Staat

a. Staaten

Art. 49 Abs. 1 S. 1 EU-Vertrag erlaubt nur die Aufnahme eines europäischen Staates als „Mitglied der Union". Nur *Staaten*, also keine sonstigen Völkerrechtssubjekte, insbesondere keine Staatenverbindungen oder keine internationalen Organisationen[265] können eine Mitgliedschaft in der Europäischen Union erwerben.[266]

Ein Staat muss jedoch nicht notwendigerweise mit seinem gesamten Staatsgebiet der Union beitreten.[267] Zur Illustration sei auf die *Färöer-Inseln* verwiesen, die zwar zu Dänemark gehören, aber bei dem EU-Beitritt 1973 außerhalb der Gemeinschaft geblieben sind.[268] Das gleiche gilt auch für die *Aland-Inseln*,[269] die zu Finnland gehören. Die spanischen Enklaven *Ceuta* und *Melilla* sowie die zum Vereinigten Königreich gehörenden Kanalinseln *Jersey*

---

[263] VEDDER in: GRABITZ/HILF, Art. 49 EU-Vertrag Rn. 13 ff.; MENG in: VON DER GROEBEN/SCHWARZE, Art. 49 EU-Vertrag Rn. 56 ff.; OPPERMANN, Europarecht, § 32 Rn. 7 ff.

[264] Siehe dazu die Ausführungen auf S. 36 ff.

[265] Internationale Organisationen können mit der Europäischen Union nur assoziiert werden. Die Beziehungen der Europäischen Gemeinschaften zu internationalen Organisationen sind in den Art. 300, 310 EG-Vertrag geregelt.

[266] CREMER in: CALLIESS/RUFFERT, Art. 49 EU-Vertrag Rn. 5; MEIER, EuR 1978, S. 12, 15; MOSLER, ZaöRV 1958, S. 275, 287.

[267] MENG in: VON DER GROEBEN/SCHWARZE, Art. 49 EU-Vertrag Rn. 7; VEDDER in: GRABITZ/HILF, Art. 49 EU-Vertrag Rn. 9; EHLERMANN, EuR 1984, S. 113, 114.

[268] BOOß in: LENZ/BORCHARDT, Art. 49 EU-Vertrag Rn. 1; RICHTER, Die Erweiterung der Europäischen Union, S. 25 f.

[269] Gemäß Art. 28 der Beitrittsakte i.V.m. Protokoll Nr. 2 der Beitrittsakte über die Bedingungen des Beitritts u.a. Österreichs, Finnlands und Schwedens sind der EU-Vertrag und die Gemeinschaftsverträge nur mit gewissen Besonderheiten auf die Alandinseln, die einen völkerrechtlichen Sonderstatus haben, anwendbar. Das Protokoll ist abrufbar im Internet unter: http://eur-lex.europa.eu/LexUriServ/LexUriServ.do?uri=OJ:L:2005:157:0029:0045:DE:PDF (Stand: 30.6.2008); vgl. auch Art. 299 Abs. 5 EG-Vertrag.

und *Guernsey* sind ebenfalls von der Geltung des Gemeinschaftsrechts ausgenommen; für die Kanarischen Inseln gilt zwar der EU-Vertrag, jedoch mit zahlreichen Ausnahmen: Sie gehören beispielsweise nicht zum Zollgebiet der Europäischen Union und unterliegen besonderen Regelungen unter anderem für den Warenverkehr sowie hinsichtlich der EU-Steuer-, Agrar- und Fischereipolitik.[270] Außerdem können anlässlich von Beitritten ganze Landesteile von der Geltung des Gemeinschaftsrechts ausgenommen werden. Entsprechend können auch Volksgruppen innerhalb eines Mitgliedstaates traditionelle Ausschließlichkeitsrechte vorbehalten werden – wie etwa der Minderheit der Samen beim Beitritt Schwedens und Finnlands im Jahr 1995[271] – und somit die Geltung des Gemeinschaftsrechts beschränkt werden. Allerdings ist in diesem Zusammenhang zu bedenken, dass Ausnahmen, welche auf historisch gewachsene Besonderheiten in einzelnen Mitgliedstaaten gestützt werden, insoweit einzigartig und nicht in ihrer Stoßrichtung protektionistisch sind und die Integration im Einzelfall eher fördern als belasten können.[272] Auch muss ein Staat nicht auf Dauer zur Gänze Mitglied bleiben.[273] Grönland zum Beispiel, das als Teil von Dänemark im Jahr 1973 der Europäischen Gemeinschaft beigetreten ist, trat im Jahr 1985 nach einem gescheiterten Referendum (1982) aus der Gemeinschaft aus. Grönland ist seitdem durch die ÜLG-Arrangements (Überseeischen Länder und Gebiete), die ein besonderes Fi-

---

[270] Vgl. Art. 299 Abs. 2 EG-Vertrag.

[271] Siehe Protokoll Nr. 3 zur Beitrittsakte über die Bedingungen des Beitritts u.a. Österreichs, Finnlands und Schwedens, Amtsblatt EG Nr. C 241/1994, S. 396 ff., abrufbar im Internet unter: http://eur-lex.europa.eu/de/treaties/dat/11994N/htm/11994N.html#0009010007 (Stand: 30.6.2008). Demgemäß können der Minderheit der Samen in Schweden und Finnland weitere Rechte gewährt werden, um deren traditionelle Kultur und Lebensweise zu schützen; vgl. auch die 32. Erklärung zu den dem EU-Verfassungsvertrag beigefügten Protokollen: „Die Konferenz stellt fest, dass Schweden und Finnland sich verpflichtet haben, die Lebensgrundlagen, Sprache, Kultur und Lebensweise der Samen zu erhalten und zu entwickeln, und vertritt die Auffassung, dass die Kultur und die traditionellen Lebensgrundlagen der Samen von primären Wirtschaftstätigkeiten wie Rentierhaltung in den traditionellen Siedlungsgebieten der Samen abhängen." Die Erklärung zu den Samen ist abrufbar im Internet unter: http://eur-lex.europa.eu/LexUriServ/LexUriServ.do?uri=OJ:C:2004:310:0465:0474:DE:PDF (Stand: 30.6.2008).

[272] Vgl. MENG in: VON DER GROEBEN/SCHWARZE, Art. 49 EU-Vertrag Rn. 78.

[273] Zum Ausscheiden eines Teils eines Mitgliedstaates ausführlich EHLERMANN, EuR 1984, S. 113, 123 ff.; zum einseitigen Austritt aus der Europäischen Gemeinschaft siehe DOEHRING in: FS für Schiedermair, S. 695 ff.

schereiabkommen enthalten, an die Europäische Gemeinschaft angeschlossen.[274]

b. Europäische Staaten

Weiterhin können nur *europäische* Staaten eine Mitgliedschaft in der Europäischen Union beantragen. Ein von einem nichteuropäischen Staat gestellter Aufnahmeantrag wäre somit als unzulässig anzusehen, da hier schon der richtige Antragsteller fehlt.[275] So wurde 1987 unter Verweis auf die fehlende Eigenschaft „europäischer" Staat der EU-Beitrittsantrag Marokkos abgelehnt.[276] Die einzige von Beginn an ausdrücklich normierte Beitrittsvoraussetzung, dass der neue Mitgliedstaat *europäisch* sein soll, wirft seit dem Wegfall der politisch klar definierten Ostgrenze einer möglichen Erweiterung der Europäischen Union zunehmend Fragen auf.[277] Denn das Vertragswerk über die Europäische Union definiert nicht, welcher Staat letztendlich ein *europäischer* Staat ist. Der Begriff *Europa* wird als inhaltlich bekannt vorausgesetzt. In einschlägigen Kommentierungen zum Art. 49 EU-Vertrag wird über die grundlegende geographische Zugehörigkeit hinaus auch auf politische, geistesgeschichtliche und historisch-kulturelle Aspekte hingewiesen, die eine Zugehörigkeit zu Europa bestimmen.[278] Da Art. 49 EU-Vertrag die Realisierung der in Abs. 8 der Präambel des EG-Vertrages ausgesprochenen Einladung an die anderen Völker Europas bedeutet, sich der europäischen Integration anzuschließen, sind die Ziele des europäischen Integrationsprozesses zur Auslegung des Begriffs *europäisch* ebenfalls heranzuziehen.[279] Abs. 8 der Präambel des EWG-Vertrags von 1957 sah vor, dass die Europäische Gemeinschaft der „Wahrung und Festigung des Friedens und der Freiheit der Völker Europas"

---

[274] BOOß in: LENZ/BORCHARDT, Art. 49 EU-Vertrag Rn. 1; VEDDER in: GRABITZ/HILF, Art. 49 EU-Vertrag Rn. 5.

[275] Ausführlich zum Begriff „europäisch" siehe DORAU, EuR 1999, S. 736 ff.

[276] Vgl. Europa-Archiv 1987, Z 207. Zum Beitrittsantrag Marokkos vom 8.7.1987 siehe auch Bulletin EG Nr. 7/8 1987, Ziff. 2.2.35 und zur abweisenden Stellungnahme des EG-Ratspräsidenten siehe Bulletin EG Nr. 9/1987, Ziff. 2.2.19.

[277] VEDDER in: GRABITZ/HILF, Art. 49 EU-Vertrag Rn. 10 ff.; GEIGER, Art. 49 EU-Vertrag Rn. 4; RICHTER, Die Erweiterung der Europäischen Union, S. 26 ff.

[278] CREMER in: CALLIESS/RUFFERT, Art. 49 EU-Vertrag Rn. 5; VEDDER in: GRABITZ/HILF, Art. 49 EU-Vertrag Rn. 10 ff.; MENG in: VON DER GROEBEN/SCHWARZE, Art. 49 EU-Vertrag Rn. 52 ff.; PECHSTEIN in: STREINZ, Art. 49 EU-Vertrag Rn. 3; GEIGER, Art. 49 EU-Vertrag Rn. 4; BOOß in: LENZ/BORCHARDT, Art. 49 EU-Vertrag Rn. 1; DORAU, EuR 1999, S. 736 ff.; KRAFT, APuZ B 15/2001, S. 6, 7.

[279] VEDDER in: GRABITZ/HILF, Art. 49 EU-Vertrag Rn. 10; BRUHA/VOGT, VRÜ 1997, S. 477, 479 ff.; V. BOGDANDY, Europa-Archiv 1993, S. 49, 56.

dienen soll. Die Überlegungen von JEAN MONNET und ROBERT SCHUMAN formulierten klar, dass die Westeuropäer das geeinte Europa nicht nur im Interesse der freien Völker errichten müssten, sondern auch, „um die Völker Osteuropas in diese Gemeinschaft aufnehmen zu können, wenn diese befreit von den Zwängen, unter denen sie litten, um ihren Beitritt und die moralische Unterstützung Westeuropas nachsuchen würden".[280] Die Präambel zum EU-Vertrag von 1992 trägt daher in Abs. 1 und 2 der „historischen Bedeutung der Überwindung der Teilung des europäischen Kontinents" Rechnung und sieht die „Notwendigkeit, feste Grundlagen für die Gestalt des zukünftigen Europas zu schaffen", als wichtige Aufgabe der Europäischen Union an. Der für das Gemeinschafts- und Unionsrecht maßgebliche *Europa*-Begriff berücksichtigt somit den historischen Umbruch in Osteuropa.[281]

Bei allem ist immer noch unsicher, wo letztlich die Grenzen der Europäischen Union liegen werden. Manche Staaten wie Norwegen oder die Schweiz haben sich bisher nicht zu einem Beitritt bereit gefunden. Die Europäische Union hat ihrerseits Staaten wie der Ukraine, Weißrussland, den Kaukasusstaaten oder gar Russland aus Gründen der Geographie, des Entwicklungsstandes, der reinen Größe oder der hieraus resultierenden geopolitischen Sonderrolle keine Beitrittsperspektive eröffnet.[282] Damit wird die Entscheidung darüber, ob ein Staat als *europäisch* gemäß Art. 49 EU-Vertrag gelten kann, jedenfalls in den nicht evidenten Fällen letztlich auf der politischen Ebene fallen.[283]

c. Grenzfälle

An den Randgebieten Europas wird es immer „Grenzfälle" geben, die im Einzelfall integrationspolitisch entschieden werden müssen.[284] Die wichtigsten

---

[280] PECHSTEIN/KOENIG, Die Europäische Union, Kap. 8 Rn. 440; CALLIESS, JZ 2004, S. 1033, 1034 ff.; MARTENS, APuZ B 17/2004.

[281] GEIGER, Art. 49 EU-Vertrag Rn. 4; HERDEGEN, Europarecht, § 32 Rn. 1; FIEGEN, Die Reform des EU-Finanzsystems, S. 18 ff.

[282] VEDDER in: GRABITZ/HILF, Art. 49 EU-Vertrag Rn. 11; BOOß in: LENZ/BORCHARDT, Art. 49 EU-Vertrag Rn. 1; OPPERMANN, Europarecht, § 32 Rn. 3; STREINZ, Europarecht, § 2 Rn. 65; BRUHA/VOGT, VRÜ 1997, S. 477, 482.

[283] GEIGER, Art. 49 EU-Vertrag Rn. 4; PECHSTEIN in: STREINZ, Art. 49 EU-Vertrag Rn. 3; MENG in: VON DER GROEBEN/SCHWARZE, Art. 49 EU-Vertrag Rn. 53; BOOß in: LENZ/BORCHARDT, Art. 49 EU-Vertrag Rn. 3.

[284] Ausführlich zu dieser Thematik ILIOPOULOS, Rechtsfragen der Osterweiterung, in: PASCHKE/ILIOPOULOS (HRSG.), Die Osterweiterung der Europäischen Union, S. 335, 339 f.; DORAU, EuR 1999, S. 736 ff.; vgl. auch VEDDER in: GRABITZ/HILF, Art. 49 EU-Vertrag

Beispiele sind Russland und die Türkei: Beide Staaten liegen mit dem weitaus größeren Teil ihres Territoriums in Asien, sind aber Mitglieder des Europarates, der seinerseits ebenfalls nur „europäischen Staaten“ offen steht.[285]

Obwohl der ehemalige russische Präsident PUTIN wiederholt erklärte, dass die Zukunft seines Landes in Europa liege, gehört Russland jedoch nicht zu den Staaten, die in die Europäische Nachbarschaftspolitik einbezogen sind.[286] Vielmehr strebt Russland eine besondere „strategische Partnerschaft“ mit der Europäischen Union an, welche die sicherheitspolitischen und ökonomischen Potenziale beider Seiten angemessen berücksichtigt.[287] Folglich ist die Frage der Einordnung Russlands gegenwärtig nur theoretischer Natur.

In der andauernden Kontroverse über einen Beitritt der Türkei zur Europäischen Union bereitet die Frage deren Zugehörigkeit zu Europa insofern Schwierigkeiten, da ihr europäischer Teil nur drei Prozent des gesamten türkischen Territoriums ausmacht.[288] Diese Frage dürfte dennoch längst im positiven Sinne beantwortet sein, da die Türkei ihre Anerkennung als *europäischer Staat* implizit bereits im Jahre 1963 mit dem Assoziierungsvertrag[289] erfahren hat, der in Art. 28 die Möglichkeit einer Vollmitgliedschaft der Türkei in der Europäischen Gemeinschaft vorsieht.[290] Die Europäische Kommission kam in

---

Rn. 8; HOBE, Europarecht, § 5 Rn. 85; ILIOPOULOS, EuR 2004, S. 637, 640; SARCEVIC, EuR 2002, S. 461, 463.

285 Vgl. Art. 4 Abs. 1 der Satzung des Europarates: „Jeder europäischer Staat, der für fähig und gewillt befunden wird, die Bestimmungen des Artikels 3 zu erfüllen, kann vom Ministerkomitee eingeladen werden, Mitglied des Europarates zu werden.“

286 Vgl. DE TINGUY, Konkurrenten statt Partner, in: KOOPMANN/LEQUESNE (HRSG.), Partner oder Beitrittskandidaten?, S. 85 ff.; SEELER, Perspektiven der weiteren Entwicklung der Europäischen Union, in: BRUHA/NOWAK (HRSG.), Die Europäische Union, S. 335, 340 ff.; vgl. auch *Westdeutsche Zeitung* vom 4.6.2005, S. 2.

287 Ausführlich dazu JACOBSEN/MACHOWSKI, APuZ 10/2007, S. 31 ff.; BRUHA/VOGT, VRÜ 1997, S. 477, 482 f.

288 Bei einem Hoheitsgebiet von insgesamt 780.576 qkm liegen nur 23.975 qkm des türkischen Territoriums (weniger als drei Prozent) in Europa, vgl. LIPPERT, Erweiterungsfragen und Nachbarschaftspolitik der Europäischen Union, in: MÜLLER-GRAFF (HRSG.), Die Rolle der erweiterten Union in der Welt, S. 175 ff.

289 Das Assoziierungsabkommen vom 12.9.1963 ist am 1.12.1964 in Kraft getreten, siehe Amtsblatt EG Nr. 217 vom 29.12.1964, S. 3687 ff. Ein Überblick über die Beziehungen zwischen der Europäischen Union und der Türkei ist abrufbar im Internet auf der Seite der Europäischen Kommission unter: http://ec.europa.eu/enlargement/candidate-countries/turkey/eu_turkey_relations_en.htm (Stand: 30.6.2008).

290 Obwohl Art. 28 des Assoziationsvertrages unter bestimmten Umständen die Prüfung einer Mitgliedschaft der Türkei in der Europäischen Gemeinschaft vorsieht, war stets deut-

ihrer Stellungnahme vom 18. Dezember 1989 jedoch zu dem Ergebnis, dass dem EU-Beitritt der Türkei „zur Zeit noch wesentliche Probleme“ entgegenstünden.[291] Defizite wären vor allem hinsichtlich der Demokratie, beim Menschenrechts- und Minderheitenschutz, im Verhältnis zu Zypern und zu Griechenland sowie hinsichtlich der strukturellen wirtschaftlichen Situation des Landes und der starken Migration von Arbeitskräften zu verzeichnen. Ein späterer EU-Beitritt des Landes nach Lösung dieser Probleme könne jedoch in Erwägung gezogen werden.[292] Das Europäische Parlament beschloss daraufhin am 21. Dezember 1989, die Türkei könne erst nach einer Modernisierung ihrer Demokratie und einer erheblichen Verbesserung ihres Menschenrechtsstandards in die Europäische Gemeinschaft aufgenommen werden.[293] Darauf basierend beschloss der Europäische Rat im Dezember 1989, einstweilen keine Beitrittsverhandlungen mit der Türkei aufzunehmen. Eine weitere Stellungnahme der Europäischen Kommission aus dem Jahr 1992 entsprach der damals (und auch heute noch) realistischen Einschätzung, wonach ein Beitritt der Türkei „zu viele Schwierigkeiten mit sich brächte, so dass eine intensivere Zusammenarbeit im gegenwärtigen Assoziationsverhältnis empfohlen wurde“.[294] Diese ablehnende Einstellung gegenüber der Türkei verlor jedoch gegen Ende der 90er Jahre an Gewicht aufgrund der positiven verfassungsrechtlichen Entwicklung des Landes. Durch die Beschlüsse des Europäischen Rates von Luxemburg und Helsinki wurde dieser Reformprozess in der Türkei bestätigt: Auf seiner Tagung in Luxemburg im Dezember 1997 beschloss der Europäische Rat eine „Europäische Perspektive für die Türkei“, welche dieselben Kriterien beinhaltet, wie sie für alle anderen Beitrittskandidaten gelten, allerdings auch die besondere Situation der Türkei berücksichtigt.[295] Daran anschließend erarbeitete die Europäische Kommission in ihrer Mitteilung vom

---

lich, dass ein Beitritt eine hiervon losgelöste politisch zu entscheidende Frage sein würde, die zwischen der Türkei und der Europäischen Gemeinschaft bzw. ihren Mitgliedstaaten in Ansehung des Entwicklungsstandes der europäischen Integration in einem völkerrechtlichen Vertrag neu auszuhandeln und dementsprechend von den nationalen Parlamenten bzw. den Völkern der Mitgliedstaaten zu ratifizieren sein würde.

[291] Vgl. Mitteilung der Kommission SEK (1989) 2290 vom 18.12.1989.

[292] Mitteilung der Kommission SEK (1989) 2290 vom 18.12.1989.

[293] Vgl. Mitteilung des Europäischen Parlaments vom 21.12.1989; vgl. auch VEDDER in: GRABITZ/HILF, Art. 49 EU-Vertrag Rn. 63; MENG in: VON DER GROEBEN/SCHWARZE, Art. 49 EU-Vertrag Rn. 44.

[294] Mitteilung der Kommission, Die Erweiterung Europas: eine neue Herausforderung, Bulletin EG, Beilage 3/1992, Ziff. 29, S. 17.

[295] Schlussfolgerungen des Vorsitzes der Regierungskonferenz des Europäischen Rates von Luxemburg vom 12./13.12.1997, Punkt 31 – 36, abrufbar im Internet unter: www.consi lium.europa.eu/ueDocs/cms_Data/docs/pressData/de/ec/00400.D7.htm (Stand: 30.6.2008).

4. März 1998 eine „Europäische Perspektive für die Türkei“.[296] Auf der Regierungskonferenz in Helsinki im Dezember 1999 wurde eine *Beitrittspartnerschaft* mit der Türkei eingerichtet, welche es erlaubt, die Heranführungsstrategie – als wichtigstes Instrument der Heranführung der Beitrittskandidaten an den EU-Beitritt – hinsichtlich der Türkei in prioritären Bereichen, wie Menschenrechten, Kurden- und Zypern-Frage sowie Rechtsstaatlichkeit, durchzuführen.[297] Damit wurde der Türkei der Status eines *Beitrittskandidaten* zuerkannt.[298]

Dadurch wird die Türkei eindeutig als ein *europäischer Staat* betrachtet, obwohl nur Ostthrakien als verschwindend geringer Teil türkischen Hoheitsgebiets in Europa liegt und ihre Traditionen durchaus über Europa hinaus weisen.[299] Dabei sollte jedoch nicht vergessen werden, dass das Osmanische Reich, welches Großteile Südosteuropas umfasste,[300] im Pariser Friedensvertrag von 1856 ausdrücklich in das Europäische Mächtesystem und damit in den Geltungskreis des *ius publicum europeum* aufgenommen wurde.[301] Diese gemeinsame kulturelle Tradition ist für den Begriff *europäischer Staat* entscheidender als der geographische Aspekt.[302] Vielmehr wurde im Dezember 2004 auf der Regierungskonferenz in Brüssel die Aufnahme der Beitrittsverhandlungen mit der Türkei beschlossen, nachdem die Regierungen Frankreichs und Deutschlands im Dezember 2002 sich auf einen Vorschlag zur Aufnahme solcher Verhandlungen geeinigt hatten. Im Vorfeld der Eröffnung der Beitrittsverhandlungen mit der Türkei kämpfte Österreich vergeblich dafür, die Formulierung „Das gemeinsame Ziel der Verhandlungen ist der EU-Beitritt“ aus dem Verhandlungsrahmen zu streichen.[303] Die Aufnahme der

---

[296] Siehe Bulletin EU 12/1997, Ziff. I.6, S. 11 f. und II.1, S. 23 f.

[297] Die Schlussfolgerungen des Vorsitzes der Regierungskonferenz des Europäischen Rates von Helsinki vom 10./11.12.1999, Punkt 12, sind abrufbar im Internet unter: www.consilium.europa.eu/ueDocs/cms_Data/docs/pressData/de/ec/00300-r1.d9.htm (Stand: 30.6.2008).

[298] Siehe Bulletin EG 12/1999, Ziff. I.3.

[299] Ausführlich zu dieser Problematik ALBER, Zehn Fragen zum EU-Beitritt der Türkei, in: in: ALBER/MERKEL (HRSG.), Europas Osterweiterung: Das Ende der Vertiefung?, S. 359 ff.; BRUHA/VOGT, VRÜ 1997, S. 477, 482 f.

[300] Dies betrifft u.a. das heutige Territorium von Bulgarien, Mazedonien, Albanien und Nordgriechenland.

[301] MENG in: VON DER GROEBEN/SCHWARZE, Art. 49 EU-Vertrag Rn. 53; HERDEGEN, Europarecht, § 32 Rn. 3. Eingehend zu diesem Thema STREINZ, Die Türkei als Partner – Formen der Zugehörigkeit zur EU, in: Bitburger Gespräche, Jahrbuch 2005.

[302] Siehe die Ausführungen auf S. 59 f.

[303] Vgl. ARNDT, Europarecht, S. 24 f.; BIEBER in: BIEBER/EPINEY/HAAG (HRSG.), Die Europäische Union, § 36 Rn. 11 f.; NEUWIRTH, Diskussion um den Beginn der Beitrittsver-

umstrittenen Beitrittsverhandlungen mit der Türkei erfolgte letztlich am 3. Oktober 2005,[304] so dass sich die politischen Diskussionen über die Zugehörigkeit der Türkei zu Europa erübrigt haben.

d. Ergebnis

Folglich werden durch Art. 49 EU-Vertrag rechtlich von einer EU-Mitgliedschaft nur diejenigen Staaten ausgeschlossen, die weder geographisch noch in historisch-kultureller Hinsicht zu Europa gerechnet werden können.[305] Rechtlich betrachtet, darf die Schwierigkeit einer exakten Grenzziehung nicht zu einer restriktiven Auslegung des Begriffs *europäisch* in Art. 49 EU-Vertrag führen. Die Bedeutung dieses Begriffs auf ein bloßes Programm zu reduzieren, da die Einhaltung dieses Kriteriums durch die Mitgliedstaaten bei Abschluss eines Beitrittsvertrages gerichtlich nicht überprüft werden kann, wäre mit dem Wortlaut des Art. 49 EU-Vertrag und dem Ziel der europäischen Integration durch die Europäische Union nicht zu vereinbaren.[306] Dies rechtfertigt es, den Begriff *europäisch* in vertragsübergreifender systematischer Weise zu interpretieren.[307]

2. Die materiellen Voraussetzungen eines Beitritts zur Europäischen Union

Im Prozess der Vertiefung und Konstitutionalisierung der Europäischen Gemeinschaften machten sich ab Mitte der 70er Jahre verstärkt Bemühungen um

---

handlungen der Türkei zur Europäischen Union, Brüssel 2004, S. 5, abrufbar im Internet unter: www.esiweb.org/pdf/esi_turkey_austriadebate_3.pdf (Stand: 30.6.2008); siehe auch: www.euractiv.com/de/erweiterung/politische-parteien-osterreich-gegen-eu-beitritt-turkei/article-106231 (Stand: 30.6.2008).

[304] Die Verhandlungen wurden allerdings im Rahmen eines „Prozesses mit offenem Ende" aufgenommen, „dessen Ausgang sich nicht von vornherein garantieren lässt", vgl. die Schlussfolgerungen des Vorsitzes der Regierungskonferenz des Europäischen Rates von Brüssel vom 16./17.12.2004, abrufbar im Internet unter: www.consilium.europa.eu/ueDocs/cms_Data/docs/pressData/de/ec/83221.pdf (Stand: 30.6.2008).

[305] OPPERMANN, Europarecht, § 32 Rn. 8; BRUHA/VOGT, VRÜ 1997, S. 477, 482; DORAU, EuR 1999, S. 736, 750 ff.

[306] VEDDER in: GRABITZ/HILF, Art. 49 EU-Vertrag Rn. 10; PECHSTEIN/KOENIG, Die Europäische Union, Kap. 8 Rn. 418.

[307] BOOß in: LENZ/BORCHARDT, Art. 49 EU-Vertrag Rn. 8; VEDDER in: GRABITZ/HILF, Art. 49 EU-Vertrag Rn. 12; OPPERMANN, Europarecht, § 32 Rn. 7 f.; RICHTER, Die Erweiterung der Europäischen Union, S. 29 ff.; BRUHA/VOGT, VRÜ 1997, S. 477, 481 f.

eine Verrechtlichung materieller Beitrittsanforderungen bemerkbar.[308] Mit dem Ende des Kalten Krieges gewann die Formulierung der Kriterien, die die Staaten Mittel- und Osteuropas im Falle eines eventuellen Beitritts erfüllen sollten, unmittelbar an politisch-praktischer Brisanz. Die Regierungskonferenz von Kopenhagen im Jahre 1993 war ein Meilenstein für die Konkretisierung und Formulierung der Anforderungen (der *Kopenhagener Kriterien*), die als Voraussetzung für jeglichen EU-Beitritt zu erfüllen sind.[309] Alle weiteren Regierungskonferenzen, die sich mit Fragen der EU-Erweiterung beschäftigten, haben die Kopenhagener Kriterien bekräftigt und sie dadurch zu einem klaren und eindeutigen Ziel für jeden Beitrittskandidaten formuliert. Die Erfüllung dieser Voraussetzungen ist für die rechtliche, wirtschaftliche sowie politische Identität und Finalität der Union unabdingbar geworden.[310] Mit dem Vertrag von Amsterdam gelang auch die rechtliche Positivierung dieser Beitrittsanforderungen, an denen die beitrittswilligen Staaten gemessen werden.

Die bis zu einem erfolgreichen EU-Beitritt zu überwindenden Hürden können in drei Kriterien formuliert werden: Zunächst knüpft die Mitgliedschaft in der Europäischen Union an bestimmte Voraussetzungen des politischen Systems an (*politisches Kriterium*). Der 1997 in Kraft getretene Vertrag von Amsterdam bindet die Mitgliedschaft in der Union an die Erfüllung bestimmter Werte: Art. 49 EU-Vertrag sieht seither vor, dass ein europäischer Staat nur dann der Europäischen Union beitreten kann, wenn er die in Art. 6 Abs. 1 EU-Vertrag formulierten „Grundsätze der Freiheit, der Demokratie, der Achtung der Menschenrechte und der Grundfreiheiten sowie der Rechtsstaatlichkeit" achtet. Durch den Verweis auf die in Art. 6 Abs. 1 EU-Vertrag[311] genannten

---

[308] Vgl. statt anderer MEIER, EuR 1978, S. 12 ff.

[309] Schlussfolgerungen des Vorsitzes der Regierungskonferenz des Europäischen Rates von Kopenhagen vom 21./22.6.1993, Punkt 7.

[310] MENG in: VON DER GROEBEN/SCHWARZE, Art. 49 EU-Vertrag Rn. 56 ff.; GEIGER, Art. 49 EU-Vertrag Rn. 5 ff.; OPPERMANN, Europarecht, § 32 Rn. 9 ff.; KOENIG/HARATSCH, Europarecht, Kapitel VII Rn. 969; VERHEUGEN, Europa in der Krise, S. 35 ff.; SAMARDZIC, Osteuropa 2004, S. 480, 482 ff.; KRAFT, APuZ B 15/2001, S. 6, 8.

[311] Art. 6 Abs. 1 EU-Vertrag: „Die Union beruht auf den Grundsätzen der Freiheit, der Demokratie, der Achtung der Menschenrechte und Grundfreiheiten sowie der Rechtsstaatlichkeit; diese Grundsätze sind allen Mitgliedstaaten gemeinsam." Ähnlich formuliert auch Art. 2 des Vertrages von Lissabon: „Die Werte, auf die sich die Union gründet, sind die Achtung der Menschenwürde, Freiheit, Demokratie, Gleichheit, Rechtsstaatlichkeit und die Wahrung der Menschenrechte einschließlich der Rechte der Personen, die Minderheiten angehören. Diese Werte sind allen Mitgliedstaaten in einer Gesellschaft gemeinsam, die sich durch Pluralismus, Nichtdiskriminierung, Toleranz, Gerechtigkeit, Solidarität und die Gleichheit von Frauen und Männern auszeichnet."

Grundsätze normiert Art. 49 EU-Vertrag nunmehr Freiheit, Demokratie, Menschenrechte und Rechtsstaatlichkeit ausdrücklich als politische und rechtliche Beitrittsvoraussetzungen.[312] Zweitens erfordert die EU-Mitgliedschaft eine funktionsfähige Marktwirtschaft (*wirtschaftliches Kriterium*). Art. 4 Abs. 1 EG-Vertrag sieht vor, dass die Mitgliedstaaten zusammen mit der Gemeinschaft eine Wirtschaftspolitik betreiben müssen, die dem Grundsatz einer offenen Marktwirtschaft mit freiem Wettbewerb verpflichtet ist. Die Beitrittsbewerber müssen folglich über eine funktionsfähige Marktwirtschaft verfügen, um dem Wettbewerbsdruck innerhalb der Europäischen Union standhalten zu können.[313] Drittens muss der beitrittswillige Staat fähig und gewillt sein, die aus der EU-Mitgliedschaft resultierenden Verpflichtungen zu übernehmen und sie in sein nationales Rechtssystem effektiv zu implementieren. Die Mitgliedschaft setzt außerdem voraus, dass die einzelnen Beitrittskandidaten die Ziele der politischen Union sowie der Wirtschafts- und Währungsunion übernehmen sowie über die nötige Kapazität in Verwaltung und Justiz zur tatsächlichen Einführung und Anwendung des gemeinsamen Besitzstandes der Union (*acquis communautaire*) verfügen (*acquis-Übernahme-Kriterium*).[314] Das vierte Kopenhagener Beitrittskriterium, welches sich im Gegensatz zu den anderen Kriterien in erster Linie an die alten Mitgliedstaaten richtet, stellt die Fähigkeit der Union dar, „neue Mitglieder aufzunehmen und dabei die Stoßkraft der europäischen Integration zu erhalten"[315] (*Kriterium der Aufnahmefähigkeit der Union*). Erst wenn diese Kriterien kumulativ und jeweils vollständig erfüllt sind, kann der Beitritt vollzogen werden. Kein Land, das die Voraussetzungen des Art. 49 EU-Vertrag erfüllt, hat jedoch einen Rechtsanspruch auf Mitgliedschaft in der Europäischen Union.[316] Es obliegt lediglich der Union zu beurteilen, ob eine nächste Erweiterungsrunde zu einer bestimmten Zeit politisch opportun ist.[317] Die Heranführung des Bewer-

---

[312] CREMER in: CALLIESS/RUFFERT, Art. 49 EU-Vertrag Rn. 5; GEIGER, Art. 49 EU-Vertrag Rn. 8; RICHTER, Die Erweiterung der Europäischen Union, S. 62 ff.; LIPPERT, APuZ 1-2/ 2003, S. 16 ff.

[313] MENG in: VON DER GROEBEN/SCHWARZE, Art. 49 EU-Vertrag Rn. 59; KOENIG/ HARATSCH, Europarecht, Kapitel VII Rn. 969; OPPERMANN, Europarecht, § 32 Rn. 11; RICHTER, Die Erweiterung der Europäischen Union, S. 95 ff.

[314] GEIGER, Art. 49 EU-Vertrag Rn. 8; MENG in: VON DER GROEBEN/SCHWARZE, Art. 49 EU-Vertrag Rn. 66 ff.; OPPERMANN, Europarecht, § 32 Rn. 12 f.; RICHTER, Die Erweiterung der Europäischen Union, S. 41 ff.

[315] VEDDER in: GRABITZ/HILF, Art. 49 EU-Vertrag Rn. 18 f.; GEIGER, Art. 49 EU-Vertrag Rn. 8; OPPERMANN, Europarecht, § 32 Rn. 14; HÖLSCHEIDT, JA 2001, S. 85, 86.

[316] Vgl. auch die Ausführungen auf S. 32 f.

[317] VEDDER in: GRABITZ/HILF, Art. 49 EU-Vertrag Rn. 8; HOBE, Europarecht, § 5 Rn. 85; KOENIG/HARATSCH, Europarecht, Kapitel VII Rn. 970; OPPERMANN, Europarecht, § 32

berstaates und die Überprüfung seiner Fortschritte auf dem Weg zur EU-Mitgliedschaft erfolgen im Laufe des oben dargestellten Beitrittsverfahrens.

a. Die Beitrittsvoraussetzungen hinsichtlich des politischen Systems

aa. Die Konkretisierung des politischen Beitrittskriteriums *ratione materiae* (inhaltliche Anforderungen)

Um Mitglied der Europäischen Union zu werden, müssen die Beitrittskandidaten zunächst den Anforderungen hinsichtlich des internen politischen Systems gerecht werden. Der Ursprungsfassung der Verträge zur Gründung der Europäischen Gemeinschaften zufolge (Art. 98 EGKS-Vertrag, Art. 237 EWG-Vertrag, Art. 205 EAG-Vertrag) musste ein Beitrittskandidat allein dem Rechtserfordernis des *europäischen Staates* genügen, um Mitglied der Gemeinschaften werden zu können. Aus der Gesamtsystematik des EG- und EU-Vertrages, insbesondere aber aus Abs. 3 der Präambel bzw. Art. 6 Abs. 1 und 2 EU-Vertrag, aber auch schon aus dem Begriff *europäisch*, ließen sich für eine Mitgliedschaft in den Europäischen Gemeinschaften von Anfang an Anforderungen an das politische System der beitretenden Staaten als notwendige Beitrittsvoraussetzungen ableiten.[318] Dabei handelte es sich um Vorwirkungen der mit dem Beitritt verbundenen Übernahme des rechtlichen und politischen Integrationsstandes der Europäischen Gemeinschaften.[319] Diese ursprünglich ungeschriebenen Voraussetzungen eines EU-Beitritts und fortdauernder Mitgliedschaft wurden mit dem In-Kraft-Treten des Amsterdamer Vertrages durch den Verweis des Art. 49 auf die in Art. 6 Abs. 1 formulierten Strukturprinzipien positiv niedergelegt und zwingend vorgeschrieben.[320] Die Notwendigkeit, verfassungsrechtliche Grundsicherungen auch auf europäischer Ebene durchzusetzen, spiegelt sich deutlich in der Stellungnahme der Europäischen Kommission zur Vorbereitung der Amsterdamer Regierungskonferenz wider.

Rn. 6; SAMARDZIC, Osteuropa 2004, S. 480, 483 f.; HÖLSCHEIDT, JA 2001, S. 85; SARCEVIC, EuR 2002, S. 461, 463.

[318] PECHSTEIN in: STREINZ, Art. 49 EU-Vertrag Rn. 4; MOSLER, ZaöRV 1958, S. 275, 284; EHLERMANN, EuR 1984, S. 113 ff.; DAGTOGLOU, EuR 1980, S. 9; SAMARDZIC, Osteuropa 2004, S. 480, 482.

[319] MENG in: VON DER GROEBEN/SCHWARZE, Art. 49 EU-Vertrag Rn. 58; VEDDER in: GRABITZ/HILF, Art. 49 EU-Vertrag Rn. 13; RICHTER, Die Erweiterung der Europäischen Union, S. 67 ff.

[320] PECHSTEIN in: STREINZ, Art. 49 EU-Vertrag Rn. 4; CREMER in: CALLIESS/RUFFERT, Art. 49 EU-Vertrag Rn. 5; OPPERMANN, Europarecht, § 32 Rn. 10; KOENIG/HARATSCH, Europarecht, Kapitel VII Rn. 969.

Die Kommission hebt nicht nur hervor, dass das europäische Einigungswerk auf „allen europäischen Gesellschaften gemeinsamen Wertvorstellungen" beruhe, „die die Grundwerte der Demokratie – Menschenrechte und Rechtsstaatlichkeit – mit den Prinzipien der Marktwirtschaft, der Solidarität und des Zusammenhaltes verbinden".[321] Im Lichte dieser Feststellung fordert die Kommission sondern auch, dass Europa zu einer bestimmten Zeit, in der es in eine neue politische Phase eintrete, seine Bereitschaft zur Anerkennung und Förderung dieses verfassungsstaatlichen Grundverständnisses bekräftigen und präzisieren müsse.[322] Die teilweise gleichlautenden Kopenhagener Kriterien[323] finden sich insoweit auch rechtsverbindlich normiert und auf diese Weise für jeden Beitrittskandidaten verpflichtend im Primärrecht wieder.[324] Die Regierungssysteme der Mitgliedstaaten müssen somit auf den Grundsätzen der Freiheit, Demokratie, Rechtsstaatlichkeit sowie der Achtung der Menschenrechte und Grundfreiheiten beruhen. Angesichts der traditionell komplizierten Minderheitensituation in Osteuropa resultieren daraus besondere Anforderungen an den verfassungsrechtlich und gesetzlich zu gewährenden Minderheitenschutz.[325]

Die Bedeutung der nunmehr rechtlich eindeutigen Formulierung der Strukturprinzipien in Art. 6 Abs. 1 EU-Vertrag liegt darin, die gegenwärtigen sowie die zukünftigen EU-Mitgliedstaaten auf den Typ des westlichen Verfassungsstaates festzulegen und damit die Europäische Union als Wertegemeinschaft

---

[321] Vgl. Stellungnahme der Europäischen Kommission, Stärkung der Politischen Union und Vorbereitung der Erweiterung, KOM (1996) 90 vom 28.2.1996, S. 9. Zu Europa als Wertegemeinschaft vgl. statt vieler CALLIESS, JZ 2004, S. 1033 ff.

[322] Vgl. Stellungnahme der Europäischen Kommission, a.a.O.

[323] Die politischen Beitrittskriterien aus den Schlussfolgerungen des Europäischen Rates in Kopenhagen lauten wie folgt: „Als Voraussetzung für die Mitgliedschaft muss der Beitrittskandidat eine institutionelle Stabilität als Garantie für demokratische und rechtsstaatliche Ordnung, für die Wahrung der Menschenrechte sowie die Achtung und den Schutz von Minderheiten verwirklicht haben."

[324] MENG in: VON DER GROEBEN/SCHWARZE, Art. 49 EU-Vertrag Rn. 58; KRAFT, APuZ B 15/2001, S. 6, 8.

[325] VEDDER in: GRABITZ/HILF, Art. 49 EU-Vertrag Rn. 14; KOENIG/HARATSCH, Europarecht, Kapitel VII Rn. 969; RICHTER, Die Erweiterung der Europäischen Union, S. 84 ff.; vgl. darüber hinaus NETTESHEIM, EuR 2003, S. 36, 55 ff., der betont, dass die Beitrittsreife eines Mitgliedstaates insbesondere dann beeinträchtigt wird, „wenn sich in seinem geltenden Recht Aussagen finden, die das Zusammenwachsen einer Union der Bürger Europas beeinträchtigen, indem sie Unionsbürger aus anderen Mitgliedstaaten diskriminierend stigmatisieren".

festzuschreiben.[326] Diese Funktion der Strukturprinzipien wird durch die in Art. 7 EU-Vertrag und Art. 309 EG-Vertrag enthaltenen Sanktionsmöglichkeiten unterstrichen.[327] Die Strukturprinzipien gehören darüber hinaus zu einem durch Vertragsänderungen nicht antastbaren Kern des Unions- und Gemeinschaftsrechts.[328]
Inhaltlich wird durch den Verweis auf die in Art. 6 Abs. 1 EU-Vertrag formulierten Strukturprinzipien keine Rechtsänderung bewirkt, weil die genannte Vorschrift nur das normiert, was bereits Abs. 3 der Präambel zum EU-Vertrag als Bestätigung eines „Bekenntnisses zu den Grundsätzen der Freiheit, der Demokratie und der Achtung der Menschenrechte und Grundfreiheiten der Rechtsstaatlichkeit" feststellte.[329] Der Begriff *Freiheit* bezieht sich auf die Staatsordnung der Beitrittskandidaten.[330] Danach ist Voraussetzung für einen Beitritt, dass der betroffene Staat eine freiheitliche, demokratische Staatsform aufweist. Was die *Demokratie* angeht, muss an dieser Stelle Art. 138 EWG-Vertrag a.F. erwähnt werden, der die Existenz nationaler Parlamente sowie einer freiheitlichen und parlamentarischen, d.h. demokratischen Regierungsform als Voraussetzung für die EG-Mitgliedschaft verlangte.[331] Hinter dem Grundsatz der Demokratie stehen darüber hinaus konkrete Aussagen über Art und Struktur des Wahlsystems (ein Wahlrechtssystem, das den Grundsatz der Freiheit der Wahl nicht kennt, würde Art. 6 Abs. 1 EU-Vertrag nicht genügen), über die Zuständigkeit des Parlaments im Gesetzgebungsprozess, über die Kontrolle der Regierung und die Gewaltenteilung im Staat,[332] Grundsätze, die ebenfalls zum Rechtsstaatsprinzip gehören. Angesichts der *Menschen-*

---

[326] BOOß in: LENZ/BORCHARDT, Art. 49 EU-Vertrag Rn. 2; OPPERMANN, Europarecht, § 5 Rn. 2; RICHTER, Die Erweiterung der Europäischen Union, S. 69 ff.; LANGENFELD, ZRP 2005, S. 73, 74.
[327] VEDDER in: GRABITZ/HILF, Art. 49 EU-Vertrag Rn. 14; KOENIG/HARATSCH, Europarecht, Kapitel VIII Rn. 980 ff.
[328] NETTESHEIM, EuR 2003, S. 36, 43 ff. m.w.N.
[329] CREMER in: CALLIESS/RUFFERT, Art. 49 EU-Vertrag Rn. 5; GEIGER, Art. 49 EU-Vertrag Rn. 5 u. 8; BOOß in: LENZ/BORCHARDT, Art. 49 EU-Vertrag Rn. 2; PASCHKE/JULGA, Die politische Entwicklung der Osterweiterung der EU, in: PASCHKE/ILIOPOULOS (HRSG.), Die Osterweiterung der Europäischen Union, S. 71, 83 f.
[330] Vgl. Abs. 8 der Präambel zum EG-Vertrag: Die Mitgliedstaaten haben die Gründung der Europäischen Gemeinschaft beschlossen, „ENTSCHLOSSEN, durch diesen Zusammenschluss ihrer Wirtschaftskräfte Frieden und Freiheit zu wahren und zu festigen [...]".
[331] PECHSTEIN/KOENIG, Die Europäische Union, Kap. 8 Rn. 420 f.; RICHTER, Die Erweiterung der Europäischen Union, S. 80 ff.; FROWEIN, EuR 1983, S. 301 f., 309; EHLERMANN, EuR 1984, S. 113, 119 ff.
[332] PECHSTEIN/KOENIG, Die Europäische Union, Kap. 8 Rn. 421; NETTESHEIM, EuR 2003, S. 36, 43 ff.

rechte und Grundfreiheiten bewirkt der in Art. 49 Abs. 1 S. 1 EU-Vertrag aufgenommene Hinweis nur kodifizierend die Verpflichtung auf den gemeineuropäischen Grundrechtsbestand, der, wie sich auch aus Art. 6 Abs. 2 EU-Vertrag ergibt, in der Europäischen Menschenrechtskonvention seinen Ursprung hat.[333] So wie sich aus verschiedenen europäischen Dokumenten ergibt,[334] gehört der Schutz der Menschenrechte und Grundfreiheiten auch zu dem durch den Beitritt zu übernehmenden *acquis communautaire* und damit zu den materiellen Voraussetzungen eines EU-Beitritts.[335] Die *Rechtsstaatlichkeit* der Union hat sich in der Rechtsprechung des EuGH durch die Ableitung allgemeiner rechtsstaatlicher Grundsätze aus den nationalen Verfassungsrechten der Mitgliedstaaten herauskristallisiert.[336] Als Konsequenz des Rechtsstaatsprinzips haben alle Mitgliedstaaten neben der parlamentarischen Kontrolle der Regierung und der Gewaltenteilung im Staat einen effektiven Rechtsschutz gegen die öffentliche Gewalt zu gewähren.

bb. Die Konkretisierung des politischen Beitrittskriteriums *ratione temporis* (maßgeblicher Betrachtungszeitpunkt)

Da der Beitrittsprozess einen langjährigen und dynamischen Prozess darstellt, sind die Beitrittsbedingungen zukunftsgerichtet. Darüber hinaus sollen sie grundsätzlich beitrittsfreundlich ausgelegt bzw. praktiziert werden.[337] Hinsichtlich der Systematik des Art. 49 EU-Vertrag wird fraglich, *wann* ein beitrittswilliger europäischer Staat die politischen Anforderungen vollständig erfüllen muss. Die gängige Praxis der Osterweiterung lässt erkennen, dass die Reformen und Veränderungen in den Bewerberländern sukzessiv im Verlauf des mehrjährigen Beitrittsprozesses erreicht werden.[338] Daraus ergibt sich, dass in dieser Zeit erhebliche Fortschritte gemacht werden können und die

---

[333] VEDDER in: GRABITZ/HILF, Art. 49 EU-Vertrag Rn. 14; OPPERMANN, Europarecht, § 6 Rn. 33 ff. u. § 32 Rn. 10; RICHTER, Die Erweiterung der Europäischen Union, S. 84 ff.; SAMARDZIC, Osteuropa 2004, S. 480, 482 f.

[334] Vgl. die Erklärung zur Demokratie vom 7./8.4.1978, Bulletin EG 3/1978, S. 5 oder die Gemeinsame Erklärung des Europäischen Parlaments, des Rates und der Kommission zur Achtung der Menschenrechte vom 5.4.1977, Amtsblatt EG Nr. C 103/1977, S. 1 ff.

[335] RICHTER, Die Erweiterung der Europäischen Union, S. 87 ff.; GEIGER, Art. 49 EU-Vertrag Rn. 5; OPPERMANN, Europarecht, § 32 Rn. 10.

[336] VEDDER in: GRABITZ/HILF, Art. 49 EU-Vertrag Rn. 14; RICHTER, Die Erweiterung der Europäischen Union, S. 80 ff.

[337] OPPERMANN, Europarecht, § 32 Rn. 7; NETTESHEIM, EuR 2003, S. 36, 38 f.

[338] PECHSTEIN/KOENIG, Die Europäische Union, Kap. 8 Rn. 440 ff.; LIPPERT, APuZ 1-2/2003, S. 16 ff.; KRAFT, APuZ B 15/2001, S. 6, 8.

Beitrittsreife der Kandidatenstaaten erst am Ende dieses langwierigen Beitrittsprozesses, teilweise auch nach dem Beitrittstermin, erreicht werden kann. Entgegen der gelegentlich vertretenen Meinung[339] ist somit festzuhalten, dass die Strukturprinzipien aus Art. 49 i.V.m. Art. 6 Abs. 1 EU-Vertrag als Kriterien anzusehen sind, die erst zum Zeitpunkt des Wirksamwerdens des Beitritts – und später als Mitglied der Union – erfüllt sein müssen.[340] Ihre Nichterfüllung zur Zeit der Antragstellung führt daher umso weniger zum Ausschluss des betreffenden Antragstellers aus dem Kreis der potenziellen Beitrittskandidaten oder zu der Annahme, dass kein wirksamer Beitrittsantrag vorliegt.[341]

Hinsichtlich dieses politischen Beitrittskriteriums wird in der Literatur außerdem die Meinung vertreten, dass es sich dabei um eine Voraussetzung für die Aufnahme der Beitrittsverhandlungen handelt.[342] Mit der gleichen Begründung, dass der angestrebte EU-Beitritt und der Weg dorthin politisch und wirtschaftlich einen begleitenden und beschleunigenden Faktor zur Erlangung der Beitrittsreife darstellen, sowie Bezug nehmend auf die Systematik des EG- bzw. EU-Vertrages wird hier ebenfalls der Standpunkt vertreten, dass – entgegen der oben erwähnten Auffassung – bei der Anwendung des Maßstabs nach Art. 49 i.V.m. Art. 6 Abs. 1 EU-Vertrag eine rechtliche und moralische Bewertung der zum Zeitpunkt des Beitritts gegebenen Situation vorgenommen werden muss.[343] Die Beitrittsverhandlungen sollten nur dann eröffnet werden, wenn die vollständige Erfüllung der politischen Kriterien in Theorie und Praxis zum Zeitpunkt des Beitritts mit Sicherheit erwartet werden kann.[344] Denn diese Erwartung stellt eine sinnvolle Durchführung der Bei-

---

[339] PECHSTEIN in: STREINZ, Art. 49 EU-Vertrag Rn. 4; CASPARI/NASS, Handbuch für die Europäische Wirtschaft, Art. 237 EG-Vertrag Rn. 8; MEIER, EuR 1978, S. 12, 16 ff.

[340] VEDDER in GRABITZ/HILF, Art. 49 EU-Vertrag Rn. 13; DAGTOGLOU, EuR 1980, S. 7 f.; NETTESHEIM, EuR 2003, S. 36, 38 ff. m.w.N.

[341] VEDDER in GRABITZ/HILF, Art. 49 EU-Vertrag Rn. 13; SARCEVIC, EuR 2002, S. 464; a.A. PECHSTEIN/KOENIG, Die Europäischen Union, Kap. 8 Rn. 423; MEIER, EuR 1978, S. 16 ff.

[342] PECHSTEIN in: STREINZ, Art. 49 EU-Vertrag Rn. 4; LIPPERT, Auf dem Weg in eine größere Union, Informationen zur politischen Bildung Nr. 279/2003, S. 42, 44.

[343] VEDDER in GRABITZ/HILF, Art. 49 EU-Vertrag Rn. 13; LANGENFELD, ZRP 2005, S. 73, 74; NETTESHEIM, EuR 2003, S. 36, 38 ff. m.w.N.

[344] Siehe Monitoring-Bericht der Europäischen Kommission vom 13.10.1999 über Rumänien, S. 83: „Die Kommission ist der Auffassung, dass Rumänien im Augenblick die politischen Kriterien von Kopenhagen noch erfüllt, dass sie aber ihren Standpunkt überprüfen muss, falls die Behörden der Überwindung der Krise in den rumänischen Kinderbetreuungseinrichtungen und Waisenhäusern nicht weiterhin Priorität einräumen." Vgl. auch die Entscheidung des Rates zur Eröffnung der Beitrittsverhandlungen mit Rumänien auf dem

trittsverhandlungen und eine erfolgreiche Eingliederung der Beitrittskandidaten in die Europäische Union nach Erfüllung aller anderen Beitrittsbedingungen am Ende des Beitrittsprozesses in Aussicht.[345] Wenn der Aufnahme eines beitrittswilligen Staates in die Europäische Union nicht von vornherein unüberwindbare Hindernisse entgegenstehen, so haben die Organe der Europäischen Union auch in Beitrittsverhandlungen einzutreten. Die herrschende Meinung in der Literatur folgt gleicher Ansicht, betont aber, dass die konkrete Erreichung der Beitrittsreife eines potentiellen Mitgliedstaates für das weitere Vorgehen sowohl in der Vor-Beitrittsphase als auch unmittelbar nach dem Beitritt zu berücksichtigen sei.[346] Dies haben die Europäische Kommission und der Europäische Rat auch im Hinblick auf die Türkei wiederholt ausdrücklich festgestellt.[347] In ihrer Empfehlung zur Aufnahme der Beitrittsverhandlungen mit der Türkei vom Oktober 2004 spricht die Europäische Kommission zwar von „einer erheblichen Annäherung des türkischen rechtlichen und institutionellen Rahmens an europäische Standards". Zugleich aber betont sie, dass sich „die Unumkehrbarkeit des Reformprozesses erst über einen längeren Zeitraum bestätigen" müsse.[348] Im Ergebnis hält die Kommission die politischen Kriterien bereits in „ausreichender Weise" für erfüllt, um die Beitrittsverhandlungen mit der Türkei zu eröffnen. Daraus ergibt sich jedoch nicht, dass die politischen Beitrittsvoraussetzungen bei Eröffnung der Bei-

---

Gipfeltreffen von Helsinki, Schlussfolgerungen des Rates vom 10./11.12.1999, Rn. 10: „Der Europäische Rat ist entschlossen, einen positiven Beitrag zu Sicherheit und Stabilität auf dem europäischen Kontinent zu leisten, und hat im Lichte jüngster Entwicklungen sowie aufgrund der Berichte der Kommission beschlossen, im Februar 2000 bilaterale Regierungskonferenzen einzuberufen, um mit Rumänien [...] Verhandlungen über die Bedingungen für seinen Beitritt zur Union und die sich daraus ergebenden Anpassungen des Vertrags aufzunehmen." Vgl. auch LIPPERT/BECKER, integration 2/1997, S. 56, 63 f.

[345] Vgl. Europäische Kommission, Agenda 2000. Erweiterung, Gesamtdokument 1999, Bulletin der Europäischen Union, Beilage 2/1999, Ziff. 2.2., S. 27: „Bei der Prüfung der Optionen für die Eröffnung der Beitrittsverhandlungen empfiehlt die Europäische Kommission, den politischen Kopenhagener Kriterien absolute Priorität aufzuerlegen."

[346] VEDDER in: GRABITZ/HILF, Art. 49 EU-Vertrag Rn. 13; CREMER in: CALLIESS/RUFFERT, Art. 49 EU-Vertrag Rn. 18; BEUTLER in: BEUTLER/BIEBER/PIPKORN/STREIL, Die Europäische Union, Kap. 2 Rn. 110; SARCEVIC, EuR 2002, S. 461, 470; NETTESHEIM, EuR 2003, S. 56, 38 ff.

[347] Vgl. Mitteilung der Kommission, KOM (2004) 656, S. 2 f.; vgl. auch die Schlussfolgerungen des Vorsitzes der Regierungskonferenz des Europäischen Rates von Helsinki vom 10./11.12.1999, abrufbar im Internet unter: www.consilium.europa.eu/ueDocs/cms_Data/docs/pressData/de/ec/00300-r1.d9.htm (Stand: 30.6.2008).

[348] Vgl. diesbezüglich auch NETTESHEIM, EuR 2003, S. 36, 43, der die Auffassung vertritt, dass „einem beitrittswilligen Staat fehlende Beitrittsreife vor allem dann attestiert werden muss, wenn er mit noch blutbefleckten Händen an die europäische Tür klopft".

trittsverhandlungen vollständig erfüllt waren. Diese Problematik wird im nächsten Teil der Arbeit am Beispiel der Achtung der Minderheitenrechte in Rumänien eingehend erörtert.

b. Die Beitrittsvoraussetzungen hinsichtlich des wirtschaftlichen Systems

Die Schaffung eines Binnenmarktes ohne nationale Grenzen im Inneren gehört zu den Kernzielen der europäischen Integration seit den Römischen Verträgen von 1957. Das vermutlich wichtigste Argument für einen grenzenlosen Binnenmarkt ist jedoch politischer Natur: Eine enge wirtschaftliche Verflechtung von Ländern schafft durch die entstehende wechselseitige Abhängigkeit politische Stabilität und sichert dadurch den Frieden.[349] Die Europäische Kommission hat 1995 in ihrem „Weißbuch über die Beitrittsvoraussetzungen der mittel- und osteuropäischen Länder" ausgeführt, dass die Angleichung der Wirtschaft dieser Beitrittsstaaten an die Bestimmungen über den europäischen Binnenmarkt eine noch vor dem Beitritt zu erfüllende Aufgabe sei.[350] Das zweite Beitrittskriterium setzt sich daher mit den wirtschaftlichen Verhältnissen in den Bewerberländern auseinander. Die wirtschaftlichen Beitrittsvoraussetzungen stellen abstrakt gefasste Eingliederungskriterien dar, die als ungeschriebene Beitrittsvoraussetzungen gelten.[351] Die Beurteilung der wirtschaftlichen Eingliederungsfähigkeit der Kandidatenstaaten greift ebenfalls auf die Kopenhagener Kriterien von 1993 zurück – sog. *Binnenmarktfähigkeit*.[352] Daher wird das wirtschaftliche Beitrittskriterium durch Inhalte bestehender Vorschriften ausgefüllt: In Art. 2, 1. Spiegelstrich EU-Vertrag und in Art. 2 EG-Vertrag ist die Wirtschaftsverfassung der Europäischen Union allgemein festgelegt und wird durch die Vorschriften des EG-Vertrages zu einzelnen Politikfeldern konkret ausgestaltet und geprägt.[353]

---

[349] OPPERMANN, Europarecht, § 1 Rn. 19 ff.; ARNDT, Europarecht, S.10 f.

[350] Vgl. Weißbuch der Europäischen Kommission „Vorbereitung der assoziierten Staaten Mittel- und Osteuropas auf die Integration in den Binnenmarkt der Union" vom 3.5.1995, KOM (1995) 163.

[351] VEDDER in: GRABITZ/HILF, Art. 49 EU-Vertrag Rn. 16; MENG in: VON DER GROEBEN/ SCHWARZE, Art. 49 EU-Vertrag Rn. 59; HOBE, Europarecht, § 5 Rn. 83.

[352] GEIGER, Art. 49 EU-Vertrag Rn. 5; HÖLSCHEIDT, JA 2001, S. 85, 86; VARWICK, APuZ B 1-2/2002, S. 23, 25 ff.; KRAFT, APuZ B 15/2001, S. 6, 8.

[353] PECHSTEIN in: STREINZ, Art. 49 EU-Vertrag Rn. 5; VEDDER in: GRABITZ/HILF, Art. 49 EU-Vertrag Rn. 16; MENG in: VON DER GROEBEN/SCHWARZE, Art. 49 EU-Vertrag Rn. 59; RICHTER, Die Erweiterung der Europäischen Union, S. 95 ff.

Die wichtigsten Aspekte der *Binnenmarktfähigkeit* sind zunächst *eine funktionsfähige Marktwirtschaft* und außerdem die *Wettbewerbsfähigkeit*.[354] Art. 4 Abs. 1 EG-Vertrag sieht vor, dass die Mitgliedstaaten zusammen mit der Gemeinschaft eine Wirtschaftspolitik betreiben müssen, die „dem Grundsatz einer offenen Marktwirtschaft mit freiem Wettbewerb verpflichtet ist". Dies setzt voraus, dass über die Allokation der Produktionsfaktoren in allen Mitgliedstaaten grundsätzlich nur der freie Markt entscheidet.[355] Eine funktionsfähige Marktwirtschaft setzt außerdem zahlreiche rechtliche Grundbedingungen voraus, wie z.B. die Gewerbefreiheit sowie die Garantie von Eigentum und Wettbewerbsschutz. Die Vorschriften über den freien Wettbewerb zwischen den Mitgliedstaaten lassen ein ausschließliches Staatshandelsmonopol nicht zu. Auch wenn ein solches Monopol in einem Staatsgebiet in Konkurrenz mit ausländischen Anbietern zu treten bereit wäre, könnte dies für die Union nicht akzeptabel sein.[356] Dies ergibt sich aus dem Verhältnis zwischen den Vorschriften über den freien Warenverkehr als die Regel (Art. 28 – 30 EG-Vertrag) und denen über staatliche Handelsmonopole als die Ausnahme (Art. 31 EG-Vertrag), das die Existenz eines umfassenden Staatshandelsmonopols in einem Mitgliedstaat nicht zulässt.[357]

Mit Blick auf die wirtschaftlichen Beitrittskriterien untersucht die Europäische Kommission, ob die beitrittswilligen Länder über eine funktionierende Marktwirtschaft verfügen bzw. ob sie die Fähigkeiten besitzen, „dem Wettbewerbsdruck und den Marktkräften innerhalb der Union mittelfristig standzuhalten".[358] Die Kommission führt aus, das Bestehen einer Marktwirtschaft setze voraus, dass „Angebot und Nachfrage durch das freie Spiel der Marktkräfte ausgeglichen werden müssen. Das Rechtssystem einschließlich der Re-

[354] Vgl. Art. 2 und 3 Abs. 1 lit. m EU-Vertrag. Dazu ausführlich RICHTER, Die Erweiterung der Europäischen Union, S. 115 ff.; PASCHKE/JULGA, Die politische Entwicklung der Osterweiterung der EU, in: PASCHKE/ILIOPOULOS (HRSG.), Die Osterweiterung der Europäischen Union, S. 71, 84.

[355] RICHTER, Die Erweiterung der Europäischen Union, S. 95 f.; HÖLSCHEIDT, JA 2001, S. 85, 86.

[356] MENG in: VON DER GROEBEN/SCHWARZE, Art. 49 EU-Vertrag Rn. 59; RICHTER, Die Erweiterung der Europäischen Union, S. 100 f.

[357] Vgl. KINGREEN in: CALLIESS/RUFFERT, Art. 31 EG-Vertrag Rn. 5 ff.; HOCHBAUM in: VON DER GROEBEN/SCHWARZE, Art. 31 EU-Vertrag Rn. 41 ff.; PECHSTEIN/KOENIG, Die Europäische Union, Kap. 8 Rn. 425; DAUDERSTÄDT, integration 3/1998, S. 149 ff.

[358] In den Stellungnahmen wird dies als ein Zeitraum von fünf Jahren definiert.

gelung der Eigentumsrechte muss vorhanden sein; Gesetzen und Verträgen muss gerichtlich Geltung verschafft werden können".[359]
Im Rahmen der Beitrittsverhandlungen werden zahlreiche Bereiche des wirtschaftlichen Sektors geprüft, wie der Stand der Preis-, der Handels- und der Währungsliberalisierung, der Stand der wirtschaftlichen Stabilisierung oder der Privatisierung und Umstrukturierung der Unternehmen sowie die Lage des Finanzsektors. Berücksichtigt man den Inhalt aller wirtschaftlichen Beitrittsbedingungen, so führt ihre Erfüllung zu einer gewissen Homogenität der Wirtschaftspolitik der Mitgliedstaaten und setzt eine funktionsfähige sowie ähnlich ausgerichtete Marktwirtschaft als Eingliederungsbedingung voraus.[360]
Die wirtschaftlichen Voraussetzungen eines EU-Beitritts entsprechen – ohne Bezug auf ein bestimmtes Wirtschaftsmodell – den Grundsätzen einer funktionierenden Wirtschaftsverfassung.[361] Sie soll zur marktpolitischen bzw. wirtschaftlichen Teilnahme der Beitrittsländer am Binnenmarkt verhelfen und die gemeinschaftliche Übernahme der handelspolitischen Verpflichtungen den Drittstaaten gegenüber künftig gewährleisten.[362]
Besondere Auswirkungen auf die Beitrittsfähigkeit der Kandidatenländer ergeben sich auch aus der Teilnahme an der Währungsunion. Der EU-Beitritt führt zwar gleichzeitig zur Aufnahme in die Wirtschafts- und Währungsunion, allerdings mit dem Status von „Mitgliedstaaten, für die eine Ausnahmeregelung gilt".[363] Dies bedeutet, dass ein Beitrittsland mit der Aufnahme in die Europäische Union eine klare Verpflichtung eingeht, zu einem späteren Zeitpunkt an der Europäischen Währungsunion ohne Ausnahmeregelung, die gegenwärtig lediglich für Dänemark und Großbritannien gilt, teilzunehmen.[364]
Dieser letzte Schritt setzt dann die Erfüllung der so genannten *Konvergenzkriterien* (*Maastrichter Kriterien*)[365] gemäß EG-Vertrag voraus. Dies kann real-

---

[359] Vgl. Europäische Kommission KOM (1997) 2000 vom 15.7.1997, Agenda 2000: Eine stärkere und erweiterte Union, Bulletin der Europäischen Union, Beilage 5/1997, S. 55.
[360] VEDDER in: GRABITZ/HILF, Art. 49 EU-Vertrag Rn. 16; IPSEN in: FS für Dürig, S. 159, 169 f.; SARCEVIC, EuR 2002, S. 461, 468; SAMARDZIC, Osteuropa 2004, S. 480, 482.
[361] PECHSTEIN in: STREINZ, Art. 49 EU-Vertrag Rn. 5; PECHSTEIN/KOENIG, Die Europäische Union, Kap. 8 Rn. 429 f.; RICHTER, Die Erweiterung der Europäischen Union, S. 95 ff.
[362] VEDDER in: GRABITZ/HILF, Art. 49 EU-Vertrag Rn. 16; MENG in: VON DER GROEBEN/ SCHWARZE, Art. 49 EU-Vertrag Rn. 59; SCHÜBEL, EuZW 2000, S. 226.
[363] Vgl. Art. 122 Abs. 1 EG-Vertrag.
[364] Ursprünglich hatten die 2004 beigetretenen Länder im Lichte ihrer vertraglichen Verpflichtungen vor, den Euro im Jahr 2006 einzuführen, vgl. BERCK, Die EU-Osterweiterung, S. 183 ff.; *Financial Times* vom 14.11.2002, S. 5.
[365] Die harten Bedingungen der Europäischen Zentralbank für die Teilnahme an der Währungsunion sind: Preisstabilität (niedrige Inflation), stabile Zinspolitik, ein Budgetdefizit

wirtschaftliche Anpassungen bewirken, beispielsweise beim nationalen Wirtschaftswachstum und auf den nationalen Arbeitsmärkten der neuen Mitglieder. Sie sind jedoch aus heutiger Sicht der Europäischen Union ein schmerzhafter, aber tendenziell notwendiger Anpassungsprozess eines Beitrittskandidaten.[366] In der Entschließung des Europäischen Rates zur Einführung des Wechselkursmechanismus II (WKM II) heißt es jedoch, dass ein stabiles wirtschaftliches Umfeld für ein reibungsloses Funktionieren des Binnenmarktes sowie für mehr Investitionen, Wachstum und Beschäftigung notwendig ist und daher im gemeinsamen Interesse aller Mitgliedstaaten liegt.[367] Außerdem soll der Wechselkursmechanismus jenen Mitgliedstaaten, die noch nicht dem Euro-Währungsgebiet angehören, bei der Ausrichtung ihrer Wirtschaftspolitik auf Stabilität helfen. Er soll darüber hinaus die Konvergenz fördern und auf diese Weise die Anstrengungen der jeweiligen Staaten zur Einführung des Euro unterstützen.[368] In diesem Zusammenhang bestimmt Art. 124 EG-Vertrag zudem, dass jeder Mitgliedstaat, für den eine Ausnahmeregelung gilt, seine Wechselkurspolitik als „eine Angelegenheit von gemeinsamem Interesse" zu betrachten hat.

Die von der Währungsunion ausgehende Notwendigkeit einer gewissen Homogenität der Wirtschaftspolitik der Mitgliedstaaten stellt erhebliche Anforderungen an die Wirtschaftsordnungen der beitrittswilligen Staaten. Allerdings dürfen zum Zeitpunkt des Beitrittsantrages diesbezüglich keine überzogenen Anforderungen gestellt werden.[369] Entsprechend der problematischen Situation um das politische Beitrittskriterium[370] können im Laufe des Beitrittsprozesses auch erhebliche wirtschaftliche Fortschritte in den Kandidatenstaaten erreicht werden, so dass die Nichterfüllung des wirtschaftlichen Beitrittskriteriums zum Zeitpunkt der Antragsstellung nicht zu der Annahme führen darf, es läge kein wirksamer Beitrittsantrag vor. So hat sich auch im Rah-

---

unter drei Prozent und weniger als 60 Prozent öffentliche Verschuldung (Staatsschuld) im Vergleich zum Inlandsprodukt, vgl. STREINZ, Europarecht, § 16 Rn. 1054 ff.; BIEBER in: BEUTLER/BIEBER/PIPKORN/STREIL, Die Europäische Union, Kap. 21 Rn. 957 ff.; BERCK, Die EU-Osterweiterung, S. 183 f.

366 WAGENER, Rückkehr nach Europa, in: NUTZINGER (HRSG.), Osterweiterung und Transformationskrisen, S. 93, 115; ROTHACHER, APuZ B 5-6/2004, S. 25, 28.

367 Die Schlussfolgerungen des Vorsitzes der Regierungskonferenz des Europäischen Rates von Dublin vom 13./14.12.1996 sind abrufbar im Internet unter: www.consilium.europa.eu/ueDocs/cms_Data/docs/pressData/de/ec/032d0003.htm (Stand: 30.6.2008).

368 Ausführlich dazu STREINZ, Europarecht, § 16 Rn. 1058 ff.; RICHTER, Die Erweiterung der Europäischen Union, S. 129 ff. m.w.N.

369 VEDDER in: GRABITZ/HILF, Art. 49 EU-Vertrag Rn. 16; ROTHACHER, APuZ B 5-6/2004, S. 25, 32 ff.

370 Vgl. die Ausführungen auf Seite 70 ff.

men der Osterweiterung gezeigt, dass den Beitrittskandidaten im Zeitpunkt ihres Beitritts die vollständige Erfüllung der wirtschaftlichen Kriterien noch nicht bescheinigt werden konnte.[371]

c. Die Fähigkeit zur Übernahme der aus der Mitgliedschaft erwachsenden Verpflichtungen

Neben den oben genannten Beitrittskriterien kann die Europäische Union weitere Bedingungen an den Beitrittskandidaten stellen, bevor sie den Beitritt akzeptiert. Diese können juristischer, wirtschaftlicher, institutioneller oder politischer Natur sein. Das dritte Kopenhagener Kriterium betrifft die rechtliche Eingliederung der Kandidatenländer in die Union selbst, d.h. die zukünftige Position der neuen EU-Mitgliedstaaten.[372] Die neuen EU-Mitglieder sollen grundsätzlich über die gleichen Rechte wie die alten Mitgliedstaaten verfü-

---

[371] Auch bei Feststellung vieler Defizite gelang die Europäische Kommission im Fall Rumäniens zu positiven Beurteilungen bezüglich der Erfüllung der wirtschaftlichen Beitrittskriterien, vgl. Mitteilung der Kommission KOM (2005) 534 vom 25.10.2005, S. 5: „In Bezug auf die wirtschaftlichen Kriterien ist festzustellen, dass Rumänien nach wie vor über eine funktionsfähige Marktwirtschaft verfügt. Bei energischer Umsetzung seiner Strukturreformprogramme dürfte es in der Lage sein, dem Wettbewerbsdruck und den Marktkräften innerhalb der Union standzuhalten. In den Bereichen, in denen im Vorjahresbericht weitere Verbesserungen angemahnt wurden, wurden bei den meisten Problemen gewisse Fortschritte erzielt, wenn auch in unterschiedlichem Maße. Dennoch ließ der Inflationsrückgang nach, die außenwirtschaftlichen Ungleichgewichte haben sich verstärkt, und aufgrund des massiven Konsums der privaten Haushalte und des nachlassenden Exportwachstums ist ein unausgeglichenes Wachstum zu verzeichnen. [...] Nun ist der Wiedereinführung einer umsichtigen Finanzpolitik Priorität einzuräumen, wozu insbesondere weitere Maßnahmen zur dauerhaften Stärkung der Einnahmenbasis durchgeführt und im öffentlichen Sektor eine zurückhaltende Lohnpolitik im Rahmen einer klaren mittelfristigen Ausgabenstrategie verfolgt werden sollte, die auf die Stärkung des Wachstumspotentials und die Vorbereitung auf den Beitritt zur EU abzielt. Um positive wirtschaftliche Rahmenbedingungen zu schaffen und die Wirtschaft von Fehlallokationen befreien zu können, müssen der Privatisierungsprozess fortgesetzt, unrentable Unternehmen aktiv abgewickelt, die Finanzdisziplin weiter gestärkt und die Funktionsweise des Justizsystems beträchtlich verbessert werden."

[372] HERRNFELD in: SCHWARZE, Art. 49 EU-Vertrag Rn. 6; VEDDER in: GRABITZ/HILF, Art. 49 EU-Vertrag Rn. 17 ff.; MENG in: VON DER GROEBEN/SCHWARZE, Art. 49 EU-Vertrag Rn. 66; KOENIG/HARATSCH, Europarecht, Kapitel VII Rn. 969; OPPERMANN, Europarecht, § 32 Rn. 12 f.

gen, aber auch die gleichen Pflichten aus der EU-Mitgliedschaft übernehmen.[373] Hieraus folgen die nachstehenden Beitrittsverpflichtungen:

aa. Die Übernahme des Besitzstandes der Union (*acquis communautaire*)

(1) Allgemeines

Ein Beitritt zur Europäischen Union erfordert in erster Linie die vollständige Übernahme des gemeinschaftlichen Besitzstandes der Union durch die Neumitglieder. Im Laufe des europäischen Erweiterungsprozesses in Folge der Montanunion, der Europäischen Wirtschaftsgemeinschaft, dann der Europäischen Gemeinschaft und letztendlich der Europäischen Union wurde ein einheitliches Regelwerk geschaffen, das innerhalb aller Mitgliedstaaten gilt.[374] Während die Achtung der Grundsätze des Art. 6 Abs. 1 EU-Vertrag als politische Beitrittsvoraussetzung gesetzlichen Ausdruck in Art. 49 Abs. 1 EU-Vertrag gefunden hat, findet sich Vergleichbares für die Übernahme des *acquis communautaire* in den Gründungsverträgen nicht.[375] Dies ist insoweit überraschend, als die Integration der gemeinschaftlichen Rechtsvorschriften in die nationalen Rechtsordnungen die weitaus bedeutendere Grundbedingung eines erfolgreichen EU-Beitritts bildet.[376] Die Wahrung dieses sog. gemeinschaftlichen Besitzstandes ist ein wichtiges Argument im gemeinschaftlichen Entscheidungsprozess geworden, so dass sich dieser Grundsatz nun auch als Ziel der Union in Art. 2 Abs. 1 EU-Vertrag, letzter Spiegelstrich wiederfindet: Die Union verfolgt u.a. das Ziel, „den gemeinschaftlichen Besitzstand zu wahren und weiterzuentwickeln". Der Begriff „gemeinschaftlicher Besitzstand" wird außerdem in Art. 3 Abs. 1 und Art. 43 Abs. 1 lit. c) EU-Vertrag erwähnt, die jeweils einen gemeinschaftlichen Besitzstand voraussetzen, ohne diesen inhaltlich zu konkretisieren. Der gemeinschaftliche Besitzstand ist als

---

[373] VEDDER in: GRABITZ/HILF, Art. 49 EU-Vertrag Rn. 5 ff.; HOBE, Europarecht, § 5 Rn. 83 f.; KOENIG/HARATSCH, Europarecht, Kapitel VII Rn. 973; PASCHKE/JULGA, Die politische Entwicklung der Osterweiterung der EU, in: PASCHKE/ILIOPOULOS (HRSG.), Die Osterweiterung der Europäischen Union, S. 71, 85; HÖLSCHEIDT, JA 2001, S. 85, 87.

[374] MENG in: VON DER GROEBEN/SCHWARZE, Art. 49 EU-Vertrag Rn. 80 f.; VEDDER in: GRABITZ/HILF, Art. 49 EU-Vertrag Rn. 43 f.; RICHTER, Die Erweiterung der Europäischen Union, S. 41 ff.; OTT, EuZW 2000, S. 293 ff.

[375] ACHTEN, Die Osterweiterung der Europäischen Union, S. 67; HÖLSCHEIDT, JA 2001, S. 85, 86; HERRNFELD, EuR 2000, S. 454, 459 ff.

[376] RICHTER, Die Erweiterung der Europäischen Union, S. 41 ff.; LOPIAN, Übergangsregime für Mitgliedstaaten der Europäischen Gemeinschaften, S. 126 ff.; STREINZ, Europarecht, § 3 Rn. 80; OPPERMANN, Europarecht, § 32 Rn. 13.

Befestigungswerk gegen Rückschritte im Integrationswerk gedacht und stellt das Produkt eines jahrzehntelangen Interessenausgleichs unter den Mitgliedstaaten dar, nicht zuletzt das Produkt früherer Erweiterungen und des dabei erzielten Ausgleichs der Interessen alter und neuer Mitgliedstaaten.[377]

(2) Der Inhalt der Übernahmeverpflichtung

Die inhaltliche Konturierung des Begriffs *acquis communautaire* im Hinblick auf eine neue Erweiterung geht auf eine Erklärung der Europäischen Kommission aus dem Jahr 1972 zurück.[378] Aus Anlass der Vorbereitungen zu einer möglichen Osterweiterung äußerte sich die Kommission gegenüber dem Europäischen Rat von Lissabon im Jahr 1992 erneut zum gemeinsamen Besitzstand der Union.[379] Danach sei die Übernahme aller derzeitigen und künftigen Rechte und Pflichten der Gemeinschaft und ihres institutionellen Rahmens Voraussetzung einer Mitgliedschaft. Dabei muss jedoch berücksichtigt werden, dass der gemeinschaftliche Besitzstand der Union nicht statisch ist, sondern eine sich laufend aktualisierende Politik- und Rechtsgesamtheit bildet.[380]

---

[377] So stellten die Gemeinsame Agrarpolitik und die Zollunion für Industriegüter einen Ausgleich französischer Agrarinteressen und deutscher Industrieinteressen dar, der den wirtschaftlichen Kern der Gemeinschaftsgründung bildete, vgl. DAUDERSTÄDT, Interessen und Hindernisse bei der EU-Osterweiterung, Politikinformation Osteuropa Nr. 98 der Friedrich-Ebert-Stiftung, abrufbar im Internet unter: http://library.fes.de/fulltext/id/01170.htm (Stand: 30.6.2008).

[378] Siehe auch Fn. 154.

[379] Der *acquis communautaire* wurde von der Europäischen Kommission zu diesem Anlass wie folgt definiert: „Voraussetzung für die Mitgliedschaft ist die Übernahme aller derzeitigen und künftigen Pflichten der Gemeinschaft und ihres institutionellen Rahmens – des sogenannten ‚Besitzstandes'. Darunter fallen: Inhalt, Grundsätze und politische Ziele der Verträge, einschließlich des Vertrags von Maastricht; das Folgerecht und die Rechtsprechung des Gerichtshofs; die Erklärungen und Entschließungen der Gemeinschaft; die internationalen Abkommen und Abkommen zwischen Mitgliedstaaten, die die Tätigkeit der Gemeinschaft betreffen." Vgl. Mitteilung der Kommission, Die Erweiterung Europas: eine neue Herausforderung, Bulletin EG Beilage 3/1992, Ziff. 11 ff., S. 12.

[380] Vgl. HERRNFELD, EuR 2000, S. 454, 468; KNELANGEN, Chance oder Risiko?, in: Politische Bildung 35/2002, S. 29 ff.; SCHASER, Die Kontrolle der Außengrenzen der EU, in: STURM/PEHLE (HRSG.), Die neue Europäische Union, S. 165, 175; STEPACHER in: MICKEL/BERGMANN (HRSG.), Handlexikon der Europäischen Union, Stichwort „Beitrittskriterien (Kopenhagener Beitrittskriterien)".

Gegenwärtig umfasst der *acquis communautaire* folgende Komponenten:
1) den Inhalt, die Prinzipien und die politischen Ziele der Gründungsverträge (einschließlich derer der Verträge von Maastricht, Amsterdam und Nizza);
2) die Gesetzgebung auf der Basis der Verträge und die Rechtsprechung des Europäischen Gerichtshofes;[381]
3) die angenommenen Stellungnahmen und Resolutionen innerhalb des EU-Rahmens;
4) die Positionen, Erklärungen und Entscheidungen der Gemeinschaft im Rahmen der gemeinsamen Außen- und Sicherheitspolitik;
5) die Positionen, Entscheidungen und angenommenen Konventionen im Rahmen der gemeinsamen Justiz- und Innenpolitik;
6) die internationalen Abkommen der Europäischen Union und die Vereinbarungen zwischen den Mitgliedstaaten, die bezüglich der EU-Aktivitäten geschlossen werden.[382]

Zu den materiellen Beitrittskriterien zählt somit auch die Verpflichtung der Beitrittskandidaten zur vollständigen Übernahme des oben genannten Regelwerkes, d.h. die Übernahme des gesamten geschriebenen und ungeschriebenen Gemeinschaftsrechts (einschließlich des Sekundärrechts) in seiner Auslegung und Fortbildung durch den Europäischen Gerichtshof und sonstiger unionsbezogener rechtlicher und nichtrechtlicher Bindungen. Die Mitgliedschaft in der Europäischen Union bedeutet nicht nur die Teilnahme an einer Wirtschaftsgemeinschaft im Sinne des EG- und EAG-Vertrages, sondern auch an den intergouvernementalen Bereichen der GASP und PJZS.[383] Die EU-Mitgliedschaft setzt vielmehr das Bekenntnis zu gemeinsamen Werten voraus, insbesondere zu Frieden, Freiheit und Gleichheit, Demokratie und Rechtsstaatlichkeit.[384] EU-Beitritt und Mitgliedschaft in der Europäischen Union sind außerdem Ausdruck des Willens, wie auch die Präambel des Vertrages von Lissabon formuliert, „feste Grundlagen für die Gestalt des zukünftigen

[381] Ausführlich zu der anerkannten Rechtsfortbildung des EuGH als Teil des *acquis communautaire* OTT, EuZW 2000, S. 293 ff. m.w.N.
[382] Vgl. Informationen zur politischen Bildung – *aktuell*, September 2002, S. 7; vgl. auch OPPERMANN, Europarecht, § 32 Rn. 13, der allerdings nur das (primäre und sekundäre) Gemeinschaftsrecht erwähnt, nicht aber die sonstigen Bestandteile des *acquis communautaire*.
[383] Vgl. dazu VEDDER, EuR Beiheft 1/1999, S. 7, 23 ff.; PECHSTEIN/KOENIG, Die Europäische Union, Kap. 2 Rn. 79 ff.; STREINZ, Europarecht, § 2 Rn. 37 ff.; siehe auch die Ausführungen auf S. 18.
[384] Vgl. Abs. 11 der Präambel sowie Art. 2 Abs. 1, 4. Spiegelstrich EU-Vertrag.

Europas zu schaffen".[385] Die Gemeinsamkeit orientiert sich an vier großen Zielen, die mit unterschiedlichen Formulierungen in den geltenden Verträgen und in dem Lissabonner Vertrag als rechtlich bindende Leitlinien zum Ausdruck kommen. Dies sind die Sicherung des Friedens, der Freiheit, des Wohlstandes und der Aufbau einer außenpolitischen Identität der Europäischen Union. Durch den Ausbau der außenpolitischen Zusammenarbeit von der Europäischen Politischen Zusammenarbeit (EPZ) zur GASP, in die die neuen Mitgliedstaaten gemäß Art. 49 EU-Vertrag ebenfalls eintreten, hat sich die außenpolitische Komponente der Europäischen Union verstärkt und damit auch die Anforderungen an die außenpolitische Ausrichtung der Beitrittskandidaten.[386] Das hohe Maß an Sicherheit im Rahmen des Raumes der Freiheit, der Sicherheit und des Rechts wurde auch in den Schlussfolgerungen des Europäischen Rates von Tampere im Oktober 1999 betont, wo sich die Staats- und Regierungschefs der Europäischen Union auch erstmalig auf „unser Territorium" (im Singular) bezogen haben.[387] Der Beitritt zur Europäischen Union setzt daher voraus, dass die einzelnen Beitrittskandidaten auch die Ziele der politischen Union übernehmen.[388] Alle Mitgliedstaaten müssen somit zu einer gemeinsamen Außen- und Sicherheitspolitik bis hin zu einer gemeinsamen Verteidigungspolitik fähig sein und sich dazu bereit erklären.[389] Dies bedeutet jedoch nicht, dass einem Beitrittskandidaten die Freiheit zur Verfolgung einer eigenständig definierten Politik genommen wird. Mit diesen Beitrittsanforderungen wird vielmehr dem Ziel nachgekommen, dass ein potentieller Mitgliedstaat die Bereitschaft zeigt, seine Rechtsordnung von jeglichen Vorschriften zu befreien, in denen sich eine integrationsfeindliche Tendenz aufzeichnet.[390]

---

[385] Vgl. auch Art. 1 Abs. 3 S. 2 EU-Vertrag: „Aufgabe der Union ist es, die Beziehungen zwischen den Mitgliedstaaten sowie zwischen ihren Völkern kohärent und solidarisch zu gestalten."

[386] VEDDER in: GRABITZ/HILF, Art. 49 EU-Vertrag Rn. 15; OPPERMANN, Europarecht, § 32 Rn. 12.

[387] Vgl. Schlussfolgerungen des Vorsitzes der Regierungskonferenz des Europäischen Rates von Tampere vom 15./16.10.1999, Rn. 3 u. 40, abrufbar im Internet unter: www.consilium.europa.eu/ueDocs/cms_Data/docs/pressData/de/ec/00200-r1.d9.htm (Stand: 30.6.08).

[388] VEDDER in: GRABITZ/HILF, Art. 49 EU-Vertrag Rn. 42; KOENIG/HARATSCH, Europarecht, Kapitel VII Rn. 969; BIEBER in: BEUTLER/BIEBER/PIPKORN/STREIL, Die Europäische Union, Kap. 35 Rn. 1283; OPPERMANN, Europarecht, § 32 Rn. 12; NETTESHEIM, EuR 2003, S. 36, 54 ff.

[389] Vgl. Abs. 10 der Präambel sowie Art. 2, 11 und 17 EU-Vertrag.

[390] Ausführlich dazu NETTESHEIM, EuR 2003, S. 36, 54 ff. m.w.N.

Die oben genannte Übernahmeverpflichtung bezieht sich auf die zum Beitrittszeitpunkt bestehende Rechtslage innerhalb der Europäischen Union. Mit dem Beitritt erstreckt sich somit das gesamte gemeinschaftliche Primär- und Sekundärrecht sowie die anderen Elemente des *acquis communautaire* auf die neuen Mitgliedstaaten.[391] Hierzu zählen die wichtigsten Grundsätze des Gemeinschaftsrechts, wie u.a. die unmittelbare Wirksamkeit und der Vorrang des Gemeinschaftsrechts vor nationalem Recht, die Staatshaftung und die gemeinsamen Auslegungsregelungen.

(3) Die Erfüllung der Übernahmeverpflichtung

Der gemeinschaftliche Besitzstand tritt insbesondere dann ins Licht der Öffentlichkeit, wenn der Beitritt neuer Mitglieder ansteht, denn eine wesentliche rechtliche Konsequenz jedes Beitritts ist die Erweiterung des Geltungsbereiches des sekundären Gemeinschaftsrechts.[392] Dieses Recht muss auch nach dem Beitritt neuer Staaten – wenn auch teilweise nach langen Übergangsfristen – den Grundsätzen der einheitlichen und gleichen vorrangigen Anwendung innerhalb der gesamten Union genügen. Die Erfüllung der Übernahmeverpflichtung verlangt daher von jedem neuen Mitgliedstaat, sämtliches Recht der Gemeinschaft in sein nationales Rechtssystem zu übernehmen und nach den Bestimmungen des Art. 10 Abs. 1 EG-Vertrag ab dem Zeitpunkt des Beitritts sofort anzuwenden.[393] Hiermit soll sichergestellt werden, dass jeder beitretende Staat den Status eines vollwertigen EU-Mitglieds mit allen Rechten und Pflichten erhält und sein Rechtssystem ein Niveau aufweist, das die tatsächlich vorhandenen sowie vermeintlichen Risiken auf ein Minimum reduziert.[394] Es ist jedoch möglich, dass eine reine Ausdehnung des Gemeinschaftsrechts nicht genügt, sondern dass die Besonderheiten der Rechtsordnungen der neuen Mitgliedstaaten oder der Finanzbedarf anlässlich der Erwei-

---

[391] Vgl. EuGH Rs. 58/83, *Kommission/Griechenland*, Slg. 1984, S. 2027, 2033; EuGH Rs. 192/83, *Griechenland/Kommission*, Slg. 1985, S. 2791, 2870 f.; EuGH Rs. 222/82, *Apple and Pear*, Slg. 1983, S. 4083, 4127.

[392] VEDDER in: GRABITZ/HILF, Art. 49 EU-Vertrag Rn. 43 f.; BOOß in: LENZ/BORCHARDT, Art. 49 EU-Vertrag Rn. 4; OTT, EuZW 2000, S. 293 f.; BERGMANN, ZRP 2001, S. 18 f.

[393] PECHSTEIN in: STREINZ, Art. 49 EU-Vertrag Rn. 12; MENG in: VON DER GROEBEN/SCHWARZE, Art. 49 EU-Vertrag Rn. 5; STREINZ, Europarecht, § 2 Rn. 94; BIEBER in: BEUTLER/BIEBER/PIPKORN/STREIL, Die Europäische Union, Kap. 35 Rn. 1283; BECKER, EU-Erweiterung und differenzierte Integration, S. 11.

[394] HERRNFELD in: SCHWARZE, Art. 49 EU-Vertrag Rn. 6; SCHLADEBACH, LKV 2002, S. 457 ff.; KRAFT, APuZ B 15/2001, S. 6, 8.

terung eine substantielle Änderung des Sekundärrechts verlangen.[395] In seltenen Fällen kann es auch zur Einräumung von spezifischen Sonderregeln für einen neuen Mitgliedstaat kommen. Dies muss jedoch auf Einzelfälle begrenzt bleiben, damit die Einheitlichkeit des Unions- und Gemeinschaftsrechts im Grundsatz bewahrt wird.[396] Bei den Verhandlungen über die Übergangsregelungen übersehen die Beitrittskandidaten jedoch häufig, dass die Europäische Wirtschaftsgemeinschaft grundsätzlich mit der Zielsetzung ins Leben gerufen wurde, die Wirtschaftsbeziehungen von (relativ gleich) hochentwickelten industrialisierten Staaten zu intensivieren und die zwischen ihnen bestehenden Handelsbarrieren abzubauen.[397] Es war nicht Zweck der Europäischen Wirtschaftsgemeinschaft, das wirtschaftliche Gefälle von höchst unterschiedlichen Industrienationen zu verringern.[398] Dies würde dazu führen, dass das Prinzip der Reziprozität durch das Zugeständnis langjähriger Anpassungs- und Übergangskonzessionen für die Beitrittskandidaten angesichts ihres Entwicklungsrückstandes ständig durchbrochen werden müsste.[399] Vor diesem Hintergrund erscheint jedoch überraschend, dass in dem „Weißbuch der Europäischen Kommission" bezüglich der Übernahme von Teilen des Rechtssystems für die Integration der mittel- und osteuropäischen Staaten in den Binnenmarkt eingeräumt wird, dass zwischen „dringend und weniger dringend zu übernehmenden Elementen des *acquis communautaire*" unterschieden werden könne.[400] Als zwar bedeutenden Bestandteil der binnenmarktrelevanten EU-Regelungen, der aber nicht Gegenstand der sofortigen

---

395 MENG in: VON DER GROEBEN/SCHWARZE, Art. 49 EU-Vertrag Rn. 116 ff.; NICOLAYSEN in: FS für Gündisch, S. 185, 189; SCHLADEBACH, LKV 2002, S. 457, 458 f.

396 EuGH Rs. 258/81, *Metallurgiki Halyps*, Slg. 1982, S. 4261; EuGH Rs. 231/78, *Kommission/Vereinigtes Königreich*, Slg. 1978, S. 1447; MENG in: VON DER GROEBEN/SCHWARZE, Art. 49 EU-Vertrag Rn. 31; VEDDER in: GRABITZ/HILF, Art. 49 EU-Vertrag Rn. 46.

397 OPPERMANN, Europarecht, § 1 Rn. 19 ff.; KOENIG/HARATSCH, Europarecht, Kapitel II Rn. 30 ff.; ARNDT, Europarecht, S. 10 f.

398 Vgl. HOBE, Europarecht, § 2 Rn. 14; HERDEGEN, Europarecht, § 4 Rn. 5 ff.; OPPERMANN, Europarecht, § 1 Rn. 20 ff.

399 NICOLAYSEN in: FS für Gündisch, S. 185, 189 ff.; HASENPFLUG, Industrie- und agrarpolitische Probleme der Beitrittskandidaten, in: HASENPFLUG/KOHLER (HRSG.), Die Süd-Erweiterung der Europäischen Gemeinschaft, S. 109, 123 f.; BERGMANN, ZRP 2001, S. 18, 20 ff.

400 Vgl. Weißbuch der Europäischen Kommission „Vorbereitung der assoziierten Staaten Mittel- und Osteuropas auf die Integration in den Binnenmarkt der Union" vom 3.5.1995, Mitteilung der Kommission KOM (1995) 163.

Übernahme sein kann, sieht die Europäische Kommission die Freizügigkeit von Arbeitnehmern an.[401]

(4) Die Übergangsmaßnahmen

(4.1) Die Notwendigkeit der Vereinbarung von Übergangsregelungen bzw. Übergangsfristen im Allgemeinen

Nach dem Beitritt zur Europäischen Union soll der Grundsatz der gleichen, vorrangigen und unmittelbaren Anwendung des Gemeinschaftsrechts gegenüber dem nationalen Recht möglichst bald und vollständig gelten, wenngleich bereits die ursprünglichen Gemeinschaftsverträge zeigen, dass hier gewisse Übergangsfristen eingeräumt werden müssen.[402] Alle bisherigen Erweiterungsrunden schafften immer neue Vollmitglieder mit allen Rechten und Pflichten einschließlich der Übernahme des *acquis communautaire.*[403] Dies wurde jedoch teilweise durch sehr lange Übergangsfristen eingeschränkt.[404] So erklärte beispielweise der damals amtierende dänische Ratspräsident RASMUSSEN auf der Ministertagung zur Eröffnung der Konferenzen über den EU-Beitritt Österreichs, Schwedens und Finnlands am 1. Februar 1993, dass „die Übernahme der Rechte und Pflichten durch ein neues Mitglied Anlass geben kann zu technischen Anpassungen sowie ausnahmsweise zu zeitweiligen (nicht aber dauernden) Ausnahmeregelungen und Übergangsbestimmungen, die in den Beitrittsverhandlungen festzulegen sind, keinesfalls aber zu Änderungen der Unionsbestimmungen führen dürfen".[405]

Die Einräumung von einseitigen Sonderregelegungen für die beitrittswilligen Staaten wurde in früheren Erweiterungsrunden zwingend erforderlich. Um die Fülle der einheitlichen europäischen Regelungen überhaupt verhandeln und

---

[401] Vgl. Weißbuch der Europäischen Kommission vom 3.5.1995, S. 12 f.; ausführlich dazu auch ACHTEN, Die Osterweiterung der Europäischen Union, S. 107 ff.

[402] MENG in: VON DER GROEBEN/SCHWARZE, Art. 49 EU-Vertrag Rn. 68; VARWICK, APuZ B 1-2/2002, S. 23, 26 ff.

[403] ACHTEN, Die Osterweiterung der Europäischen Union, S. 68; BARTZ, Arbeitnehmerfreizügigkeit erst nach einer Übergangsfrist, in: STURM/PEHLE (HRSG.), Die neue Europäische Union, S. 127, 129.

[404] Viele Portugiesen betrachteten den EG-Beitritt als „reiche Heirat" und die Übergangsperiode bis zum gemeinsamen Binnenmarkt wurde wegen der von der Europäischen Gemeinschaft eingeräumten Vergünstigungen verklärt als „Flitterwochen" bezeichnet, vgl. ALVES-DUARTE, Auswirkungen der EG-Integration auf Struktur und Funktionsweise des fragmentierten Arbeitsmarktes in Portugal, S. 69.

[405] Bulletin EG Beilage 1-2/1993, Ziff. 1.3.1.

umsetzen zu können, wurde der *acquis communautaire* in den Beitrittsverhandlungen in 31 Kapitel aufgeteilt und mit jedem Kandidaten separat in intergouvernementalen Beitrittskonferenzen „verhandelt“.[406] Dabei werden die einzelnen Kapitel getrennt behandelt und je nach Verhandlungsstand abgeschlossen, oder es wird ein konkreter Nachbesserungsbedarf festgestellt. Zu den schwierigsten Kapiteln der Beitrittsverhandlungen zählen beispielsweise die Bereiche *Umwelt*,[407] *Landwirtschaft* und *Freizügigkeit der Arbeitnehmer*,[408] sowie *Regional- und Strukturpolitik*. Seitens der Union werden die Verhandlungen vom Rat unter maßgeblicher Beteiligung der Kommission durchgeführt.[409] Dabei handelt es sich aber um keine Verhandlungen im eigentlichen Sinne, da der *acquis communautaire* nicht zur Disposition steht.[410] Die Übernahme des gemeinschaftlichen Besitzstandes ist vielmehr keiner Regelung im Sinne einer inhaltlichen Ausgestaltung zwischen der Europäischen Union und den Beitrittsstaaten zugänglich. Die neuen Mitglieder müssen all das anerkennen und in nationales Recht übernehmen und praktizieren, was zum Zeitpunkt ihres Beitritts als Besitzstand der Union gilt. Die Gespräche über die Beitrittsmodalitäten stehen daher unter dem Imperativ der Übernahme des *acquis communautaire* und dienen nicht in erster Linie der Suche nach einem Kompromiss.[411] In den Beitrittsverhandlungen geht es also vielmehr darum, *wie* eine Einigung über zeitlich befristete Übergangsregelungen und Abweichungen erzielt werden kann. Die Union verfügt zwar über die größere Verhandlungsmacht, bemüht sich aber, tragfähige Lösungen sowohl für die alten als auch für die neuen EU-Mitglieder zu finden.[412] Auf diese Weise sollen Nachverhandlungen vermieden werden, die die Zusammenarbeit der Mitgliedstaaten nach der Erweiterung schwer belasten könnten.[413]

---

406 OPPERMANN, Europarecht, § 32 Rn. 17; HÖLSCHEIDT, JA 2001, S. 85, 86; BERGMANN, ZRP 2001, S. 18, 19 f.; LIPPERT, APuZ B 1-2/2003, S. 7, 10 f.

407 Vgl. Generaldirektion Umwelt der Kommission, Umwelt für Europäer, Nr. 1, Brüssel März 2000, S. 5.

408 Siehe die Ausführungen auf S. 39 ff.

409 Vgl. dazu oben S. 35 f.

410 OPPERMANN, Europarecht, § 32 Rn. 13; BARTZ, Arbeitnehmerfreizügigkeit erst nach einer Übergangsfrist, in: STURM/PEHLE (HRSG.), Die neue Europäische Union, S. 127, 135; RICHTER, Die Erweiterung der Europäischen Union, S. 41 ff.; VARWICK, APuZ B 1-2/2002, S. 23, 26 ff.; SCHLADEBACH, LKV 2002, S. 457, 458.

411 LIPPERT, Die Erweiterungspolitik der Europäischen Union, in: LIPPERT (HRSG.), Osterweiterung der Europäischen Union, S. 105, 152.

412 Vgl. NICOLAYSEN in: FS für Gündisch, S. 185, 189, der über „die Gleichheit aller Mitgliedstaaten als eines der fundamentalen Prinzipien des Gemeinschaftsrechts“ spricht.

413 LIPPERT, APuZ B 1-2/2003, S. 7, 13.

Ein weiterer wichtiger Punkt bei der Übernahme des gesamten *acquis communautaire* ist, dass diese Verpflichtung sich nicht nur auf die Rechtsnormen erstreckt, die bei der Unterzeichnung der Beitrittsakte bereits in Kraft waren. Eine besondere Bedeutung kommt darüber hinaus den zwischen der Unterzeichnung des Beitrittsvertrages und dem Zeitpunkt des Beitritts erlassenen (und in aller Regel bereits schon umgesetzten) bzw. geänderten gemeinschaftsrechtlichen Normen zu.[414] Diese Vorschriften entfalten, wie alle anderen auch, bereits ab dem Beitrittstermin auch gegenüber den neuen Mitgliedstaaten rechtliche Wirkung; sie haben die Umsetzungsmaßnahmen – vorbehaltlich besonderer Regelungen – mit dem Beitritt wirksam werden zu lassen. Als Umsetzungsfrist gilt die Zeit bis zum Inkrafttreten der Beitrittsakte.[415]
Viel komplizierter gestaltet sich die Frage der Übernahme des *acquis communautaire*, wenn die Beitrittskandidaten einen höheren Entwicklungsstandard nachweisen können bzw. ein höheres Schutzniveau anwenden als die gemeinschaftliche Harmonisierungsmaßnahme für den Beitritt in die Europäische Union vorsieht.[416] Jede Vergrößerung des *acquis communautaire* stellt nach dem gegenwärtigen Erweiterungsverfahren der zwingenden vollständigen Übernahme eine entsprechende Erhöhung der Beitrittsschwelle und damit auch eine Verkomplizierung der Beitrittsverhandlungen dar.[417] Dies wird besonders deutlich, wenn die Seitenzahl der Beitrittsabkommen als Bezugspunkt für die Komplexität der Beitrittsverhandlungen betrachtet wird.[418]

---

[414] MENG in: VON DER GROEBEN/SCHWARZE, Art. 49 EU-Vertrag Rn. 108 f.; NICOLAYSEN in: FS für Gündisch, S. 185, 189.

[415] VEDDER in: GRABITZ/HILF, Art. 49 EU-Vertrag Rn. 47; RICHTER, Die Erweiterung der Europäischen Union, S. 41 ff.; VARWICK, APuZ B 1-2/2002, S. 23, 26.

[416] Vgl. NICOLAYSEN in: FS für Gündisch, S. 185, 191; vgl. auch Art. 69 der Beitrittsakte für den Beitritt Finnlands, Österreichs und Schwedens, der unter den Übergangsregelungen für Österreich beispielsweise vorsah, dass aufgrund der hoch entwickelten österreichischen Umwelt-, Sicherheits- und Gesundheitsstandards die Geltung einer Reihe von EG-Regelungen um vier Jahre aufgeschoben wird, und dass die betroffenen Standards in diesem Zeitraum im Rahmen der allgemeinen Rechtsetzungsverfahren überprüft werden, wobei die Gemeinsame Erklärung Nr. 6 über Normen im Bereich Umweltschutz, Gesundheitsschutz und Produktsicherheit (Amtsblatt EG Nr. C 241/1994, S. 382) eine grundsätzliche Bereitschaft zur Orientierung an einem hohen Schutzniveau und zum Abschluss der Überprüfung vor Ablauf der Übergangsfrist erkennen lässt. Für Finnland und Schweden wurden ähnliche Übergangsregelungen gewährt (vgl. Art. 84 ff. und Art. 112 ff. der Beitrittsakte von 1995).

[417] OPPERMANN, Europarecht, § 32 Rn. 20; ACHTEN, Die Osterweiterung der Europäischen Union, S. 72; VARWICK, APuZ B 1-2/2002, S. 23, 26 f.

[418] Die Beitrittsverträge für die Norderweiterung im Jahr 1973 hatten beispielsweise einen Umfang von ca. 90 Seiten. Die Beitrittsverträge bei der Erweiterung um Portugal und Spa-

(4.2) Die Notwendigkeit der Vereinbarung von Übergangsregelungen bzw. Übergangsfristen im Fall der Osterweiterung

Die Europäischen Gemeinschaften wurden ebenso wie die Europäische Union von Anfang an durch das Recht zusammengehalten. Durch die vollständige Übernahme des *acquis communautaire* durch die Beitrittskandidaten sollte die Integrität und Kontinuität der Gemeinschaftsordnung gesichert werden.[419] In diesem Zusammenhang hat die Osterweiterung erhebliche Sorgen bei der Frage bereitet, ob die Beitrittsländer in der Lage sein werden, das gesamte EU-Recht in der täglichen Praxis anzuwenden bzw. umzusetzen. Vor allem die Hektik des Beitrittsprozesses hat begründete Zweifel entstehen lassen. Denn große und vor allem andauernde Vollzugsdefizite samt der aus ihnen resultierenden Rechtsuneinheitlichkeit könnten das Fundament der europäischen Integration langsam aber sicher erodieren lassen.[420] In der Folge würde die für eine Rechtsgemeinschaft unabdingbare Solidarität, die immer schon mit der nationalen Identität und Souveränität im Konflikt stand, langsam verschwinden. Ein grundsätzlich rechtstreuer Staat würde sich im Konfliktfall fragen, warum nun gerade er sich an das europäische Recht gebunden fühlen soll, wenn sich andere Staaten auch nicht danach richten.[421] Insbesondere die Alt-Mitgliedstaaten behalten es sich immer wieder vor, einzelne Regelungen des Unionsrechts ausdrücklich und unbestraft zu missachten bzw. erst mit erheblicher Verzögerung umzusetzen.[422]

Die Beitrittsbedingung der vollständigen Übernahme des *acquis communautaire* durch die neuen Mitgliedstaaten ist einerseits unverzichtbar für die Altmitglieder und für die Europäische Union selbst als supranationale Organisation, andererseits aber belastet sie in einzelnen Punkten gerade die Altmitgliedstaaten, die in von ihnen als problematisch wahrgenommenen Beitritts-

---

nien bzw. um Rumänien und Bulgarien umfassten hingegen mehr als 500 Seiten. Die Seitenzahl der Beitrittsverträge Finnlands, Österreichs und Schwedens liegt bei über 700 Seiten. Die Beitrittsverträge für die erste Runde der Osterweiterung im Jahr 2004 sind angesichts ihrer zahlreichen Übergangs- und Sonderregelungen ein monströses Vertragswerk geworden, das über 4.000 Seiten umfasst, vgl. Amtsblatt der Europäischen Union Nr. L 236 vom 23.9.2003, S. 1 ff.; vgl. auch VERHEUGEN, Europa in der Krise, S. 94 ff.

[419] Vgl. EuGH Rs. 88/1981, *Halyvourgiki*, Slg. 1982, S. 593; vgl. auch OPPERMANN, Europarecht, § 32 Rn. 20; HOBE, Europarecht, § 5 Rn. 83; NICOLAYSEN in: FS für Gündisch, S. 185, 188; MARTENS, APuZ B 17/2004, S. 3.

[420] OPPERMANN, Europarecht, § 1 Rn. 47; KNELANGEN, Chance oder Risiko?, in: Politische Bildung 35/2002, S. 29 f.; GLOTZ, APuZ B 1-2/2003, S. 3 ff.; VARWICK, APuZ B 1-2/2002, S. 23, 28 f.

[421] OPPERMANN, JZ 2005, S. 1017, 1020; CALLIESS, Quo vadis Europa?, S. 5.

[422] BERCK, Die EU-Osterweiterung, S. 188 ff.; ACHTEN, Die Osterweiterung der Europäischen Union, S. 74 ff.

bereichen Ausnahmeregelungen anstreben, so wie Deutschland und Österreich bei der Arbeitnehmerfreizügigkeit.[423] Dabei macht das Beispiel der Osterweiterung deutlich, dass je nach Umfang und Komplexität der Beitritte von der Möglichkeit der vorübergehenden Aussetzung des Gemeinschaftsrechts, unter Betonung des Ausnahmecharakters einer solchen Aussetzung, auch in Zukunft Gebrauch gemacht werden kann und im Bedarfsfall auch Gebrauch gemacht wird.[424]

Auch im Rahmen der letzten Beitrittsrunden im Jahr 2004 bzw. 2007 ist es zu solchen Sonderbestimmungen insbesondere im Umweltschutz- und Agrarbereich[425] sowie im Bereich der Arbeitnehmerfreizügigkeit[426] gekommen. Aufgrund der Komplexität dieser zwölf Beitritte sind solche Sonderbestimmungen unentbehrlich geworden. Sie stellen in der heutigen Beitrittspraxis der Union nicht mehr die Ausnahme dar, sondern die Regel.[427] Den wichtigsten Grund hierfür bildet der Umstand, dass die Volkswirtschaften in Osteuropa erst seit vergleichsweise kurzer Zeit unter marktwirtschaftlichen Bedingungen agieren. Der Zeitfaktor spielt ebenfalls eine bedeutende Rolle, denn die Staa-

---

[423] LOPIAN, Übergangsregime für Mitgliedstaaten der Europäischen Gemeinschaften, S. 19 ff.; DAUDERSTÄDT, Interessen und Hindernisse bei der EU-Osterweiterung, Politikinformation Osteuropa Nr. 98 der Friedrich-Ebert-Stiftung, abrufbar im Internet unter: http://library.fes.de/fulltext/id/01170.htm (Stand: 30.6.2008); NOWAK, EuZW 2003, S. 101 ff.; HÄNLEIN, EuZW 2001, S. 165 ff.

[424] MENG in: VON DER GROEBEN/SCHWARZE, Art. 49 EU-Vertrag Rn. 31; BOOß in: LENZ/BORCHARDT, Art. 49 EU-Vertrag Rn. 8; NICOLAYSEN in: FS für Gündisch, S. 185, 189 f.

[425] Hier ging es insbesondere um die Frage der an die neuen Mitgliedstaaten zu leistenden Direktzahlungen für Landwirte, die als Ausgleichszahlungen von Garantiepreisen eingeführt wurden. Die Landwirte der neuen Mitgliedstaaten werden erst stufenweise in das Instrument der Direktzahlungen einbezogen.

[426] Die Beitrittsländer und die Mitgliedstaaten haben sich auf dem Gipfel von Kopenhagen im Jahr 2002 darüber geeinigt, dass die Anwendung der Vorschriften über die Arbeitnehmerfreizügigkeit noch bis zu sieben Jahre nach dem Beitritt ausgesetzt werden könne. Ungarn akzeptierte als erstes Kandidatenland die EU-Bedingungen zur Arbeitnehmerfreizügigkeit und erhielt im Gegenzug das Recht auf Gegenseitigkeit. Diese sog. Reziprozitätsklausel bedeutet, dass Ungarn während einer Übergangsfrist von sieben Jahrenn ausländischen Arbeitnehmern und Dienstleistungserbringern den Zugang zu den eigenen Märkten untersagen kann. Dabei richtet sich das Augenmerk Ungarns weniger auf Arbeitssuchende aus den Alt-Mitgliedstaaten, als vielmehr auf polnische Arbeitnehmer. Ungarn fürchtet bei einem erschwerten Zugang polnischer Arbeitskräfte nach Deutschland und Österreich deren verstärkte Einwanderung in den ungarischen Arbeitsmarkt. Mehrere Informationen zu diesem Thema sind abrufbar im Internet auf der Homepage des Ungarischen Außenministeriums unter: www.mfa.gov.hu/kum/en/bal (Stand: 30.6.2008).

[427] HOBE, Europarecht, § 5 Rn. 87; OPPERMANN, Europarecht, § 32 Rn. 19.

ten Mittel- und Osteuropas mussten ihre Rechtssysteme in einem Bruchteil der Zeit anpassen, die den „alten“ Mitgliedstaaten vor ihrem Beitritt zur Verfügung stand.[428] Die im Rahmen der Osterweiterung vereinbarten Übergangsmaßnahmen waren auch mit Blick auf die operative und finanzielle Funktionstüchtigkeit der Union und der Gemeinschaften nützlich und unabdingbar.[429] Obwohl die getroffenen Schutz- und Verwaltungsmaßnahmen dem Ausmaß der vorliegenden Integrationsprobleme angemessen und so beschaffen sein müssen, dass es zu möglichst wenig Störungen in der erweiterten Union kommt, werden die Übergangsregelungen doch in den meisten Fällen zwangsläufig dazu führen, dass den neuen Mitgliedstaaten und folglich auch deren Bürgern die vollen Vorteile aus der EU-Mitgliedschaft vorübergehend versagt werden.[430]

Wie in der Vergangenheit, so bestand die Europäische Union auch bei der Osterweiterung trotz des beträchtlichen Umfangs von rund 14.000 Rechtsakten auf über 100.000 Druckseiten auf der bedingungslosen Übernahme des Besitzstandes der Union durch jedes neue Mitglied,[431] damit für alle EU-Mitgliedstaaten vom Zeitpunkt des Beitritts an die gleichen Rechte und Verpflichtungen gelten. Die Strategie der Kommission bestand und besteht auch für die jetzigen Beitrittskandidaten weiterhin darin, dass die neuen Mitgliedstaaten nach ihrem Beitritt den *acquis communautaire* anwenden, „da andernfalls ihr Recht zur uneingeschränkten Mitwirkung am Entscheidungsprozess der Union in Frage stünde“.[432] Sonderregelungen müssen anlässlich des Beitritts ausdrücklich vereinbart werden[433] und dürfen – wie oben dargestellt –

---

[428] Die EFTA-Staaten waren beispielsweise zum Zeitpunkt der Aufnahme der Beitrittsverhandlungen bereits durch eine längere Phase der Anpassungen ihrer innerstaatlichen Rechtsordnungen im Rahmen des EWR-Vertrages mit wesentlichen Grundlagen des Europäischen Gemeinschaftsrechts vertraut, vgl. HERRNFELD, EuR 2000, S. 454, 461 f.

[429] MENG in: VON DER GROEBEN/SCHWARZE, Art. 49 EU-Vertrag Rn. 31; LIPPERT, APuZ B 1-2/2003, S. 7, 12 ff.

[430] DUCULESCU, Dreptul Integrării Europene (Das Recht der Europäischen Integration), S. 466 ff.; MARTENS, APuZ B 17/2004, S. 3, 4 f.; VARWICK, APuZ B 1-2/2002, S. 23, 29 ff.

[431] OPPERMANN, Europarecht, § 32 Rn. 13; BARTZ, Arbeitnehmerfreizügigkeit erst nach einer Übergangsfrist, in: STURM/PEHLE (HRSG.), Die neue Europäische Union, S. 127, 135; LIPPERT, APuZ B 1-2/2003, S. 7, 10.

[432] Vgl. Europäische Kommission KOM (1997) 2000 vom 15.7.1997, Agenda 2000: Eine stärkere und erweiterte Union, Bulletin der Europäischen Union, Beilage 5/1997, S. 57; vgl. außerdem NICOLAYSEN in: FS für Gündisch, S. 185, 189.

[433] EuGH Rs. 222/82, *Apple and Pear*, Slg. 1983, S. 4083, 4127: Abweichungen vom Grundsatz der sofortigen vollständigen Anwendung des Gemeinschaftsrechts auf die neuen

nur vorübergehend gelten. Nach Ansicht der Kommission sollte die Union „keinerlei Formen einer Mitgliedschaft zweiter Klasse oder von ‚Opt-outs'-Vereinbarungen in Betracht ziehen".[434] Der Beitrittskandidat muss grundsätzlich willens und in der Lage sein, den *aquis communautaire* zu einem nicht näher bestimmten zukünftigen Zeitpunkt vollständig anzuwenden.[435] Die Geltungserstreckung des noch nicht übernommenen Rechtsbestandes wird also fortwährend Gegenstand von Verhandlungen zwischen dem neuen Mitglied und der Union sein.[436] Die Tatsache, dass sich solche Verhandlungen über längere Zeit hinziehen können, kann allerdings eine unglückliche Zersplitterung der Rechtsverhältnisse zwischen den neuen und den alten Mitgliedstaaten mit sich bringen.[437]

In diesem Zusammenhang muss jedoch erwähnt werden, dass seit der Einheitlichen Europäischen Akte von 1986 die Einheitlichkeit des Unions- und Gemeinschaftsrechts immer häufiger relativiert wird. Dies betrifft insbesondere Bereiche, die überhaupt noch nicht oder noch nicht vollständig vergemeinschaftet wurden (wie etwa die Sozialpolitik oder der Bereich der Gemeinsamen Außen- und Sicherheitspolitik), aber auch Bereiche, in denen die Europäische Gemeinschaft eine Kompetenz zur Rechtsharmonisierung inne hat (wie etwa Art. 176 EG-Vertrag im Umweltrecht oder Art. 95 Abs. 4 EG-Vertrag im Recht des Binnenmarktes allgemein).[438] Dies mag in mancher Hinsicht integrationspolitisch problematisch sein, es ist jedoch angesichts der Erfahrungen, welche zur Beschränkung durch das Subsidiaritätsprinzip geführt haben, auch ein Aspekt sinnvoller Arbeitsteilung in der Integration.

Mitgliedstaaten sind nur insoweit zulässig, „als sie in den Übergangsbestimmungen ausdrücklich vorgesehen sind".

[434] Vgl. Europäische Kommission KOM (1997) 2000 vom 15.7.1997, Agenda 2000: Eine stärkere und erweiterte Union, Bulletin der Europäischen Union, Beilage 5/1997, S. 57; NICOLAYSEN in: FS für Gündisch, S. 185, 189 f.; SCHÜTTERLE, EuZW 2001, S. 711, 713 f.

[435] Der polnische Europaminister a.D. WOLSKI brachte die Stimmung in den mittel- und osteuropäischen Ländern bezüglich der Übernahme des *acquis* sarkastisch auf den Punkt: „Unter dem kommunistischen Regime erfüllten wir den Plan zu 120 Prozent. Da werden wir doch den *acquis* auch zu 120 Prozent schaffen, auch wenn derzeit nicht ein einziger EU-Mitgliedstaat den gesamten *acquis* erfüllt.", *Die Zeit* Nr. 37 vom 7.9.2000, S. 8.

[436] GSTÖHL, Die Flexibilität der Europäischen Union gegenüber Mitgliedern und europäischen Drittstaaten, in: GLOMBOWSKI/FUHRMANN/PIPER/RABENSCHLAG (HRSG.), Erweiterung und Integration der EU, S. 147, 167 ff.

[437] MENG in: VON DER GROEBEN/SCHWARZE, Art. 49 EU-Vertrag Rn. 72; HASENPFLUG, Industrie- und agrarpolitische Probleme der Beitrittskandidaten, in: HASENPFLUG/KOHLER (HRSG.), Die Süd-Erweiterung der Europäischen Gemeinschaft, S. 109, 113.

[438] MENG in: VON DER GROEBEN/SCHWARZE, Art. 49 EU-Vertrag Rn. 77.

(4.3) Die Notwendigkeit der Vereinbarung von Schutzklauseln

Neben reinen Übergangsregelungen wurde im Rahmen der Osterweiterung auf der Regierungskonferenz von Kopenhagen im Jahr 2002, wie auch schon bei früheren Beitritten, die Möglichkeit der Anwendung sogenannter *Schutzklauseln* beschlossen, die auch eine Art „Sonderregel“ zur vollumfänglichen Geltung des primären und sekundären Gemeinschaftsrechts darstellen.[439] Die Notwendigkeit der Vereinbarung solcher Schutzklauseln lässt sich dadurch erklären, dass sich die nicht uneingeschränkte Anwendung des Besitzstandes der Union nach dem Beitritt nicht nur auf die Bürger und Unternehmen der beitretenden Länder auswirkt, sondern auch auf die derzeitigen Mitgliedstaaten.[440] Im Fall der Osterweiterung wurden drei allgemeine Schutzklauseln vereinbart, die während einer Übergangszeit von bis zu drei Jahren nach dem Beitritt dafür sorgen sollen, dass die Europäische Kommission gegensteuernde Maßnahmen in den Bereichen der Wirtschaftspolitik, des Binnenmarktes, der Haushalts- und Strukturpolitik und im Bereich *Justiz und Inneres* ergreifen kann, um – entgegen des bestehenden gemeinschaftlichen Primär- und Sekundärrechts – unvorhergesehenen Entwicklungen in den beigetretenen Ländern entgegenzuwirken:[441]

Die so genannte *allgemeine wirtschaftliche Schutzklausel* besagt, dass während der ersten drei Jahre nach dem Beitritt alle Beteiligten, also auch die neuen Mitgliedstaaten, im Falle des Auftretens von erheblichen und anhaltenden Schwierigkeiten in einem Wirtschaftszweig oder bei akuter Verschlechterung ihrer Wirtschaftslage die Kommission um Schutzmaßnahmen ersuchen können.[442] Diese Maßnahmen müssen einstimmig vom Europäischen Rat beschlossen werden.

Die so genannte *Binnenmarkt-Schutzklausel* ist zum Schutz der alten Mitgliedstaaten gedacht und kann während der ersten drei Jahre nach dem Beitritt von der Europäischen Kommission für den Fall aktiviert werden, dass ein

---

439 VEDDER in: GRABITZ/HILF, Art. 49 EU-Vertrag Rn. 46; OPPERMANN, Europarecht, § 32 Rn. 29; NIEDOBITEK, JZ 2004, S. 369, 370.

440 OPPERMANN, Europarecht, § 32 Rn. 29; NOWAK, EuZW 2003, S. 101 ff.; HÄNLEIN, EuZW 2001, S. 165 ff.

441 Der genaue Wortlaut der Schutzklauseln ist beispielsweise den Art. 36 – 39 der Beitrittsakte zum Beitrittsvertrag mit Rumänien und Bulgarien zu entnehmen, Amtsblatt der Europäischen Union Nr. L 157 vom 21.6.2005, S. 203 ff. Die Beitrittsakte ist auch abrufbar im Internet unter: http://eur-lex.europa.eu/LexUriServ/site/de/oj/2005/l_157/l_157 20050621de02030220.pdf (Stand: 30.6.2008).

442 Vgl. Art. 36 der Beitrittsakte zum Beitrittsvertrag mit Rumänien und Bulgarien.

neuer Partner (bei der letzten Erweiterungsrunde: Rumänien oder Bulgarien) seinen im Verlauf der Beitrittsverhandlungen eingegangenen Verpflichtungen nicht nachkommt und dadurch den Binnenmarkt erheblich stört.[443] Diese Schutzklausel soll ernsthafte Beeinträchtigungen des Binnenmarktes durch die neuen EU-Mitglieder verhindern oder überwinden. Es geht dabei hauptsächlich um die vier Freiheiten des Binnenmarktes,[444] aber auch um die Bereiche Wettbewerb,[445] Energie, Verkehr, Umwelt, Landwirtschaft, Verbraucher- oder Gesundheitsschutz (z.B. Lebensmittelsicherheit), die grenzübergreifende Auswirkungen haben können. Die Schutzmaßnahmen können dazu führen, dass dem betreffenden neuen Mitgliedstaat oder seinen Bürgern und Unternehmen die Vorteile der Mitgliedschaft vorenthalten werden, um die Integrität des Binnenmarktes zu schützen und eine Schädigung anderer abzuwenden. Auch die *Binnenmarkt-Schutzklausel* kommt lediglich durch einstimmigen Beschluss des Europäischen Rates zur Anwendung.

Die *Schutzklausel für den Bereich Justiz und Innere Angelegenheiten* kann von der Europäischen Kommission für den Fall aktiviert werden, dass es innerhalb der ersten drei Jahre nach dem Beitritt in den neuen Mitgliedsländern zu Verzögerungen bei der Umsetzung des *acquis communautaire* im Bereich der zivil- und strafrechtlichen Zusammenarbeit kommt.[446] Von dieser Klausel kann, ebenfalls wie bei den anderen zuvor genannten, nur durch einstimmigen Beschluss des Europäischen Rates Gebrauch gemacht werden.

bb. Sonstige Verpflichtungen aus der EU-Mitgliedschaft

Zur tatsächlichen Einführung und Anwendung des *aquis communautaire* müssen die neuen EU-Mitgliedstaaten ebenso über die nötige Kapazität in Verwaltung und Justiz verfügen.[447] Daher wurde die Liste der Kopenhagener Kriterien im Dezember 1995 auf dem Europäischen Gipfel von Madrid um

---

443 Vgl. Art. 37 der Beitrittsakte zum Beitrittsvertrag mit Rumänien und Bulgarien.

444 Die Grundfreiheiten des Binnenmarktes lassen sich systematisch einteilen in die Warenverkehrsfreiheit, die Kapitalverkehrsfreiheit, die Personenverkehrsfreiheit und die Dienstleistungsverkehrsfreiheit. Zu diesen Grundfreiheiten tritt der freie Zahlungsverkehr als notwendige „Hilfsfreiheit“ hinzu. Die primärrechtliche Gewährleistung der Grundfreiheiten wird durch die sekundäre Verwirklichung durch Rechtsangleichung und gegenseitige Anerkennung notwendig ergänzt, vgl. STREINZ, Europarecht, § 12 Rn. 779 ff. u. 916 ff.

445 Vgl. BERCK, Die EU-Osterweiterung, S. 175 f.

446 Vgl. Art. 38 der Beitrittsakte zum Beitrittsvertrag mit Rumänien und Bulgarien.

447 HERRNFELD in: SCHWARZE, Art. 49 EU-Vertrag Rn. 6; OPPERMANN, Europarecht, § 32 Rn. 13; BERGMANN, ZRP 2001, S. 18, 20 ff.; ROTHACHER, APuZ B 5-6/2004, S. 25, 28 ff.

die Forderung nach ausreichender Verwaltungs- und Justizkapazität der Beitrittsländer zur Umsetzung des *aquis communautaire* erweitert.[448] Durch die Schaffung dieser geeigneten administrativen Strukturen sollten die Neumitglieder in die Lage versetzt werden, das Gemeinschaftsrecht anzuwenden und für eine effektive Durchsetzung der in die nationale Gesetzgebung umgesetzten europäischen Rechtsvorschriften Sorge zu tragen.[449] Dies stellt in der Praxis eine große Herausforderung dar, vor allem für die Staaten Mittel- und Osteuropas.[450] Hinsichtlich dieser Beitrittsvoraussetzung wie auch im Hinblick auf die Übernahme des *acquis communautaire* ist davon auszugehen, dass sie erst im Zeitpunkt des Beitritts, wenn nicht erst zu einem späteren Zeitpunkt, erfüllt sein müssen.[451]

Zu den materiellen Beitrittsvoraussetzungen, an deren Erfüllung die endgültige Unionsmitgliedschaft geknüpft ist, gehören ebenfalls die Achtung der Grundsätze des Völkerrechts[452] und die Verpflichtung, territoriale Streitigkeiten mit friedlichen Mitteln, insbesondere mit Hilfe des Internationalen Gerichtshofs zu lösen.[453] Darüber hinaus müssen die Beitrittskandidaten ihre Verfassungen für den Beitritt zur Europäischen Union aufrüsten[454] und die politischen Probleme mit den Nachbarstaaten lösen.[455]

---

[448] Vgl. Schlussfolgerungen des Vorsitzes der Regierungskonferenz des Europäischen Rates von Madrid vom 15./16.12.1995, abrufbar im Internet unter: www.consilium.europa.eu/ueDocs/cms_Data/docs/pressData/de/ec/00400-C.D5.htm (Stand: 30.6.2008).

[449] Vgl. Bulletin der Europäischen Union, Beilage 12/1995, Ziff. 1.25.

[450] OPPERMANN, Europarecht, § 32 Rn. 13; SCHÜBEL, EuZW 2001, S. 482; BERGMANN, ZRP 2001, S. 18, 20; STURM, Internationale Politik 1/2003, S. 3 ff.

[451] Vgl. HERRNFELD in: SCHWARZE, Art. 49 EU-Vertrag Rn. 16; HELLMANN, EU-Magazin 10/2002, S. 21 f.

[452] CREMER in: CALLIESS/RUFFERT, Art. 49 EU-Vertrag Rn. 10; PECHSTEIN in: STREINZ, Art. 49 EU-Vertrag Rn. 10; NETTESHEIM, EuR 2003, S. 36, 57 f.; HÖLSCHEIDT, JA 2001, S. 85, 86.

[453] Schlussfolgerungen des Vorsitzes der Regierungskonferenz des Europäischen Rates von Luxemburg vom 12./13.12.1997 Punkt 4, abrufbar im Internet unter: www.consilium.europa.eu/ueDocs/cms_Data/docs/pressData/de/ec/00400.D7.htm (Stand: 30.6.2008); vgl. auch VEDDER in: GRABITZ/HILF, Art. 49 EU-Vertrag Rn. 15 und 60; RICHTER, Die Erweiterung der Europäischen Union, S. 145 ff. m.w.N.; HÖLSCHEIDT, JA 2001, S. 85, 86.

[454] Kein potentieller Mitgliedstaat kann sich den Beitrittsanforderungen beispielsweise unter Hinweis auf seine eigene Verfassung entziehen. Alle „europawidrigen" Bestimmungen der nationalen Verfassungen müssen daher vor einem EU-Beitritt beseitigt werden.

[455] MENG in: VON DER GROEBEN/SCHWARZE, Art. 49 EU-Vertrag Rn. 66 ff.; CREMER in: CALLIESS/RUFFERT, Art. 49 EU-Vertrag Rn. 10; OPPERMANN, Europarecht, § 32 Rn. 12; KOENIG/HARATSCH, Europarecht, Kapitel VII Rn. 969.

d. Die EU-Erweiterungsfähigkeit

Das vierte Kopenhagener Beitrittskriterium, auf das sich die Staats- und Regierungschefs ebenfalls unter dänischer Ratspräsidentschaft im Dezember 1993 einigten, ist die Sicherstellung der Aufnahmefähigkeit der Union bei gleichzeitiger Wahrung europäischer Integrationskraft.[456] Diese besondere Beitrittsbedingung stellte sich die Europäische Union selbst und gestand damit ein, selbst auf ihre Ausweitung reagieren zu müssen.[457] So soll sich die Gemeinschaft vor der Aufnahme neuer Mitglieder entsprechend reformieren und damit erweiterungsfähig werden: „Die Fähigkeit der Union, neue Mitglieder aufzunehmen, dabei jedoch die Stoßkraft der europäischen Integration zu erhalten, stellt ebenfalls einen sowohl für die Union als auch für die Beitrittskandidaten wichtigen Gesichtspunkt dar".[458]

Bei diesem vierten Beitrittskriterium geht es zum einen um die Herstellung angemessener organisatorischer und institutioneller Rahmenbedingungen für die erweiterte Union sowie um die Vermeidung der wirtschaftlichen Überforderung der Union nach der Erweiterung, zum anderen jedoch um die Erhaltung der Fähigkeit der Union, die erreichte Integration zu vertiefen.[459] Dazu muss gemäß dem Demokratieprinzip die Akzeptanz der Erweiterung auch durch die Völker der Mitgliedstaaten gesichert werden.[460] Kriterien hierfür wurden allerdings bislang nicht festgelegt, geschweige denn verabschiedet.

Das vierte Beitrittskriterium kann als das wichtigste Kriterium für die weitere Entwicklung der Europäischen Union betrachtet werden. Paradoxerweise

---

[456] VEDDER in: GRABITZ/HILF, Art. 49 EU-Vertrag Rn. 18; OPPERMANN, Europarecht, § 32 Rn. 14; PECHSTEIN/KOENIG, Die Europäische Union, Kap. 8 Rn. 431; LIPPERT, APuZ B 1-2/2003, S. 7, 11 f.

[457] Dieses Kriterium wird als „vager Aufnahmevorbehalt der Europäischen Union" interpretiert, vgl. LEIPOLD, Die Osterweiterung als Prüfstein für die Reformfähigkeit der EU, in: NUTZINGER (HRSG.), Osterweiterung und Transformationskrisen, S. 51, 54; HUDALLA/ PRADETTO, Desintegration durch Integration?, S. 29 ff.

[458] Vgl. Schlussfolgerungen des Vorsitzes der Regierungskonferenz des Europäischen Rates von Kopenhagen vom 21./22.6.1993 Punkt 7, abrufbar im Internet unter: http://ue.eu.int/ueDocs/cms_Data/docs/pressdata/de/ec/72924.pdf, S. 13 (Stand: 30.6.2008).

[459] Vgl. VEDDER in: GRABITZ/HILF, Art. 49 EU-Vertrag Rn. 18; PECHSTEIN/KOENIG, Die Europäische Union, Kap. 8 Rn. 432 ff.; OPPERMANN in: FS für Zuleeg, S. 72 ff.; DIEDRICHS/WESSELS, Internationale Politik 1/2003, S. 11 ff.; LIPPERT, APuZ B 1-2/2003, S. 7, 11 f.

[460] GEIGER, Art. 49 EU-Vertrag Rn. 8; STURM, Internationale Politik 1/2003, S. 3, 9 ff.; GEERLINGS, DVBl. 2006, S. 129, 131 ff.

wurde es von den alten Mitgliedstaaten bislang am stärksten missachtet.[461] Bei den Beitritten aus den Jahren 1995 sowie 2004 und 2007 ist die Erfüllung dieses Kriteriums nicht geprüft, sondern stillschweigend bejaht worden.[462] Der eventuelle Beitritt der Türkei zur Europäischen Union rückt jedoch dieses Kriterium unmittelbar ins Tageslicht.[463] Gemeint ist damit die Fähigkeit der Union, ein Land besonderer demographischer Größenordnung, eines bestimmten Entwicklungsstandes und vor allem eines anderen Kulturkreises aufnehmen zu können, ohne dabei die eigene Identität zu verlieren und einen Stillstand bzw. Rückschritt des europäischen Integrationsprozesses hervorzurufen.[464] Diese Ausdehnungsprobleme betreffen insbesondere die Zusammensetzung der Europäischen Institutionen, die finanziellen Konsequenzen für die gemeinsamen Politikbereiche der Union und nicht zuletzt ihre zukünftige soziale Homogenität.[465]

Bereits 1978 wurde in der Vorbearbeitung der EU-Süderweiterung festgestellt, dass neue Beitritte innergemeinschaftliche Reformen der Organe und der Entscheidungsprozesse erforderlich machen können, um deren Effektivität zu erhöhen oder wenigstens aufrechtzuerhalten, um den Stand der Integration und die Funktion der Europäischen Gemeinschaften nicht zu gefährden.[466] Nachdem die Erweiterung auf 15 Mitgliedstaaten noch unter Fortschreibung der bestehenden Institutionen und Verfahren bewältigt wurde, ist die Notwendigkeit institutioneller Reformen für die EU-Osterweiterung erkannt worden. Der Europäische Rat hat im Jahr 1993 in Kopenhagen zum ersten Mal das Problem der EU-Erweiterungsfähigkeit thematisiert und zusätzlich zu den Beitrittsbedingungen für die Bewerberländer eine *Selbstverpflichtung* der Union zu inneren Reformen vor einer neuen Erweiterungsrunde formuliert. Darin hieß es, die Union müsse die „Fähigkeit zur Absorbierung der neuen

---

[461] GRIMM/MERKEL, Die Grenzen der EU, in: ALBER/MERKEL (HRSG.), Europas Osterweiterung: Das Ende der Vertiefung?, S. 183 ff.

[462] OPPERMANN, Europarecht, § 32 Rn. 14; PECHSTEIN/KOENIG, Die Europäische Union, Kap. 8 Rn. 440 ff.; ausführlich dazu OPPERMANN in: FS für Zuleeg, S. 72 ff.

[463] Eingehend hierzu STREINZ, Die Türkei als Partner – Formen der Zugehörigkeit zur EU, in: Bitburger Gespräche, Jahrbuch 2005.

[464] SCHMIDT-PREUß in: FS für Schiedermair, S. 705 f.; STURM, Internationale Politik 1/2003, S. 3, 9 ff.; LIPPERT, APuZ B 1-2/2003, S. 7, 11 f.; GLOTZ, APuZ B 1-2/2003, S. 3, 5 f.

[465] OPPERMANN in: FS für Zuleeg, S. 72 ff.; STREINZ, Europarecht, § 2 Rn. 67; IPSEN in: FS für Dürig, S. 159, 168 ff.; FIEGEN, Die Reform des EU-Finanzsystems, S. 45 ff.; NETTESHEIM, EuR 2003, S. 36, 38; GEERLINGS, DVBl. 2006, S. 129, 131 ff.

[466] Mitteilung der Kommission vom 20.4.1978, Die Übergangszeit und die institutionellen Folgen der Erweiterung, Bulletin EG Beilage 2/1978, S. 9 f.

Mitglieder“ bei gleichzeitiger Bewahrung des „Momentums der europäischen Integration“ aufrechterhalten.[467] Hinter dieser Formulierung verbarg sich die Tatsache, dass die Interessen der damaligen EU-Mitgliedstaaten bezüglich der Osterweiterung nicht nur in geographischer, sondern durchaus auch in ökonomischer bzw. geopolitischer Hinsicht divergierten.[468] Die Kopenhagener Erklärung entstand am Ende einer einjährigen Präsidentschaft von eher integrationsskeptischen Ländern, Großbritannien in der zweiten Hälfte des Jahres 1992 und Dänemark in der ersten Hälfte des Jahres 1993. Es galt nicht als Zufall, dass die Erweiterung gerade von diesen beiden Staaten vorbereitet wurde. Der frühe und starke britische Einsatz für die Osterweiterung wird generell der „Europhobie“ der konservativen Regierungen MARGRET THATCHER und JOHN MAJOR zugeschrieben.[469] Großbritannien, ebenso wie Dänemark und Schweden, wurde unterstellt, mit einer ausgedehnten Erweiterung die seit Maastricht überdeutliche Tendenz zur Vertiefung der bestehenden Gemeinschaft bremsen oder sogar das erreichte Integrationsniveau entwerten zu wollen.[470]

Die Osterweiterung stellte den institutionellen *status quo* der Europäischen Union nachhaltig in Frage. Die Union benötigte mehrere Anläufe, um die eigene Erweiterungsfähigkeit proklamieren zu können. Im Jahr 1997 wurden in Amsterdam die im engeren Sinne erweiterungsrelevanten Reformen der Institutionen auf die nächste Regierungskonferenz vertagt. Bei den Verhandlungen in Nizza im Jahr 1999 traten latente Positionsdifferenzen und Machtverschiebungen unter den Mitgliedstaaten, insbesondere zwischen Deutschland und

---

[467] Die Kopenhagener Kriterien werden auch in offiziellen Verlautbarungen unterschiedlich dargestellt: Die hier aufgeführte Formulierung findet sich im Internet auf der Homepage der *Generaldirektion Erweiterung* der EU-Kommission unter: http://ec.europa.eu/enlargement/the-policy/conditions-for-enlargement/index_en.htm (Stand: 30.6.2008).

[468] Vgl. ausführlich zu dieser Problematik SCHIMMELFENNIG, Osterweiterung: Strategisches Handeln und kollektive Ideen, in: JACHTENFUCHS/KOHLER-KOCH (HRSG.), Europäische Integration, S. 541, 545 ff. m.w.N.

[469] HEINDRICHS, „A stronger Britain in a wider Europe”?, in: STURM/PEHLE (HRSG.), Die neue Europäische Union, S. 279 ff.; eingehend zur Europapolitik Großbritanniens HEINDRICHS, Die Europapolitik Großbritanniens unter besonderer Berücksichtigung der britischen Position zur Osterweiterung der Europäischen Union und der Regierung Blair, 2005.

[470] OPPERMANN, Europarecht, § 1 Rn. 29; DERS. in: FS für Zuleeg, S. 72, 73; EICKHOF, Konsequenzen einer EU-Osterweiterung für den gemeinsamen Markt, S. 2 ff.; PFETSCH, Die Europäische Union, S. 46 ff. u. 79 f.; VERHEUGEN, Europa in der Krise, S. 54 f.; JANNING, Europa-Archiv 1993, S. 645, 647.

Frankreich, offen zu Tage.[471] Diejenigen, die wie Deutschland, die Niederlande, Großbritannien und Schweden eine Reform der Agrarpolitik vor der Erweiterung auf den Weg bringen wollten, sind weitestgehend gescheitert. Durch die Ablehnung des Verfassungsvertrages durch die Wähler in Frankreich und den Niederlanden und nach dem Scheitern des geänderten Vertrages von Lissabon in Irland bleibt die Europäische Union gegenwärtig auf dem nicht zufrieden stellenden Integrationsstand des Nizza-Vertrages.

Das anspruchsvolle Erweiterungsprojekt wirkte also in der Vergangenheit nicht als Hebel für fundamentale Neuerungen. Nicht zuletzt die Erweiterungsbefürworter schreckten davor zurück, Reformen zur Vorbedingung der Erweiterung zu machen. Die Europäische Union ging auch nach dem Gipfeltreffen von Kopenhagen im Jahr 2002 ohne ausreichende Reform ihrer Institutionen, Politiken und Finanzen in das Endspiel um die Osterweiterung.[472]

3. Zusammenfassung

Die Beitrittsklausel des Art. 49 Abs. 1 S. 1 EU-Vertrag stellt eine Konsequenz des in der ersten und achten Erwägung der Präambel zum EG-Vertrag enthaltenen Ziels dar, auch die anderen Völker Europas am Integrationsprozess teilhaben zu lassen.[473] Alle souveränen Staaten, deren Gebiet zumindest zum Teil in Europa liegt und die die in Art. 6 Abs. 1 EU-Vertrag genannten Grundsätze achten, erfüllen die ausdrücklichen Beitrittsanforderungen des Art. 49 Abs. 1 S. 1 EU-Vertrag. Die Kopenhagener Kriterien ergänzen diese Anforderungen und umfassen darüber hinaus eine Reihe von Bedingungen, die sich teils auf die Regierungs-, teils auf die Wirtschaftsform der beitretenden Länder sowie auf die zukünftige Position der neuen Mitgliedstaaten innerhalb der Europäischen Union beziehen.

In Bezug auf die internen Verhältnisse eines beitrittswilligen Staates ist festzuhalten, dass das Vorhandensein einer freiheitlich-demokratischen Staatsordnung in der oben geschilderten Weise eine grundlegende Beitrittsbedin-

---

471 Vgl. LIPPERT, APuZ B 1-2/2003, S. 7, 11; dazu ausführlich GUÉROT, Nizza – ein unnötiges Psychodrama, in: EU-Dokumente 1/2001, S. 13 ff.

472 STREINZ, Europarecht, § 2 Rn. 57 ff.; GLOMBOWSKI/FUHRMANN/PIPER/RABENSCHLAG, Erweiterung und Integration der EU: eine Rechnung mit vielen Unbekannten, in: DIES. (HRSG.), Erweiterung und Integration der EU, S. 7 ff.; LIPPERT, APuZ B 1-2/2003, S. 12.

473 RICHTER, Die Erweiterung der Europäischen Union, S. 61 f.; NETTESHEIM, EuR 2003, S. 36, 58 f.

gung darstellt.[474] Dies gilt gleichermaßen für das Erfordernis der Achtung der Grundrechte, „wie sie in der [...] Europäischen Konvention zum Schutze der Menschenrechte und Grundfreiheiten gewährleistet sind und wie sie sich aus den gemeinsamen Vertragsüberlieferungen der Mitgliedstaaten als allgemeine Grundsätze des Gemeinschaftsrechts ergeben".[475] Hinsichtlich der Staatsform bestehen, abgesehen von der Verpflichtung zu Demokratie und Rechtsstaat, keine ausdrücklichen Anforderungen.

In Bezug auf die wirtschaftlichen Verhältnisse der beitrittswilligen Staaten wird das Vorhandensein „einer offenen Marktwirtschaft mit freiem Wettbewerb" vorausgesetzt, wie dies in den Art. 4 Abs. 1, Art. 98 S. 2 und Art. 105 Abs. 1 S. 3 EG-Vertrag zum Ausdruck kommt. In ihrer Ausformung, insbesondere durch den Begriff des „Gemeinsamen Marktes" als Rechtsgrundsatz des Gemeinschaftsrechts,[476] wird sie durch dessen konstituierende Elemente entscheidend gekennzeichnet.[477] Aufbauend auf einem zunächst faktischen und sodann rechtlichen Zusammenhang verlangt dieser Grundsatz – verstärkt durch die Normierungen betreffend die Etablierung des Binnenmarktes – von den Beitrittskandidaten, nicht nur den Zugang zu ihren Märkten zu öffnen, sondern auch ihn offen zu halten sowie ihn erschwerende Maßnahmen zu beseitigen.[478] Aus den Bestimmungen über die Wirtschafts- und Währungsunion sind keine zusätzlichen Beitrittsbedingungen abzuleiten. Zwar wird die Währungspolitik auf der dritten Stufe zum Bestandteil der Gemeinschaftspolitik, jedoch besteht für die Mitgliedstaaten insoweit lediglich eine bedingte Verpflichtung: Diese Stufe der Währungsunion soll nur für diejenigen Staaten in Kraft treten, die den durch die Konvergenzkriterien vorgegebenen Standard aufweisen. Denn es hieße, mehr von den Beitrittskandidaten als von den Mitgliedstaaten zu verlangen, wollte man von jenen zum Zeitpunkt des Beitritts die Erfüllung der Konvergenzkriterien fordern.[479]

Die dritte Gruppe von Beitrittsbedingungen betrifft die zukünftige Position der neuen Mitgliedstaaten in der Union selbst. Die Kandidatenstaaten treten einer Union mit feststehendem primärem und sekundärem Gemeinschafts-

[474] Vgl. dazu die Ausführungen auf S. 67 ff.
[475] Vgl. Art. 6 Abs. 2 EU-Vertrag.
[476] Vgl. Art. 2, 1. Spiegelstrich EU-Vertrag sowie Art. 2 EG-Vertrag.
[477] MENG in: VON DER GROEBEN/SCHWARZE, Art. 49 EU-Vertrag Rn. 59; RICHTER, Die Erweiterung der Europäischen Union, S. 137 f.; BERGMANN, ZRP 2001, S. 18 ff.
[478] VEDDER in: GRABITZ/HILF, Art. 49 EU-Vertrag Rn. 16; OPPERMANN, Europarecht, § 32 Rn. 11; DAGTOGLOU, EuR 1980, S. 1, 8.
[479] RICHTER, Die Erweiterung der Europäischen Union, S. 139.

recht bei. Dieser sog. *acquis communautaire* steht nach eindeutiger Beitrittspraxis seit 1973 nicht zur Disposition der Beitrittsverhandlungen.[480] Die Übernahme des gemeinschaftlichen Besitzstandes ist daher keiner Regelung im Sinne einer inhaltlichen Ausgestaltung zwischen der Europäischen Union und den Beitrittskandidaten zugänglich. Die erheblichen Probleme, mit denen in den Beitrittskandidaten und nicht zuletzt auch in den Mitgliedstaaten bei der vollständigen Übernahme des gemeinschaftlichen Besitzstandes zu rechnen ist, lassen sich nur durch Kompensation und Ausnahmeregelungen – teilweise in Form sehr langer Übergangsfristen – meistern.[481]

Neben den für die Beitrittskandidaten nur schwer erfüllbaren Beitrittsbedingungen behält die Europäische Union mit Hilfe des selbst auferlegten vierten Beitrittskriteriums der Fähigkeit zur Aufnahme neuer Mitglieder den Erweiterungsprozess immer unter ihrer Kontrolle, da sie den Zeitraum der Erweiterung von ihrer inneren organisatorischen Entwicklung abhängig machen kann.

Jede Erweiterung der Europäischen Union und jeder Beitrittsantrag sind aus diesen Gründen immer aus zwei Perspektiven zu betrachten, einer „Außen- und einer Binnenperspektive".[482] Die Außenperspektive richtet das Augenmerk auf die Erfüllung der an den Beitrittskandidaten gerichteten Kopenhagener Kriterien. Die Binnenperspektive hingegen nimmt die Auswirkungen einer Erweiterung auf die Europäische Union selbst in den Blick. Die Erfüllung der im Kopenhagener Beschluss festgelegten Kriterien durch die Beitrittskandidaten ist danach eine notwendige, aber nicht hinreichende Beitrittsvoraussetzung. Darüber hinaus ist unabhängig davon jede EU-Erweiterung im Zusammenhang mit ihren Auswirkungen auf die innere Ordnung und die innere Verfasstheit der Europäischen Union zu betrachten, kurz auf die Integrationsfähigkeit der Europäischen Union selbst.[483]

---

[480] OPPERMANN, Europarecht, § 32 Rn. 13; BARTZ, Arbeitnehmerfreizügigkeit erst nach einer Übergangsfrist, in: STURM/PEHLE (HRSG.), Die neue Europäische Union, S. 127, 135; SCHLADEBACH, LKV 2002, S. 457, 458.

[481] HASENPFLUG, Industrie- und agrarpolitische Probleme der Beitrittskandidaten, in: HASENPFLUG/KOHLER (HRSG.), Die Süd-Erweiterung der Europäischen Gemeinschaft, S. 109, 123.

[482] MENG in: VON DER GROEBEN/SCHWARZE, Art. 49 EU-Vertrag Rn. 5 ff.; STREINZ, Europarecht, § 2 Rn. 67; LANGENFELD, ZRP 2005, S. 73.

[483] CREMER in: CALLIESS/RUFFERT, Art. 49 EU-Vertrag Rn. 18; STREINZ, Europarecht, § 2 Rn. 67; KNELANGEN, Chance oder Risiko?, in: Politische Bildung 35/2002, S. 29, 32 ff.; LANGENFELD, ZRP 2005, S. 73.

Mit den oben vorgestellten Beitrittsvoraussetzungen werden recht hohe Hürden für die EU-Beitrittskandidaten aufgestellt. Diese Bedingungen gehen in einigen Punkten über die in den Verträgen vorgesehenen Anforderungen an die derzeitigen Mitgliedstaaten hinaus.[484] In den Mittelpunkt der Kopenhagener Erklärung, und damit gehen die Kopenhagener Kriterien auch inhaltlich über die im Amsterdamer Vertrag genannten Beitrittskriterien hinaus, wurde beispielsweise eine Anpassungsleistung der zukünftigen Mitglieder gerückt.[485] Ausdrücklich wird den neuen Mitgliedstaaten die Verpflichtung auferlegt, die aus der Mitgliedschaft resultierenden Pflichten – *the obligations of membership* – zu übernehmen.[486] Insbesondere die Voraussetzung der zwingenden vollständigen Übernahme des *acquis communautaire* führt immer wieder zu erheblichen Verzögerungen der Unionserweiterung. Denn jede Vergrößerung des *acquis communautaire* stellt eine entsprechende Erhöhung der Beitrittsschwelle und damit auch eine Verkomplizierung der Beitrittsverhandlungen dar.[487] War die Osterweiterung nach dem Zusammenbruch der kommunistischen Regime in den mittel- und osteuropäischen Ländern ursprünglich auf das Zieldatum „Millennium" angesetzt,[488] so traten die ersten Beitrittskandidaten erst im Mai 2004, Rumänien und Bulgarien erst im Januar

---

[484] Vgl. ACHTEN, Die Osterweiterung der Europäischen Union, S. 72 f.; DAUDERSTÄDT, Interessen und Hindernisse bei der EU-Osterweiterung, Politikinformation Osteuropa Nr. 98 der Friedrich-Ebert-Stiftung, abrufbar im Internet unter: http://library.fes.de/fulltext/id/01170.htm (Stand: 30.6.2008).

[485] WAGENER, Rückkehr nach Europa, in: NUTZINGER (HRSG.), Osterweiterung und Transformationskrisen, S. 93; STEPACHER in: MICKEL/BERGMANN (HRSG.), Handlexikon der Europäischen Union, Stichwort „Beitrittskriterien (Kopenhagener Beitrittskriterien)"; SLAVU/OLAH, Die Erweiterung der Europäischen Union nach Art. 49 EU-Vertrag, in: BOȚA-MOISIN (HRSG.), Acquis Communautaire – A Need for the European Integration, S. 149, 160 f.

[486] Vgl. Schlussfolgerungen des Vorsitzes der Regierungskonferenz des Europäischen Rates von Kopenhagen vom 21./22.6.1993, S. 13: „The European Council today agreed that the associated countries in Central and Eastern Europe that so desire shall become members of the European Union. Accession will take place as soon as an associated country is able to assume the obligations of membership by satisfying the economic and politic conditions required. Membership requires that the candidate country has achieved stability of institutions guaranteeing democracy, the rule of law, human rights and respect for and protection of minorities, the existence of a functioning market economy as well as the capacity to cope with competitive pressure and market forces within the Union. Membership presupposes the candidate's ability to take on the obligations of membership including adherence to the aims of political, economic and monetary union."

[487] ACHTEN, Die Osterweiterung der Europäischen Union, S. 72 f. m.w.N.

[488] Damals hieß es: Bienvenue en Europe 2000!, vgl. OPPERMANN, JZ 1999, S. 317 ff.; WESSELS, integration 3/1997, S. 117, 132 f.

2007 der Europäischen Union bei. Angesichts der zahlreichen Übergangsregelungen sowie der langen Übergangsfristen wird bei den neu aufgenommenen EU-Mitgliedstaaten von „Mitgliedern zweiter Klasse", „Halb-Mitgliedern" oder von „Mitgliedschaft auf Bewährung" gesprochen.[489] Wenn die mit der Integration verbundenen Rechte und Pflichten lediglich lückenhaft und ungleichgewichtig nachvollzogen werden, ist es jedoch fraglich, ob bei den letzten zwei Erweiterungsrunden noch von *Vollmitgliedschaft* in der Europäischen Union gesprochen werden kann.

IV. Rechtsnatur der Beitrittsvoraussetzungen

Nach dem definitiven Beschluss des Europäischen Rates kann der Beitritt neuer Staaten durch einen Beitrittsvertrag erfolgen. Beide Elemente (*Ratsbeschluss* bezogen auf den Beitrittsantrag und *Beitrittsvertrag* bezogen auf den effektiven Beitritt) sind für das Zustandekommen des Beitritts eines neuen Staates zur Europäischen Union konstitutiv und müssen kumulativ erfüllt werden.[490] Der überwiegende Teil der Dogmatik schließt daraus einen freien politischen Ermessensspielraum der Europäischen Organe, dessen Wahrnehmung durch die Entscheidungsträger möglicherweise auch ein Akt politischer Willkür bedeuten kann.[491] Dies ist aber nur dann der Fall, wenn den Beitrittsvoraussetzungen kein rechtlicher Charakter zugeschrieben wird. Gegen deren Rechtscharakter könnte ihre politisch-programmatische Qualität sprechen, da den allgemeinen Rechtsgrundsätzen – wegen ihrer fehlenden Bestimmtheit[492] und der starken Unabhängigkeit vom geschriebenen Gemeinschaftsrecht – der

---

[489] „Seid willkommen, Halb-Mitglieder!", kommentiert die tschechische Tageszeitung *Lidove noviny* vom 25.9.2006 den Beschluss der EU-Kommission, Bulgarien und Rumänien nur unter harten Auflagen zum Januar 2007 zur Europäischen Union beitreten zu lassen; vgl. auch *Frankfurter Allgemeine Zeitung* vom 26.9.2006, S. 1; *Neue Zürcher Zeitung* vom 26.9.2006, S. 1; *Die Zeit* Nr. 40 vom 28.9.2006, S. 10; darüber hinaus PECHSTEIN/KUBICKI, EuZW 2004, S. 167 ff.; NOWAK, EuZW 2003, S. 101 ff.; STREINZ, Europarecht, § 3 Rn. 97 („diskriminierende Mitgliedschaft"); SCHEFFER, ZRP 2003, S. 55, 58.

[490] Siehe die Ausführungen auf S. 46 ff.

[491] GEIGER, Art. 49 EU-Vertrag Rn. 2; BOOß in: LENZ/BORCHARDT, Art. 49 EU-Vertrag Rn. 2; OPPERMANN, Europarecht, § 32 Rn. 27; KOENIG/HARATSCH, Europarecht, Kapitel VII Rn. 970; RICHTER, Die Erweiterung der Europäischen Union, S. 57 ff.; PECHSTEIN, EuR 1999, S. 1, 20 f.; NIEDOBITEK, JZ 2004, S. 369, 371 ff.; STURM, Internationale Politik 1/2003, S. 3 ff.

[492] Ausführlich dazu PENSKI, JZ 1989, S. 105 ff.

Rechtscharakter abgesprochen werden muss.[493] Folglich könnte man sich auf den Standpunkt stellen, die Beitrittsvoraussetzungen bildeten lediglich bloße Programmsätze ohne objektive Handlungspflichten und subjektive Berechtigungen der Normadressaten.[494] Begründen ließe sich diese Auffassung mit der Stellung der Mitgliedstaaten als „Herren der Verträge“, wie sie in der Vertragsänderungskompetenz aus Art. 48 EU-Vertrag zum Ausdruck kommt: Da die Mitgliedstaaten beim Vorliegen der Einstimmigkeit grundsätzlich jederzeit „die Konzeption der Gemeinschaft“ in einem Verfahren nach Art. 48 EU-Vertrag verändern können, gebe es keinen methodisch begründbaren Weg, sie an einer Umgestaltung der Gemeinschaftskonzeption im Ganzen zu hindern,[495] was sich in der Möglichkeit zur beliebigen Ausgestaltung und Anwendung von Beitrittsvoraussetzungen bei der Erweiterung der Union niederschlagen müsse.

Dieser Auffassung ist jedoch entgegenzuhalten, dass sie den Geltungsgrund sowohl von Gemeinschaftsrecht, als auch den von demokratischen Rechtssätzen im Allgemeinen verkennt. Denn die Möglichkeit, eine Norm zu ändern, steht nicht im Widerspruch zu ihrem rechtlichen Charakter und ihrer Verbindlichkeit.[496] Gegen die oben dargestellte Ansicht spricht weiterhin die Kodifizierung der politischen Beitrittsvoraussetzungen in Art. 49 in Verbindung mit anderen Vorschriften des EU-Vertrages.[497] Deren rechtlicher Charakter muss ohne weiteres bestätigt werden, denn in Art. 49 EU-Vertrag wird eine klare objektive Rechtspflicht ausgesprochen, die den Organen der Europäischen Union und den Mitgliedstaaten obliegt.[498] Hieraus können konkrete Bindungen erwachsen.

---

[493] Eingehend zu dieser Thematik SARCEVIC, Das Bundesstaatsprinzip, S. 101 ff.; ALEXY, Rechtsregeln und Rechtsprinzipien, in: Archiv für Rechts- und Sozialphilosophie 1985, Beiheft 25, S. 13 ff.; PENSKI, JZ 1989, S. 105, 110 ff.

[494] MENG in: VON DER GROEBEN/SCHWARZE, Art. 49 EU-Vertrag Rn. 54; RICHTER, Die Erweiterung der Europäischen Union, S. 57 ff. u. 161 f.

[495] Vgl. MENG in: VON DER GROEBEN/SCHWARZE, Art. 49 EU-Vertrag Rn. 54; CREMER in: CALLIESS/RUFFERT, Art. 49 EU-Vertrag Rn. 4; NETTESHEIM, EuR 2003, S. 36, 58 ff. m.w.N.

[496] Im deutschen Recht steht einer rechtlichen Bindung der Verfassungsorgane auch nicht die Änderungskompetenz aus Art. 79 GG entgegen. Schließlich scheitert die Verbindlichkeit und Kontrollierbarkeit von zivilrechtlichen Verträgen auch nicht am Grundsatz der Privatautonomie.

[497] PECHSTEIN/KOENIG, Die Europäische Union, Kap. 8 Rn. 414 f. sowie 419 ff.; BRUHA/VOGT, VRÜ 1997, S. 477, 486 f.; in diesem Sinne auch MEIER, EuR 1978, S. 12, 22.

[498] Dies ergibt sich aus Art. 10 EG-Vertrag i.V.m. Art. 49 Abs. 1 EU-Vertrag als Mitwirkungsverpflichtungen der Mitgliedstaaten zur Umsetzung der im Primärrecht getroffenen

Für die Kopenhagener Kriterien als ungeschriebene Beitrittsvoraussetzungen kann folglich auch nichts Anderes gelten, da diese durch die autoritativ interpretierende Tätigkeit des Europäischen Rates aus der Gesamtsystematik des EU- bzw. EG-Vertrages ermittelt wurden.[499] Damit stellen die dort verankerten Rechtsinhalte keine eigenständige Normierung des Europäischen Rates dar, sondern geben vielmehr die im Rang des Primärrechts stehenden Rechtsbestimmungen wieder. Diese Kriterien können folglich als unmittelbar geltendes Primärrecht bzw. als Normen des ungeschriebenen Primärrechts angesehen und verwendet werden. Ihre Inhalte sind aus dem geschriebenen Vertragsrecht, insbesondere aus den Vertragszielen, zum Zweck der Bewahrung des erreichten Homogenitätsniveaus der Union abgeleitet worden.[500] Weil und soweit das Vertragsrecht hierzu schweigt, fungieren die durch die Beitrittspraxis entwickelten Beitrittsvoraussetzungen als ergänzende Regelungen, deren Erfüllung in jedem konkreten Fall bei der Aufnahme jedes neuen Mitgliedstaates nachgewiesen werden muss. Daraus entstehen konkrete rechtliche Bindungen sowohl für die Mitgliedstaaten als auch für die Organe der Europäischen Union. Die Beitrittsvoraussetzungen lassen somit eine Rückprojektion auf das geschriebene Gemeinschaftsrecht zu, indem sie echte Rechtswirkung entfalten.[501]

V. Die Rechtsansprüche der Kandidatenstaaten und ihre gerichtliche Durchsetzbarkeit

1. Allgemeines

Die Kopenhagener Kriterien von 1993 dienen, wie oben bereits hervorgehoben, der näheren Präzisierung der im EU-Vertrag ausdrücklich oder implizit enthaltenen Beitrittsvoraussetzungen. Die in Art. 49 EU-Vertrag verankerten Beitrittskriterien stellen somit geltendes Recht dar. Dies lässt die Schlussfolgerung zu, dass der gerichtlich überprüfbare Rahmen umso geringer wird, je enger und härter die Beitrittsbedingungen gefasst sind. Vor diesem Hintergrund stellt sich unmittelbar die Frage, ob dem Europäischen Gerichtshof sowie auch anderen Gerichten eine entsprechende Überprüfungsbefugnis der

---

Wertentscheidungen bzw. als Loyalitätspflicht für die Gemeinschaft gegenüber den Mitgliedstaaten.

499 ZEH, Recht auf Beitritt?, S. 26 f. m.w.N.; SARCEVIC, EuR 2002, S. 461, 473.

500 RICHTER, Die Erweiterung der Europäischen Union, S. 58 f.; IPSEN in: FS für Dürig, S. 159, 170 ff. NETTESHEIM, EuR 2003, S. 36, 38 ff.

501 Eingehend RICHTER, Die Erweiterung der Europäischen Union, S. 62 f.; ZEH, Recht auf Beitritt?, S. 27; BRUHA/VOGT, VRÜ 1997, S. 477, 486 f.

Beitrittsbedingungen sowie der Entscheidung über die Aufnahme eines neuen Mitgliedstaates in die Europäische Union zukommt. Bevor der Frage der Justiziabilität nachgegangen wird, werden zunächst die Rechtsansprüche der beitrittswilligen Staaten untersucht.

2. Die Rechtsansprüche der beitrittswilligen Staaten

Die Rechtsansprüche der Kandidatenstaaten ergeben sich aus europäischen Ermessensgrundsätzen. Bereits in diesem Teil der Arbeit wurde festgestellt, dass kein Anspruch der beitrittswilligen Staaten oder der Beitrittskandidaten auf eine EU-Mitgliedschaft besteht.[502] Aufgrund schon bestehender vertraglicher Bindungen zwischen den Beitrittskandidaten und den EU-Mitgliedstaaten, insbesondere in Form von Handels-, Kooperations- oder Assoziierungsabkommen, gegebenenfalls mit Präadhäsions- oder Heranführungsstrategien verbunden, kann sich jedoch ein Anspruch der beitrittswilligen Staaten darauf ergeben, den Beitrittsantrag ernsthaft und sorgfältig, d.h. nach pflichtgemäßem Ermessen, zu prüfen.[503] Ein solcher Anspruch kann nicht wegen der Regelung bestritten werden, dass der Ermessensmissbrauch als Klagegrund nach Art. 230 Abs. 2 EG-Vertrag in die für den Ermessensspielraum der Gemeinschaftsorgane eröffneten Bereiche eingreift.[504] Dieser Anspruch der Kandidatenstaaten könnte mit einem vorvertraglichen Vertrauensverhältnis und somit mit dem Rechtsinstrument der *culpa in contrahendo* begründet werden, denn die beitrittswilligen Staaten stehen vor ihrem Beitritt in einem langjährigen, vertrauenserzeugenden Kooperationsverhältnis mit der Europäischen Union. Der Beitrittsvorbereitungsprozess ist bekanntlich mit tiefgreifenden Veränderungen der politischen, wirtschaftlichen und gesellschaftlichen Gegebenheiten in den Kandidatenstaaten verbunden, so dass es bei einem Scheitern des Beitritts wegen rechtswidrigen Verhaltens der EU-Mitgliedstaaten um Ersatz eines außervertraglichen Vertrauensschadens gehen könnte.

Der Anspruch auf ermessensfehlerfreie Entscheidung richtet sich darauf, dass das europarechtlich vorgegebene Erweiterungsziel durch keine sachfremden Erwägungen relativiert und ein Antrag nur aus Gründen des notwendigen Integrationsschutzes abgelehnt werden darf. In diesem Zusammenhang müssen der europaweite Integrationsanspruch der Europäischen Union sowie der dem

---

502 Siehe S. 32 f.

503 RICHTER, Die Erweiterung der Europäischen Union, S. 57 ff.; SARCEVIC, EuR 2002, S. 461, 479 f. m.w.N.

504 VEDDER in: GRABITZ/HILF, Art. 49 EU-Vertrag Rn. 8; ZEH, Recht auf Beitritt?, S. 77 ff.

entsprechende, in Art. 1 Abs. 2 EU-Vertrag enthaltene Hinweis auf die „Völker Europas“ hervorgehoben werden, die in Verbindung mit der Antragsberechtigung des Art. 49 EU-Vertrag zu interpretieren sind. So könnten sich die Rechtsansprüche der Beitrittskandidaten auf den Rechtsgrundsatz des *venire contra factum proprium* und, da es hier um die völkerrechtliche Ebene geht, auf das *Estoppel-Prinzip* stützen. Hiernach ist ein Staat völkerrechtlich an Erwartungen gebunden, die er durch sein eigenes Verhalten erweckt hat und auf die sich ein anderer Staat nach Treu und Glauben verlassen konnte. Demnach können die Mitgliedstaaten der Europäischen Union von ihrer bisherigen Beitrittspraxis nicht nach Belieben zum Nachteil eines europäischen, beitrittswilligen Staates abweichen, der berechtigt auf die beispielsweise in den Europa-Abkommen propagierte Erklärung zur Beitrittsunterstützung vertraut hat.[505]

Den Art. 49 i.V.m. Art. 6 Abs. 1 und Art. 1 Abs. 2 EU-Vertrag lässt sich somit eine rechtliche Obliegenheit der Organe der Europäischen Union entnehmen, während des gesamten Beitrittsprozesses darauf hinzuwirken, dass das Beitrittsgesuch der beitrittswilligen Staaten nach pflichtgemäßem Ermessen geprüft wird. Insbesondere während der Beitrittsverhandlungen haben die Unionsorgane dafür Sorge zu tragen, dass zum Zeitpunkt des Wirksamwerdens des Beitritts die Beitrittsbedingungen erfüllt sind. Sowohl die Organe der Europäischen Union als auch die EU-Mitgliedstaaten sind von Europarechts wegen gehalten, die Beitrittsreife der Beitrittskandidaten sorgfältig zu prüfen und bestehende Mängel im Beitrittsprozess zu beseitigen.[506] Die Erfüllung der Beitrittskriterien ist somit von den am Beitrittsprozess beteiligten Akteuren sachlich und gewissenhaft zu untersuchen.[507] Dies spricht auch für einen Anspruch auf Begründung einer eventuellen Ablehnung des Beitrittsantrages. Denn nur eine angemessene Begründung eines solchen ablehnenden Beschlusses kann zur Kontrollierbarkeit der Beitrittsentscheidungen sowie zur besseren Orientierung der Kandidatenstaaten im Beitrittsverfahren beitragen.[508]

---

[505] Vgl. Abs. 17 der Präambel des Europa-Abkommens mit Rumänien, Amtsblatt EG Nr. L 79 vom 26.3.1991, S. 13: „IN DER ERKENNTNIS, dass Rumänien letztlich die Mitgliedschaft in der Gemeinschaft anstrebt und dass diese Assoziation nach Auffassung der Vertragsparteien Rumänien bei der Verwirklichung dieses Ziels helfen wird, [...].“

[506] NETTESHEIM, EuR 2003, S. 36, 58; EHLERMANN, EuR 1984, S. 113, 114 ff.

[507] VEDDER in: GRABITZ/HILF, Art. 49 EU-Vertrag Rn. 8; RICHTER, Die Erweiterung der Europäischen Union, S. 57 ff.; NETTESHEIM, EuR 2003, S. 36, 58 ff.

[508] Vgl. DAGTOGLOU, EuR 1980, S. 1, 9; RICHTER, Die Erweiterung der Europäischen Union, S. 59 f.; vgl. auch ZEH, Recht auf Beitritt?, S. 75, der sogar über einen Anspruch der beitrittswilligen Staaten auf Ablehnung des Beitrittsantrags spricht, wenn die Europäische

Darüber hinaus könnten die Beitrittskandidaten einen Anspruch auf Weiterführung des Beitrittsprozesses haben, wenn ein Beitrittsantrag nicht einstimmig abgelehnt worden ist. Soweit zum Zeitpunkt der Entscheidung über den Beitritt die Beitrittskriterien noch nicht als erfüllt angesehen werden können, die Herstellung der Beitrittsreife aber in absehbarer Zeit erwartet werden kann, dann müsste für den betreffenden Kandidatenstaat wegen der künftigen Aufgabenerfüllung ein Anspruch auf Weiterführung des Integrationsprozesses im Sinne der Erreichung des erforderlichen Integrationsniveaus in Betracht kommen.[509] Dies könnte auch der von dem völkerrechtlichen Versprechen geprägten Berechtigung auf Beitritt bei Kriterienerfüllung entnommen werden.[510]

3. Justiziabilität

Die erwähnten Ansprüche der Beitrittskandidaten können im vollen Umfang erst in einem gerichtlichen Verfahren zu durchsetzbaren subjektiven Rechtspositionen der Kandidatenstaaten führen. Fraglich ist daher, inwieweit eine Möglichkeit besteht, diese Ansprüche und die dadurch geprägte Rechtslage der Kandidatenstaaten gerichtlich durchzusetzen. Dabei soll zwischen Klagen vor dem Europäischen Gerichtshof und Klagen vor dem Internationalen Gerichtshof unterschieden werden.

a. Klage vor dem Europäischen Gerichtshof (EuGH)

Bezüglich der Möglichkeit einer Klage vor dem EuGH ist zunächst festzuhalten, dass die Vorschrift des Art. 46 lit. f) EU-Vertrag die Jurisdiktionsgewalt des EuGH auf die Entscheidung über die Aufnahme eines neuen Staates in die

---

Union die Nichterfüllung der Beitrittsvoraussetzungen *endgültig* festgestellt hat. Dieser Anspruch wird damit begründet, dass auf diese Weise der Kandidatenstaat nicht mehr der Belastung durch beitrittsvorbereitende Maßnahmen (ohne eine realistische Chance auf einen späteren Beitritt) ausgesetzt werden dürfe; des weiteren VEDDER in: GRABITZ/HILF, Art. 49 EU-Vertrag Rn. 29 u. 35.

[509] Ausführlich dazu ZEH, Recht auf Beitritt?, S. 71 ff. m.w.N.; SARCEVIC, EuR 2002, S. 461, 480.

[510] Vgl. Schlussfolgerungen des Vorsitzes der Regierungskonferenz des Europäischen Rates von Luxemburg vom 12./13.12.1997, Punkt 7, abrufbar im Internet unter: www.consilium.europa.eu/ueDocs/cms_Data/docs/pressData/de/ec/00400.D7.htm (Stand: 30.6.2008).

Europäische Union nach Art. 49 EU-Vertrag erstreckt.[511] Von der Jurisdiktionsgewalt des EuGH wird somit auch die Fragestellung umfasst, ob die Beitrittsbedingungen nach Art. 49 EU-Vertrag beachtet worden sind. In einem Verfahren vor dem EuGH könnten folglich das Beitrittsverfahren und die Beitrittskriterien überprüft werden, aber auch der Beitrittsvertrag als solcher. Es ist allerdings fraglich, in welchem Verfahren der Gerichtshof mit der Überprüfung der Beitrittskriterien bzw. eines Beitrittsvertrages befasst werden kann und ob ihm die Befugnis zukommt, den Beitrittsvertrag gegebenenfalls im Rahmen einer Nichtigkeitsklage für ungültig zu erklären.[512] Eine Überprüfung der vom Europäischen Rat bzw. Parlament nach Art. 49 Abs. 1 S. 2 EU-Vertrag gefassten Beschlüsse wäre auf Betreiben der Kommission oder eines Mitgliedstaates nach Art. 230 Abs. 2 EG-Vertrag möglich. Bei Vorliegen individueller Betroffenheit einer natürlichen oder juristischen Person eröffnet Art. 230 Abs. 4 EG-Vertrag ebenfalls eine Klagemöglichkeit. Auf Betreiben der Kommission oder eines Mitgliedstaates kann darüber hinaus nach Art. 226 bzw. 227 EG-Vertrag das Verhalten der EU-Mitgliedstaaten während des Beitrittsprozesses kontrolliert werden. Der EuGH kann folglich die Organhandlungen oder das Verhalten der einzelnen Mitgliedstaaten auf Ermessensfehler prüfen, die sich aus Verstößen gegen gemeinschaftsrechtliche oder völkerrechtliche Ermessensgrenzen ergeben können. Klagebefugt sind jedoch nur die EU-Mitgliedstaaten, die Unionsorgane oder -bürger. In Zusammenhang mit der Justiziabilität der Rechtsansprüche der Beitrittskandidaten muss daher an dieser Stelle festgehalten werden, dass für diese Staaten die Klagemöglichkeit vor dem Europäischen Gerichtshof vor ihrem EU-Beitritt (noch) nicht eröffnet ist, so dass sie ihre Rechtsansprüche gegen die Europäische Union oder ihre Mitglieder vor dem EuGH nicht durchsetzen können.

b. Klage vor dem Internationalen Gerichtshof (IGH)

Der Jurisdiktionsgewalt des EuGH unterfallen, wie oben bereits festgestellt, nur die Entscheidungen, die die Organe der Europäischen Union im Verfahren nach Art. 49 EU-Vertrag treffen. Die Rechtsprechungsgewalt des EuGH erstreckt sich nicht auf die Entscheidungen, die die einzelnen EU-Mitgliedstaaten nach Art. 49 EU-Vertrag zu treffen haben. Denn solche Entscheidungen haben einen mitgliedstaatlichen verfassungsgebenden Charakter

---

[511] CREMER in: CALLIESS/RUFFERT, Art. 49 EU-Vertrag Rn. 12; HERRNFELD in: SCHWARZE, Art. 49 EU-Vertrag Rn. 16.

[512] CREMER in: CALLIESS/RUFFERT, Art. 49 EU-Vertrag Rn. 12 f.; PECHSTEIN in: STREINZ, Art. 49 EU-Vertrag Rn. 15; BRUHA/VOGT, VRÜ 1997, S. 477, 490 ff.

und liegen daher außerhalb der Reichweite des EuGH.[513] Denkbar wäre daher allein eine Klage eines Kandidatenstaates vor dem Internationalen Gerichtshof zur Überprüfung des Verhaltens einzelner EU-Mitgliedstaaten während des Beitrittsverfahrens. Eine solche Klage ist jedoch nur dann möglich, wenn sich die beteiligten Staaten der IGH-Gerichtsbarkeit unterworfen haben. Ein Beitrittskandidat kann danach gegen einen EU-Mitgliedstaat vorgehen, wenn letzterer den Beitrittsantrag – durch sein Verhalten bei der Abstimmung im Rat oder bei der Entscheidung über das Beitrittsabkommen – zum Scheitern gebracht hat. Der IGH hätte dann die Verletzung der Rechte des Kandidatenstaates aus gegebenem, vorvertraglichem Versprechen in Bezug auf einen möglichen EU-Beitritt bei Kriterienerfüllung bzw. aus Vertrauensschutzgründen zu überprüfen und gegebenenfalls völkerrechtswidriges, von der Beitrittspraxis der Europäischen Union abweichendes Verhalten des betreffenden EU-Mitgliedstaates festzustellen.[514]

4. Stellungnahme

Im Hinblick auf die Justiziabilität der Beitrittsbedingungen und des Beitrittsverfahrens ist festzuhalten, dass diese in einem höheren Grad rechtlichen Überprüfungen zugänglich sind als bislang angenommen wurde. Aus der bereits dargelegten Positionierung der Mitgliedstaaten und der Gemeinschaftsorgane im sukzessiven Beitrittsverfahren ergeben sich einzelne Verhaltensregeln, die sich zu subjektiven Rechtspositionen der Beitrittskandidaten verstärken. Zu deren Schutz ist prinzipiell eine gerichtliche Kontrolle erforderlich. Da den Beitrittskandidaten eine Klagemöglichkeit vor dem EuGH nicht offen steht, bleibt ihnen nur, ihre Rechtsansprüche vor dem IGH geltend zu machen. Jedoch kann dieser Gerichtshof das Verhalten einzelner Mitgliedstaaten gegenüber einem abgelehnten Kandidatenstaat nur dann überprüfen, wenn beide Staaten seiner Jurisdiktion unterworfen sind. Der IGH vermag dann die Verletzung von Bindungen und korrelierenden Rechtspositionen der Kandidatenstaaten zu untersuchen, die sich aus dem allgemeinen Völkerrecht, insbesondere der Institution des Vertrauensschutzes ergeben.

---

513 Vgl. EuGH Rs. 31/86 und 35/86, *LAISA/Rat*, Slg. 1988, S. 2285; CREMER in: CALLIESS/RUFFERT, Art. 49 EU-Vertrag Rn. 4; BRUHA/VOGT, VRÜ 1997, S. 477, 490.

514 ZEH, Recht auf Beitritt?, S. 82; SARCEVIC, EuR 2002, S. 461, 481; vgl. auch die Ausführungen auf S. 104 ff.

Eine rechtliche Stärkung der sowohl politisch als auch wirtschaftlich weit unterlegenen Beitrittskandidaten ist politisch wünschenswert und rechtlich sogar geboten. Dies folgt insbesondere daraus, dass die für die Beitrittsperspektive übernommenen *obligations of membership* mit erheblichen Veränderungen in allen Bereichen des politischen, wirtschaftlichen und gesellschaftlichen Lebens der Beitrittskandidaten verbunden sind, die im Falle eines rechtswidrigen Scheiterns des Beitrittsgesuchs kaum ausgleichsfähig sind.[515] Die der Union und den Kandidatenstaaten auferlegten Pflichten müssen daher auch zum Maßstab für das Handeln der beteiligten Unionsorgane sowie der EU-Mitgliedstaaten werden. Allerdings ist die Entscheidung über die hinreichende Erfüllung der Beitrittsvoraussetzungen letztlich eine Frage der politischen Bewertung, hinsichtlich derer die Gemeinschaftsorgane und die Mitgliedstaaten der Europäischen Union über einen weiten Ermessensspielraum verfügen, der unabdingbar zu einer entsprechenden Zurückhaltung des EuGH führt.[516]

---

[515] PECHSTEIN/KOENIG, Die Europäische Union, Kap. 8 Rn. 440 ff.; SARCEVIC, EuR 2002, S. 461, 482; NETTESHEIM, EuR 2003, S. 36, 59 ff.

[516] PECHSTEIN in: STREINZ, Art. 49 EU-Vertrag Rn. 15; MENG in: VON DER GROEBEN/ SCHWARZE, Art. 49 EU-Vertrag Rn. 54; CREMER in: CALLIESS/RUFFERT, Art. 49 EU-Vertrag Rn. 12 f.; HERRNFELD in: SCHWARZE, Art. 49 EU-Vertrag Rn. 16; RICHTER, Die Erweiterung der Europäischen Union, S. 58; EHLERMANN, EuR 1984, S. 113, 116.

3. Teil: Analyse des Beitritts Rumäniens zur Europäischen Union

Um die Besonderheiten des rumänischen EU-Beitritts zu verstehen, müssen nicht nur die einzelnen Beitrittskriterien und die den Beitritt direkt betreffenden Maßnahmen analysiert, sondern auch die sozio-ökonomischen und allgemeinen politischen Rahmenbedingungen des gesellschaftlichen Kontextes der rumänischen Transformation mitberücksichtigt werden. Nur unter Betrachtung aller dieser Aspekte kann diesem Thema wirklich gerecht und eine objektive Untersuchung verfasst werden. Im folgenden Kapitel werden daher die endogenen und exogenen Prämissen des rumänischen Transformationsprozesses dargestellt, d.h. die Voraussetzungen für den politischen Umsturz im Jahre 1989 sowie für den daran anschließenden Transformationsprozess. In der Folge wird auf den daraufhin stattfindenden Demokratisierungsprozess eingegangen. Die Institutionalisierung der neuen rumänischen Verfassung wird ebenfalls in diesem Teil der Arbeit beschrieben. Der Prozess der Verfassungsgebung sowie der Inhalt der Verfassung werden ferner auf ihre demokratische Orientierung hin untersucht. Mit der Darstellung des gesellschaftlichen Kontextes der rumänischen Transformation – der neuen politischen Elite, der Opposition, der personalisierten informellen Strukturen und der schwachen Zivilgesellschaft – wird deutlich, dass Rumänien einen „Sonderweg" in die Europäische Union gegangen ist. Die rumänische Realität ist nicht durch ein „institutionelles Vakuum" charakterisiert, sondern durch veralterte informelle Beziehungsmuster, Mentalitäten und Normen, die sich mit dem neuen demokratischen Institutionenarrangement vermischen.[517]

I. Rumänien – ein Rückblick auf die Historie

1. Groß-Rumänien (1918 – 1944)

Rumänien war in seiner Geschichte mehrere Jahrhunderte wechselnden Herrschaften unterworfen. Österreicher, Ungarn, Russen und Osmanen trugen auf rumänischem Boden ihre Interessenkämpfe aus. Erst nachdem sich 1862 die Fürstentümer Walachei und Moldau vereinigt hatten, wurde 1878 das Königreich Rumänien international anerkannt. Als Ausgangspunkt für den folgen-

[517] DUCULESCU, Dreptul Integrării Europene (Das Recht der Europäischen Integration), S. 448 ff.; REBREANU, Die schicksalhaften Entscheidungen in der rumänischen Geschichte, S. 194 ff.; HAGEDORN, Gleiche Maßstäbe für Ost und West, S. 95 ff.; STERBLING, Gesellschaftliche Eliten und nationale Mythen im Modernisierungsprozess, in: ZACH/ZACH (HRSG.), Modernisierung auf Raten in Rumänien, S. 45 ff.

den historischen Abriss wurde das Jahr 1918 gewählt, als „Groß-Rumänien" (*România Mare*) durch den Anschluss Siebenbürgens (Transsilvaniens), des Banats, Bessarabiens und der Bukowina entstanden ist.[518] Die fast 90 Jahre, die seitdem vergangen sind, stellen zwar keinen langen Zeitraum dar, doch das Gesicht Rumäniens hat sich in dieser Zeit mehrmals grundlegend verändert, sowohl politisch, sozial und wirtschaftlich, als auch ethnisch und territorial.

Groß-Rumänien war eine konstitutionelle Monarchie, die durch den Friedensvertrag von Trianon vom 4. Juni 1920 völkerrechtlich anerkannt wurde. Der lang gehegte Traum von einem *Groß-Rumänien*, das alle von Rumänen bewohnten Gebiete in *einem* Staatsgebilde vereinen sollte, war Wirklichkeit geworden.[519] König FERDINAND I. war derjenige, der nach der Vereinigung den Gang der rumänischen Entscheidungen sowohl in internen als auch in externen Angelegenheiten beeinflusst hat. Der Souverän ist den Ereignissen der folgenden Jahre mit Einsicht und Patriotismus begegnet; er verfolgte eine Politik, die sich an den westlichen Demokratien (insbesondere Frankreich und England), aber auch an den Nachbarländern (Jugoslawien, Tschechoslowakei, Griechenland, Türkei und Polen), mit denen er eine Interessengemeinschaft bildete, orientierte. In der Zwischenkriegszeit verfolgte Rumänien daher eine Politik der „Kleinen Entente", um außenpolitischen Problemen zu begegnen und insbesondere den erreichten territorialen *Status quo* zu wahren. Die Territorialfrage blieb jedoch ein Streitpunkt im rumänisch-sowjetischen sowie im rumänisch-ungarischen Verhältnis. *Groß-Rumänien* wurde zum Nationalitätenstaat, der in den Pariser Friedensverträgen aus dem Jahr 1919 trotz hartnäckigen Widerstandes seines liberalen Premierministers IONEL BRĂTIANU auf politischen Druck der alliierten Westmächte die Verpflichtungen des interna-

[518] Mit der Entstehung Groß-Rumäniens gewann das Land insgesamt 157.146 qkm hinzu, so dass der neu gebildete rumänische Staat mit seinen nunmehr 295.049 qkm ein größeres Territorium umfasste als noch vor dem ersten Weltkrieg. Entsprechend nahm die Bevölkerung von etwa 7,7 Millionen im Jahr 1914 auf rund 17 Millionen im Jahr 1920 zu, vgl. MANEA/TEODORESCU, Noul cadru teritorial al României după Marea Unire (Der neue territoriale Rahmen Rumäniens nach der Großen Vereinigung), in: Istoria Românilor (Lehrbuch für Geschichte), S. 274 ff.

[519] MUŞAT, Marea Unire din 1918 şi confirmarea ei pe plan internaţional (Die Große Vereinigung von 1918 und ihre internationale Bestätigung), in: Anale de Istorie, Jg. XXIII, Nr. 1/1977, S. 144 ff.; REBREANU, Die schicksalhaften Entscheidungen in der rumänischen Geschichte, S. 118 ff.

tionalen Minderheitenschutzes akzeptieren musste.[520] Der jetzt *multinationale*, jedoch nur mit Abstrichen als *demokratisch* zu bezeichnende großrumänische Staat wurde nach dem Tod FERDINANDS von 1930 bis 1940 von König CAROL II. autoritär regiert. Diese Zeit bildete eine Phase der internen Wirrungen, der externen Komplikationen und der königlichen Diktatur.[521] Am 10. Februar 1938 entließ der rumänische König die OCTAVIAN GOGA-Regierung und errichtete innerhalb von wenigen Tagen ein diktatorisches Regime, das in der neuen Verfassung erstmals explizit Rumänien zum „Staat für die ethnischen Rumänen" erklärte.[522] Im Sommer 1940 brach das CAROL-Regime – nach dem Verlust Bessarabiens und Nord-Bukowina an die Sowjetunion, des nördlichen Teils Siebenbürgens an Ungarn und der Süd-Dobrudscha an Bulgarien – zusammen. Die Macht übernahmen der noch von CAROL II. eingesetzte Ministerpräsident General ION ANTONESCU und die faschistische *Eiserne Garde*. Rumänien wurde zum *Nationalen Legionärstaat* proklamiert. Die *Eiserne Garde* tyrannisierte nicht nur die nationalen Minderheiten, sondern stürzte das ganze Land ins Chaos. Im Januar 1941 putschte die *Garde* gegen ANTONESCU, der aber die Oberhand über das Land behielt und somit *de facto* zum Alleinherrscher in Rumänien wurde. Am 22. Juni 1941 trat Rumänien an der Seite Deutschlands in den Zweiten Weltkrieg ein, um verlorenes Territorium wiederzugewinnen. Mit der Wende im Krieg bildete sich jedoch in Rumänien eine immer stärkere Opposition gegen den das Land autoritär führenden Generalstabschef ANTONESCU und sein Bündnis mit dem Deutschen Reich. Am 23. August 1944 ließ König MIHAI I. seinen Premierminister Marschall ANTONESCU verhaften und setzte eine Koalitionsregierung unter symbolischer Beteiligung der Kommunisten ein.[523] Rumänien wechselte die Seite und kämpfte ab diesem Zeitpunkt gemeinsam mit den Alliierten gegen NS-Deutschland. Noch im folgenden Monat konnte die Rote Armee praktisch auf das ganze Territorium Rumäniens vordringen und den Vormarsch im Donaubecken und auf dem Balkan fortsetzen. In der bedin-

---

[520] Ausführlich dazu VIEFHAUS, Die Minderheitenfrage und die Entstehung der Minderheitenschutzverträge auf der Pariser Friedenskonferenz 1919, S. 190 ff. u. 223 f. m.w.N.; BOIA, APuZ 27/2006, S. 13, 15 f.

[521] REBREANU, Die schicksalhaften Entscheidungen in der rumänischen Geschichte, S. 128 f.

[522] Vgl. MANEA/TEODORESCU, Monarhia autoritară a regelui Carol al II-lea (Die autoritäre Monarchie des Königs Carol II.), in: Istoria Românilor (Lehrbuch für Geschichte), S. 349 ff. Die Verfassung Rumäniens vom 27.2.1938 ist abrufbar im Internet unter: http://ungarisches-institut.de/dokumente/pdf/19380227-2.pdf (Stand: 30.6.2008).

[523] Vgl. MANEA/TEODORESCU, Actul de la 23 august 1944 (Der Akt vom 23. August 1944), in: Istoria Românilor (Lehrbuch für Geschichte), S. 349 ff.

gungslosen Kapitulation vom 12. September 1944 musste Rumänien die erneute Abtretung Bessarabiens sowie der Nord-Bukowina, die Zahlung hoher Kriegsentschädigungen und die Beteiligung am Krieg auf sowjetischer Seite zugestehen.[524]

2. Die Entstehung des Kommunismus (1944 – 1965)

Durch den Friedensvertrag von Paris vom 10. Februar 1947 wurden Rumänien die 1940 an Ungarn verloren gegangenen Gebiete wieder angegliedert. Das Land bekam gleichzeitig eine neue Besatzungsmacht, die Sowjetunion, die ihre militärischen Machtmittel dazu nutzte, in die rumänische Innenpolitik einzugreifen.[525] Eine Besonderheit im ehemaligen Ostblock ist sicherlich die ungewöhnliche Tatsache, dass die Kommunistische Partei (*Partidul Comunist Român* - PCR) im Rumänien der Zwischenkriegs- und Kriegszeit nur eine ausgesprochen marginale Rolle gespielt hat. Zwar wurde die PCR bereits 1921 gegründet, blieb aber im Stadium einer „winzigen Interessengruppe“ mit deutlich weniger als 1.000 Mitgliedern, bis im Herbst 1944, nach der Besetzung des Landes durch die Rote Armee, ihre „große Stunde“ schlug.[526] Unter dem Schirm der sowjetischen Besatzung gelang es den Kommunisten, nach und nach die wichtigsten Positionen in Politik und Verwaltung zu erlangen und die Anhänger der anderen Strömungen gewaltsam allmählich aus ihren Ämtern zu verdrängen. Die Sowjetunion erreichte schließlich durch die Androhung von Gewalt am 6. März 1945 die Einsetzung der kommunistisch-dominierten PETRU GROZA-Regierung.[527] GROZA wurde vom damaligen König MIHAI I. zum Premierminister ernannt, der formal zwar unabhängig von den Kommunisten war, sich aber als hochgradig abhängiger Gefolgsmann erwies. Vom Westen wurde Rumänien – nicht zuletzt aufgrund der Vereinbarungen von Jalta im Februar 1945 – zum „sowjetischen Machtbereich“ deklariert und seinem Schicksal überlassen.[528] Die außenpolitischen Beziehungen

---

[524] REBREANU, Die schicksalhaften Entscheidungen in der rumänischen Geschichte, S. 139 ff.

[525] Vgl. MANEA/TEODORESCU, Istoria Românilor (Lehrbuch für Geschichte), S. 368 ff.

[526] Vgl. Istoria României (Geschichte Rumäniens), Bukarest 1972, S. 316 ff.; REBREANU, Die schicksalhaften Entscheidungen in der rumänischen Geschichte, S. 144 ff.

[527] Vgl. MANEA/TEODORESCU, Guvernul Petru Groza – instrument al comunizării ţării (Die Regierung Petru Groza – Instrument zur Kommunisierung des Landes), in: Istoria Românilor (Lehrbuch für Geschichte), S. 365 ff.

[528] Am 9. Oktober 1944 im Rahmen eines Treffens in Moskau hat CHURCHILL STALIN die Teilung Ost- und Südosteuropas vorgeschlagen und dessen Zustimmung zu seinen Plänen erreicht. Danach sollte Rumänien zu 90% sowjetisch und zu 10% britisch bzw. amerika-

der Zeit vor dem Zweiten Weltkrieg, wie die „Kleine Entente" mit ihren Verbindungen zu Frankreich, gehörten endgültig der Vergangenheit an. Der in früheren Zeiten nicht selten gewählte Weg Rumäniens, sich in schwierigen Zeiten in eine Neutralität zurückzuziehen, war nicht mehr gangbar. Moskau hatte das Land fest im Griff; Rumänien blieb nichts anderes übrig, als sich der Sowjetunion unterzuordnen. Die Staats- und Parteiführung in Rumänien akzeptierte nicht nur bereitwillig diesen Weg, sondern trieb ihn sogar voran. Es entstand der „Ostblock", zusammengesetzt aus der Sowjetunion und ihren „Satellitenstaaten", darunter auch Rumänien.[529] Im November 1947 erfolgte entsprechend der Entwicklung in allen Ostblockstaaten die Zwangsvereinigung der Kommunisten mit den Sozialdemokraten. Daraufhin wurde die Monarchie in Rumänien beseitigt, der rumänische König musste am 30. Dezember 1947 abdanken und sich in die Emigration begeben. Rumänien wurde zur „Volksrepublik, Staat aller Werktätigen in Stadt und Land" ausgerufen.[530] Dementsprechend wurde im April 1948 eine neue „volksdemokratische" Verfassung verabschiedet, die starke Ähnlichkeiten mit der Verfassung der Sowjetunion von 1936 aufwies und die neue „Volksrepublik" sowie den Übergang zur kommunistischen Gesellschaftsordnung auch auf verfassungsrechtlicher Ebene absicherte.[531]

Das Rumänien auferzwungene Gesellschaftsmodell zeichnete sich in seiner Anfangsphase durch eine im Vergleich zu den anderen Staaten des Ostblocks ungewöhnliche ideologische Starrheit aus. Innerhalb weniger Jahre wurde die Armee restrukturiert, fast die gesamte landwirtschaftlich nutzbare Bodenfläche zwangsweise kollektiviert oder verstaatlicht, Justiz und Hochschulwesen den Direktiven der Kommunistischen Partei unterstellt und die *Securitate* (Staatssicherheit) als später allmächtiger Geheimdienst gegründet. Das Privat-

---

nisch beeinflusst sein, vgl. MANEA/TEODORESCU, România pe drumul către totalitarismul comunist (Rumänien auf dem Weg zu Kommunismus), in: Istoria Românilor (Lehrbuch für Geschichte), S. 361 ff.

[529] Vgl. MANEA/TEODORESCU, România pe drumul către totalitarismul comunist (Rumänien auf dem Weg zum Kommunismus), in: Istoria Românilor (Lehrbuch für Geschichte), S. 361 ff.; vgl. auch VÖLKL, Rumänien, S. 175 ff.

[530] Die Ausrufung der „Rumänischen Volksrepublik" erfolgte noch am selben Tag, 30.12.1947 durch Gesetz Nr. 363/1947, Art. 3, vgl. *Monitorul Oficial al României*, Nr. 300b vom 30.12.1947; vgl. auch ein Lehrbuch für Geschichte aus der kommunistischen Zeit: Istoria României (Geschichte Rumäniens), Bukarest 1972, S. 380 f.: „Der Ausruf der Volksrepublik Rumänien war der Meilenstein für die Machtübernahme durch die rumänische Arbeiterklasse zusammen mit den Landwirten und den anderen Arbeiterklassen. Damit wurde die bürgerlich-demokratische Revolution abgeschlossen und mit der Verwirklichung der Aufgaben der sozialistischen Revolution angefangen."

[531] Vgl. MANEA/TEODORESCU, Istoria Românilor (Lehrbuch für Geschichte), S. 370 ff.

eigentum wurde weitgehend abgeschafft, private Gewerbe- und Dienstleistungsbetriebe existierten auf einmal nicht mehr und ein Großteil der Ressourcen des Landes floss in die Schwerindustrie.[532] In der Folge erlebte Rumänien nicht nur die Zerstörung des „traditionellen Groß-Rumäniens“ und den Aufbau des „realen Sozialismus“, sondern folgte auch den Stalinisierungs- und Entstalinisierungsprozessen der 50er und 60er Jahre. Nach 1960 leitete der Generalsekretär der Kommunistischen Partei GHEORGHE GHEORGHIU-DEJ – in Sorge vor einem Machtverlust infolge der Entstalinisierung und begünstigt durch den Rückzug der sowjetischen Besatzungstruppen im Jahr 1958 – eine auf größere Unabhängigkeit von der Sowjetunion bedachte Politik ein.

3. Die Alleinherrschaft NICOLAE CEAUŞESCUS (1965 – 1989)

a. Die Innenpolitik

Am 22. März 1965 übernahm NICOLAE CEAUŞESCU das Amt des Parteichefs der Rumänischen Kommunistischen Partei (als jüngster Parteiführer des Warschauer Paktes). Ebenfalls im Jahr 1965 bekam Rumänien eine neue Verfassung und wurde in „Sozialistische Republik Rumänien“ umbenannt.[533]
Die Amtszeit CEAUŞESCUS als Parteivorsitzender wurde bis Ende der 60er Jahre durch die Bemühungen charakterisiert, seine Machtposition innerhalb der Partei gegenüber der sowjet-loyalen Fraktion zu sichern und diese seiner Kontrolle zu unterstellen. Die sowjet-loyale Gruppierung innerhalb der Partei hatte gehofft, durch die Ergreifung der Macht durch CEAUŞESCU die von seinem Vorgänger GHEORGHIU-DEJ initiierte Politik der Abgrenzung von der Sowjetunion stoppen zu können.[534] Die hierfür verfolgten Strategien sahen ideologische und institutionelle Veränderungen in den wichtigen Sektoren des Staates vor. Wie die kommunistische Partei durch personengebundene Verflechtungen den Staatsapparat auf allen Ebenen kontrollierte, so beherrschte auch CEAUŞESCU durch die Kumulierung zahlreicher Spitzenämter sowie

---

[532] REBREANU, Die schicksalhaften Entscheidungen in der rumänischen Geschichte, S. 159 ff.
[533] Der Verfassungstext von 1965 in deutscher Übersetzung ist abgedruckt in: Jahrbuch für Ostrecht, Band VII, 1. Halbjahresheft, Juni 1966, S. 217 – 240.
[534] GILBERG, Nationalism and Communism in Romania, S. 209 ff.; FRICKENHELM, Die rumänische Abweichung, S. 376 ff.

durch eine geschickte Personalpolitik die Partei und den Staat.[535] Die Machtstellung CEAUŞESCUS folgt anschaulich aus folgendem Schema:[536]

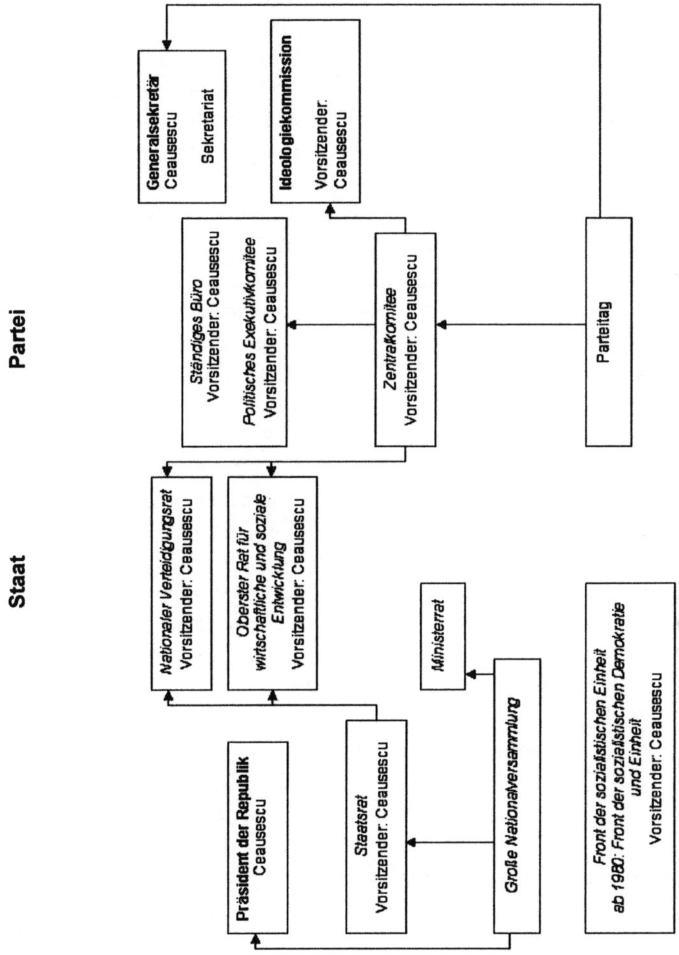

[535] Für eine Schilderung der Entwicklung des rumänischen Kommunismus nach 1965 und der Mobilisierungsstrategien CEAUŞESCUS vgl. GALLAGHER, Romania after Ceauşescu, S. 54 – 71; zum Aufstieg CEAUŞESCUS vgl. auch VÖLKL, Rumänien, S. 180 – 184.

[536] Quelle: VÖLKL, Rumänien, S. 191.

Insbesondere nach der Ernennung CEAUŞESCUS zum Staatspräsidenten im Jahr 1975 beschritt Rumänien einen eigenständigen Weg unter den Satellitenstaaten der Sowjetunion: Es entstand eine bizarre Mischung aus Stalinismus, rumänisch-nationalem Chauvinismus, Personenkult, Intellektuellen- und Minderheitenfeindlichkeit, Vetternwirtschaft, Inkompetenz und Korruption.[537] Angereichert wurde das Ganze noch durch einige dem Faschismus entnommene Elemente. Eine Besonderheit selbst unter den merkwürdigen Herrschaftssystemen des Ostblocks stellte der Versuch CEAUŞESCUS dar, die wichtigsten politischen und wirtschaftlichen Positionen des Landes ausschließlich unter engen Freunden und Familienangehörigen zu verteilen. Die Mitglieder des CEAUŞESCU-Clans stiegen zu Inspektoren und Kreisdirektoren, zu Ministern und Parteisekretären, zu Militärchefs und Komiteeleitern auf. Die entstandene Clanstruktur beruhte ausschließlich auf Nepotismus sowie Loyalität und Unterordnung gegenüber CEAUŞESCU, wobei Fachkompetenz als Kriterium nicht mehr berücksichtigt wurde.[538] Zur Absurdität geriet ein im Jahr 1983 erlassenes Gesetz, wonach von jeder Schreibmaschine ausführliche Schriftproben bei der Polizei zu hinterlegen und Kopiergeräte zu registrieren waren. Wer eine „Gefahr für die öffentliche Ordnung oder die Sicherheit des Staates" darstellte, durfte überhaupt keine Geräte dieser Art besitzen. Damit sollte die Erstellung von Flugblättern oppositionellen Inhalts verhindert werden. Es folgte ein Gesetz, wonach Begegnungen mit Ausländern der Polizei zu melden waren.[539] Je schlimmer die innenpolitische Lage in Rumänien wurde, desto mehr machte sich die Korruption bemerkbar, ein allgemein in den kommunistischen Planwirtschaften und in Rumänien bereits lange vorher aufgetretenes Phänomen. Schon König CAROL I. und der Premierminister ANTONESCU hatten vergeblich versucht, diese Gewohnheiten zu beseitigen. Gemeint ist nicht eine harmlose „Trinkgeld-Gewohnheit", sondern die Käuflichkeit der Menschen und Leistungen, auch und vor allem im Bereich der Staatsverwaltung. Zahlreiche Gesetze mit Strafandrohung zur Korruptionsbekämpfung wurden von den Kommunisten erlassen, die Partei diskutierte auf ihren Kongressen vehement hierüber und fasste Beschlüsse zur stärkeren Kontrolle und zu härteren Strafen, die Presse veröffentliche entsprechende Auffälligkeiten unter Namensnennung. Geändert hat sich dadurch dennoch nichts: Materielle

[537] PACEPA, Red Horizons, S. 131 ff.; FRICKENHELM, Die rumänische Abweichung, S. 376 ff.; BAGA/TATUR, Rumäniens Sonderweg in Mitteleuropa, S. 126; NEGULESCU, Politische und wirtschaftliche Transformation in Rumänien, S. 114 ff.

[538] ROTH, Staatliche Bürokratie und neue Eliten im posttotalitären Rumänien, in: STERBLING/ZIPPRIAN (HRSG.), Max Weber und Europa, Beiträge zur Osteuropaforschung, S. 190.

[539] VÖLKL, Rumänien, S. 204 ff.

Zuwendungen ermöglichen oder erleichtern heute noch den Zugang überall, ob bei Ärzten oder in der Administration.

Durch eine ganze Reihe von Intrigen, bei denen der Geheimdienst *Securitate* maßgeblich beteiligt war, entledigte sich CEAUŞESCU politischer Konkurrenz und begründete die erste kommunistische Dynastie in Europa.[540] Lediglich aus dem verschlossenen Nord-Korea wurde bisher eine vergleichbare Entwicklung bekannt. Die Entstehung dieses Systems wurde durch den allgegenwärtigen Geheimdienst *Securitate* ermöglicht, der sich wie kein zweiter Geheimdienst in den Satellitenstaaten am großen Vorbild des KGB orientierte. Seine Mitarbeiterzahl stieg gleichzeitig zum Absinken des Lebensstandards der rumänischen Bevölkerung. Der Sicherheitsdienst war CEAUŞESCU direkt unterstellt, um einen Militärputsch vermeiden zu können. Die Zahl der *Securitate*-Angehörigen war so berechnet, dass sie der regulären Truppenstärke der Armee entsprach. Grenzschutz plus Sicherheitsdienst durfte die Zahl der Landstreitkräfte nicht unterschreiten.[541]
Ergänzt und gestützt wurde das absurde System CEAUŞESCUS weiterhin von einer Reihe dienstwilliger Historiker, die sich von ihrer „Anpassungsfähigkeit" raschen beruflichen Aufstieg und Privilegien erhofften und dem Regime seine historische Begründung und damit seine Legitimität jenseits der kommunistischen Ideologie lieferten. Ihre Ideologie war vorwiegend nationalistisch, auf die Einheit und Überlegenheit des rumänischen Volkes bezogen. Ihre Methode bestand in gravierenden Übertreibungen und Geschichtsverfälschungen zu Gunsten des rumänischen Volkes und seines großen Führers.[542] Historiker reduzierten die rumänische und europäische Geschichte auf eine zielgerichtete Entwicklung vom Urmenschen bis in die Neuzeit, an deren Ende und Höhepunkt CEAUŞESCU stand: Die Linie führte vom ominösen „ersten

540 Nach Darstellung des ehemaligen CEAUŞESCU-Beraters, ION MIHAI PACEPA, strebte CEAUŞESCU an, durch Ernennung von Vertrauensleuten in allen bedeutsamen Positionen der regionalen Partei- und Verwaltungshierarchie seine Macht zu konsolidieren, vgl. PACEPA, Red Horizons, S. 131.

541 CĂLINESCU/TISMĂNEANU, The 1989 Revolution and Romania's Future, in: NELSON (HRSG.), Romania after Tyranny, S. 11 ff.; VASTAG/MANDICS/ENGELMANN, Temesvar. Symbol der Freiheit, S. 49.

542 Die Historiker zeigten die Rumänen als friedliebendes Volk, das stets von barbarischen Slawen, Hunnen und Ungarn bedrängt worden sei. Bei allen Wechselfällen der Geschichte aber sei es den Rumänen stets gelungen, ihre nationale Identität zu bewahren. Und weil die Rumänen von Anfang an auf dem noch heute besiedelten Territorium lebten, sei Rumänien der älteste heute noch existierende Staat Europas, vgl. LEIBE/LEIBE/RICHTER, Beitrittsbarometer Rumänien, S. 30 ff.; VERSECK, Rumänien, S. 74; Istoria României (Geschichte Rumäniens), Bukarest 1972, S. 396 ff.

europäischen Menschen“, den Anthropologen in der Nähe von CEAUŞESCUS Geburtsort Scorniceşti entdeckt hatten, über den Dakerkönig BUREBISTA und den mittelalterlichen Fürsten MIHAI VITEAZUL direkt zum allmächtigen *Conducător* (Führer).[543]

Der Reform- und Integrationsdruck auf CEAUŞESCU nahm jedoch mit dem Amtsantritt GORBATSCHOWS im März 1985 und dem dadurch ausgelösten Wandel innerhalb des östlichen Bündnisses zu. GORBATSCHOW war mit der Zielsetzung angetreten, die „Perestrojka-Politik“ gegen die alte Führungselite im osteuropäischen Umfeld durchzusetzen,[544] und erwartete von CEAUŞESCU eine Gleichstellung der politischen und ökonomischen Sphäre des Landes mit den sowjetischen Reform- und Öffnungsbemühungen.[545] Der rumänische Diktator sollte seine „Austeritätspolitik“, die gegen die Integration im Hegemonialbereich Moskaus und den Warschauer Pakt gerichtet war, aufgeben und systemerhaltende Reformen einleiten, um die Gefahr einer spontanen Revolution zu reduzieren.[546] Jedoch reagierte CEAUŞESCU nicht auf diese Erwartungen und verteidigte weiterhin vehement den von Planwirtschaft, Gemeinschaftseigentum und der Kommunistischen Partei dominierten Staatssozialismus gegen das von der Sowjetunion nach 1988 propagierte „Neue Denken“.[547] Das rumänische Staatsoberhaupt war weder gewillt noch in der Lage, der insgesamt veränderten geopolitischen Situation Rechnung zu tragen. Das rumänische Regime wurde durch den dramatisch sinkenden Lebensstandard der Bevölkerung, die systematische Verletzung der Menschenrechte und die repressive Minderheitenpolitik des Landes in den Augen der westlichen Beobachter in immer stärkerem Maße diskreditiert.[548] Der Wandel innerhalb des östlichen Staatenbündnisses und die Annäherung der Supermächte sowie die tiefgreifende Veränderung der ostpolitischen Konzeption der westlichen Welt können

[543] VERSECK, Rumänien, S. 74; SCHROEDER, Sprachtheorie und Nationalismus in Rumänien, in: GREGORI/SCHASER (HRSG.), Rumänien im Umbruch, S. 73 ff.
[544] Ausführlich zu den Zielen der Perestrojka-Politik GORBATSCHOWS siehe BRUNNER, Die innenpolitischen Reformvorstellungen Gorbatschows, in: LUCHTERHANDT/NUßBERGER (HRSG.), Transformation in Mittel- und Osteuropa, S. 66 ff.
[545] NEGULESCU, Politische und wirtschaftliche Transformation in Rumänien, S. 119.
[546] GORDIEWSKY/ANDREW, KGB, S. 824; GILBERG, Nationalism and Communism in Romania, S. 209 ff.; FRICKENHELM, Die rumänische Abweichung, S. 376 ff.
[547] VÖLKL, Rumänien, S. 214 f.; VERSECK, Rumänien, S. 74 f.; GILBERG, Nationalism and Communism in Romania, S. 205 ff.
[548] GABANYI, Systemwechsel in Rumänien, S. 82 ff.; KENDI, Minderheitenschutz in Rumänien, S. 131 ff.

als exogene Faktoren betrachtet werden, die die endogene Dynamik innerhalb des Landes verstärkten und als Grundlage der rumänischen Revolution gelten.

b. Die außenpolitischen Beziehungen des Landes

Wie oben bereits dargestellt, versuchte Rumänien gegenüber der Sowjetunion und ihren für die Satellitenstaaten verbindlichen Vorgaben immer eine gewisse Distanz zu wahren.[549] Eine eigenständige Außen- und Militärpolitik war nur insoweit möglich, als sie nicht mit den Interessen des Systems des Warschauer Paktes kollidierte. Bukarest distanzierte sich in vielen Schritten von seinen Partnern, achtete aber stets darauf, die Grenzen seiner Bewegungsfreiheit nicht zu überschreiten.[550] Es entstand der Eindruck, Rumänien habe sich permanent der Hegemonie Russlands entziehen wollen, freilich ohne es letztendlich zu schaffen.[551]

Auf seinem *Sonderweg* nahm Rumänien 1967 als erster Ostblockstaat, vom Sonderfall Sowjetunion abgesehen, diplomatische Beziehungen zu Bonn auf, zur Verärgerung der Bündnispartner und besonders Ost-Berlins; in der „Berlin-Frage" wich Bukarest allerdings nicht von deren Linie ab und erkannte die Zugehörigkeit West-Berlins zur Bundesrepublik Deutschland nicht an. Im gleichen Jahr brachen die Staaten des Warschauer Paktes, auf den „Sechs-Tage-Krieg" zwischen Israel und den arabischen Staaten hin, die diplomatischen Beziehungen zu Israel ab. Rumänien wandte sich ebenfalls gegen die Besetzung arabischer Gebiete durch Israel, verzichtete aber auf den Abbruch der diplomatischen Beziehungen.[552] Am weitesten probte die rumänische Führung ihre Bewegungsfreiheit anlässlich der Ereignisse des Jahres 1968 in der Tschechoslowakei, als die dortige kommunistische Partei im „Prager Frühling" die Liberalisierung des Landes forderte, worauf am 21. August 1968 die Sowjetunion das Land besetzte. Die spektakuläre Invasion wurde von Truppen aller Warschauer-Pakt-Staaten mit Ausnahme Rumäniens unterstützt. Bukarest hatte nicht nur vor dieser „Einmischung" gewarnt und sich nicht daran

---

[549] Siehe dazu die Ausführungen auf S. 118.

[550] Insbesondere GILBERG, Nationalism and Communism in Romania, S. 209 ff. und FRICKENHELM, Die rumänische Abweichung, S. 376 ff. untersuchen umfassend, wie sowohl CEAUŞESCU als auch bereits sein Vorgänger GHEORGHE GHEORGHIU-DEJ ihre auf symbolische Unabhängigkeit von Moskau gerichtete Außenpolitik genutzt haben, um innerstaatlich ihre Machtposition zu festigen und sogar auszubauen.

[551] VÖLKL, Rumänien, S. 181; VERSECK, Rumänien, S. 65 ff.

[552] VÖLKL, Rumänien, S. 182.

beteiligt, sondern protestierte auch öffentlich dagegen.[553] Am Abend dieses 21. August 1968 rechnete CEAUȘESCU vom Balkon des Zentralkomitee-Gebäudes aus vor einem zahlreichen Publikum mit Moskau ab: „In der gegenwärtigen Welt ist es undenkbar, dass ein sozialistischer Staat, dass sozialistische Staaten die Freiheit und Unabhängigkeit eines anderen Staates mit Füßen treten. Die Idee einer militärischen Intervention in die Angelegenheiten eines sozialistischen Bruderstaates ist durch nichts gerechtfertigt. Auch Rumänien könnte ein solches Schicksal widerfahren, aber das ganze rumänische Volk wird es niemandem gestatten, das Territorium unseres Vaterlandes zu verletzen."[554] Mit dieser Haltung war die von der Sowjetunion propagierte BRESCHNEW-Doktrin für Rumänien erledigt.
Ende der 70er Jahre nahm Bukarest im Streit zwischen Moskau und Peking eine vermittelnde Position ein und entwickelte sogar eine engere Bindung zu China. Als sich Moskau dadurch provoziert fühlte, zog sich Bukarest wieder auf seine vermittelnde Position zurück. Beim Einmarsch der Sowjetarmee in Afghanistan im Dezember 1979 kritisierte CEAUȘESCU diese Maßnahme. Die rumänische Vertretung bei den Vereinten Nationen ging jedoch nicht so weit, dass sie die gegen das sowjetische Vorgehen gerichtete allgemeine UN-Resolution unterstützte; sie blieb lediglich der Sitzung fern. Einige Monate später stimmte CEAUȘESCU, wohl notgedrungen, der Präsenz der sowjetischen Truppen in Afghanistan zu.[555] Im Jahr 1984 warb die rumänische Regierung im Ausland erneut um Sympathie, indem sie ihre „Unabhängigkeit" gegenüber den kommunistischen Staaten demonstrierte und entgegen den sowjetischen Weisungen an den olympischen Spielen in Los Angeles teilnahm.

Solche „Widerspenstigkeit" wurde von Westeuropa politisch und finanziell honoriert und gab dem CEAUȘESCU-Regime einen größeren wirtschaftlichen Handlungsspielraum. Die Politik Rumäniens und die Versuche CEAUȘESCUS, sich von Moskau zu distanzieren, wurden im Ausland mit großem Interesse verfolgt. Die Königin von England verlieh dem rumänischen Staatsoberhaupt im Jahr 1978 den höchsten für Ausländer möglichen Orden, verbunden mit der Erhebung in den Adelstand.[556] Doch endeten die nach 1960 eingeleitete vorsichtige Öffnung nach Westen und die relative Unabhängigkeit im Rah-

[553] BORA, Die Einwirkung des europäischen Gemeinschaftsrechts auf das rumänische Verwaltungsrecht, S. 124 ff.; WAGNER, APuZ 27/2006, S. 3, 5.
[554] Zitiert nach VÖLKL, Rumänien, S. 182.
[555] BORA, Die Einwirkung des europäischen Gemeinschaftsrechts auf das rumänische Verwaltungsrecht, S. 124 f.; VÖLKL, Rumänien, S. 183.
[556] Vgl. http://de.wikipedia.org/wiki/Order_of_the_British_Empire (Stand: 30.6.2008). Der Orden wurde im Jahr 1989 aberkannt.

men des Warschauer Pakts und des Rates für Gegenseitige Wirtschaftshilfe in einem Fiasko.[557] Um der Auswanderungsgefahr entgegenzuwirken, wurden die Kontakte der Bevölkerung zum Ausland erschwert; einen Reisepass erhielt man nur unter sehr großen Schwierigkeiten, und wer einen solchen ausgestellt bekam, eilte zur Grenze, aus Furcht, dieser werde wieder eingezogen. Zunehmend wurden ausländischen Journalisten Schwierigkeiten bereitet. Schließlich rückte Rumänien international in noch schlechteres Licht, als 1982 eine „Auswanderungssteuer" festlegt wurde, von der hauptsächlich Volksdeutsche im Sinne von Art. 116 des Deutschen Grundgesetzes und Juden betroffen waren.

Die Oppositionshaltung CEAUŞESCUS gegenüber dem östlichen Bündnis sowie seine militante Konfrontationspolitik gegen den „imperialistischen Westen", die zunehmend von seiner Annäherungspolitik der frühen 80er Jahre abwich, führten ihn in eine „doppelte Falle": Am Vorabend der Wende war das Land wirtschaftlich ruiniert und außenpolitisch sowohl vom Westen als auch vom Osten isoliert. Der Übergang von der *Kommandowirtschaft* zur *Marktwirtschaft* vollzog sich unter besonders schwierigen Bedingungen. Die Gründe hierfür sind in den oben genannten historisch bedingten Gegebenheiten sowie soziologischen Mentalitätsstrukturen ebenso zu suchen wie in den Eigenheiten der rumänischen Wirtschaftspolitik der Nachkriegszeit.[558] Nur bei Berücksichtigung dieser Rahmenbedingungen wird die Alltagswirklichkeit im Rumänien der Ära CEAUŞESCU verständlich.

Auch wenn die Beziehungen Rumäniens zu Westeuropa eine relativ lange Tradition haben, kann dennoch bis 1989 von einer eigenständigen Europapolitik Rumäniens nicht gesprochen werden. Aus dieser Perspektive betrachtet, erscheint der Systemwandel im Dezember 1989 nicht nur als Befreiung von einem totalitären Regime, sondern auch als eine Öffnung Rumäniens zu dem als kulturelle Heimat empfundenen Teil Europas.[559]

---

557 NEGULESCU, Politische und wirtschaftliche Transformation in Rumänien, S. 120 ff.

558 GABANYI, Rumänien vor dem EU-Beitritt, S. 7 ff.; siehe dazu auch die Ausführungen auf S. 118 ff.

559 CĂLINESCU/TISMĂNEANU, The 1989 Revolution and Romania's Future, in: NELSON (HRSG.), Romania after Tyranny, S. 11 ff.; HARTWIG, Die Europapolitik Rumäniens, S. 18 ff.; GABANYI, Die unvollendete Revolution, S. 21 ff.

4. Die politische Situation nach der politischen Wende im Dezember 1989

a. Die politische Entwicklung bis 1996

Bis 1989 war Rumänien Mitglied des Warschauer Paktes und des Rates für Gegenseitige Wirtschaftshilfe. Während der kommunistische Parteichef und Staatspräsident CEAUŞESCU in der Außenpolitik einen von Moskau relativ unabhängigen Kurs verfolgte, baute er in der Innenpolitik die Alleinherrschaft der Rumänischen Kommunistischen Partei zu einer unerbittlichen Diktatur aus.[560] Bedingt durch diese diktatorische Herrschaft und insbesondere mit Hilfe der Rumänischen Geheimpolizei wurde jedes Aufbegehren der verelenden Bevölkerung von den oppositionellen Gruppierungen bis hin zur freien Meinungsäußerung unterdrückt.[561] Eine graduelle, von inneren Reformkräften herbeigeführte Ablösung der herrschenden kommunistischen Einheitspartei nach dem Muster Ungarns oder Polens scheiterte am Widerstand des seinerzeitigen Staats- und Parteichefs. Ein gewaltfreier Regimewechsel wie in der ehemaligen DDR, der Tschechoslowakei oder Bulgarien galt angesichts des zu erwartenden Widerstands CEAUŞESCU-loyaler Militärs und der Sicherheitskräfte als undenkbar.[562] Aus diesen Gründen verlief der „Systemwechsel" allein in Rumänien gewaltsam: CEAUŞESCU wurde im Dezember 1989 im Windschatten eines provozierten Volksaufstands gestürzt und zusammen mit seiner Frau von einem „Volksgericht" zum Tode verurteilt und hingerichtet. Die Exekution der CEAUŞESCU-Familie kann als ein demonstrativer Akt zur Beendigung der kommunistischen Herrschaft in Rumänien verstanden werden.[563] Vielen – nur vordergründig gewendeten – Kadern der kommunistischen Partei sowie ehemals an den Rand gedrängten Gegeneliten aus dem Militär- und Sicherheitsapparat gelang es hingegen, auf wichtigen Positionen im Staatsdienst zu verharren.[564] Während jedoch in anderen Staaten Osteuropas die ursprünglich reformkommunistischen Strukturen dem Druck der demokratischen Opposition weichen mussten, schaffte es die neue rumänische Führung der „Front der Nationalen Rettung" (*Frontul Salvării Naţionale* – FSN)

---

[560] Vgl. dazu die Ausführungen auf S. 116 ff.

[561] Keine anderen Staaten des ehemaligen Ostblocks haben wie Russland und Rumänien die Entfaltungsmöglichkeiten ihrer anders denkenden Elite so stark eingeschränkt und sie in eine gesellschaftliche und politische Außenseiterposition gedrängt, vgl. LEIßE/LEIßE/RICHTER, Beitrittsbarometer Rumänien, S. 80 f.

[562] Vgl. *The New York Times* vom 21.11.1989, S. A1 und A9; *Neuer Weg* vom 22.11.1989, S. 7.

[563] BRUNNER, Politischer Systemwandel und Verfassungsreformen in Osteuropa, in: LUCHTERHANDT/NUßBERGER (HRSG.), Transformation in Mittel- und Osteuropa, S. 93, 111 ff.

[564] KENDI, Minderheitenschutz in Rumänien, S. 135 ff.; VÖLKL, Rumänien, S. 209 ff.

unter dem Vorsitz von ION ILIESCU[565] ihre Machtposition auch unter veränderten politischen Rahmenbedingungen zu behaupten. Als höchstes Organ der Staatsmacht in Rumänien konstituierte sich der Rat der Front der Nationalen Rettung bereits am 22. Dezember 1989 aus „Vertretern aller patriotischen Kräfte, aller sozialen Schichten und aller Nationalitäten".[566] Mit der Beseitigung des CEAUŞESCU-Regimes wurde jedoch eine „alt-neue" Elite[567] ins Zentrum der Macht gerückt, die sich aus zahlreichen ehemals hohen Parteifunktionären zusammensetzte. Bereits in einem ersten „Kommuniqué an das Vaterland" präsentierte die neue Führung Rumäniens ein „Zehn-Punkte-Programm" zur Erneuerung des Landes,[568] welches als politische Ziele unter anderen vorsah: „die Abkehr von der führenden Rolle einer einzigen Partei und die Verankerung eines pluralistischen demokratischen Regierungssystems", die Verwirklichung des Prinzips der Gewaltenteilung, „die Beseitigung aller ideologischer Dogmen, die dem rumänischen Volk soviel Schaden zugefügt haben", die Wahrung der Menschenrechte sowie „die Achtung der Rechte und Freiheiten der nationalen Minderheiten" sowie die Einstellung des Programms der Dorfzerstörung.[569] Die erste große Welle nach dem Umsturz

---

[565] ION ILIESCU (Jahrgang 1930) begann seine politische Karriere im Kommunistischen Jugendverband. Er war PCR-Mitglied seit 1953; zwischen 1967-1971 war er Vorsitzender des Kommunistischen Jugendverbands und Jugendminister. Ferner rückte er in das Zentralkomitee der Kommunistischen Partei auf, zu deren Chefideologe er im Jahr 1971 wurde. Kurz darauf fiel ILIESCU bei CEAUŞESCU in Ungnade und verlor die von ihm besetzten Hohen Ämter. Anschließend blieb ILIESCU politisch in einer Wartestellung. Seine Aufgeschlossenheit für die Reformpolitik GORBATSCHOWS rührt nicht zuletzt daher, dass er in der Sowjetunion studierte.

[566] Das Dekret-Gesetz Nr. 2 vom 27.12.1989 über die Gründung, Organisation und Funktionsweise des Rates der Front der Nationalen Rettung und der Gebietsräte der Front der Nationalen Rettung ist abgedruckt in: *Monitorul Oficial al României*, Nr. 4 vom 27.12.1989.

[567] TISMĂNEANU, New Masks. Old Faces, in: *The New Republic*, Vol. 202, No. 6/1990, S. 17, 19 ff.; KENDI, Minderheitenschutz in Rumänien, S. 135 ff.; LEIßE/LEIßE/RICHTER, Beitrittsbarometer Rumänien, S. 79 ff.; STERBLING, Gesellschaftliche Eliten und nationale Mythen im Modernisierungsprozess, in: ZACH/ZACH (HRSG.), Modernisierung auf Raten in Rumänien, S. 45 ff.

[568] Das „Zehn-Punkte-Programm" ist abgedruckt in: *Monitorul Oficial al României*, Nr. 1 vom 22.12.1989.

[569] Im Frühjahr 1988 kündigte CEAUŞESCU die Pläne zur „Systematisierung und Modernisierung der Dörfer" an, die weltweites Aufsehen erregten. Dieses sog. Systematisierungsprogramm sah die Zerstörung von etwa 7.000 kleineren Dörfern vor, von denen viele auch von der deutschen und vor allem von der ungarischen Minderheit bewohnt waren, und den gleichzeitigen Ausbau von größeren Dörfern zu neuen agro-industriellen Zentren, vgl. die Darlegungen CEAUŞESCUS zu diesem Programm in: *Scânteia* vom 4.5.1988, S. 1 – 3 sowie

CEAUŞESCUS ebbte jedoch rasch ab, und die Lage unter der neuen Führung ILIESCUS normalisierte sich zunächst. Die Regierung hob die unsinnigen Gesetze aus der CEAUŞESCU-Zeit auf, wie z.B. jene über die Systematisierung und Behinderung der Verbindungen zu Ausländern. Zahlreiche staatliche Kontrollen darunter auch an den Hochschulen wurden beseitigt. Die politischen Gefangenen wurden frei gelassen, politisch bedingte Tatbestände wurden aus dem Strafgesetzbuch entfernt, Presseerzeugnisse und Bücher durften frei erscheinen. Die Ankündigung einer größeren Freizügigkeit und einer besseren Lebensmittel- und Energieversorgung fand eine breite Zustimmung in der Bevölkerung.[570] Die Kommunistische Partei wurde zunächst verboten und ihr Vermögen vom Staat beschlagnahmt. Von einem Tag auf den anderen verloren fast vier Millionen Mitglieder ihre Partei. Mit Gesetz vom 31. Dezember 1989 wurden zugleich neue Parteien in Rumänien zugelassen.[571] Doch das war ein reines Kalkül der führenden FSN: Es sollten möglichst viele Parteien entstehen, damit sich die politische Landschaft erheblich zersplittere, was wiederum für die FSN mit Blick auf die Neuwahlen nur von Vorteil sein konnte.[572] Die Wahlen wurden für den 20. Mai 1990 angesetzt, für die meisten Formationen viel zu früh, um nach Jahrzehnten der politischen Agonie aus ihren spontan gegründeten Gruppierungen Parteien mit festen Strukturen und Programmen zu bilden und dann auch noch einen schlagkräftigen Wahlkampf zu führen. Erwartungsgemäß erreichte die *Front der Nationalen Rettung* mit dem Präsidenten ION ILIESCU und dem Ministerpräsidenten PETRE ROMAN[573] eine überwältigende Mehrheit. Die regierende *Front* ging im Senat und in der Abgeordnetenkammer mit 67 Prozent bzw. 66 Prozent der Stimmen als überlegener Sieger hervor. Die Wahl für das Amt des Staatspräsidenten gewann

---

vom 3.6.1988, S. 1 – 4. Zu dem umstrittenen „Systematisierungsvorhaben" der rumänischen Regierung, in dessen Rahmen hauptsächlich Dörfer mit einer Einwohnerzahl von weniger als 3.000 Personen bis zur Jahrtausendwende eingeebnet werden sollten, die Tageszeitungen *Scânteia* vom 13.7.1988, S. 2 sowie *Neuer Weg* vom 12.7.1988, S. 3.

[570] CĂLINESCU/TISMĂNEANU, The 1989 Revolution and Romania's Future, in: NELSON (HRSG.), Romania after Tyranny, S. 11, 13 ff.; VÖLKL, Rumänien, S. 214 f.; KENDI, Minderheitenschutz in Rumänien, S. 135 ff.

[571] Dabei handelte es sich jedoch um „reine Phantomparteien, die entweder von Anfang an unter der Flagge der Front der Nationalen Rettung segelten oder dazu dienen sollten, das Prinzip des Pluralismus westlicher Prägung *ad absurdum* zu führen.", vgl. GABANYI, Südosteuropa 39/1990, S. 405, 418.

[572] LEIßE/LEIßE/RICHTER, Beitrittsbarometer Rumänien, S. 35 ff.; GABANYI, Systemwechsel in Rumänien, S. 141 ff.

[573] PETRE ROMAN konnte als Sohn eines in Moskau tätigen Funktionärs der *Kommunistischen Internationale* einerseits eine proletarische Herkunft und andererseits durch seine ingenieurwissenschaftliche Promotion in Frankreich eine Weltoffenheit „nachweisen".

ILIESCU mit 87 Prozent der Stimmen.[574] Im Gegensatz zu anderen mittel- und osteuropäischen Ländern wurde in Rumänien unter der Führung von ION ILIESCU der Kommunismus mit anderen Mitteln einfach weitergeführt.[575] Denn die Revolution in Rumänien stieß auf große Schwierigkeiten, insbesondere weil die rigiden Maßnahmen des CEAUŞESCU-Regimes die Entstehung einer noch so bescheidenen Opposition nicht zuließen.[576] Die Weiterführung des Landes durch ehemalige Kommunisten und das Fehlen einer Oppositionsgruppe mit politischer Mentalität und reformorientierter Strategie waren die Hauptgründe für den Misserfolg der ersten Etappen der Revolution vom Dezember 1989.[577] Wäre ein solches Symbol des Antikommunismus zum Zeitpunkt des Sturzes CEAUŞESCUS in die Auseinandersetzung um die Macht eingetreten, dann hätte der Transformationskurs Rumäniens einen anderen Verlauf genommen.[578] Für die Machtlosigkeit der rumänischen Opposition werden hauptsächlich folgende Erklärungen angeführt: Oberflächlichkeit, ein äußerst fragiles Solidaritätsgefühl und, immer wieder hervorgehoben, die enorme Macht des staatlichen Repressionsapparates. Der Staat lehnte es nach Dezember 1989 systematisch ab, oppositionellen Elementen der erwachenden Zivilgesellschaft die Kontrolle über die Macht zu gewähren. Der rumänische Sicherheitsdienst veränderte nur seinen Namen und sein Image, doch überwachte er nach wie vor die oppositionellen Kräfte des Landes. Für die neue staatliche Elite boten sich weiterhin zahlreiche Möglichkeiten der Bereicherung an staatlichem Eigentum, die ehemaligen Nomenklaturmitglieder profitierten in erster Linie bei der Privatisierung des Staatsvermögens. Das Parlament und die Medien kritisierten zwar den zunehmenden Machtmissbrauch, hatten jedoch wenig Mittel zur Verfügung, gegen die neue repressive Führung

---

[574] Ausführlich dazu CÂMPEANU/COMBEŞ/BERINDEI, România înainte şi după 20 mai (Rumänien vor und nach dem 20. Mai), Bukarest 1991; vgl auch VÖLKL, Rumänien, S. 216; DE NÈVE, Osteuropa 1996, S. 40 ff.

[575] LEIßE/LEIßE/RICHTER, Beitrittsbarometer Rumänien, S. 36 ff.; GABANYI, Die unvollendete Revolution, S. 21 ff.; KENDI, Minderheitenschutz in Rumänien, S. 163 ff.; BRUNNER, Politischer Systemwandel und Verfassungsreformen in Osteuropa, in: LUCHTERHANDT/NUßBERGER (HRSG.), Transformation in Mittel- und Osteuropa, S. 93, 112 f.

[576] Siehe oben S. 124 ff.

[577] OSCHLIES, Ceausescus Schatten schwindet: politische Geschichte Rumäniens 1988 – 1998, S. 31 ff.; SLAVU, Rumänien auf dem Weg in die Europäische Union, in: BOŢA-MOISIN (HRSG.), Acquis Communautaire – A Need for the European Integration, S. 364, 366 f.; HAGEDORN, Gleiche Maßstäbe für Ost und West, S. 95 ff.

[578] ANDREESCU, Zu einer Philosophie der Dissidenz, S. 25 ff.; STERBLING, Gesellschaftliche Eliten und nationale Mythen im Modernisierungsprozess, in: ZACH/ZACH (HRSG.), Modernisierung auf Raten in Rumänien, S. 45 ff.

Rumäniens vorzugehen.[579] Aus diesen Gründen wurde die Reformentwicklung Rumäniens nach der Wende in den nationalen und internationalen Medien lange Zeit negativ bewertet.

b. Die politische Entwicklung nach 1996 – Rumäniens Suche nach einem neuen Weg

Als Folge der außenpolitisch motivierten Weigerung CEAUŞESCUS, das sowjetische Perestroika-Modell zu übernehmen, setzte der Übergang zu einer gewissen Dezentralisierung und Liberalisierung des Politik- und Wirtschaftsgeschehens, der in anderen ehemaligen Ostblockstaaten bereits in den 80er Jahren angelaufen war, in Rumänien erst nach Dezember 1989 ein. Wie alle Länder, die sich aus der kommunistischen Herrschaft gelöst hatten und zu „Reformländern" wurden, begab sich auch Rumänien auf den mühevollen Weg der „Transformation", d.h. der Umwandlung von Staat, Wirtschaft und Gesellschaft in Richtung Demokratie, Rechtsstaatlichkeit und Marktwirtschaft.[580] Rumänien hatte zwar seit 1989 eine Hinwendung zur parlamentarischen Demokratie offiziell vorgenommen – eine neue demokratische Verfassung wurde durch Volksabstimmung 1991 angenommen –, doch wurde bis 1996 – wie oben bereits ausgeführt – eine nur unklare und halbherzige Reformpolitik durchgeführt.[581]

Erst die Wahlen im Oktober 1996 veränderten die politische Landschaft Rumäniens. Das wenig reformorientierte politische Programm von ION ILIESCU, sein in vieler Hinsicht absolutistischer Herrschaftsstil sowie die allgemeine wirtschaftliche Stagnation des Landes ließen die Bürger nach einer Alternativlösung suchen. Der in der Bevölkerung weit verbreitete Wunsch nach einem Politikwechsel führte unter dem neuen Präsidenten EMIL CONSTANTINESCU, dem ehemaligen Rektor der Bukarester Universität, zu einer neuen Mitte-Rechts-Regierung mit dem populären Arbeiterführer VICTOR CIORBEA

---

579 GALLAGHER, Romania after Ceausescu, S. 2 ff.; HUFEN, Der Verlauf des Transformationsprozesses in Rumänien, S. 12 ff.

580 Dazu gehören auch unter anderem die Privatisierung der Betriebe und der Immobilien, das Ende der zentralen Wirtschaftsplanung, ein unabhängiges Gerichtswesen und der Abbau des Staatsmonopols in den Medien.

581 Im Gegensatz zu anderen mittel- und osteuropäischen Ländern war in Rumänien während zwei Legislaturperioden eine Linksregierung im Amt (erste Wahl im Mai 1990, zweite Wahl im Oktober 1992). Diese beiden Legislaturperioden umfassten insgesamt einen Zeitraum von sieben Jahren und prägten in negativer Weise die Anfangsphase des rumänischen Transformationsprozesses.

an deren Spitze.[582] Obwohl die neue Regierung eine komfortable Mehrheit (von etwa 60 Prozent der Stimmen) erhielt, war sie aufgrund ihrer politischen Zusammensetzung von Beginn an größeren Belastungen ausgesetzt. Diese wogen nicht zuletzt deshalb so schwer, weil die Regierung im In- und Ausland sehr hohe Erwartungen an ihren Einsatz für starke wirtschaftliche Reformen geweckt hatte.[583] Die Wahl CONSTANTINESCUS verschaffte dem Land tatsächlich einen großen Demokratisierungsschub. Die alten Herrschaftseliten um ILIESCU wurden entmachtet und das Land öffnete sich nun für westeuropäische Werte, Marktwirtschaft, Demokratie und Rechtsstaatlichkeit. Während ihrer ersten sechs Monate im Amt unternahm die Regierung CIORBEA rasche Reformfortschritte durch Verringerung der Inflation und Öffnung des rumänischen Marktes für ausländische Investitionen. Das beschleunigte Tempo des Reformprozesses fand seine Anerkennung in einem großzügig bemessenen Beistandskredit des Internationalen Währungsfonds sowie in positiven Bewertungen durch die Europäische Kommission.[584] Bedingt durch koalitionsinterne Auseinandersetzungen verlangsamte sich jedoch der Reformprozess ab Sommer 1997, der dadurch gekennzeichnet war, dass Rumänien weder für eine NATO- noch für eine EU-Mitgliedschaft in der ersten Gruppe der Beitrittskandidaten ausgewählt wurde.[585] Wegen dieser Beschlüsse und der beharrlichen internen Koalitionsunstimmigkeiten kündigte Ministerpräsident CIORBEA am 30. März 1998 seinen Rücktritt an. Der neue Ministerpräsident RADU VASILE und sein Kabinett wurden am 15. April 1998 vereidigt, doch nur ein halbes Jahr später im November 1998 fand die nächste größere Regierungsumbildung statt.[586] Zu diesem Zeitpunkt schien die rumänische Bevölkerung jedoch bereits ihren Glauben am Reformwillen der Regierung verloren zu haben. Der Lebensstandard verbesserte sich nicht und die rumänische Wirtschaft schien sich einem markwirtschaftlichen System nicht angenähert

---

582 Vgl. *Frankfurter Allgemeine Zeitung* vom 5.11.1996, S. 1; vgl. auch LEIBE/LEIBE/RICHTER, Beitrittsbarometer Rumänien, S. 44 f.

583 HARTWIG/SOVEROSKI, Slowakei, Bulgarien und Rumänien – EU-Kandidaten der zweiten Reihe, in: LIPPERT (HRSG.), Osterweiterung der Europäischen Union, S. 251, 272.

584 Vgl. ALTMANN, Albanien, Bulgarien, Rumänien, ehemaliges Jugoslawien, in: WEIDENFELD/WESSELS (HRSG.), Jahrbuch der Europäischen Integration 1996/1997, S. 417, 419 f.

585 Vgl. GEOANĂ, Romania: Euro-Atlantic Integration and Economic Reform, Fordham International Law Journal, Vol. 21/1997; HARTWIG/SOVEROSKI, Slowakei, Bulgarien und Rumänien – EU-Kandidaten der zweiten Reihe, in: LIPPERT (HRSG.), Osterweiterung der Europäischen Union, S. 251, 273; vgl. auch *Frankfurter Allgemeine Zeitung* vom 14.7.1997, S. 6; *România Liberă* vom 14.7.1997, S. 1 f.; *Curierul Național* vom 15.7.1997, S. 1 ff.

586 Vgl. ALTMANN, Albanien, Bulgarien, Rumänien, ehemaliges Jugoslawien, in: WEIDENFELD/WESSELS (HRSG.), Jahrbuch der Europäischen Integration 1997/1998, S. 435, 437 f.

zu haben, als sie es beim Amtsantritt der neuen Regierung war.[587] Das verringerte Vertrauen der Bevölkerung in die Regierung VASILE zeigte sich in Umfragen vom Mai und Juni 1999 deutlich: Der frühere Präsident ILIESCU setzte sich als bevorzugter Kandidat für das Amt des Staatspräsidenten an die Spitze mit 36 Prozent deutlich vor dem amtierenden Präsidenten CONSTANTINESCU, der lediglich 20 Prozent der Zustimmung erhielt (im Vergleich zu 71 Prozent im Jahr 1997). Einen weiteren Höhepunkt der politischen Krise in Rumänien markierte die Absetzung des Ministerpräsidenten RADU VASILE im Dezember 1999 durch den Staatspräsidenten. Als neuer Ministerpräsident wurde der parteilose Gouverneur der Rumänischen Zentralbank MUGUR ISĂRESCU berufen, um eine rasche und effiziente Umsetzung der EU-Beitrittsstrategie Rumäniens zu gewährleisten.[588] In Anbetracht der Kürze der ihm zur Verfügung stehenden Zeit bis zu den nächsten Wahlen konnte ISĂRESCU die von der Regierungskoalition vordergründig geforderten tiefgreifenden Reformen jedoch nicht durchführen. Die sich fortsetzenden politischen Krisen, wie sie im Sommer 1997 ihren Ausgang nahmen, trugen auch zu einem wirtschaftlichen Abschwung des Landes bei. Diesen negativen politischen Kurs bestraften die Wähler im Oktober 2000 mit der erneuten Wahl des Präsidenten ILIESCU, der seine neue Amtsperiode nun allerdings mit einem erheblich modifizierten Programm antrat, das verstärkt auf Reformen und Orientierung auf EU-kompatible Maßstäbe im politischen und wirtschaftlichen Bereich setzte. Am 28. Dezember 2000 wurde eine Minderheitsregierung der Rumänischen Sozialdemokratischen Partei (*Partidul Democrației Sociale din România* – PDSR) unter Führung von ADRIAN NĂSTASE gebildet. Bei den Parlamentswahlen am 28. November 2004 konnte sich die regierende Sozialdemokratische Partei zwar als stärkste Kraft behaupten, musste aber dennoch den Weg in die Opposition antreten, da nach der gleichzeitigen Präsidentschaftswahl (Stichwahl 12. Dezember 2004) der damalige Oppositionsführer der Demokratischen Partei TRAIAN BĂSESCU den PDSR-Kandidaten NĂSTASE besiegen konnte. Ende 2004 beauftragte BĂSESCU den geschäftsführenden Vorsitzenden der Nationalliberalen Partei (*Partidul Național Liberal*) CORNEL POPESCU TĂRICEANU mit der Bildung einer Koalitionsregierung aus der Nationalliberalen Partei, der Demokratischen Partei sowie zwei kleineren Koalitionspartnern (*Partidul Conservativ* und der ungarischen *Uniunea Democrată Maghiară din*

[587] In einer im Juni 1999 durchgeführten Meinungsumfrage vertrat die Mehrheit der Wahlberechtigten die Auffassung, dass Rumänien einen falschen Weg eingeschlagen habe. Entsprechend meinten 66% der Befragten, dass unter dem CEAUŞESCU-Regime das Leben besser gewesen sei, vgl. Barometrul de opinie publică 1999 (Barometer der öffentlichen Meinung 1999) durchgeführt von *Infomass Romania*.

[588] Vgl. *Adevărul* vom 21.12.1999, S. 1 ff.; *Financial Times* vom 17.12.1999.

România). Der neue Staatspräsident sowie der Ministerpräsident erhielten vor allem aus dem Ausland große Zustimmung. Die rumänische Bevölkerung konnte auch für deren politisches Programm begeistert werden, insbesondere im Hinblick auf die EU-Mitgliedschaft des Landes.
Für Rumänien war der EU-Beitritt das Hauptthema der politischen Agenda. Ebenso war der Beitritt das Band, das die Parteien der Regierungskoalition in den letzten Monaten zusammenhielt. Die starken Spannungen in der Koalition führten jedoch Anfang Dezember 2006 zum Ausscheiden der kleinen Konservativen Partei (*Partidul Conservativ*) aus der Regierungskoalition.[589] Die Regierung TĂRICEANU verlor dadurch ihre parlamentarische Mehrheit. Trotzdem einer Akzentuierung der Krise in der Bukarester Regierungskoalition ist derzeit noch keine politische Stimmung erkennbar, die Regierung TĂRICEANU zu entlassen.[590]

II. Ein rumänischer Sonderweg in die Europäische Union?

Der in Rumänien im Dezember 1989 eingeleitete politische und ökonomische Transformationsprozess weist im Gesamtkontext Ost-, Mittel- und Südosteuropas ebenfalls spezifische Merkmale auf, die eine Folge der Sonderrolle darstellen, die das Land innerhalb des sowjetischen Hegemonialbereichs spielte. Es ist nach Maßgabe obiger Ausführungen festzuhalten, dass sich Rumänien seit 1947 bis 2004 unter kommunistischer Führung befand – mit einer kurzen Unterbrechung zwischen 1996 und 2000. Denn die politischen Vorgänge des Jahres 1989 können nicht als Systemwechsel, sondern vielmehr als innerparteilicher Elitenwechsel bezeichnet werden, der den bisherigen Machthaber CEAUŞESCU stürzte, dafür aber, unter dem Gewand einer neuen Partei, dessen ehemalige Parteikollegen an die Macht brachte. So blieb in Rumänien die Nachfolgepartei der Kommunistischen Partei bis 2004 stets dominant auf der politischen Bühne. Das Land wurde in bemerkenswerter Kontinuität von

---

[589] Als Scheidungsgrund führte die Konservative Partei an, ihr Vorschlag einer Reduzierung der Mehrwertsteuer für Grundnahrungsmittel sei vom Budget- und Finanzausschuss des Abgeordnetenhauses abgelehnt worden. Im Sommer 2006 hatte die Konservative Partei schon einmal mit dem Rückzug aus der Regierungskoalition gedroht, auch damals wegen angeblicher Differenzen über die Steuerpolitik. Der wahre Grund dürfte hingegen eher darin zu finden sein, dass die Regierungskoalition gegen die Ernennung des ehemaligen Securitate-Agenten und Vorsitzenden der Konservativen Partei DAN VOICULESCU zum stellvertretenden Ministerpräsidenten war, vgl. die rumänischen Tageszeitungen *ZIUA*, *România Liberă* und *Libertatea* vom 5.12.2006, jeweils auf S. 1 f.
[590] Vgl. *Frankfurter Allgemeine Zeitung* vom 5.12.2006, S. 6.

Machtgruppierungen mit sozialistischer Ideologie regiert: So wie aus der Kommunistischen Partei die Front zur Nationalen Rettung hervorging, entwickelte sich aus dieser die heutige Sozialdemokratische Partei.[591] Diese sozialistische Prägung der Regierungen hat nicht zuletzt dazu geführt, dass die Reformen in Rumänien nur langsam eingeleitet und durchgeführt wurden.

Nur wenn man sich den oben aufgezeigten gesamtstaatlichen Kontext vor Augen führt und berücksichtigt, welche gesellschaftlichen Veränderungen alle genannten „Systemwechsel" jeweils mit sich brachten, dann erscheinen die erwähnten fast 90 Jahre der rumänischen Geschichte nicht mehr als so leicht überschaubarer Zeitraum. An dieser Stelle sei noch auf die Tatsache hingewiesen, dass die Bevölkerung Rumäniens die oben genannten Systemwechsel nicht selbst herbeiführte, sondern sich rein passiv damit konfrontiert sah. Das Volk war bei diesen Veränderungen eher nur *Objekt* als *Subjekt* des Geschehens.[592] Auf die sich hier aufdrängende Frage, inwieweit sich das Schicksal der rumänischen Bevölkerung von dem der anderen Völker Mittel- und Osteuropas unterscheidet, sei darauf hingewiesen, dass die Rumänen – abgesehen von relativ kurzen Zeitabschnitten – nicht einmal die Illusion hatten, ihr Schicksal selber entscheiden zu können. Die Konsequenzen des CEAUŞESCU-Regimes waren für die gesamte rumänische Bevölkerung – ohne Unterschied der Nationalität – katastrophal, und zwar nicht nur in materieller Hinsicht, d.h. in Bezug auf die Wirtschaft, die Infrastruktur und den Lebensstandard, sondern auch in gesellschaftlicher und moralischer Hinsicht.[593] Das nachhaltige Interesse an der EU-Mitgliedschaft trifft daher in der jungen rumänischen Demokratie vielfach auf eine Kultur des Nationalismus, die als problemati-

---

[591] LEIßE/LEIßE/RICHTER, Beitrittsbarometer Rumänien, S. 78 f.; BOIA, APuZ 27/2006, S. 13, 17 ff.; vgl. auch REBREANU, Die schicksalhaften Entscheidungen in der rumänischen Geschichte, S. 194 ff., der den Beschluss von Jalta für den „Irrtum" der rumänischen Wähler in den Jahren 1990 und 1992 „verantwortlich" machte: „Der schwerwiegende Beschluss von Jalta verdarb unsere Urteilskraft. [...] Nach dem *Dezember 1989* sind wir den beiden Ceausescus entkommen und mit Gottes Hilfe werden wir eines Tages auch ihren Epigonen entkommen und nicht mehr die vergiftete Atmosphäre der kommunistischen Herrscher atmen. Wir werden wahrscheinlich nach einigen Jahren [...] den Beginn der Normalisierung des materiellen Lebens erreichen. Die Ebbe und die Mäßigkeit der Erfüllungen werden sich legen, die Aufstände werden sich beruhigen und unser durcheinander gebrachter Geist wird sich erhellen. Wir werden saubere Luft zu atmen haben und neues Licht."

[592] Ausführlich dazu REBREANU, Die schicksalhaften Entscheidungen in der rumänischen Geschichte, S. 172 ff.; BOIA, APuZ 27/2006, S. 13, 17 ff.

[593] Vgl. KENDI, Minderheitenschutz in Rumänien, S. 135 ff.; GABANYI, Rumänien, Anatomie einer Dauerkrise, in: ELWERT/SALEWSKI (HRSG.), Der Umbruch in Osteuropa, S. 135, 147 f.

sches Erbe der ostmitteleuropäischen Geschichte seit dem 19. Jahrhundert gilt und auch eine Reaktion auf die eingeschränkte Souveränität in der Zeit der Zugehörigkeit zum sowjetischen Imperium und seinen Zwangsorganisationen darstellt. Wie die meisten Länder Mittel- und Osteuropas verfügt Rumänien auch nicht über positive Integrationserfahrungen.[594] Die Mitgliedschaft in der Europäischen Union bedeutet einen Sprung in die Supranationalität, in der Souveränität übertragen und mit den anderen Mitgliedstaaten zusammengelegt wird. Den neuen EU-Mitgliedern wird damit ein tiefgreifender Wandel der politischen Kultur abverlangt.[595] Die rumänische Bevölkerung sieht sich durch den EU-Beitritt einmal mehr daran gehindert, sich am politischen Entscheidungsprozess aktiv zu beteiligen, fürchtet den Verlust der staatlichen Souveränität und damit einhergehend der nationalen Identität.[596] Die „Eingriffe“ in die nationale Hoheitsgewalt, die Umstrukturierung ganzer Industriebereiche und der Umbau der Landwirtschaft, die Investitionen zur Sanierung der Umwelt und zur Sicherheit der Atomkraftwerke werden als finanzielle und politische Belastungen des Landes angesehen.[597]

Indessen trifft diese Sichtweise, die den Beitritt zur Europäischen Union als Verlust und Einschränkung von Hoheitsrechten und Souveränität wahrnimmt, die europäische Integration nur unzulänglich und sieht nur eine Seite der EU-Mitgliedschaft. Zwar sind die Mitgliedstaaten der Hoheitsgewalt der Gemeinschaft im Bereich ihrer Zuständigkeiten in Legislative, Exekutive und Judikative unterworfen. Dieser Feststellung steht aber die Tatsache gegenüber, dass die Mitgliedstaaten wiederum Träger der Gemeinschaft sind. Die Aufnahme eines Staates in die Europäische Union sichert ihm die gleichberechtigte Beteiligung an der Bildung der EU-Organe und damit einhergehend die Mitwir-

---

[594] Vgl. LEIßE/LEIßE/RICHTER, Beitrittsbarometer Rumänien, S. 74 ff.; STERBLING, Intellektuelle, Eliten, Institutionenwandel, S. 27 ff.; vgl. auch VERHEUGEN, Europa in der Krise, S. 68; DERS., integration 4/2000, S. 221, 223: „Rumänien hatte politisch und wirtschaftlich vermutlich das übelste Erbe aller Beitrittskandidaten anzutreten. Das Ceauşescu-Regime hat die Seele Rumäniens zerstört.“

[595] ARNDT, Europarecht, S. 22 ff.; NICOLAYSEN in: FS für Gündisch, S. 185, 187 f.

[596] Vgl. VERHEUGEN, Europa in der Krise, S. 68: „Dieses von Armut, Korruption und Verbrechen gequälte Land muss sich auf dem Weg nach Europa auch selbst finden.“ Vgl. auch CĂLINESCU/TISMĂNEANU, The 1989 Revolution and Romania's Future, in: NELSON (HRSG.), Romania after Tyranny, S. 11 ff.; SCHROEDER, Sprachtheorie und Nationalismus in Rumänien, in: GREGORI/SCHASER (HRSG.), Rumänien im Umbruch, S. 73 ff.

[597] Vgl. HARTWIG, Die Europapolitik Rumäniens, S. 18 ff.; SLAVU, Rumänien auf dem Weg in die Europäische Union, in: BOŢA-MOISIN (HRSG.), Acquis Communautaire – A Need for the European Integration, S. 364, 368 f.; BOIA, APuZ 27/2006, S. 13, 17 f.

kung bei der Willensbildung und Ausübung deren Zuständigkeiten.[598] Das wird am deutlichsten im Rat als dem Rechtsetzungsorgan, in dem die Mitgliedstaaten ihre Interessen entscheidend einbringen können. Aus dieser Perspektive erweist sich die EU-Mitgliedschaft als Basis zur Identifikation mit der Union und der Gemeinschaft.[599]

Die Ereignisse und die politische Entwicklung Rumäniens seit Dezember 1989 verdeutlichen letztendlich, wie weit die rumänische Gesellschaft von einer *civic society* noch entfernt ist. Notwendige Reformen auf dem Weg zur europäischen Integration wurden durch die Machtübernahme der Postkommunisten erheblich verzögert; die Entwicklung des Landes stagnierte und Rumänien verlor wichtige Jahre der Transformation, die ihm bis heute fehlen.[600] Und noch gegenwärtig besteht die rumänische Regierung aus Cliquen und Clans, die seit langer Zeit eng verbunden sind und sich zu bereichern versuchen, sobald sie an die Macht gelangen.[601] Wie in den unmittelbaren Nachwendejahren ist dies hauptsächlich dadurch zu erklären, dass es keine ausreichenden zivilgesellschaftlichen Strukturen im Land gab bzw. gibt. Die intermediären Organisationen im Bereich zwischen Politik und Gesellschaft sind

---

598 PECHSTEIN in: STREINZ, Art. 49 EU-Vertrag Rn. 12; HOBE, Europarecht, § 7 Rn. 153; STERBLING, Intellektuelle, Eliten, Institutionenwandel, S. 27 ff.

599 STREINZ, Europarecht, § 4 Rn. 281 u. 314 ff.; NICOLAYSEN in: FS für Gündisch, S. 185, 188.

600 FELDMANN, Quo vadis Romania?, S. 15 ff.; LEIßE/LEIßE/RICHTER, Beitrittsbarometer Rumänien, S. 7 ff.; KENDI, Minderheitenschutz in Rumänien, S. 163 ff.

601 Vgl. PRIDHAM, Between Rhetoric and Action, in: Romanian Journal of European Affairs, Vol. 6, No. 3, 2006, S. 5, 22 ff., der zwischen „political will“ und „political capacity“ unterscheidet: „In the case of Romania it is seen that this distinction is relevant to understanding elite behaviour in that country during accession.“ STERBLING, Gesellschaftliche Eliten und nationale Mythen im Modernisierungsprozess, in: ZACH/ZACH (HRSG.), Modernisierung auf Raten in Rumänien, S. 45 ff.; LEIßE, APuZ 27/2006, S. 6, 9 f. An dieser Stelle seien auch die innerstaatlichen politischen Anspannungen aus den letzten Jahren zwischen Präsident BĂSESCU und Premierminister TĂRICEANU erwähnt, die sich gegenseitig Korruption vorwerfen. Anfang 2007 wurde ein Korruptionsskandal zwischen den beiden Staatsmännern öffentlich. Im April 2005, kurz nach seinem Amtsantritt, soll der Premierminister den Präsidenten um ein „gutes Wort bei der Staatsanwaltschaft“ zugunsten eines seiner Parteikollegen gebeten haben, der seit mehreren Jahren wegen Korruption bei der Privatisierung mehrerer staatlicher Unternehmen untersucht wird, vgl. *România Liberă* vom 19.1.2007, S. 1 ff. sowie *ZIUA* vom 22.1.2007, S. 1 f. Kurze Zeit später ist eine andere Privatisierungsaffäre ins Licht der Öffentlichkeit getreten, in der der Präsident persönlich involviert war, vgl. *debizz*, Februar 2007, S. 52 f. Zur politisch ähnlichen Situation in Bulgarien siehe FRAHM, APuZ 27/2006, S. 32 ff.

unterentwickelt und mit ihnen das politische Bewusstsein der Bevölkerung.[602] Nach wie vor gibt es Defizite in den Bereichen Rechtsstaatlichkeit, Demokratie und Menschenrechte; es fehlen friedliche Konfliktregelungsmechanismen und es gibt immer noch keinen hinreichenden gesellschaftlichen Ausgleichsmechanismus gegen ökonomische Ungleichheiten. Dies sind die wesentlichen Kennzeichen des rumänischen Sonderwegs, der von CEAUŞESCU eingeschlagen und trotz der revolutionären Ereignisse im Dezember 1989 bis weit in die 90er Jahre von der politischen Elite des Landes verfolgt worden ist.

Der Begriff des *Sonderweges* ist zwar in politik- und geschichtswissenschaftlicher Hinsicht fragwürdig, jedoch nach hier vertretener Ansicht geeignet, die Sonderstellung Rumäniens in Osteuropa zu veranschaulichen. Der *Sonderweg* Rumäniens besteht vor allem darin, dass die Irrungen und Wirrungen des 20. Jahrhunderts das Land mit doppelter Schwere trafen.[603] Rumänien ging also keinen *Sonderweg* in der Hinsicht, dass es die allgemeine Entwicklung im vergangenen Jahrhundert in Europa nicht geteilt hätte, sondern insofern, als es von den Folgen dieser Entwicklung mit besonderer Härte getroffen wurde und mit deren Nachwirkungen noch immer in spezifischer Weise konfrontiert wird.[604] Das politische Erbe Rumäniens aus den vergangenen Jahrhunderten ist eine enorme Last und wird von der Bevölkerung auch so empfunden. Es geht um die osmanische[605] und die sowjetische Herrschaft und dazwischen um den Versuch der europäischen Gestaltung, vom ausgehenden 19. Jahrhundert bis zur Sowjetisierung des Landes. Diese Jahrzehnte, vor allem die Zwischenkriegszeit von 1918 bis 1945, müssen als Anknüpfungspunkt für die heutige Entwicklung angesehen werden.[606]

---

602 LEIßE/LEIßE/RICHTER, Beitrittsbarometer Rumänien, S. 79 ff.

603 Vgl. auch HARTWIG/SOVEROSKI, Slowakei, Bulgarien und Rumänien – EU-Kandidaten der zweiten Reihe, in: LIPPERT (HRSG.), Osterweiterung der Europäischen Union, S. 251, 272.

604 LEIßE/LEIßE/RICHTER, Beitrittsbarometer Rumänien, S. 74 ff.; LEBER, Politische Kultur und Systemtransformation in Rumänien, S. 34 ff.; WAGNER, APuZ 27/2006, S. 3, 4 f.

605 Trotz aller kulturellen Bindungen wird der Balkan in Rumänien vor allem als Bedrohung angesehen. Überall wittert man bis heute die Gefahren der Turkokratie, ihre Spätfolgen oder vielleicht auch nur das negative Image, das damit zusammenhängt.

606 VON BEYME, Systemwechsel in Osteuropa, S. 29 ff.; BRUNNER, Politischer Systemwandel und Verfassungsreformen in Osteuropa, in: LUCHTERHANDT/NUßBERGER (HRSG.), Transformation in Mittel- und Osteuropa, S. 93, 111 ff.; WAGNER, APuZ 27/2006, S. 3, 4.

III. Die Entwicklung und der Stand des Kooperationsprozesses zwischen Rumänien und der Europäischen Union

1. Der Zeitraum bis 1989

Im Jahr 1974 fand die erste „Kontaktaufnahme“ Rumäniens mit der Europäischen Gemeinschaft durch die Unterzeichnung eines Handelsabkommens statt.[607] Ein Jahr später wurde das Land in das allgemeine Präferenzsystem der Gemeinschaft einbezogen, was zu einer Reduzierung der Zolltarife für bestimmte gewerbliche Waren führte.[608] Eine besondere Etappe in der Geschichte der Beziehungen zwischen Rumänien und der Europäischen Wirtschaftsgemeinschaft stellte der Abschluss eines weiteren umfassenderen Abkommens über den Handel mit gewerblichen Waren im Jahr 1980 dar.[609] Dieses Abkommen beinhaltete zahlreiche Bestimmungen, die den Zugang rumänischer Waren zum Gemeinschaftsmarkt erleichtern sollten, sowie eine Klausel, die die Ausweitung und Diversifizierung der Gemeinschaftsexporte nach Rumänien betraf. Auch vor dem Hintergrund dieser beiden Abkommen ergibt sich die besondere Stellung Rumäniens gegenüber den Europäischen Gemeinschaften im Vergleich zu den anderen Staaten Mittel- und Osteuropas.

Das Gemeinschaftsrecht hat aus diesen Gründen das rumänische nationale Recht in erheblichem Maße beeinflusst. Dies ist jedoch nur infolge der Verpflichtung Rumäniens geschehen, sich den Regeln des Welthandels zu unterwerfen,[610] um die Vorteile im Rahmen des Allgemeinen Präferenzsystems zu

---

[607] Rumänien war das erste Land des ehemaligen Ostblocks, das offizielle Beziehungen zur Europäischen Gemeinschaft aufnahm. Dadurch erkannte Rumänien, als RGW-Staat, die Europäische Wirtschaftsgemeinschaft als rechtsfähige internationale Organisation an, vgl. BORA, Die Einwirkung des europäischen Gemeinschaftsrechts auf das rumänische Verwaltungsrecht, S. 127 ff.; HARTWIG, Die Europapolitik Rumäniens, S. 19 f.

[608] BÂRSAN, Integrarea economică europeană (Europäische wirtschaftliche Integration), S. 195 ff.; SLAVU, Osteuropa-Recht 2007, S. 314, 315 f.

[609] Abkommen zwischen der Europäischen Wirtschaftsgemeinschaft und der Sozialistischen Republik Rumänien über den Handel mit gewerblichen Waren, Amtsblatt EWG Nr. L 352 vom 29.12.1980, S. 5 ff.

[610] Rumänien zeigte schon Anfang der 60er Jahre ein besonderes Interesse und Offenheit gegenüber der Organisation der General Agreement on Tariffs and Trade (GATT), was nicht nur dem Wunsch entsprach, die Regeln des Welthandels zur Anwendung zu bringen, sondern auch zur Anerkennung und Erlangung von Vorteilen auf dem Welthandelsmarkt führen sollte. Rumänien forderte daher den Beobachterstatus an den Arbeiten des GATT und erlangte die volle Mitgliedschaft im Jahr 1971. Aufgrund der Tatsache, dass Rumänien eine Planwirtschaft hatte, wurden spezielle Regeln und Beitrittsbedingungen verhandelt, vgl. BORA, Die Einwirkung des europäischen Gemeinschaftsrechts auf das rumänische Verwaltungsrecht, S. 124 ff.

nutzen. Die Weltwirtschaftskrise Ende der 70er Jahre löste jedoch eine schwere Finanzkrise in Rumänien aus: In Folge der Erdölkrisen und der dadurch bedingten Kostenexplosion scheiterte das wirtschaftliche Kalkül der kommunistischen Führung Rumäniens. Die rigorose Schuldentilgungs- und Sparpolitik zog in den 80er Jahren den ökonomischen Niedergang des Landes sowie den Rückgang des Handelsaustausches mit den westlichen Staaten nach sich. Die Europäische Gemeinschaft unterbrach daraufhin die Verhandlungen mit Rumänien über ein neues Handels- und Kooperationsabkommen.[611]

2. Das Europa-Abkommen

Nach dem Fall der Berliner Mauer und dem Aufbau demokratischer Strukturen in Mittel- und Osteuropa nahm Rumänien erst im Oktober 1990 durch die Unterzeichnung eines Handels- und Kooperationsabkommens[612] die diplomatischen Beziehungen zur Europäischen Gemeinschaft wieder auf.[613] Im Gegensatz zu den ehemaligen RGW-Mitgliedern stellte dieses Abkommen im Fall Rumäniens *de facto* eine Erweiterung des im Jahr 1980 abgeschlossenen Handelsabkommens dar. Doch recht schnell wurde deutlich, dass es Rumänien, wie den meisten anderen Staaten Mittel- und Osteuropas, nicht um eine einfache wirtschaftliche Kooperation, sondern langfristig um „eine vollständige Mitgliedschaft im exklusiven Kreis der Europäischen Union" ging.[614] Bereits die Präambel dieses Vertrages wies den Weg zum weiteren Ausbau

[611] Die Verhandlungen wurden nicht zuletzt wegen eklatanter Menschenrechtsverletzungen abgebrochen, vgl. Gemeinsame Erklärung des Rates und der Kommission vom 24.4.1989, Bulletin EG 4/1989 Ziff. 2.2.16; vgl. auch LEIBE/LEIBE/RICHTER, Beitrittsbarometer Rumänien, S. 55 ff.

[612] Das Handels- und Kooperationsabkommen vom 22.10.1990 ist am 1.3.1991 in Kraft getreten, Amtsblatt EG Nr. L 79 vom 26.3.1991, S. 13 ff. Das Abkommen ist abrufbar im Internet unter: http://eur-lex.europa.eu/LexUriServ/LexUriServ.do?uri=CELEX:21994A1231(20):DE:HTML (Stand: 30.6.2008).

[613] Nach der Wende versuchte Rumänien nicht nur die Beziehungen zur Europäischen Gemeinschaft aufzunehmen, sondern auch die bisherigen zur Sowjetunion aufrechtzuerhalten. So unterzeichnete Rumänien im April 1991 als einziger Staat des ehemaligen RGW mit der UdSSR einen bilateralen „Vertrag über Zusammenarbeit, gute Nachbarschaft und Freundschaft". Allerdings wurde der Vertrag nie dem rumänischen Parlament zur Ratifikation vorgelegt, vgl. LINDEN, After the Revolution, in: NELSON (HRSG.), Romania after Tyranny, S. 203, 216 ff.

[614] VLAD, Rechtsfragen der europäischen Integration, in: SANDER/VLAD (HRSG.), Quo vadis, Europa?, S. 113, 127; HARTWIG, Die Europapolitik Rumäniens, S. 96 ff.; VARWICK, APuZ B 1-2/2002, S. 23, 25 ff.

der bereits bestehenden bilateralen Beziehungen,[615] welcher drei Jahre später beschritten wurde: Am 1. Februar 1993 folgte unter der Regierung VĂCĂROIU ein weit reichender Assoziierungsvertrag mit der Europäischen Gemeinschaft und ihren Mitgliedstaaten,[616] der die schrittweise Heranführung Rumäniens an die Europäische Union bezweckte. Das so genannte „Europa-Abkommen" ist ein umfangreiches Kooperationsabkommen,[617] das mit einem starken außenpolitischen Signal verbunden ist und bereits den Beitritt Rumäniens zur Europäischen Union anstrebte.[618]

Dieser Vertrag war bereits Teil der *Heranführungsstrategie* der Europäischen Union, die auch beträchtliche technische und finanzielle Hilfe sowie Bestimmungen über die wirtschaftliche Zusammenarbeit zwischen der Europäischen Gemeinschaft und Rumänien umfasste.[619] Rechtsgrundlage für das Assoziierungsabkommen Rumäniens (sowie für die Abkommen der übrigen mittel- und osteuropäischen Staaten) war Art. 238 EWG-Vertrag a.F.,[620] aufgrund dessen jeder (nicht nur ein europäischer) Staat mit der Gemeinschaft assozi-

---

[615] Vgl. die Präambel des Handelsabkommens vom 22.10.1990: „IN ANERKENNUNG der Tatsache, dass die Gemeinschaft und Rumänien weitreichende, engere und ausbaufähige vertragliche Beziehungen aufnehmen möchten, [...]", Amtsblatt der Europäischen Gemeinschaften Nr. L 79 vom 26.3.1991, S. 13.

[616] Das Abkommen wurde durch das Gesetz Nr. 20/1993 ratifiziert und im Rumänischen Gesetzblatt (*Monitorul Oficial al României*) am 12.4.1993 veröffentlicht. Die deutsche Fassung „Europa-Abkommen zur Gründung einer Assoziation zwischen den Europäischen Gemeinschaften und ihren Mitgliedstaaten einerseits und Rumänien andererseits vom 1.2.1993" ist abgedruckt im Amtsblatt der Europäischen Gemeinschaften Nr. L 357 vom 31.12.1994, S. 1 – 189.

[617] Ausführlich zu den Assoziierungsabkommen der Europäischen Gemeinschaft mit den Staaten Mittel- und Osteuropas CĂPĂŢÎNĂ in: Revista de Drept Nr. 8/1993, S. 3 ff.; DUCULESU in: Revista de Drept Românesc, S. 349 ff.; HARTWIG, Die Europapolitik Rumäniens, S. 90 ff.

[618] Ausführlich zu dem Europa-Abkommen zwischen Rumänien und den Europäischen Gemeinschaften von 1993 vgl. DUCULESCU, Dreptul Integrării Europene (Das Recht der Europäischen Integration), S. 348 ff.; BORA, Die Einwirkung des europäischen Gemeinschaftsrechts auf das rumänische Verwaltungsrecht, S. 136 ff.; zur Einordnung dieses Abkommens in das Rechtssystem Rumäniens siehe HARTWIG, Die Europapolitik Rumäniens, S. 96 f., sowie BORA, Die Einwirkung des europäischen Gemeinschaftsrechts auf das rumänische Verwaltungsrecht, S. 140 f.

[619] FUEREA, Manualul Uniunii Europene (Das Lehrbuch der Europäischen Union), S. 155; DUCULESCU, Dreptul Integrării Europene (Das Recht der Europäischen Integration), S. 348 ff.

[620] Jetzt Art. 310 EG-Vertrag.

iert werden kann.[621] Das Europa-Abkommen begrüßte ausdrücklich die vier Grundfreiheiten des Binnenmarktes: den freien Verkehr von Dienstleistungen,[622] Gütern,[623] Kapital[624] und Personen.[625] Kern des Assoziierungsabkommens war die schrittweise Errichtung einer Freihandelszone, die sich auf alle gewerblichen Waren und landwirtschaftlichen Erzeugnisse mit Ursprung in Rumänien und der Gemeinschaft erstreckte. Dabei war ein Zeitraum von zehn Jahren vorgesehen,[626] innerhalb dessen eine „asymmetrische Wirtschaftsliberalisierung“ zugunsten Rumäniens durchgeführt werden sollte.[627] Die Asymmetrie sollte den rumänischen Interessen dienen, indem die Handelsschranken zum Westen schneller abgebaut werden sollten als in umgekehrter Richtung, um somit rumänischen Produkten ein rascherer Zugang zum EU-Markt zu ermöglichen.[628] Im Gegensatz zur Europäischen Gemeinschaft, die ihre Handelsschranken schon innerhalb von fünf Jahren abbauen sollte, wurde Rumänien eine größere Zeitspanne eingeräumt, seine Beschränkungen zum Schutz der eigenen Wirtschaft abzuschaffen und damit die rumänischen Märkte entsprechend ihrem wirtschaftlichen Fortschritt dem Westen zu öffnen.[629] Die

---

[621] Zum Begriff der Assoziierung nach dem EG-Vertrag vgl. MÖGELE in: STREINZ, Art. 310 EG-Vertrag Rn. 9 ff.; BOOß in: LENZ/BORCHARDT, Art. 310 EG-Vertrag Rn. 1; HAAG in: BEUTLER/BIEBER/PIPKORN/STREIL, Die Europäische Union, Kap. 33 Rn. 1250 ff.; HOBE, Europarecht, § 5 Rn. 88 ff.; STREINZ, Europarecht, § 2 Rn. 703 ff.; ENGELHARD in: MICKEL/BERGMANN (HRSG.), Handlexikon der Europäischen Union, Stichwort „Assoziierung“.

[622] Vgl. Art. 56 – 58 des Europa-Abkommens mit Rumänien.

[623] Vgl. Art. 8 – 37 des Europa-Abkommens mit Rumänien.

[624] Vgl. Art. 60 – 63 des Europa-Abkommens mit Rumänien.

[625] Vgl. die Bestimmungen des Europa-Abkommens mit Rumänien über das Niederlassungsrecht (Art. 45 – 55) sowie über die Freizügigkeit der Arbeitnehmer (Art. 38 – 44).

[626] Vgl. Art. 8 Abs. 1 des Europa-Abkommens mit Rumänien: „Während der in Artikel 7 genannten Übergangszeit [10 Jahre] errichten die Gemeinschaft und Rumänien auf der Grundlage gegenseitiger und ausgeglichener Verpflichtungen und im Einklang mit den Bestimmungen dieses Abkommens und den Bestimmungen des Allgemeinen Zoll- und Handelsabkommens (GATT) schrittweise eine Freihandelszone.“

[627] Vgl. Art. 10 – 18 des Europa-Abkommens mit Rumänien.

[628] Vgl. BRUNNER, Die Europäische Union zwischen Erweiterung und Vertiefung, in: LUCHTERHANDT/NUßBERGER (HRSG.), Transformation in Mittel- und Osteuropa, S. 354, 358 ff.

[629] Entgegen den vorgegebenen Zielen der Abkommen mit den Ländern Mittel- und Osteuropas ging jedoch die Öffnung der EU-Märkte zunächst nur zögerlich und unzureichend voran. Die Exportschwerpunkte der Reformstaaten kollidierten mit den Produktionsschwerpunkten der Europäischen Union, so dass in den Abkommen eine Vielzahl von Ausnahmeregelungen vereinbart wurden: Kohle, Stahl, Textil-, bestimmte chemische und Agrarerzeugnisse wurden den so genannten „sensiblen Bereichen“ zugeordnet, für die

aufgestellten Bedingungen und formulierten Vorbehalte zeigten insgesamt, dass einerseits die EU-Mitgliedstaaten ihre Arbeitsmärkte in protektionistischer Weise gegen unliebsame osteuropäische Konkurrenz abzuschirmen versuchten,[630] sowie dass andererseits Rumänien (genauso wie die übrigen Staaten Mittel- und Osteuropas) im Gegenzug seine noch schwach ausgeprägten Dienstleistungssektoren schützen wollte. Im kleinen Rahmen wurden Kapitaltransaktionen erlaubt, wenn sie die Bezahlung von Waren, Dienstleistungen, Löhnen oder Direktinvestitionen betrafen,[631] die Arbeitnehmerfreizügigkeit wurde für einen Zeitraum von zunächst fünf Jahren verboten.
Ungeachtet seines überwiegend wirtschaftlichen Inhalts ist das wesentliche Element des jeweiligen Europa-Abkommens jedoch seine politische Dynamik, die durch die Perspektive einer Unionsbürgerschaft erzeugt wird. Neben Handelsvorschriften beinhaltete folglich auch das Europa-Abkommen mit Rumänien zahlreiche Regelungen über die Angleichung rumänischer Rechtsvorschriften an das gemeinschaftliche Recht[632] sowie über die Zusammenarbeit im politischen[633] und kulturellen[634] Bereich. Eine Klausel wies explizit daraufhin, dass die Grundsätze der Demokratie und der Menschenrechte sowie die Marktwirtschaft von den Vertragsparteien zu achten und wesentliche Bestandteile der Assoziation sind.[635] Durch das Europa-Abkommen verfügte

---

Handelserleichterungen nur in geringem Umfang gewährt wurden. So wurden für viele Erzeugnisse der Reformländer der Handel gegenüber der Zeit vor Abschluss der Abkommen eher erschwert und vorherige Zugeständnisse zurückgenommen, vgl. ACHTEN, Die Osterweiterung der Europäischen Union, S. 3 ff.

630 Diese Regelungen betrafen insbesondere die sog. „sensiblen Sektoren“, wie Kohle und Stahl, Textilien und Landwirtschaft. Diese sind jedoch genau die Bereiche, in denen die Länder Mittel- und Osteuropas wettbewerbsfähig sind, vgl. BRUNNER, Die Europäische Union zwischen Erweiterung und Vertiefung, in: LUCHTERHANDT/NUßBERGER (HRSG.), Transformation in Mittel- und Osteuropa, S. 354, 359, der in diesem Zusammenhang über „egoistische Motive“ der EU-Länder spricht, die den Abbau der Handelsbeschränkungen gegenüber den mittel- und osteuropäischen Ländern verhindert haben.

631 Vgl. Art. 60 – 68 des Europa-Abkommens mit Rumänien; vgl. auch DUCULESCU, Dreptul Integrării Europene (Das Recht der Europäischen Integration), S. 452 ff.; BORA, Die Einwirkung des europäischen Gemeinschaftsrechts auf das rumänische Verwaltungsrecht, S. 144 ff.

632 Vgl. Art. 69 – 71 des Europa-Abkommens.

633 Vgl. Art. 2 – 5 des Europa-Abkommens.

634 Vgl. Art. 99 des Europa-Abkommens.

635 Vgl. Art. 6 des Europa-Abkommens: „Die Achtung der Grundsätze der Demokratie und der Menschenrechte, wie sie in der Schlussakte von Helsinki und in der Charta von Paris für ein neues Europa verankert sind, sowie die Grundsätze der Marktwirtschaft sind Richtschnur der Innen- und der Außenpolitik der Vertragsparteien und wesentliche Bestandteile dieser Assoziation.“

Rumänien über eine privilegierte Stellung als zukünftiges Mitglied der Union, welche über die eines traditionellen Assoziierungsverhältnisses hinausging. Jedoch wurde das Ziel des EU-Beitritts unter Vermeidung eines Beitrittsanspruchs umschrieben.[636]

Die beiden oben genannten Abkommen stellen die bedeutendsten Bausteine für die zukünftigen Beziehungen zwischen Rumänien und der Europäischen Union und für das Verhältnis des rumänischen zum europäischen Recht dar. Dabei erscheint es als Ironie der Geschichte, dass diese internationalen – der Linksregierung VĂCĂROIU[637] zuzuschreibenden – Erfolge mit einem sinkenden Lebensstandard der rumänischen Bevölkerung einhergingen und dadurch traurige Erinnerungen an das CEAUŞESCU-Regime wachriefen, dessen repressive Innenpolitik außenpolitischen Erfolgen ebenfalls nicht im Wege stand.

3. Der Antrag auf Aufnahme in die Europäische Union

Im Jahr 1993 beschlossen die EU-Mitgliedstaaten in Kopenhagen, dass die assoziierten Länder aus Mittel- und Osteuropa, die einen EU-Beitritt anstrebten, Mitglied der Union werden könnten, sobald sie die erforderlichen politischen und wirtschaftlichen Anforderungen erfüllten.[638] Das am 1. Februar 1993 mit Rumänien abgeschlossene Europa-Abkommen trat am 1. Februar 1995 in Kraft. Daraufhin stellte Rumänien am 22. Juni 1995 seinen offiziellen Antrag auf Aufnahme in die Europäische Union und verpflichtete sich dadurch zur Umsetzung aller Vorschriften des Europa-Abkommens.[639] In den politisch und wirtschaftlich meinungsbildenden Fachkreisen bestand in Rumänien keine grundsätzliche Opposition gegen den EU-Beitritt des Landes. In innenpolitischen Debatten wurde daher kaum über die Vor- und Nachteile einer EU-Mitgliedschaft diskutiert. Da ein politischer Konsens darüber bestand, dass es zu einer Vollmitgliedschaft des Landes keine wirkliche Alterna-

---

636 Abs. 17 der Präambel des Europa-Abkommens: „IN DER ERKENNTNIS, dass Rumänien letztlich die Mitgliedschaft in der Gemeinschaft anstrebt und dass diese Assoziation nach Auffassung der Vertragsparteien Rumänien bei der Verwirklichung dieses Ziels helfen wird, […].“ Vgl. auch SLAVU, Osteuropa-Recht 2007, S. 314, 316 f.

637 Die im Allgemeinen weniger reformwillig war als die früheren Regierungen ROMAN und STOLOJAN.

638 Siehe dazu oben S. 23 ff.

639 Rumänien war das dritte ehemals kommunistische Land (nach Ungarn und Polen), das einen offiziellen Antrag auf Aufnahme in die Europäische Union stellte.

tive gebe,[640] wurde bereits im Juni 1995 die sog. „Politische Erklärung von Snagov“ abgegeben, wonach alle Parteien Rumäniens, unabhängig von ihrer politischen Orientierung im Einzelnen, den EU-Beitritt des Landes als Hauptziel ihrer Außenpolitik betrachteten.[641] Auch die beiden Kammern des Rumänischen Parlaments gaben im Vorfeld des Beitrittsantrages zwei politische Erklärungen ab, in denen sie die Mitgliedschaft Rumäniens in der Europäischen Union sowie in der NATO als „ein politisches Hauptziel, eine wichtige Garantie für die Wahrung unserer nationalen Interessen sowie eine unmittelbare Unterstützung für die demokratische Entwicklung der rumänischen Gesellschaft“ anerkannten.[642] Daraufhin wurde im Juli 1995 der *Gemeinsame Parlamentarische Ausschuss* für europäische Integration von den beiden Kammern des Rumänischen Parlaments eingesetzt.[643]

Auf seinem Gipfeltreffen in Luxemburg im Dezember 1997 erkannte der Europäische Rat Rumänien den Status eines „Beitrittskandidaten“ zu, ohne sich jedoch auf ein bestimmtes Datum für die Eröffnung der direkten Beitrittsverhandlungen festzulegen. Diese Haltung könnte dadurch erklärt werden, dass die Europäische Union eine gemeinsame Grenze mit Konfliktzonen wie Russ-

---

640 HARTWIG, Die Europapolitik Rumäniens, S. 64 ff.; FELDMANN, Quo vadis Rumänien?, S. 25 ff.; VLAD, Rechtsfragen der europäischen Integration, in: SANDER/VLAD (HRSG.), Quo vadis, Europa?, S. 113 f.; PHINNEMORE, Romania and the European Union, in: ERDELI/DUMBRĂVEANU (HRSG.), Romanian-British Geographical Interchanges, S. 19 ff.

641 Vgl. die Rede des damaligen rumänischen Staatspräsidenten ION ILIESCU, abrufbar im Internet unter: www.europarl.europa.eu/sides/getDoc.do?pubRef=-//EP//TEXT+CRE+20030923+ITEM-014+DOC+XML+V0//DE (Stand: 30.6.2008); vgl. darüber hinaus die Rede der damaligen rumänischen Ministerin für Europäische Integration, HILDEGARD PUWAK, vom 27.3.2002, die betonte, dass „der EU-Beitritt Rumäniens wahrscheinlich der einzige politische Zweck ist, der nach Dezember 1989 von allen politischen Parteien unbestritten verfolgt wird.“ Die Rede ist ebenfalls abrufbar im Internet unter: www.mie.ro/mie.htm (Stand: 30.6.2008).

642 „Integrarea României în structurile euro-atlantice reprezintă un obiectiv politic major, o importantă garanţie a apărării intereselor naţionale şi un sprijin nemijlocit pentru evoluţia democratică şi pluralistă a societăţii româneşti.” (Die Integration Rumäniens in die Euro-Atlantischen Institutionen stellt ein prioritäres politisches Ziel dar, eine wichtige Garantie zum Schutz der nationalen Interessen und eine unmittelbare Unterstützung für die demokratische Entwicklung der rumänischen Gesellschaft), vgl. Die Erklärung des Rumänischen Senats vom 15.6.1995, abgedruckt in *Monitorul Oficial al României*, Teil I, Nr. 124 vom 21.6.1995 sowie die Erklärung des Rumänischen Abgeordnetenhauses, abgedruckt in *Monitorul Oficial al României*, Teil I, Nr. 121 vom 16.6.1995.

643 Vgl. Parlamentul României, Hotărâre privind Constituirea Comisiei Parlamentului României pentru Integrare Europeană (Entscheidung des rumänischen Parlaments zur Gründung einer parlamentarischen Kommission für europäische Integration), *Monitorul Oficial al României*, Teil I, Nr. 136 vom 5.7.1995.

land und dem ehemaligen Jugoslawien ursprünglich vermeiden wollte.[644] Diese Perspektive änderte sich hauptsächlich dadurch, dass Rumänien während des Kosovo-Krieges unter Beweis stellte, in die Rolle einer Stabilitätsinsel auf dem Balkan gewachsen zu sein.[645] In Anerkennung der kompromisslos EU- und NATO-konformen Politik der rumänischen Regierung während der Kosovo-Krise und der erwiesenen geostrategischen Bedeutung des Landes als Stabilitätsanker am Rande der jugoslawischen Krisenregion, fassten die Staats- und Regierungschefs der Europäischen Union im Dezember 1999 auf dem Gipfeltreffen in Helsinki den Beschluss, die Beitrittsverhandlungen mit Rumänien aufzunehmen. Diese fundamentale Entscheidung für die Zukunft des Landes war somit ausschließlich politisch motiviert und basierte nicht auf die Reformfortschritte des Landes.[646] Der Beginn der Beitrittsverhandlungen mit Bukarest war an die Erfüllung von zwei Bedingungen gebunden: eine verbesserte institutionelle und finanzielle Absicherung der Heimkinder und die Ausarbeitung einer mittelfristigen Strategie zur makroökonomischen Stabilisierung des Landes.[647] Die rumänische Regierung fragte nicht nach den Gründen, die zum Eintritt Rumäniens in die Europäische Union „durch die Hintertür" geführt haben,[648] sondern begrüßte vielmehr die Tatsache, dass Rumänien damit die bisher fehlende Beitrittsperspektive eröffnet wurde, sowie die Aussicht auf höhere Zuwendungen im Rahmen der Heranführungshilfen der Europäischen Union.[649] Das politische Programm der neuen Regierung ISĂRESCU für das Jahr 2000 stand ganz im Zeichen dieser neu gewonnenen Perspektive der Europäischen Integration. Der Beitritt zur Europäischen Gemeinschaft wurde als Anker betrachtet, „der bisher allen Reformmaßnahmen gefehlt hat".[650]

---

644 Vgl. PĂUN/DOBROT/PÂSLARU, A adera sau a nu adera? (Beitreten oder nicht beitreten?), in: SEVERIN (HRSG.), Un concept românesc privind viitorul Uniunii Europene (Ein rumänisches Konzept für die Zukunft der Europäischen Union), S. 386.

645 Vgl. hierzu ausführlich GABANYI, Rumänien und der Kosovo-Konflikt, *Das Parlament* vom 6.-13.8.1999.

646 Vgl. GABANYI, Rumänien, in: WEIDENFELD/WESSELS (HRSG.), Jahrbuch der Europäischen Integration 1999/2000, S. 421 ff.; SLAVU, Osteuropa-Recht 2007, S. 314, 317 f.

647 GABANYI, Rumänien vor dem EU-Beitritt, S. 7; vgl. auch *România Liberă* vom 21.12.1999, S. 1 ff.

648 *Dilema* Nr. 358 vom 17.-23.12.1999, S. 1 ff.; *Cotidianul Liber* vom 22.12.1999, S. 1 ff.

649 Vgl. *Adevărul* vom 12.12.1999, S. 1 ff.; *ZIUA* vom 22.12.1999, S. 1; vgl. auch GABANYI, Rumänien, in: WEIDENFELD/WESSELS (HRSG.), Jahrbuch der Europäischen Integration 1999/2000, S. 421, 422 f.

650 Vgl. *România Liberă* vom 21.12.1999, S. 1 ff.; *Adevărul* vom 21.12.1999, S. 1 ff.

4. Die Beitrittsverhandlungen

a. Überblick

Die Beitrittsverhandlungen mit Rumänien begannen – trotz zahlreicher Kritik in der rumänischen Bevölkerung, die insbesondere auf Verzicht der nationalen Souveränität zugunsten der Europäischen Union gerichtet war – am 15. Februar 2000 zusammen mit den Verhandlungen mit mehreren Ländern Mittel- und Osteuropas. Auf ihrem Gipfeltreffen im Dezember 2002 in Kopenhagen nannte die Union erstmals in einem offiziellen Dokument das Jahr 2007 als Datum für den Beitritt Rumäniens und Bulgariens.

Die Beitrittsverhandlungen mit Rumänien wurden am 14. Dezember 2004 förmlich abgeschlossen.[651] Obwohl die neue EU-Kommission unter dem Präsidenten José Manuel Barroso und Erweiterungskommissar Olli Rehn nicht bereit war, eine positive Empfehlung für den Abschluss der Verhandlungen mit Rumänien abzugeben, entschieden die Staats- und Regierungschefs auf dem Gipfeltreffen vom 16./17. Dezember 2004 in Brüssel, die Beitrittsverhandlungen mit Rumänien und Bulgarien – trotz ihrer systembedingten Schwierigkeiten sowie entgegen nachdrücklich artikulierter Bedenken der Kommission – für abgeschlossen zu erklären.[652] Zugleich wurde in Brüssel jedoch der Forderung der Regierungen einiger Mitgliedstaaten stattgegeben, das *Monitoring* der weiteren Beitrittsvorbereitungen Rumäniens und Bulgariens zu verschärfen. Eine derartige Erweiterungspolitik der europäischen Staats- und Regierungschefs, die sich über fundierte Bedenken der EU-Kommission hinwegsetzt, unterstützt letztendlich die politischen Vorstellungen derjenigen EU-Mitglieder, die einer weiteren Vertiefung und Ausdehnung der europäischen Integration mit Skepsis begegnen.[653]

---

[651] In der Schlussphase des Beitrittsprozesses geriet Rumänien gegenüber Bulgarien in Rückstand. Während das Nachbarland seine Beitrittsverhandlungen bereits im Juni 2004 beenden konnte, schloss Rumänien die Gespräche über seine letzten und schwierigsten Verhandlungskapitel (*Wettbewerbspolitik* und *Justiz und Inneres*) erst am 8.12.2004 ab.

[652] Vgl. die Schlussfolgerungen des Vorsitzes der Regierungskonferenz des Europäischen Rates von Brüssel vom 16./17.12.2004, Punkt 10 ff., abrufbar im Internet unter: www.consilium.europa.eu/ueDocs/cms_Data/docs/pressData/de/ec/83221.pdf (Stand: 30.6.2008); Gabanyi, Rumänien vor dem EU-Beitritt, S. 9 f.; Slavu, Osteuropa-Recht 2007, S. 314, 318 f.; *Adevărul* vom 13.12.2004, S. 1 f.

[653] Vgl. Arndt, Europarecht, S. 23 f.; Oppermann in: FS für Zuleeg, S. 72, 73; Eickhof, Konsequenzen einer EU-Osterweiterung für den gemeinsamen Markt, S. 2 ff.; Janning, Europa-Archiv 1993, S. 645, 647.

b. Die Fortschrittsberichte der Europäischen Union über Rumänien

In ihrer ersten „Stellungnahme zum Antrag Rumäniens auf Beitritt zur Europäischen Union" von 1997[654] verwies die Europäische Kommission auf die gravierenden Mängel der rumänischen Marktwirtschaft, die es dem Land unmöglich machen, sowohl dem Wettbewerbsdruck innerhalb der Gemeinschaft standzuhalten als auch den gemeinschaftlichen Besitzstand zu übernehmen. Der allgemeine Stand der Beitrittsverhandlungen und die Fortschritte Rumäniens auf dem Weg zum EU-Beitritt wurden nach dieser Stellungnahme jährlich in einem von der Europäischen Kommission erstellten „Regelmäßigen Fortschrittsbericht" dargestellt.[655] Die Berichte über Rumänien beinhalteten jedes Jahr eine Vielzahl von erheblichen Defiziten in allen Kategorien der Beitrittskriterien, insbesondere aber in den Bereichen *Justiz und Inneres*, *Niederlassungsfreiheit für Dienstleistungsunternehmen*, *Wettbewerbs-* sowie *Umweltpolitik*. Trotz der regelmäßig erkannten Schwächen im Transformationsprozess hat sich die Europäische Kommission allerdings immer wieder zu positiven Abschlussbewertungen über Rumänien durchgerungen und dadurch der Hoffnung Ausdruck verliehen, dass das Land in der Lage sein würde, „allen Anforderungen der EU-Mitgliedschaft gerecht zu werden und die Mitgliedschaft erfolgreich vorzubereiten".[656]

In ihrem am 25. Oktober 2005 veröffentlichten Fortschrittsbericht hatte die Europäische Kommission entgegen ihrer ursprünglichen Ankündigung noch keine Empfehlung zum Beitrittstermin Rumäniens (und Bulgariens) ausgesprochen. Der Bericht bescheinigte Rumänien, erhebliche Fortschritte auf dem Weg zur Beitrittsreife gemacht zu haben: Für zwölf der insgesamt 31 Verhandlungskapitel gab es keinerlei Beanstandungen; hinsichtlich der anderen Kapitel riet die Kommission in 35 Einzelaspekten dazu, die Reformen beschleunigt weiterzuführen und in sieben Bereichen äußerte sie ernsthafte Bedenken und mahnte die Regierung in Bukarest, diese Probleme vorrangig zu behandeln. Dabei handelt es sich um die Bekämpfung der Korruption, Fragen

---

[654] Vgl. Stellungnahme der Kommission zu dem Antrag Rumäniens auf EU-Beitritt vom 16.7.1997, KOM (1997) 2003, Bulletin der Europäischen Union, Beilage 8/1997, abrufbar im Internet unter: http://europa.eu/bulletin/de/9707/p104076.htm (Stand: 30.6.2008).

[655] Die Regelmäßigen Berichte der Europäischen Kommission über die Fortschritte Rumäniens auf dem Weg in die Europäische Union sind abrufbar auf der Internet-Seite der Kommission unter: http://ec.europa.eu/enlargement/romania/key_documents_en.htm (Stand: 30.6.2008).

[656] Vgl. Monitoring-Bericht 2005, KOM (2005) 534 vom 25.10.2005, S. 2; Monitoring-Bericht 2004, KOM (2004) 657 vom 6.10.2003, S. 165 ff.; Monitoring-Bericht 2000 vom 8.10.2000, S. 99 ff.

der Grenzsicherung, Umweltschutz, Produktpiraterie, Landwirtschaft, Mehrwertsteueranpassung und Vergabe der öffentlichen Aufträge.[657] Die rumänische Regierung bewertete positiv die Tatsache, dass in dem Fortschrittsbericht 2005 nur noch zwei der elf Problembereiche eine „rote Karte" bekamen (Korruption und Grenzsicherung), die gemäß Art. 39 der Beitrittsakte eine Verschiebung des Beitritts um ein Jahr hätten auslösen können.[658] Diese so genannte *Super-Schutzklausel* der Beitrittsakte galt ausschließlich für Rumänien und sollte es dem Europäischen Rat ermöglichen, mit qualifizierter Mehrheit auf Empfehlung der Kommission die Verschiebung des EU-Beitritts Rumäniens zu beschließen, falls gravierende Mängel in einem oder mehreren der elf spezifischen Problemfelder im Bereich der Verhandlungskapitel *Wettbewerb*, *Umweltschutz* oder *Justiz und Inneres* nicht beseitigt worden wären.[659] Als wichtigste Reformaufgaben für Rumänien vor dem Beitrittstermin wurden hiernach die Bereiche *Justiz und Inneres* (Verbesserung der Korruptionsbekämpfung und Gewährleistung der Unabhängigkeit der Justiz) sowie *Wettbewerbspolitik* (Verbesserung der Arbeit der zuständigen Aufsichtsbehörde) angesehen.

Ebenfalls positiv wurde aus rumänischer Sicht anlässlich der Veröffentlichung des Fortschrittsberichts 2005 die Tatsache angesehen, dass Rumänien erstmals in einem Fortschrittsbericht in der Bewertung durch die Kommission vor Bulgarien rangierte.[660] Dies war für Bukarest ein klarer Hinweis darauf, dass die Europäische Union gezwungen war, ihre Bewertung über Rumänien zu korrigieren und die schweren, in den vergangenen Jahren dem Land auferlegten Beitrittsbedingungen anzupassen. Ansonsten wäre es nicht vertretbar gewesen, Rumänien, das für den Beitritt besser als Bulgarien vorbereitet war,[661] mit der *Super-Schutzklausel* zu versehen und somit erst am 1. Januar

---

[657] Vgl. Monitoring-Bericht 2005, KOM (2005) 534 vom 25.10.2005, S. 87 ff.

[658] Die elf Problemfelder des rumänischen Beitritts wurden im Anhang IX der Beitrittsakte ausgeführt („Spezifische Verpflichtungen und Anforderungen, die Rumänien beim Abschluss der Beitrittsverhandlungen am 14. Dezember 2004 nach Artikel 39 der Beitrittsakte übernommen bzw. akzeptiert hat"), vgl. Amtsblatt der Europäischen Union Nr. L 157 vom 21.6.2005, S. 201 ff. Der Anhang ist auch abrufbar im Internet unter: eur-lex.europa.eu/LexUriServ/site/de/oj/2005/l_157/l_15720050621de02010202.pdf (Stand 30.6.2008).

[659] Vgl. Art. 39 Abs. 2 der Beitrittsakte zum Beitrittsvertrag mit Rumänien und Bulgarien.

[660] Vgl. Monitoring-Bericht 2005, KOM (2005) 534 vom 25.10.2005, S. 15 f.; vgl. auch *România Liberă* vom 26.10.2005, S. 1 sowie *Adevărul* vom 27.10.2005, S. 1.

[661] GABANYI, Rumänien vor dem EU-Beitritt, S. 28; POPA, Experţii UE laudă România şi critică, în termeni asprii, Bulgaria (Die Experten der EU loben Rumänien und üben harsche Kritik an Bulgarien), in: *Gândul* vom 26.9.2005.

2008 in die Europäische Union aufzunehmen, Bulgarien aber trotz offensichtlicher größerer Defizite schon ein Jahr zuvor.[662]

Als die Europäische Kommission am 16. Mai 2006 ihre Fortschrittsberichte für Rumänien und Bulgarien vorstellte, blieb sie der bislang verfolgten Linie treu: In den Berichten wurden die Fortschritte und Defizite im Annäherungsprozess beider Länder sehr sorgfältig aufgelistet, weitere politische und finanzielle Unterstützung durch die Europäische Union zugesagt und eine erneute Überprüfung der Beitrittsreife für Oktober 2006 angekündigt. Die Berichte enthielten weder eine Empfehlung des Beitritts der beiden Staaten zur Europäischen Union zum 1. Januar 2007 noch wurde dieser abgelehnt.[663] Vielmehr gab die Europäische Kommission bekannt, ihre Empfehlungen für den Zeitpunkt des Beitritts der Kandidaten Rumänien und Bulgarien auf Oktober 2006 verschieben zu wollen. Diese Verschiebung der Entscheidung war in Brüssel seit Wochen „ein offenes Geheimnis".[664] In der Sache wurde berechtigterweise moniert, dass die beiden Länder noch viel zu tun hätten, um ihre jeweilige Rechts-, Wirtschafts- und Gesellschaftsordnung auf europäisches Niveau zu bringen. In Rumänien, so wurde in Brüssel betont, müsse vor allem der Kampf gegen die Korruption und die organisierte Kriminalität verstärkt werden. Außerdem müsse die Effektivität der Verteilungsmaßnahmen der bereits fließenden EU-Beihilfen für Landwirtschaft und regionale Entwicklung verbessert werden. Zwar unterstrich Kommissionspräsident BARROSO in einer Ansprache in Bukarest im Juni 2006, die Kommission werde erst in einem weiteren Fortschrittsbericht im Herbst 2006 offiziell über den Beitrittstermin entscheiden; zugleich deutete aber alles darauf hin, dass sie dem Rat die Verschiebung des Beitrittstermins um ein Jahr nicht empfehlen würde, da Rumänien die Bedingungen der Kommission in den davon betroffenen elf sensitiven Bereichen erfüllt hatte.[665] Durch die Verschiebung der Entscheidung zum EU-Beitritt auf den Herbst 2006 erhoffte sich die Kommission, „den Reformdruck in Rumänien zu erhöhen oder diesen zumindest aufrecht erhalten zu

---

[662] Vgl. GABANYI, Rumänien, in: WEIDENFELD/WESSELS (HRSG.), Jahrbuch der Europäischen Integration 2005, S. 449; *Frankfurter Allgemeine Zeitung* vom 17.5.2006, S. 1.

[663] Monitoring-Bericht der Europäischen Kommission über den Stand der Beitrittsvorbereitungen Bulgariens und Rumäniens, KOM (2006) 214 vom 16.5.2006.

[664] Vgl. *Frankfurter Allgemeine Zeitung* vom 17.5.2006, S. 1.

[665] VLAD, Rechtsfragen der europäischen Integration, in: SANDER/VLAD (HRSG.), Quo vadis, Europa?, S. 113, 128 ff.; GABANYI, Rumänien, in: WEIDENFELD/WESSELS (HRSG.), Jahrbuch der Europäischen Integration 2006, S. 449; siehe auch Fn. 658.

können".[666] Das vielfach vorgetragene Argument, dass eine weitere Verschiebung des Beitritts mit der Gefahr einer Beendigung des Reformprozesses einhergegangen wäre, trug jedoch nicht. Denn Rumänien ist auch nach dem erfolgten EU-Beitritt weiterhin verpflichtet, die eingeleiteten Reformen aus eigenem Antrieb und eigener Einsicht durchzusetzen.[667] Keinesfalls dürfen diese Reformen mit dem erreichten EU-Beitritt ein Ende nehmen.[668]

In ihrem letzten Fortschrittsbericht vom 26. September 2006[669] gab die Europäische Kommission grünes Licht für den EU-Beitritt Rumäniens und Bulgariens. Die Kommission bescheinigte in diesem letzten Fortschrittsbericht beiden Staaten, dass sie ihren Fähigkeiten Ausdruck verliehen hätten, „die Grundsätze und Rechtsvorschriften der Europäischen Union ab dem 1. Januar 2007 anzuwenden".[670] Rumänien erfülle – so die Kommission – die politischen Beitrittskriterien, verfüge über eine funktionierende Marktwirtschaft und habe bei der Übernahme des *acquis communautaire* im Laufe des Beitrittsprozesses kontinuierliche Fortschritte erzielt. Das Land dürfe zukünftig in der Lage sein, die aus der Mitgliedschaft erwachsenden Verpflichtungen zu erfüllen, sofern es die entsprechenden Anstrengungen in einer Reihe von Bereichen intensiviere und sich auf den Ausbau seiner Verwaltungskapazität in allen Bereichen konzentriere. Die Kommission wies jedoch auch darauf hin, dass es in mehreren Bereichen noch Probleme gebe, die eine „volle Integration" verzögern könnten.

Darüber hinaus könnten die so genannten safeguard-Klauseln angewendet werden, die es z.B. ermöglichen, den Beitritt nicht in allen Bereichen sofort vollwirksam werden zu lassen. In diesem Zusammenhang muss aber darauf hingewiesen werden, dass dies eine bedenkliche Kürzung der EU-Finanzhilfen zur Folge haben könnte, die sich für Rumänien für den Zeitraum

---

[666] Vgl. *Frankfurter Allgemeine Zeitung* vom 17.5.2006, S. 1, sowie *Rheinische Post* vom 17.5.2006, S. A 2 u. A 6.

[667] VLAD, Rechtsfragen der europäischen Integration, in: SANDER/VLAD (HRSG.), Quo vadis, Europa?, S. 113, 115; SLAVU, Osteuropa-Recht 2007, S. 314, 319 f.

[668] PĂUN/DOBROT/PÂSLARU, A adera sau a nu adera? (Beitreten oder nicht beitreten?), in: SEVERIN (HRSG.), Un concept românesc privind viitorul Uniunii Europene (Ein rumänisches Konzept für die Zukunft der Europäischen Union), S. 386: „Wenn die ‚Normalisierung Rumäniens' exklusiv durch den politischen Druck der Europäischen Union erreicht werden sollte, dann muss Rumänien für immer ein Defizit seiner politischen Persönlichkeit wahrnehmen und mit diesem Bild leben."

[669] Vgl. Monitoring-Bericht der Europäischen Kommission über den Stand der Beitrittsvorbereitungen Bulgariens und Rumäniens, KOM (2006) 549 vom 26.9.2006.

[670] Monitoring-Bericht der Europäischen Kommission über den Stand der Beitrittsvorbereitungen Bulgariens und Rumäniens, KOM (2006) 549 vom 26.9.2006, S. 3.

2007 – 2013 auf rund 30 Milliarden Euro belaufen; und dieses Geld wird dringend benötigt, um Rumänien an den generellen EU-Standard anzunähern.

5. Das Abkommen über den Beitritt Rumäniens zur Europäischen Union

a. Allgemeines

Der Prozess der Erweiterung der Europäischen Union um Rumänien und Bulgarien ging am 25. April 2005 in seine Schlussphase: Die Ergebnisse der mehrjährigen Verhandlungen mit den beiden Ländern wurden im „Vertrag über den Beitritt Rumäniens und Bulgariens zur Europäischen Union" niedergelegt, der auf dem Gipfeltreffen in Luxemburg von den Staats- und Regierungschefs sowie den Außenministern der 25 Mitgliedstaaten und von Rumänien und Bulgarien feierlich unterzeichnet wurde. Der Ratifizierungsprozess durch die beteiligten Länder[671] wurde somit eingeleitet;[672] er wurde erst am 20. Dezember 2006 abgeschlossen.[673] So ist der Beitrittsvertrag gemäß seinem Art. 4 Abs. 2 am 1. Januar 2007 in Kraft getreten.

Rumänien trat also ungeachtet anhaltender Defizite zum 1. Januar 2007 der Europäischen Union bei. Wenn das Land sein derzeitiges Reformtempo beibehält, wird es ihm aller Voraussicht nach gelingen, die erforderlichen Rechtsvorschriften in wenigen Jahren nach dem Beitrittstermin in nationales Recht umzusetzen. Jedoch ist die Rechtsangleichung insofern unzulänglich, als viele der nationalen Rechtsvorschriften, mit denen der Besitzstand übernommen wurde, auf Grund von Schwächen im Gesetzgebungsverfahren unterschiedliche Qualität aufweisen und in manchen Fällen vor der Anwendung erst überarbeitet werden müssen.[674]

---

[671] Vgl. Art. 4 Abs. 1 EU-Beitrittsvertrag mit Bulgarien und Rumänien: „Dieser Vertrag bedarf der Ratifikation durch die Hohen Vertragsparteien im Einklang mit ihren verfassungsrechtlichen Vorschriften. Die Ratifikationsurkunden werden spätestens am 31. Dezember 2006 bei der Regierung der Italienischen Republik hinterlegt."

[672] Rumänien hatte den Beitrittsvertrag bereits am 27. Mai 2005 ratifiziert, vgl. Gesetz Nr. 157/2005, *Monitorul Oficial al României* Nr. 465/2005 vom 1.6.2006.

[673] Am 15.11.2006 hatten bereits 23 Vertragsstaaten ihre Ratifikationsurkunden hinterlegt. Nur Dänemark und Deutschland fehlten. Deutschland hat den Vertrag als letzter Staat am 24.11.2006 ratifiziert und die Ratifikationsurkunde erst am 20.12.2006 bei der Italienischen Regierung hinterlegt. Zum Ratifikationsstand vgl. die Datenbank des Rumänischen Außenministeriums unter: www.mae.ro/index.php?unde= doc&id=30194&idlnk=1&cat=3 (Stand: 30.6.2008).

[674] DUCULESCU, Dreptul Integrării Europene (Das Recht der Europäischen Integration), S. 456 ff.; GORGHIU, Harmonization of National Legislation with Community Regulations,

b. Die Struktur des Beitrittsabkommens

Wie bei allen anderen vorangegangen Beitrittsrunden wurde auch im Fall Rumäniens und Bulgariens das Gesamtbeitrittsabkommen in einen „Vertrag über den Beitritt der Republik Bulgarien und Rumäniens zur Europäischen Union“,[675] eine „Akte über die Bedingungen des Beitritts der Republik Bulgarien und Rumäniens und die Anpassungen der Verträge, auf denen die Union beruht“,[676] sowie eine „Schlussakte“[677] unterteilt. Ein Novum in der bisherigen Beitrittspraxis der Union stellte dabei dar, dass neben der Beitrittsakte auch ein – inhaltlich mit der Akte weitgehend übereinstimmendes – „Beitrittsprotokoll über die Bedingungen und Einzelheiten der Aufnahme der Republik Bulgarien und Rumäniens in die Europäische Union“[678] vereinbart wurde. Das Protokoll findet jedoch nur dann Anwendung, wenn der Vertrag über eine Verfassung für Europa in Kraft treten sollte. Ansonsten gilt die Beitrittsakte.

aa. Der Beitrittsvertrag

Wie auch bei früheren Beitrittsverträgen, umfasst der Beitrittsvertrag mit Rumänien und Bulgarien neben der Präambel lediglich sechs Artikel, die zur Übersichtlichkeit der Gesamtstruktur des umfangreichen Beitrittsabkommens führen sollen. Der Beitrittsvertrag sieht in seinem Art. 1 Abs. 1 vor, dass Rumänien und Bulgarien Mitglieder der Europäischen Union werden und Vertragsparteien „der Verträge, auf denen die Union beruht in ihrer jeweiligen geänderten oder ergänzten Fassung“ (Art. 2 Abs. 1). Weiterhin bestimmt Art. 2 Abs. 2, dass „die Aufnahmebedingungen und die aufgrund der Aufnahme erforderlichen Anpassungen der Verträge, auf denen die Union beruht“, in der dem Beitrittsvertrag beigefügten Akte festgelegt sind, die Bestandteil des Bei-

---

in: BOȚA-MOISIN (HRSG.), Acquis Communautaire – A Need for the European Integration, S. 356 ff.

[675] Vgl. Amtsblatt der Europäischen Union Nr. L 157 vom 21.6.2005, S. 11 ff. Der Beitrittsvertrag ist auch abrufbar im Internet unter: http://eur-lex.europa.eu/LexUriServ/site/de/oj/2005/l_157/l_15720050621de00110027.pdf (Stand: 30.6.2008).

[676] Vgl. Amtsblatt der Europäischen Union Nr. L 157 vom 21.6.2005, S. 203 ff. Die Beitrittsakte ist auch abrufbar im Internet unter: http://eur-lex.europa.eu/LexUriServ/site/de/oj/2005/l_157/l_15720050621de 02030220.pdf (Stand: 30.6.2008).

[677] Vgl. Amtsblatt der Europäischen Union Nr. L 157 vom 21.6.2005, S. 377 ff. Die Schlussakte ist auch abrufbar im Internet unter: http://eur-lex.europa.eu/LexUriServ/site/de/oj/2005/l_157/l_15720050621de 03790390.pdf (Stand: 30.6.2008).

[678] Vgl. Amtsblatt der Europäischen Union Nr. L 157 vom 21.6.2005, S. 29 ff. Das Protokoll ist auch abrufbar im Internet unter: http://eur-lex.europa.eu/LexUriServ/site/de/oj/2005/ l_157/l_15720050621de00290045.pdf (Stand: 30.6.2008).

trittsvertrages ist.[679] Art. 3 des Beitrittsvertrages begründet die Zuständigkeit der EU-Organe für den Beitrittsvertrag.[680]

bb. Die Beitrittsakte

Die Beitrittsakte ist – wie oben bereits dargestellt[681] – integraler Bestandteil des Beitrittsvertrages vom 25. April 2005. Sie enthält zusammen mit ihren Anhängen und Protokollen die vereinbarten materiellen Anpassungen und Änderungen des Rechts aller Komponenten der Union, die durch den Beitritt Rumäniens und Bulgariens notwendig geworden sind. Dazu zählen auch die gewährten Übergangsbestimmungen.

Entsprechend der in der bisherigen Beitrittspraxis entwickelten Systematik aller Beitrittsakte enthält auch die Beitrittsakte für Rumänien (und Bulgarien) als Kernstück des Beitrittsabkommens fünf Abschnitte:

- Grundsätze;
- Anpassungen der Verträge;
- Ständige Bestimmungen (z.B. Anpassungen der Rechtsakte der Organe);
- Bestimmungen mit begrenzter Geltungsdauer (z.B. Übergangsmaßnahmen, institutionelle Bestimmungen, Finanzbestimmungen) und
- Bestimmungen über die Durchführung der Akte.

Kern der durch die Beitrittsakte geregelten Aufnahmebedingungen ist nach Art. 2 der Grundsatz, dass ab dem Tag des Beitritts die ursprünglichen Verträge und die vor dem Beitritt erlassenen Rechtsakte der EU-Organe und der Europäischen Zentralbank für die neuen Mitgliedstaaten verbindlich sind und in diesen Staaten nach Maßgabe der genannten Verträge und der Beitrittsakte gelten. Die hiervon erfassten Gründungsverträge (EU-, EG- und EAG-Vertrag) sowie das gesamte Sekundärrecht der Europäischen Union sind dabei in der Weise auszulegen, wie es durch die Rechtsprechung des EuGH

---

679 Vgl. Art. 2 Abs. 2 EU-Beitrittsvertrag mit Bulgarien und Rumänien: „Die Aufnahmebedingungen und die aufgrund der Aufnahme erforderlichen Anpassungen der Verträge, auf denen die Union beruht, sind in der diesem Vertrag beigefügten Akte festgelegt; sie gelten ab dem Tag des Beitritts bis zum Tag des Inkrafttretens des Vertrags über eine Verfassung für Europa. Die Bestimmungen der Akte sind Bestandteil dieses Vertrages."

680 Vgl. Art. 3 des Beitrittsvertrages: „Die Bestimmungen über die Rechte und Pflichten der Mitgliedstaaten sowie über die Befugnisse und Zuständigkeiten der Organe der Union, wie sie in den Verträgen festgelegt sind, denen die Republik Bulgarien und Rumänien beitreten, gelten auch für diesen Vertrag."

681 Siehe die Ausführungen auf S. 50 f.

vorgeschlagen wurde.[682] Neben den in Art. 2 der Beitrittsakte bezeichneten Rechtsquellen gehören zu dem von den neuen EU-Mitgliedstaaten anzuwendenden gemeinschaftlichen Besitzstand auch die Regelungen über das Funktionieren der Union (Art. 3 der Beitrittsakte), die Bestimmungen des Schengen-Besitzstandes (Art. 4 der Beitrittsakte) sowie die von der Union geschlossenen internationalen Abkommen (Art. 6 der Beitrittsakte).[683]
Einen wichtigen Bestandteil der Beitrittsakte bilden die Übergangsregelungen im Hinblick auf die Übernahme des *acquis communautaire* und die Vereinbarung der sog. Schutzklauseln, die die Europäische Kommission berechtigen, in einem Zeitraum von bis zu drei Jahren nach dem Beitritt entsprechende Maßnahmen zu ergreifen, sollten Rumänien und/oder Bulgarien ihren im Verlauf der Beitrittsverhandlungen eingegangenen Verpflichtungen nicht nachkommen.[684] An diesen Schutzklauseln wird, soweit sie zugunsten der Europäischen Union eingerichtet sind, im Fall der Osterweiterung kritisiert, dass sie zu einer bislang unbekannten „post-accession conditionality" der Stellung der Beitrittsstaaten führen.[685] Für Rumänien und Bulgarien wurden zunächst drei allgemeine Schutzklauseln vereinbart,[686] wie auch schon 2004 im Zusammenhang mit dem Beitritt der ersten zehn mittel- und osteuropäischen Staaten. Sollte Brüssel einen Stillstand der Reformen feststellen, könnten diese Sicherheitsklauseln aktiviert werden.
Neben diesen drei allgemeinen Schutzklauseln wurden im Fall Rumäniens und Bulgariens noch zwei weitere vereinbart. Die eine, für beide Staaten gleichermaßen gültige Beitrittsaufschubklausel sah vor, dass die Europäische Kommission den Aufschub des Beitritts um ein Jahr auf den 1. Januar 2008 empfehlen könnte, sollte sich im Verlauf des *Monitoring* herausstellen, dass die beiden Staaten in einigen wichtigen Politikbereichen für den Beitritt nicht genügend vorbereitet wären.[687] Von dieser Schutzklausel wurde jedoch kein

682 HERRNFELD, EuR 2000, S. 454, 460; SCHLADEBACH, LKV 2002, S. 457, 458 f.
683 Amtsblatt der Europäischen Union Nr. L 157 vom 21.6.2005, S. 203 ff.
684 Zum Inhalt der allgemeinen Schutzklauseln vgl. die Ausführungen auf S. 91 f.
685 Vgl. CREMER in: CALLIESS/RUFFERT, Art. 49 EU-Vertrag Rn. 6; CREMONA, ELRev. 30/2005, S. 3, 19 ff.
686 Vgl. Art. 36 – 39 der Beitrittsakte zum Beitrittsvertrag mit Rumänien und Bulgarien, Amtsblatt der Europäischen Union Nr. L 157 vom 21.6.2005, S. 216 f.
687 Art. 39 Abs. 1 der Beitrittsakte zum Beitrittsvertrag mit Rumänien und Bulgarien: „Falls […] eindeutig nachgewiesen ist, dass sich die Vorbereitungen im Hinblick auf die Übernahme und Umsetzung des Besitzstands in Bulgarien oder Rumänien auf einem Stand befinden, der die ernste Gefahr mit sich bringt, dass einer dieser Staaten in einigen wichtigen Bereichen offenbar nicht in der Lage ist, die Anforderungen der Mitgliedschaft bis zum Beitrittstermin 1. Januar 2007 zu erfüllen, so kann der Rat auf Empfehlung der Kom-

Gebrauch gemacht und beide Staaten traten am 1. Januar 2007 der Europäischen Union bei.
Darüber hinaus wurde in der Beitrittsakte vom 25. April 2005 die oben genannte *Super-Schutzklausel* vereinbart,[688] die ausschließlich für Rumänien galt und es dem Europäischen Rat ermöglicht hätte, mit qualifizierter Mehrheit auf Empfehlung der Kommission die Verschiebung des EU-Beitritts Rumäniens zu beschließen, falls gravierende Mängel in einem oder mehreren von elf bestimmten Problemfeldern nicht beseitigt worden wären.[689]

cc. Die Schlussakte

Durch die Schlussakte der Unterzeichnungszeremonie wurden gemeinsame und einseitige Absichts- und Interpretationserklärungen sowohl alter als auch neuer Mitgliedstaaten in den weiteren Rahmen des Vertragswerks einbezogen.[690] In diesen Erklärungen wurden verschiedene umstrittene Aspekte zum Ausdruck gebracht, die aus unterschiedlichen Gründen in die Beitrittsakte keinen oder nur begrenzten Eingang gefunden haben. Die 6. Erklärung in der Schlussakte wurde z.B. von Deutschland und Österreich gefordert und bezieht sich auf das umstrittene Verhandlungskapitel der Arbeitnehmerfreizügigkeit. In dieser Erklärung wird darauf hingewiesen, dass der Arbeitsmarktzugang eventuell nicht nur für „bestimmte Gebiete" verwehrt werden kann, sondern „gegebenenfalls auch das gesamte nationale Hoheitsgebiet umfassen kann". Dies wurde von Deutschland und Österreich „im Einvernehmen mit der Kommission" in dieser Form in die Schlussakte aufgenommen.
Die in der Schlussakte enthaltenen Erklärungen dürfen jedoch nicht dazu genutzt werden, die Regelungen der Beitrittsakte in Frage zu stellen. In dieser Missbrauchsmöglichkeit liegt die zum Teil brisante praktische Bedeutung der Erklärungen. Dass einige von ihnen jedenfalls ein entsprechendes Relativierungspotenzial aufweisen, ist auch auf höchster politischer Ebene erkannt und kritisch beurteilt worden.[691]

---

mission einstimmig beschließen, den Zeitpunkt des Beitritts des betreffenden Staates um ein Jahr auf den 1. Januar 2008 zu verschieben."

688 Vgl. die Ausführungen auf S. 145 f.

689 Siehe Fn. 658.

690 Vgl. Schlussakte des EU-Beitrittsvertrags mit Rumänien und Bulgarien, Amtsblatt der Europäischen Union Nr. L 157 vom 21.6.2005, S. 379 ff. Die Schlussakte ist auch abrufbar im Internet unter: http://eur-lex.europa.eu/LexUriServ/site/de/oj/2005/l_157/l_1572005 0621de03790390.pdf (Stand: 30.6.2008).

691 So weist das Europäische Parlament in seiner Entschließung zur ersten Osterweiterungsrunde unterschiedliche Versuche von Regierungen der Beitrittsstaaten deutlich zu-

6. Die verfassungsrechtlichen Grundlagen des Beitritts Rumäniens zur Europäischen Union

a. Einführende Bemerkungen

Charakteristisch für die Europäische Union als Staatenverbund[692] ist die Verzahnung von europäischen Prinzipien der Gründungsverträge und nationalen Verfassungen. Die Mitgliedschaft in der Europäischen Union bedeutet einen Sprung in die Supranationalität, in der Souveränität übertragen und mit den anderen Mitgliedstaaten zusammengelegt wird.[693] In diesem „Verbund demokratischer Staaten" empfängt die europäische Ebene mithin nicht nur Impulse aus dem mitgliedstaatlichen Verfassungsrecht (vgl. etwa Art. 6 Abs. 1 EU-Vertrag), sondern sendet ebensolche auch dorthin zurück. Somit entsteht in der Europäischen Union ein System wechselseitiger Verfassungsbeeinflussung und -stabilisierung. Die mitgliedstaatlichen Verfassungen müssen daher Bestimmungen beinhalten, die die Übertragung staatlicher Kompetenzen auf die Europäische Union und die Ausübung derartiger Kompetenzen durch die Union ermöglichen. Dieses System wird durch die in allen geschriebenen Verfassungen der Mitgliedstaaten zugunsten der europäischen Integration enthaltenen *Öffnungsklauseln* ermöglicht.[694] Die Mitgliedschaft in der Europäischen Union führt daher zu sog. *Einschränkungen* in der Staatlichkeit der beteiligten Länder.[695] Die nationalen Verfassungen sichern die Rechtmäßigkeit dieses Vorgangs in unterschiedlicher Weise. So sprachen die französische Verfassung von 1946 und die italienische Verfassung von 1947 von der Zulässigkeit von *Souveränitätsbeschränkungen*.[696] Das Grundgesetz der Bundes-

---

rück, durch Moralklauseln im Anhang des Beitrittsvertrages die europäischen Werte (z.B. in Bezug auf die Gleichstellung von Männern und Frauen) und die Charta der Grundrechte aufzuweichen, vgl. Europäisches Parlament, BR-Drs. 280/2003; SCHLADEBACH, LKV 2004, S. 10, 12.

[692] Das Bundesverfassungsgericht hat in diesem Sinne die Europäische Union zutreffend als „einen auf eine dynamische Entwicklung angelegten [...] Verbund demokratischer Staaten" bezeichnet, vgl. BVerfGE 89, S. 155, 188. Dieser beruht auf den völkerrechtlichen Gründungsverträgen und politisch auf der Vertragstreue der Mitgliedstaaten, vgl. HEINTZEN, EuR 1997, S. 1, 4 ff.

[693] NUßBERGER, DÖV 2005, S. 357, 360 ff.

[694] Vgl. CALLIESS, Quo vadis Europa?, S. 9 f.; LEIßE/LEIßE/RICHTER, Beitrittsbarometer Rumänien, S. 42 ff.; JANKOWSKA-GILBERG, EuR 2003, S. 417 ff.

[695] BIEBER in: BIEBER/EPINEY/HAAG (HRSG.), Die Europäische Union, § 3 Rn. 1 ff.; LANGENFELD, ZRP 2005, S. 73, 75.

[696] Art. 28 Abs. 3 der griechischen Verfassung verwendet ebenfalls den Begriff der „Einschränkung der Ausübung seiner nationalen Souveränität", vgl. die übersetzten Texte der

republik lässt die Übertragung von Hoheitsrechten auf „zwischenstaatliche Einrichtungen" (Art. 24 Abs. 1 GG)[697] und speziell auf die Europäische Union (Art. 23 Abs. 1 S. 2 GG) zu. Art. 49bis der luxemburgischen Verfassung verwendet den Begriff „Institutionen des internationalen Rechts". Art. 90 der polnischen Verfassung spricht hingegen von „Internationaler Organisation oder internationalem Organ".

Diese Öffnungsklauseln werden als „Schleuse" der gegenseitigen Beeinflussung zwischen den nationalen Verfassungen und der gemeinsamen europäischen Verfassung bezeichnet.[698] Auf diese Weise verwirklicht sich bislang beispielsweise der Grundrechtsschutz in der Europäischen Union.[699] Denn der Anwendungsvorrang des Gemeinschaftsrechts gegenüber dem nationalen Recht gilt grundsätzlich auch im Verhältnis zwischen den Gemeinschaftsgrundrechten und den Grundrechten der nationalen Verfassungen.[700]
Für die neuen EU-Mitglieder aus Mittel- und Osteuropa, die sich erst seit wenigen Jahren aus hegemonialen Strukturen gelöst und ihre staatliche Souveränität politisch zurückgewonnen haben, ist es jedoch schwierig, diese neuen Beschränkungen der Europäischen Union zu akzeptieren. Als Reaktion auf die eingeschränkte Souveränität in der Zeit der Zugehörigkeit zum sowjetischen Imperium und seinen Zwangsorganisationen trifft das nachhaltige Interesse an der EU-Mitgliedschaft auch in der jungen rumänischen Demokratie vielfach auf eine Kultur des Nationalismus. Wie die meisten Länder Mittel- und Osteuropas verfügt auch Rumänien nicht über positive Integrationserfahrungen.[701] Die rumänische Bevölkerung befürchtet daher in Folge des EU-

---

Verfassungen der Mitgliedstaaten bei KIMMEL, Verfassungen der EU-Mitgliedstaaten, 5. Auflage, 2000.

[697] § 20 der dänischen Verfassung benutzt ebenfalls die Formulierung „zwischenstaatliche Einrichtungen".

[698] Vgl. CETERCHI, Les problèmes institutionnels de la transition en Roumanie, in: Revue d'études comparatives Est-Ouest 4/1992, S. 89 ff.; NUßBERGER, DÖV 2005, S. 357, 360 ff.; JANKOWSKA-GILBERG, EuR 2003, S. 417 ff.; GABANYI, Südosteuropa 44/1995, S. 533 ff.

[699] Mit dem Inkrafttreten des Europäischen Verfassungsvertrages hätte die Europäische Grundrechte-Charta als Teil 2 dieses Vertrages verbindlichen Status erlangt, vgl. VON DANWITZ, JZ 2003, S. 1125, 1126; SCHWARZE, EuR 2003, S. 535, 560 ff.; DORF, JZ 2005, S. 126 ff.; TETTINGER/GEERLINGS, EuR 2005, S. 419, 424.

[700] Ausführlich zu dem Verhältnis zwischen den europäischen Grundrechten und den Grundrechten des deutschen Grundgesetzes siehe OPPERMANN, Europarecht, § 6 Rn. 49 ff.; RUPP, JZ 2005, S. 741 ff.

[701] Vgl. LEIßE/LEIßE/RICHTER, Beitrittsbarometer Rumänien, S. 74 ff.; STERBLING, Intellektuelle, Eliten, Institutionenwandel, S. 27 ff.

Beitritts den Verlust der staatlichen Souveränität und damit einhergehend der nationalen Identität.[702]

b. Das Zustandekommen der neuen Verfassung Rumäniens

Anders als in den anderen postkommunistischen Gesellschaften, deren aus der kommunistischen Zeit stammende Verfassungen, wie die Beispiele Polens und Ungarns belegen, lediglich modifiziert oder ergänzt wurden, aber weiterhin in Kraft geblieben sind,[703] ging dem Prozess der Verfassungsgebung in Rumänien ein klarer revolutionärer Bruch mit dem alten Regime voraus.[704] Nur die Verabschiedung einer ganz neuen Verfassung, auf deren Grundlage sich neue wirtschaftliche, politische und gesellschaftliche Strukturen aufbauen sollten, konnte einen endgültigen Bruch mit dem absurden CEAUŞESCU-System symbolisieren und die Ergebnisse der rumänischen Revolution auf eine dauerhafte Grundlage stellen. Am 21. November 1991 wurde die neue postkommunistische Verfassung Rumäniens von der *Verfassungsgebenden Versammlung* (*Adunarea Constituantă*) verabschiedet,[705] obwohl im Vorfeld dieser Abstimmung breite Teile der Opposition den Verfassungsentwurf teilweise heftig kritisiert hatten. Die wesentlichen Kritikpunkte der Opposition waren: Trennung der Gewalten nicht klar in der Verfassung niedergelegt; zu starke Position des Staatspräsidenten; ungenügender Schutz der Minderheitenrechte; zu strenge Anforderungen an eine Verfassungsänderung.[706] Das Zustandekommen der neuen rumänischen Verfassung wurde von internationa-

---

[702] FELDMANN, Quo vadis Rumänien?, S. 215 ff.; HARTWIG, Die Europapolitik Rumäniens, S. 18 ff.; siehe auch die Ausführungen auf S. 131 ff.

[703] Die neue Verfassung der Republik Polen wurde erst am 2.4.1997 verabschiedet und ist am 16.10.1997 in Kraft getreten. Die Verfassung Ungarns stammt aus dem Jahr 1949 und wurde nach den politischen Umwälzungen im Jahr 1989 lediglich geändert.

[704] NEGULESCU, Politische und wirtschaftliche Transformation in Rumänien, S. 125.

[705] Siehe *Monitorul Oficial al României,* 1. Teil, Nr. 233 vom 21.11.1991. Dabei handelt es sich um die siebte Verfassung Rumäniens seit dem Jahr 1866. Für detaillierte Informationen über die rumänische Verfassungsgeschichte OROVEANU, Istoria dreptului românesc şi evoluţia instituţiilor constituţionale (Rumänische Rechtsgeschichte und Entwicklung der verfassungsrechtlichen Institutionen), 1992 sowie BERCEANU, Istoria constituţională a României (Verfassungsgeschichte Rumäniens), 2003. Die rumänische Verfassung ist in englischer Version abrufbar im Internet unter: www.cdep.ro/pls/dic/site.page?id=371 (Stand: 30.6.2008).

[706] Vgl. BERCEANU, Istoria constituţională a României (Verfassungsgeschichte Rumäniens), S. 484 ff.; CETERCHI, Les problèmes institutionnels de la transition en Roumanie, in: Revue d'études comparatives Est-Ouest 4/1992, S. 89, 120.

len Beobachtern jedoch insgesamt als zufrieden stellend eingeschätzt:[707] Die *Verfassungsgebende Versammlung* konstituierte sich auf eine demokratisch-legitime Art und Weise durch freie und direkte Wahlen, die angewandten Verfahren verfolgten demokratische Prinzipien und der Verfassungsentwurf wurde am 8. Dezember 1991 per Volksabstimmung mit einer deutlichen Mehrheit von 77,3 Prozent der Bevölkerung angenommen.[708]

c. Ein Überblick über die neue Verfassung Rumäniens

Den rumänischen Abgeordneten standen bei der Ausarbeitung der neuen Verfassung Experten des Europarates und mehrerer westeuropäischer Staaten zur Seite.[709] Beobachter des Europarates erklärten im Anschluss an den Verfassungsgebungsprozess, dass die Bestimmungen der rumänischen Verfassung „dem Standard der europäischen Menschenrechtskonvention entsprechen".[710] Die Experten der Verfassungsgebenden Versammlung orientierten sich stark an den Präsidialverfassungen der USA von 1787 und vor allem an der Verfassung der V. Französischen Republik von 1958. Das Ergebnis ist ein politisches Mischsystem, das sowohl Elemente eines parlamentarischen als auch eines Präsidialsystems aufweist.[711] Das durch die neue Verfassung bestimmte politische System lässt sich daher als „semipräsidial" charakterisieren: Rumänien verfügt, ähnlich wie das französische Vorbild, über eine Doppelspitze aus Staatspräsident und Premierminister. Die Zusammenarbeit erfolgt nach

---

[707] Vgl. LIPPERT, Mittel- und osteuropäische Staaten, in: WEIDENFELD/WESSELS (HRSG.), Jahrbuch der Europäischen Integration 1991/1992, S. 379, 388; GABANYI, APuZ 14/1992, S. 23 ff.

[708] Der Aufruf von Teilen der Opposition, das Referendum zu boykottieren, traf insgesamt nur auf wenig Zustimmung in der Bevölkerung. Dies kann weniger mit der großen Zustimmung zum Verfassungsentwurf als damit erklärt werden, dass die rumänische Bevölkerung sich nach zwei Jahren der Krise nach Normalität sehnte, vgl. NEGULESCU, Politische und wirtschaftliche Transformation in Rumänien, S. 129; GALLAGHER, Romania after Ceausescu, S. 161.

[709] Allein im Namen des Europarates berieten Verfassungsrechtler aus Deutschland, Italien, Schweden und der Schweiz den rumänischen Verfassungsgeber, vgl. LEONHARDT, Die neue Verfassung Rumäniens vom 21. November 1991, in: BRUNNER (HRSG.), Verfassungs- und Verwaltungsrecht der Staaten Osteuropas, S. 1, 6 ff.

[710] BERCEANU, Istoria constituţională a României (Verfassungsgeschichte Rumäniens), S. 485.

[711] Vgl. CERNEA/MOLCUŢ, Istoria statului şi dreptului românesc (Rumänische Staats- und Rechtsgeschichte), S. 211 ff.

komplizierten und für Außenstehende eher unklaren Regeln.[712] Der Staatspräsident hat nach der neuen Verfassung eine ähnlich starke Stellung wie der rumänische König in der Zwischenkriegszeit.[713] Er ernennt den Premierminister (Art. 85 Abs. 1) und kann unter bestimmten Bedingungen das Parlament auflösen (Art. 89 Abs. 1). Wenn er es wünscht, kann der Präsident den Vorsitz bei Ministerratssitzungen führen (Art. 85, 87, 89). Er kann Botschaften in das Parlament einbringen, die Überprüfung von Gesetzen durch das Verfassungsgericht beantragen, ein Referendum – nach Befragung des Parlaments – einleiten oder die Verfolgung eines Regierungsmitglieds für im Amt begangene Straftaten beantragen. Der Staatspräsident ist außerdem für die Ernennung der Richter und Staatsanwälte verantwortlich, kann sich in den Prozess der Gesetzgebung einschalten und ist aufgrund seines Amtes gleichzeitig der oberste Befehlshaber der Streitkräfte und des Verteidigungsrates des Landes. Darüber hinaus verfügt er über weit reichende innen- und außenpolitische Machtkompetenzen.[714]

Zugespitzt könnte behauptet werden, die neue Verfassung von 1991 stelle eine Synthese der rumänischen königlichen Verfassung von 1923[715] und der CEAUŞESCU-Verfassung von 1965[716] dar. Wie schon zuvor versteht sich Rumänien auch jetzt als „nationaler Einheitsstaat". So lautet Art. 1 Abs. 1 der neuen Verfassung: „Rumänien ist ein souveräner, unabhängiger, einheitlicher und unteilbarer Nationalstaat" und eine „Republik". In der Verfassung von 1923 stipulierte Art. 1: „Das Königreich Rumänien ist ein einheitlicher und

---

712 Siehe die ausführliche Kritik bei LEONHARDT, Die neue Verfassung Rumäniens vom 21. November 1991, in: BRUNNER (HRSG.), Verfassungs- und Verwaltungsrecht der Staaten Osteuropas, S. 1 ff.

713 Nach der Wende im Dezember 1989 musste die Herrschaft der neuen Elite konstitutionell und demokratisch-plebiszitär abgesichert werden. Dazu war es unvermeidlich, für den Führer der Revolution nicht nur einen angemessenen symbolischen Platz in der Verfassung zu schaffen (ein direkt gewähltes Präsidentenamt), sondern ihn auch mit entsprechenden Machtbefugnissen auszustatten, um die Früchte der Revolution in seinen Händen zu konzentrieren, vgl. RÜB, Schach dem Parlament! Regierungssysteme und Staatspräsidenten in den Demokratisierungsprozessen Osteuropas, S. 231 ff.; CERNEA/MOLCUŢ, Istoria statului şi dreptului românesc (Rumänische Staats- und Rechtsgeschichte), S. 211 ff.; so auch NUßBERGER, DÖV 2005, S. 357, 359 ff.

714 Vgl. ŞINCAI, Preşedintele, Sfera politicii Nr. 13/1994.; GABANYI, Südosteuropa 44/1995, S. 533, 555 ff.; LEONHARDT, Die neue Verfassung Rumäniens vom 21. November 1991, in: BRUNNER (HRSG.), Verfassungs- und Verwaltungsrecht der Staaten Osteuropas, S. 1, 9 f.

715 Vgl. KENDI, Minderheitenschutz in Rumänien, S. 46.

716 Siehe KENDI, Minderheitenschutz in Rumänien, S. 55 ff.

unteilbarer Nationalstaat".[717] Und die CEAUŞESCU-Verfassung erklärte in Art. 1: „Die Sozialistische Republik Rumänien ist ein souveräner, unabhängiger und einheitlicher Staat der Werktätigen in Stadt und Land. Sein Territorium ist unantastbar und unteilbar".[718] Der Vergleich mit der CEAUŞESCU-Verfassung ist jedoch in anderer Hinsicht nicht sachgerecht, denn die neue Verfassung definiert anders als jene die Beziehungen zwischen den Bürgern und dem Staat, regelt politische, soziale und ökonomische Grundrechte und definiert die Struktur der politischen Institutionen – Parlament, Staatspräsident, Regierung, Staatsverwaltung, Gerichtsbarkeit – sowie die Verfassungsänderungsoptionen.

Der neuen rumänischen Verfassung von 1991 ist ein Prinzipienkatalog der Rechtsstaatlichkeit vorangestellt. Art. 1 Abs. 1 deklariert: „Rumänien ist ein souveräner und unabhängiger, einheitlicher und unteilbarer Nationalstaat" und eine „Republik". Diese Formulierung verweist zweifellos auf eine große geschichtliche Problematik Rumäniens – die Minderheitenpolitik. Art. 1 Abs. 3 definiert weiterhin, dass Rumänien „ein sozialer und demokratischer Rechtsstaat" ist.[719] „Die Menschenwürde, die Rechte und Freiheiten der Bürger, die freie Entfaltung der Persönlichkeit, die Gerechtigkeit und der politische Pluralismus" sind die höchsten Werte der rumänischen Gesellschaft und gelten als Staatsziele. Die neue rumänische Verfassung garantiert nicht nur die Bürger- und Menschenrechte (vgl. Art. 4, 6, 8, und 15 – 53), sondern auch die Rechte der Angehörigen nationaler Minderheiten auf „Bewahrung, Entwicklung und Äußerung ihrer ethnischen, kulturellen, sprachlichen und religiösen Identität". Der Pluralismus der politischen Parteien wird als „Bedingung und Garantie der verfassungsmäßigen Demokratie" beschrieben (Art. 8). In Art. 135 wurde der Rahmen für eine marktwirtschaftliche Ordnung festgelegt. Auch wenn das Recht auf Privatbesitz garantiert wird, wurde in der neuen Verfassung, wie in allen rumänischen Verfassungen seit 1866, das Verbot für Ausländer verankert, Grund und Boden als Eigentum zu erwerben, was seit mehr als hundert Jahren ein Investitionshindernis sowie ein ernstes Problem für eine moderne Politik darstellt (Art. 41 Abs. 2 S. 2 a.F.).

---

[717] WEINREICH, Verfassung 1923, S. 232; BERCEANU, Istoria constituţională a României (Verfassungsgeschichte Rumäniens), S. 213 ff.
[718] BERCEANU, Istoria constituţională a României (Verfassungsgeschichte Rumäniens), S. 467 ff.
[719] Siehe für einen detaillierten Überblick GABANYI/ZAMFIRESCU, Rumänien, in: WEIDENFELD (HRSG.), Mittel- und Osteuropa auf dem Weg in die europäische Union, S. 145.

d. Die Übertragung von Hoheitsrechten auf die Europäische Union – beitrittsbedingte Änderungen der Rumänischen Verfassung

Eine notwendige Bedingung für die EU-Mitgliedschaft ist die Übertragung von Hoheitsrechten auf die Europäische Union.[720] Die Rumänische Verfassung von 1991 beinhaltete keine ausdrücklichen Bestimmungen, die diese Möglichkeit eröffneten. Vielmehr stand dieser Übertragung der oben erwähnte Art. 1 Abs. 1 der neuen Rumänischen Verfassung entgegen, der bestimmt, dass Rumänien „ein *scuveräner* und *unabhängiger*, *einheitlicher* und *unteilbarer* Nationalstaat" ist. Gleiches gilt für Art. 2 Abs. 1, der vorsieht, dass „die *nationale* Souveränität dem *rumänischen Volk* gehört, das sie durch *seine* Vertretungsorgane und durch Referenden ausübt", sowie für Art. 2 Abs. 2, demgemäß „weder eine Gruppe noch eine Person die Souveränität im eigenen Namen ausüben können." Eine Ausübung von Staatsgewalt durch die EU-Organe war nicht vorgesehen; vielmehr war jede Inanspruchnahme von Souveränitätsrechten durch die EU-Organe nach der neuen Rumänischen Verfassung eindeutig verfassungswidrig. Als besonders problematisch erwies sich die Tatsache, dass die verfassungsrechtlichen Bestimmungen bezüglich einer Verfassungsänderungsmöglichkeit auf Art. 1 nicht anwendbar waren. Denn die Verfassungsbestimmungen bezüglich des „nationalen und einheitlichen Charakters", der „Unabhängigkeit sowie der Unteilbarkeit des rumänischen Staates", der Integrität seines Territoriums, der Staatsform, der Unabhängigkeit der Justiz, des pluralistischen Systems sowie der Staatssprache waren in der neuen Verfassung von 1991 jeder Modifikation entzogen (Art. 152).

Einen der wichtigsten Bestandteile der Umgestaltung des rumänischen Rechtssystems im Vorfeld des EU-Beitritts stellte daher die Verfassungsreform dar.[721] Diese Problematik spiegelte sich zunehmend ab 2001 in der Fachliteratur wider und erlebte im Jahr 2002 eine Intensivierung.[722] Den Hö-

---

720 Ausführlich dazu NUßBERGER, DÖV 2005, S. 357 ff.

721 Für die ähnliche Entwicklung in den anderen mittel- und osteuropäischen Ländern NUßBERGER, DÖV 2005, S. 357 ff.

722 VRABIE, Integrarea europeană şi suveranitatea de stat (Europäische Integration und Staatssouveränität), in: Revista de Drept Public (Zeitschrift für Öffentliches Recht) Nr. 1/2001, S. 9 ff.; SCĂUNAŞ, Câteva reflecţii cu privire la nevoia de revizuire a Constituţiei (Einige Gedanken bezüglich der Notwendigkeit einer Verfassungsänderung), in: Revista de Drept Public (Zeitschrift für Öffentliches Recht) Nr. 1/2001, S. 17 ff.; BOTIAN, Necesitatea reformării sistemului judiciar in România şi perspectiva integrării europene (Die Notwendigkeit einer Reform des rumänischen Rechtssystems und die Perspektive der Europäischen Integration), in: Revista de Drept Public (Zeitschrift für Öffentliches Recht) Nr. 2/2002, S. 54 ff.; DUCULESCU, Reforma Constituţională – Cerinţă necesară pentru statele

hepunkt erreichte sie durch die Verabschiedung des Gesetzes über die Verfassungsänderung am 18. September 2003 und durch das Referendum vom 18. und 19. Oktober 2003.[723]

Die Modalitäten für eine Änderung der Verfassung sind in Rumänien ungewöhnlich: Notwendig hierfür sind zunächst einmal die Unterstützung von einem Viertel der Parlamentarier sowie mindestens 500.000 Unterstützungserklärungen aus zumindest der Hälfte von insgesamt 41 Judeţe (Kreise), wobei aus jedem dieser Judeţe zumindest 20.000 Unterschriften kommen müssen (Art. 150). Sind diese Voraussetzungen erfüllt, kann der Präsident auf Vorschlag der Regierung ein „Verfassungsänderungsverfahren" einleiten, wofür in jeder Parlamentskammer eine Zweidrittelmehrheit erforderlich ist (Art. 151 Abs. 1). Die Änderung muss dann noch in einer Volksabstimmung bestätigt werden (Art. 151 Abs. 3). Um rechtswirksam zu werden, ist bei Volksabstimmungen eine Beteiligung von mindestens 50 Prozent vorgeschrieben. Für den Fall eines Scheiterns des Referendums sind in der rumänischen Verfassung keine Regelungen vorgesehen.

Das im Oktober 2003 zur Abstimmung gestellte Paket von Verfassungsänderungen sollte den Weg Rumäniens zum EU-Beitritt bahnen. Inhaltlich ging es unter anderem um eine weitere Angleichung der rumänischen Verfassung an europäische Standards und die Einfügung verfassungsrechtlicher Vorschriften im Hinblick auf den EU-Beitritt. Diese Änderungen bildeten jedoch nur einen kleinen Teil des zur Abstimmung gestellten Reformpaketes,[724] was zu großer Unzufriedenheit in der Bevölkerung führte. Obwohl sich die rumänische Bevölkerung den EU-Beitritt des Landes wünschte, zeichnete sich eine sehr geringe Wahlbeteiligung ab, die hauptsächlich als Reaktion auf die Politik der

---

candidate la Uniunea Europeană (Verfassungsänderung – Notwendige Bedingung für die Beitrittskandidaten zur Europäischen Union), in: Revista de Drept Public (Zeitschrift für Öffentliches Recht) Nr. 11/2002, S. 3 ff.; DELEANU, Revizuirea Constituţiei. Temele Revizuirii (Verfassungsänderung. Änderungsbereiche), in: Revista de Drept Public (Zeitschrift für Öffentliches Recht) Nr. 2/2003, S. 35 ff.

[723] Zum Gang der Verabschiedung des Gesetzes über die Verfassungsänderung DUCULESCU, La réforme constitutionelle en Roumanie, Revue internationale de droit comparé 2004, S. 193 ff.

[724] Außerdem standen weitere Verfassungsänderungen zur Abstimmung. So wurde z.B. den Minderheiten das Recht auf Gebrauch der Muttersprache bei Behörden und vor Gerichten anerkannt. Weitere Verfassungsänderungen betrafen den Schutz von persönlichen Grundrechten und eröffneten Ausländern den Erwerb von Immobilien, vgl. DUCULESCU, La réforme constitutionelle en Roumanie, Revue internationale de droit comparé 2004, S. 193 ff.

korrupten regierenden Sozialdemokratischen Partei zu erklären ist. Der damaligen Regierung NĂSTASE drohte dadurch ihre bisher schwerste Niederlage: Am Samstag, dem ersten Tag des Referendums, hatten bis zehn Uhr abends erst rund 14 Prozent der rund 17 Millionen Wahlberechtigten ihre Stimme abgegeben. Präsident ILIESCU appellierte daher Samstagabend noch einmal an die Bürger, sich an dem Referendum zu beteiligen. Die Regierung traf sich am Sonntag Vormittag zu einer Krisensitzung mit den Vorsitzenden der Regionalräte, auf der eine Reihe von „Sondermaßnahmen" beschlossen wurde: Für Reisende wurden an den Bahnhöfen noch rasch Wahllokale eingerichtet; Funktionäre der Regierungspartei gingen von Haus zu Haus, um die Bürger zur Stimmabgabe zu bewegen; in den orthodoxen Kirchen appellierten die Priester in den Sonntagsmessen an die Gläubigen, „den EU-Beitritt Rumäniens mit ihrer Stimme zu ermöglichen".[725] Trotz aller Bemühungen konnte Sonntag um 15 Uhr nur eine Wahlbeteiligung von ca. 34 Prozent erreicht werden. In Bukarest hatten sich überhaupt erst 18 Prozent der Wahlberechtigten an der Abstimmung beteiligt. Besonders bei jungen und gebildeten Wählern stieß die missbräuchliche Kampagne der Regierung auf rigorose Ablehnung. Viele Studenten beteiligten sich am Referendum nicht oder blieben dem Vernehmen nach der Abstimmung fern. Nach Angaben des Zentralwahlbüros von Montag, dem 20. Oktober 2003 stieg die Wahlbeteiligung auf gleichsam wundersame Weise auf 55 Prozent. Folglich konnte die Verfassungsänderung – ungeachtet aller Unregelmäßigkeiten und offensichtlichen Manipulationen während des Referendums,[726] trotz zahlreicher Kritik und landesweiten Anti-Referendum-Aufklärungskampagnen – doch angenommen werden.[727] Die Oppositionspolitiker gaben der Regierung die Schuld an der geringen Wahlbeteiligung, die die Frustration der Rumänen über die chaotischen Zustände in der Staatsverwaltung sowie über die Arroganz der Regierenden und die

---

[725] Vgl. *Süddeutsche Zeitung* vom 22.10.2003, S. 5; KENO VERSECK, EU-Referendum in Rumänien erfolgreich, *TAZ* vom 21.10.2003.

[726] Zahlreiche Überraschungen gab es insbesondere bei der Auszählung der mobilen Urnen: In einem Krankenhaus beteiligten sich beispielsweise 200 der lediglich 120 anwesenden Patienten an der Abstimmung. In einem Wahlbüro in Kreis Argeş wurden am Samstag abend 164 abgegebene Stimmen gezählt, die sich am Sonntag morgen auf 200 vermehrt hatten, vgl. *Curierul de Argeş* vom 20.10.2003, S. 1. Ein anderes Wahlbüro meldete irrtümlich 10.109 statt 109 Stimmen nach Bukarest. Einem Journalisten gelang es, dreimal abzustimmen (ein Mal mit dem Personalausweis, ein Mal mit dem Reisepass und ein drittes Mal mit der Wahlkarte), vgl. *Frankfurter Allgemeine Zeitung* vom 21.10.2003, S. 6.

[727] Vgl. LEIBE/LEIBE/RICHTER, Beitrittsbarometer Rumänien, S. 89 f.; vgl. auch *Frankfurter Allgemeine Zeitung* vom 20.10.2003, S. 2 sowie vom 21.10.2003, S. 1 u. 6.

Schamlosigkeit, mit der sie sich an ihren Ämtern bereicherten, reflektiere.[728] Die geringe Wahlbeteiligung lässt weiterhin darauf schließen, dass die Landespolitik in beängstigendem Maße an der Realität in Rumänien vorbeiläuft. Für die politische Kultur der korrupten regierenden Sozialdemokratischen Partei (PSD) ist es bezeichnend, dass selbst eine Abstimmung über eine neue Verfassung, die Änderungen mit Blick auf den EU-Beitritt des Landes enthält und einen Bruch mit der totalitären Tradition der rumänischen Verfassung darstellt, mit den Mitteln der Einschüchterung, der Bestechung und des Betruges erfolgte. Das offizielle Ergebnis des Referendums wurde erst am Mittwoch, dem 22. Oktober 2003 bekannt gegeben. Noch am gleichen Tag waren in Bukarest schon die ersten personellen Konsequenzen zu verzeichnen gewesen: Drei in Korruptionsaffären verwickelte Regierungsmitglieder (die Ministerin für Europäische Integration,[729] der Gesundheitsminister und der Koordinator des Regierungsbüros) traten auf Grund harscher Kritik zurück.

Durch die 2003 durchgeführten Verfassungsänderungen wurde der rechtliche Rahmen für den Beitritt Rumäniens zur Europäischen Union geschaffen, nämlich durch die Einführung eines neuen fünften Titels in die Verfassung: „Die Euro-Atlantische Integration". Der neue Art. 148 („Integration in die Europäische Union") sieht im ersten Abschnitt die Bedingungen und das Ziel des EU-Beitritts Rumäniens vor und ermöglicht somit die Übertragung von Souveränitätsrechten auf die Europäische Union. Er regelt auch die Möglichkeit der Übertragung von Aufgaben an die gemeinschaftlichen Organe sowie die Ausübung der in den Gründungsverträgen vorgesehenen Kompetenzen gemeinsam mit den anderen Mitgliedstaaten.[730] Eine solche ausdrückliche Ermächti-

---

[728] Die nationale Forstverwaltung versprach beispielsweise den Gemeinden mit der höchsten Wahlbeteiligung im jeweiligen Verwaltungskreis Extraprämien Brennholz. Außerdem wurden sogar Drohungen einiger Dorfbürgermeister bekannt, Nichtwählern die Rente und andere Vergünstigungen (wie die Sozialhilfe) zu verweigern, vgl. die rumänischen Tageszeitungen *România Liberă*, *Adevărul* und *ZIUA* vom 20.10.2003, jeweils S. 1 ff.; vgl. auch *Frankfurter Allgemeine Zeitung* vom 21.10.2003, S. 1 u. 6.

[729] Gegen die ehemalige Europaministerin HILDEGARD PUWAK wurde vor dem Hintergrund ermittelt, dass mehrere Firmen, deren Inhaber ihr Mann IOSIF und ihr Sohn MIHAI sind, aus dem Fonds des EU-Berufsbildungsprogrammes "Leonardo da Vinci" insgesamt 150.000 Euro erhalten haben. Ein Teil der Projektgelder wurde 2001 bewilligt, zu einem Zeitpunkt, zu dem HILDEGARD PUWAK schon Ministerin für Europäische Integration war. Eine Veruntreuung von EU-Geldern wurde im späteren Prozess jedoch nicht festgestellt, nur einige ungerechtfertigte Ausgaben, vgl. *România Liberă* vom 24.11.2004, S. 1 f. sowie *Adevărul* vom 27.11.2004, S. 3; vgl. auch LEIBE, APuZ 27/2006, S. 6, 10.

[730] Siehe Art. 148 Abs. 1: "Romania's accession to the constituent treaties of the European Union, with a view to transferring certain powers to community institutions, as well as to

gung zur Übertragung von Hoheitsrechten auf die Union war insoweit notwendig, als es sich dabei nicht nur um die Ausübung der souveränen Kompetenzen handelt, sondern um deren eigentlichen Transfer, der nicht widerrufbar und teilweise auch insgesamt erfolgt ist (z.B. im Bereich der Außenhandelsbeziehungen). Im Unterschied zu den anderen mitgliedstaatlichen Verfassungen, die als Adressat einer solchen Übertragung nur allgemein eine „internationale Organisation" bezeichnen, nennt die rumänische Verfassung die Europäische Union als solche. Dadurch hatte sich ein eigenständiges Referendum über den EU-Beitritt Rumäniens erübrigt.
Art. 148 Abs. 2 bestätigt den Vorrang der Vorschriften der Gründungsverträge der Europäischen Gemeinschaften sowie den der anderen gemeinschaftlichen Regelungen mit obligatorischem Charakter gegenüber den widersprechenden nationalen Rechtsnormen.[731] Es spiegelt sich somit auf verfassungsrechtlichem Niveau das Grundprinzip der Vorrangigkeit des Gemeinschaftsrechts gegenüber dem nationalen Recht wider, das durch die Rechtsprechung des EuGH seit 1963 bekräftigt und ausgebaut wurde.[732]

7. Zusammenfassung

Nach dem politischen Umbruch im Dezember 1989 stand das Ziel des Beitritts zur Europäischen Union auch in Rumänien ganz oben auf der politischen Tagesordnung.[733] Die ersten Etappen auf dem Weg Rumäniens zur Verwirklichung dieses Zieles waren der Abschluss des Europa-Abkommens, welches zum 1. Februar 1995 in Kraft trat, und der Antrag Rumäniens auf Aufnahme in die Europäische Union vom 22. Juni 1995. Auf seinem Gipfeltreffen in Luxemburg im Dezember 1997 erkannte der Europäische Rat Rumänien den Status eines Beitrittskandidaten zu, ohne jedoch die direkten Beitrittsverhand-

---

exercising in common with the other member states the abilities stipulated in such treaties, shall be carried out by means of a law adopted in the joint sitting of the Chamber of Deputies and the Senate, with a majority of two thirds of the number of deputies and senators.", abrufbar im Internet unter: www.cdep.ro/pls/dic/site.page?id=339&par1=6&idl=2 (Stand: 30.6.2008).

[731] Siehe Art. 148 Abs. 2: „As a result of the accession, the provisions of the constituent treaties of the European Union, as well as the other mandatory community regulations shall take precedence over the opposite provisions of the national laws, in compliance with the provisions of the accession act."

[732] Vgl. EuGH Rs. 26/62, *Van Gend & Loos/Niederländische Finanzverwaltung*, Slg. 1963, S. 1 ff.; EuGH Rs. 6/64, *Costa/E.N.E.L.*, Slg. 1964, S. 1251 ff.; EuGH Rs. 11/70, *Internationale Handelsgesellschaft*, Slg. 1970, S. 1125 ff.; EuGH Rs. 106/77, *Simmenthal*, Slg. 1978, S. 629 ff.

[733] Vgl. dazu die Ausführungen auf S. 141 f.

lungen zu beginnen. Im Dezember 1999 fasste der Europäische Rat in Helsinki unter dem Eindruck der Kosovo-Krise den Beschluss, den Erweiterungsprozess neu zu beleben und mit allen Kandidaten mit Ausnahme der Türkei Beitrittsverhandlungen aufzunehmen, also auch mit Rumänien. Diese begannen am 15. Februar 2000. Auf ihrem Gipfeltreffen im Dezember 2002 in Kopenhagen nannte die Europäische Union erstmals in einem offiziellen Dokument das Jahr 2007 als Datum für den Beitritt Rumäniens und Bulgariens. Ein Jahr später, im Dezember 2003, legte der Europäische Rat in Brüssel die weiteren Ziele und Etappen der Integration Rumäniens in die Europäische Union fest: Abschluss der Beitrittsverhandlungen bis Ende 2004, Unterzeichnung des Beitrittsabkommens im Jahr 2005 und tatsächlicher Beitritt zur Union im Jahr 2007. Neben diesen Entscheidungen der Europäischen Union bedeuten die Änderung der Rumänischen Verfassung im Jahr 2003 und die dadurch geschaffene Möglichkeit der Übertragung von Hoheitsrechten auf die Union einen wichtigen Schritt zur EU-Mitgliedschaft des Landes. Die Richtung, in der sich die Zukunft Rumäniens abzeichnet, ist eindeutig diejenige der Europäischen Wertegemeinschaft. Die Rückkehr Rumäniens nach Europa gestaltet sich auch 18 Jahre nach dem Umsturz des CEAUŞESCU-Regimes jedoch sehr schwierig und ist von vielen Hemmnissen und von sich oft widersprechenden Schlussfolgerungen in den Berichten der Europäischen Kommission gekennzeichnet.

IV. Die Beitrittsbedingungen im Einzelnen

In diesem Teil der Arbeit werden die Entwicklungen analysiert, die in Rumänien auf dem Weg in die Europäische Union stattgefunden haben. Da der Transformations- und Beitrittsprozess aus einer Vielzahl verschiedener Dimensionen besteht, deren umfassende Untersuchung den hier gegebenen Rahmen überschreiten würde, orientiert sich die kommende Analyse an den folgenden Aspekten: die politische und wirtschaftliche Gesamtentwicklung Rumäniens sowie die signifikantesten Stärken und Schwächen des Landes in der Beitrittsvorbereitung, wie sie wiederholt von der Kommission in ihren jährlichen Fortschrittsberichten festgestellt wurden.

1. Die politischen Kriterien

a. Die Fortschrittsberichte der Europäischen Kommission

In ihrer Stellungnahme von 1997[734] zum Antrag Rumäniens auf EU-Beitritt kam die Europäische Kommission zu dem Ergebnis, dass Rumänien die politischen Kriterien erfüllt. Seither habe das Land, nach Aussage der Kommission in ihrem letzten Fortschrittsbericht von September 2006, kontinuierliche Fortschritte bei der Konsolidierung und Stabilisierung seiner Institutionen erzielt, insbesondere wurden Demokratie und Rechtsstaatlichkeit gewährleistet, die Menschenrechte gewahrt sowie die Minderheitenrechte geachtet und geschützt.

Nach dem Abschluss der Beitrittsverhandlungen im Dezember 2004 beschloss die Europäische Union, die Vorbereitungen und Fortschritte Rumäniens auch künftig aufmerksam zu verfolgen. Im Hinblick darauf sollte die Kommission weiterhin jährlich über die Fortschritte des Landes auf dem Weg zum Beitritt berichten, gegebenenfalls mit entsprechenden Empfehlungen. Den ersten dieser Berichte legte die Kommission im Oktober 2005[735] vor. Aus diesem Fortschrittsbericht ging hervor, dass Rumänien bei den Beitrittsvorbereitungen bereits gute Fortschritte erzielt habe.[736] Insbesondere stellte die Kommission fest, dass Rumänien entschlossene Schritte unternommen habe, um das Justizsystem weiter zu reformieren, dessen Unabhängigkeit zu stärken und um die Medienfreiheit, die Rückgabe von Eigentum[737] sowie die Lage der Minderheiten und den Kinderschutz zu verbessern. In den Schlussfolgerungen dieses Berichts wurde jedoch auch auf eine Reihe von Bereichen hingewiesen, die – trotz der erheblichen Fortschritte – noch weiterer Anstrengungen bedürften, damit die Beitrittsvorbereitungen erfolgreich abgeschlossen werden könnten. So seien noch beträchtliche Anstrengungen zu tätigen, um die Reform der öffentlichen Verwaltung voranzutreiben, die Reform des Justizsystems in die Praxis umzusetzen und für eine wirksame Korruptionsbekämpfung auch auf

---

[734] Stellungnahme der Kommission zu dem Antrag Rumäniens auf EU-Beitritt vom 16.7.1997, KOM (1997) 2003, Bulletin der Europäischen Union, Beilage 8/1997, abrufbar im Internet unter: http://europa.eu/bulletin/de/9707/p104076.htm (Stand: 30.6.2008).

[735] Monitoring-Bericht der Europäischen Kommission KOM (2005) 534, abrufbar im Internet unter: http://europa.eu.int/eur-lex/lex/LexUriServ/site/de/com/2005/com2005_0534 de01.pdf (Stand: 30.6.2008).

[736] Mitteilung der Kommission KOM (2005) 534 vom 25.10.2005, S. 4.

[737] Für die Probleme, mit denen Rumänien in diesem Bereich zu kämpfen hat, vgl. HAGEDORN, Gleiche Maßstäbe für Ost und West, S. 89 ff.

höchster Ebene zu sorgen.[738] Im Bereich der Menschenrechte und des Minderheitenschutzes seien weitere Anstrengungen erforderlich, insbesondere zur Verbesserung der Lage von Menschen mit körperlichen oder geistigen Behinderungen. Die Kommission beschloss daraufhin, ihre *Monitoring-Maßnahmen* zu verstärken und im Frühjahr 2006 erneut einen Fortschrittsbericht vorzulegen.

Im Mai 2006[739] erklärte die Europäische Kommission, dass Rumänien für einen Beitritt zum 1. Januar 2007 bereit sei, sofern es bis dahin eine Reihe offener Probleme gelöst habe. Ferner kündigte die Kommission an, Anfang Oktober 2006 erneut über den Stand der Beitrittsvorbereitungen zu berichten. In ihrem letzten Fortschrittsbericht vom 26. September 2006 bestätigte die Europäische Kommission, dass Rumänien weitere Fortschritte bei der Vorbereitung seines Beitritts erreicht und damit seinen Fähigkeiten Ausdruck verliehen habe, die Grundsätze und Rechtsvorschriften der Europäischen Union ab dem 1. Januar 2007 anzuwenden. Die Kommission nannte jedoch noch einzelne Bereiche, die weiterhin Anlass zur Sorge gäben,[740] und solche, in denen sie geeignete Maßnahmen einleiten würde, um das reibungslose Funktionieren der Europäischen Union sicherzustellen, wenn Rumänien nicht unverzüglich Abhilfemaßnahmen ergreife.[741] Es handele sich dabei insbesondere um die Reform der öffentlichen Verwaltung durch die Dezentralisierung der Zuständigkeiten und Ressourcenverwaltung, einschließlich der Finanzverwaltung, sowie um die Misshandlungen im Polizeigewahrsam, die Haftbedingungen in Gefängnissen als auch um den Menschenhandel und den Minderheitenschutz.[742]

Sollte Rumänien die in den letzten Fortschrittsberichten ausgewiesenen Probleme nicht ernsthaft in Angriff nehmen, erklärte sich die Europäische Kommission bereit, die angedrohten Schutzklauseln anzuwenden. Der Fortschrittsbericht von September 2006 ist folglich als ernsthafte Warnung an Rumänien zu verstehen. Zuvor bestätigten die Schlussfolgerungen des Euro-

---

[738] Im Jahr 2005 wurden der Nationalen Direktion für Korruptionsbekämpfung 770 Fälle mutmaßlicher Korruption in der Polizei (ein Anstieg von 133% gegenüber dem Vorjahr) übergeben, vgl. Mitteilung der Kommission KOM (2006) 214 vom 16.5.2006, S. 42.

[739] Mitteilung der Kommission KOM (2006) 214 vom 16.5.2006.

[740] So sei z.B. die kohärente Rechtsauslegung und -anwendung auf allen Ebenen der Gerichtsbarkeit im ganzen Land noch nicht gewährleistet. Eine leistungsfähige Behörde für Integrität sei noch nicht eingerichtet und die Korruptionsbekämpfung noch nicht in einen stabilen rechtlichen und institutionellen Rahmen eingebunden. Die Korruption sei besonders im Gesundheits- und Bildungswesen verbreitet.

[741] Vgl. Mitteilung der Kommission KOM (2005) 534 vom 25.10.2005, S. 3.

[742] Vgl. Mitteilung der Kommission KOM (2006) 549 vom 26.9.2006, S. 43 ff.

päischen Rates von Brüssel im Juli 2005 die Entschlossenheit der Europäischen Union, eine fortgesetzte oder gar zunehmende Verletzung der politischen Kriterien durch rumänische Autoritäten nicht mehr zu dulden.[743]

b. Zusammenfassung

Wie bereits im zweiten Teil der Arbeit hervorgehoben,[744] stellt der Weg zum EU-Beitritt einen langwierigen Prozess dar, der mit bedeutenden, sukzessive vorgenommenen Veränderungen in den Kandidatenstaaten verbunden ist. Daher muss die vollständige Erfüllung der politischen Beitrittsvoraussetzungen nicht bereits im Zeitpunkt der Antragstellung bzw. der Eröffnung der Beitrittsverhandlungen vorliegen, sondern erst im Zeitpunkt des Beitritts mit Sicherheit erwartet werden können.[745]

Nach dem sogenannten politischen Beitrittskriterium ist entscheidend, dass sich die demokratische und rechtsstaatliche Ordnung nicht nur auf dem Papier wiederfindet, sondern real in dem betreffenden Staat praktiziert wird. Weiterhin muss die Existenz und Stabilität verschiedener Institutionen, die öffentliche Gewalt repräsentieren, wie Gerichte, Polizei und Kommunalverwaltung garantiert werden, um diesen eine effektive Arbeitsweise zu ermöglichen und so die Demokratie zu festigen.[746] In Rumänien bestehen heute – trotz der unbestritten beeindruckenden Fortschritte – hinsichtlich der Umsetzung der politischen Beitrittsvoraussetzungen noch erhebliche Defizite, insbesondere bei der rechtspraktischen Umsetzung der eingeleiteten Reformen. Auch wenn die Europäische Kommission in ihren Fortschrittsberichten jährlich bestätigte, dass Rumänien kontinuierlich seit 1997 die politischen Kriterien erfülle, bestehen heute noch einige Bereiche, die weiterhin verbessert werden müssen. Dies gilt vor allem für die Bereiche der Justiz und des Minderheitenschutzes.

aa. Die Justizreform

Die Reform des Justizwesens stellt einen unglaublichen Kraftakt Rumäniens dar, der aber nur dann eine wirkliche Transformation bewirkt, wenn aus die-

---

[743] Die Schlussfolgerungen des Vorsitzes der Regierungskonferenz des Europäischen Rates von Brüssel vom 16./17.7.2005, Punkt 2 ff. sind abrufbar im Internet unter: www.consilium.europa.eu/ueDocs/cms_Data/docs/pressData/de/ec/85350.pdf (Stand: 30.6.2008).

[744] Vgl. dazu die Ausführungen auf S. 70 ff.

[745] Siehe S. 71.

[746] Vgl. PASCHKE/JULGA, Die politische Entwicklung der Osterweiterung der EU, in: PASCHKE/ILIOPOULOS (HRSG.), Die Osterweiterung der Europäischen Union, S. 71, 83 f.

sem neu etablierten Gesetzesrecht auch eine tragfähige und wirksame Rechtswirklichkeit entsteht. Erst wenn Gesetze nicht nur *de jure*, sondern auch *de facto* zur Anwendung kommen und so schrittweise Vertrauen in die amtierenden Institutionen und deren Funktionsträger aufgebaut wird, kann von einem wirklichen Transformationsprozess gesprochen werden.[747]
Die Reform des rumänischen Justizsystems ist bislang lediglich zum Teil durchgeführt. Der Ressourcenmangel stellt eine schwere Belastung für die Justiz dar, und das „Engagement" der Exekutive in Fragen der Rechtsprechung hat sich in den letzten Jahren in der Praxis nicht verringert.[748] Daher bleibt in Rumänien der vermehrte Gebrauch von Regierungsverfügungen oder sogenannten „Notfallverordnungen" (*Ordonanţe de Urgenţă*) weiterhin ein Problem, dass bei der Reform des Justizwesens bekämpft werden muss. Die Rumänische Verfassung sieht vor, dass die Regierung durch den Erlass von solchen Notfallverordnungen *ausnahmsweise* in die legislativen Befugnisse des Parlaments eingreifen kann. Obwohl diese Eilverordnungen ausdrücklich durch ein Gesetz des Parlaments genehmigt werden müssen (Art. 115 der Verfassung), führt die Rumänische Regierung ihre Geschäfte allzu häufig auf der Grundlage solcher Verordnungen durch. Die ganz außergewöhnliche Situation der Regierungsverfügungen ist in den letzten Jahren zu einer laufenden Regierungspraxis geworden, so dass deren Zahl öfters die Zahl der ordnungsgemäß vom Parlament verabschiedeten Gesetze übersteigt.[749] Vor diesem Hintergrund muss der Rückgriff auf Dringlichkeitsanordnungen durch die Regierung reduziert und die Fähigkeit des Parlaments zur wirksamen Kontrolle der Gesetzgebung gestärkt werden. Die Europäische Union kritisiert hieran zu Recht eine Unterminierung der Gewaltenteilung und eine von der Verfassung nicht gedeckte Übermacht der Exekutive im Gesetzgebungsbereich.[750] Noch im letzten Fortschrittsbericht vom September 2006 kritisierte die Europäische Kommission die gängige Praxis der rumänischen Regierung, immer häufiger auf Notverordnungen zur Verabschiedung von Gesetzen zu-

[747] ROTHACHER, APuZ B 5-6/2004, S. 25, 28 ff.; PRIDHAM, Between Rhetoric and Action, in: Romanian Journal of European Affairs, Vol. 6, No. 3, 2006, S. 5, 19 ff.; SCHLADEBACH, LKV 2002, S. 457, 458 f.
[748] Vgl. hierzu das Interview mit der rumänischen Justizministerin MONICA MACOVEI, *Die Zeit* Nr. 20 vom 11.5.2006 sowie *VDI nachrichten* vom 1.12.2006, S. 3.
[749] Vgl. VLAD, Rechtsfragen der europäischen Integration, in: SANDER/VLAD (HRSG.), Quo vadis, Europa?, S. 113, 119 f.; DE NÈVE, Osteuropa 1996, S. 40 ff. m.w.N.
[750] Vgl. GABANYI, Das politische System Rumäniens, in: ISMAYR (HRSG.), Die politischen Systeme Osteuropas, S. 525, 539 ff.

rückzugreifen und damit die Legislativ- und Aufsichtsbefugnisse des Parlaments zu umgehen.[751]
Um dieses Problem bewältigen zu können, sollte die Justizreform zu einer politischen Priorität erhoben und eine umfassende Strategie zur Verbesserung der Arbeitsweise der Justiz entwickelt werden.

Kurze Zeit nach dem EU-Beitritt muss in Rumänien jedoch die entgegengesetzte Entwicklung festgestellt werden. Es wird vielmehr versucht, die bisherigen Reformen im rumänischen Justizwesen rückgängig zu machen. Der reformorientierten, in Brüssel hoch geschätzten Justizministerin MONICA MACOVEI[752] wurde in Bukarest vorgeworfen, „kein realistisches Programm zur Reform des Justizsystems" vorgelegt zu haben.[753] So stimmten Senatoren der oppositionellen Konservativen Partei, der Sozialdemokraten und der nationalistischen Partei *Groß-Rumänien* am 13. Februar 2007 einem Misstrauensantrag gegen die resolute Justizministerin zu und forderten ihren sofortigen Rücktritt. Für den Antrag stimmten offensichtlich auch einige Senatoren der brüchig gewordenen Regierungskoalition aus Demokraten, Liberalen und des Ungarnverbandes. Die Entscheidung der Ministerin nach diesem Misstrauensantrag noch im Amt zu bleiben, sei verfassungskonform, so das rumänische Verfassungsgericht in seiner Entscheidung vom 21. Februar 2007.[754] Anfang April 2007 wurde MACOVEI im Rahmen einer Regierungsumbildung zusammen mit sieben weiteren Ministern jedoch aus ihrem Amt entlassen.[755] Aus Brüssel intensivierte sich nach dieser Entscheidung der rumänischen Regierung die Kritik, der Kampf gegen die Korruption könne zukünftig in den Hintergrund geraten.[756] Der EU-Kommissar für Freiheit, Sicherheit und Justiz, FRANCO FRATTINI, warnte sogar davor, Schutzmaßnahmen gegen Rumänien zu erlassen, würden die von MACOVEI eingeleiteten Reformen nicht fortgeführt.[757]

---

[751] Zwischen Februar und Juli 2006 wurden beispielsweise 105 Notverordnungen erlassen, obwohl dieses Verfahren nur in Ausnahmefällen angewendet werden darf, vgl. Monitoring-Bericht der Europäischen Kommission, KOM (2006) 549 vom 26.9.2006, S. 44.

[752] „Monica Macovei ist das Geschenk Gottes an Rumänien. Sie gilt als Symbol für die Europareife des Landes.", hieß es in der Brüsseler EU-Kommission, vgl. *Die Zeit* Nr. 20 vom 11.5.2006.

[753] *România Liberă* vom 14.2.2007, S. 1 ff.; *ZIUA* vom 16.2.2007, S. 1 f.; *Evenimentul Zilei* vom 16.2.2007, S. 1 f.

[754] Vgl. *Jurnalul Național* vom 22.2.2007, S. 1; *România Liberă* vom 22.2.2007, S. 1.

[755] Vgl. *România Liberă* vom 3.4.2007, S. 1 ff.; *Cotidianul Liber* vom 3.4.2007, S. 1 f.; *Evenimentul Zilei* vom 3.4.2007, S. 1.

[756] Vgl. *Gândul* vom 4.4.2007, S. 1 f.; Nachrichtenagentur *Reuters*, 2.4.2007.

[757] Siehe EU-Nachrichtenportal *EurActiv*, 4.4.2007; *Evenimentul Zilei* vom 5.4.2007, S. 1.

bb. Der Minderheitenschutz

Vor allem im Bereich des Minderheitenschutzes besteht in Rumänien eine frappierende Diskrepanz zwischen Anspruch und Wirklichkeit, zwischen Theorie und Praxis, zwischen Realität und bestätigten „Fortschritten" der Monitoring-Berichte der Europäischen Kommission.

Nach dem politischen Umbruch von Dezember 1989 profitierten die Angehörigen der nationalen Minderheiten ebenso wie alle anderen rumänischen Staatsbürger vom Sturz des totalitären CEAUŞESCU-Regimes. In einer programmatischen Erklärung über die Rechte der nationalen Minderheiten von Anfang Januar 1990 versicherte die neue Führung Rumäniens feierlich, dass „sie die individuellen und kollektiven Rechte aller nationalen Minderheiten verwirklichen und garantieren werde".[758] In ihrem *Zehn-Punkte-Programm*[759] sicherte sie den ethnischen Minderheiten im Lande die Achtung ihrer Rechte und Freiheiten und die „Gewährleistung ihrer vollen Gleichberechtigung mit den Rumänen" zu.

Aufgrund der geänderten Rahmenbedingungen konnten die nationalen Minderheiten Rumäniens erstmals seit der Errichtung der kommunistischen Diktatur ihre Interessen artikulieren und sich zu Parteien und Interessenvertretungen zusammenschließen. Die national-chauvinistische, auf Assimilierung ausgerichtete Politik CEAUŞESCUS schien „durch einen spontanen Nationalismus" ersetzt worden zu sein.[760] Die Entwicklungen in den Monaten nach dem Umsturz CEAUŞESCUS konnten die geweckten Hoffnungen der nationalen Minderheiten jedoch nicht erfüllen. Denn die minderheitenfreundliche Politik Rumäniens hielt nicht lange an. Fast alle politischen Parteien, insbesondere die nationalistischen rumänischen Kräfte wie die Groß-Rumänien-Partei,[761] die Sozialistische Partei der Arbeit sowie die Partei der Nationalen Einheit der Rumänen, aber auch viele Medien und Intellektuelle nahmen kurz nach der Wende wieder eine „nationalistische" Haltung ein. Auch die Regierung schreckte ihrerseits davor zurück, das Minderheitenproblem des Landes im Sinne der Gleichberechtigung zu lösen. Die gegebenen Versprechungen über eine Dezentralisierung der staatlichen Territorialverwaltung, die den von

---

758 Der Wortlaut dieser Erklärung ist in deutscher Sprache abgedruckt in *Neuer Weg* vom 7.1.1990, S. 1.

759 Vgl. dazu die Ausführungen auf S. 125 f.

760 Vgl. *TAZ* vom 26.3.1990, S. 10; *Adevărul* vom 28.7.1990, S. 1 u. 4; *Süddeutsche Zeitung* vom 3.4.1991, S. 11.

761 Insbesondere diese 1990 gegründete Partei (*Partidul România Mare*), die im politischen Spektrum Rumäniens keine zu vernachlässigende Größe darstellt, zeichnet sich durch ihre Magyaren-, Juden- und Roma-feindliche Haltung aus.

Minderheiten bewohnten „Provinzen" mehr Freiräume und Befugnisse gewähren könnte, über den Zugang der nationalen Minderheiten zu Verwaltungs- und Gerichtsverfahren in ihrer Muttersprache oder über das Verabschieden eines Gesetzes für die nationalen Minderheiten blieben über mehrere Jahre ohne konkretes Ergebnis.[762] Insbesondere die Minderheiten der Magyaren,[763] der Deutschen[764] und der Roma-Bevölkerung[765] mussten bzw. müssen heute noch unter der Bukarester Minderheitenpolitik leiden. Das in der Verfassung garantierte Recht auf Unterricht in ihrer Muttersprache können Ungarn und Deutsche zwar in den staatlichen Schulen wahrnehmen. Der fast ausschließliche Gebrauch des Rumänischen als Umgangs-, Behörden- und Berufssprache und die Isolierung vom deutschen Sprach- und Kulturraum haben jedoch bewirkt, dass immer weniger Deutsche die Sprache ihrer Vorfahren beherrschen. Die Entwicklung der ungarischen Minderheit verlief jedoch unter besseren Vorzeichen. Sie konnten sich – in direkter Nachbarschaft zum

---

[762] Erst im Mai 2005 hat die rumänische Regierung beispielsweise einen Gesetzentwurf über den Status der nationalen Minderheiten angenommen, in dem die Formen der kulturellen Autonomie der nationalen Minderheiten festgelegt und die Grundsätze der Gleichheit und Nichtdiskriminierung eingeführt werden. Der Gesetzentwurf ist vom Parlament noch nicht angenommen werden. Ein Überblick über dieses Verfahren gibt es unter: www.cdep.ro/pls/proiecte/upl_pck.proiect?cam=2&idp=6778 (Stand: 30.6.2008).

[763] Die Ungarn bilden mit ca. 1,5 Millionen (6,6%) die größte nichtrumänische Bevölkerung des Landes (letzte Volkszählung 2002), vgl. FISCHER Weltalmanach 2003, Rumänien, S. 649.

[764] Im Jahr 1999 gab es nur noch maximal 100.000 Deutsche bzw. Deutschstämmige in Rumänien, von denen die meisten einen Antrag auf Ausreise in die Bundesrepublik Deutschland gestellt hatten. Bis 2006 hatten von ihnen etwa 40.000 Rumänien verlassen, vgl. die Informationen der Deutschen Botschaft in Rumänien, abrufbar im Internet unter: www.bukarest.diplo.de/Vertretung/bukarest/de/06/seite__minderheiten.html (Stand: 30.6. 2008).

[765] Nach den Maygaren stellen die Roma mit schätzungsweise 1,2 Millionen (nach der letzten Volkszählung 2002 jedoch nur 535.000, da sich sehr viele als Rumänen bezeichnen, vgl. die amtlichen Ergebnisse der Volkszählung 2002 unter: www.recensamant.ro, Stand: 30.6.2008) die größte Minderheit Rumäniens dar, vgl. FISCHER Weltalmanach 2003, Rumänien, S. 649; BOIA, APuZ 27/2006, S. 13, 16. Im Jahr 1990 bezifferte der damalige rumänische Zigeunerführer IOAN CIOABĂ, Repräsentant der Roma bei den Vereinten Nationen, die Angehörigen seines Volkes in Rumänien auf 10% der Bevölkerung, so dass sich die Zahl der Zigeuner auf nahezu 2,3 Millionen belaufe. Siehe *Adevărul* vom 9.2.1991, S. 3. Welche Zahlenangabe auch zutreffend sein mag, es ist gut möglich, dass die Zigeuner, noch vor Ungarn die größte ethnische Minderheit in Rumänien bilden, vgl. VÖLKL, Rumänien, S. 221 f. Die rumänische Roma-Bevölkerung besteht auf die Bezeichnung „Zigeuner", ausführlich zu diesem Thema PONS, Ţiganii din România (Die Zigeuner aus Rumänien), Bukarest 1999; vgl. auch KENDI, Minderheitenschutz in Rumänien, S. 22.

Mutterland lebend – dem Assimilierungsdruck besser widersetzen. Den Ungarn wurde u.a. 1999 die Errichtung eigener Fakultäten an den rumänischen Hochschulen zugestanden. Eine staatliche ungarische Universität gibt es zwar immer noch nicht, aber der Zugang zur Hochschulausbildung in ungarischer Sprache wird durch ungarische Abteilungen in den rumänischen Universitäten gewährleistet. Eine private ungarische Universität wurde 2001 eröffnet und führt ihren Betrieb mit mehreren Fakultäten in den Städten Târgu Mures, Miercurea Ciuc und seit 2002 auch Cluj-Napoca.[766] In der letztgenannten Universität wird ebenfalls die Hochschulausbildung in deutscher Sprache ermöglicht.

Ungeachtet der Mindestgarantien für Parteigründungen, Verbesserungen im Schulwesen, Unterricht und Fernsehsendungen in den Minderheitensprachen, insbesondere in ungarischer und deutscher Sprache, zeigt sich in Rumänien jedoch eine andere Minderheitenrealität in der täglich praktizierten „Nationalitätenpolitik",[767] die unter dem Primat des ethnisch definierten, sich also als national homogen bezeichnenden zentralistischen Nationalstaates steht.[768] Zwar wird den Minderheiten Rumäniens in Art. 6 der Verfassung eine Reihe von Grundrechten gewährt, von denen in diesem Zusammenhang das Recht auf Bewahrung und Entfaltung ihrer minderheitenspezifischen Eigenart, ihrer ethnischen, kulturellen, sprachlichen und religiösen Identität hervorgehoben sei. Jedoch ist zu beachten, dass diese verfassungsrechtlichen Zusicherungen lediglich einen programmatischen Charakter haben und keineswegs unmittelbar geltendes Recht darstellen.[769] Die Grundrechte können als solche nicht

---

[766] Vgl. dazu auch die Mitteilung der Kommission KOM (2005) 534 vom 25.10.2005, S. 23 f.; vgl. darüber hinaus die Tageszeitung *Adevărul* vom 3.7.2006, S. 1; TONTSCH, Rumänien, in: NUßBERGER (HRSG.), Minderheitenschutz im östlichen Europa, S. 42 ff.

[767] Im Vergleich zu anderen Ländern werden in Rumänien die nationalen Minderheiten als „andere Nationalitäten, die in Rumänien wohnen" (mitwohnende Nationalitäten – *Naționalități conlocuitoare*), angesehen. Dafür sind außer innenpolitisch-taktischen Erwägungen auch die Nachwirkungen der minderheitenfeindlichen CEAUŞESCU-Propaganda und der „Nationalstaatsgedanke" verantwortlich, der sich nur schwer mit dem Selbstverständnis einer großen und nationalbewussten Minderheit wie der Magyaren in Siebenbürgen vereinbaren lässt, vgl. KENDI, Minderheitenschutz in Rumänien, S. 7 ff.

[768] Diese von Bukarest heute – wie schon seit 1920 ununterbrochen – betriebene Nationalitätenpolitik ist hauptsächlich seit Beginn der 70er Jahre in ihrer Tendenz zunehmend nationalistisch und auf Assimilierung der ethnischen Minderheiten durch das staatstragende rumänische Volk ausgerichtet, vgl. KENDI, Minderheitenschutz in Rumänien, S. 135 ff.; KOLAR, Rumänien und seine nationalen Minderheiten 1918 bis heute, S. 381 ff.

[769] Vgl. KENDI, Minderheitenschutz in Rumänien, S. 177 ff.; TONTSCH, Rumänien, in: NUßBERGER (HRSG.), Minderheitenschutz im östlichen Europa, S. 37 ff.

geltend gemacht werden, denn einen verfassungsrechtlichen Individualrechtsschutz gibt es in Rumänien nicht.[770] Der Grundrechtsschutz ist in Rumänien vollständig in die konkrete Normenkontrolle integriert (Art. 146 lit. d). Die Besonderheit der rumänischen Regelung liegt darin, dass für das Instanzgericht eine Vorlagepflicht besteht, wenn es ein Gesetz, das im konkreten Fall entscheidungserheblich ist, für verfassungswidrig hält, sowie wenn eine Prozesspartei den „Einwand der Verfassungswidrigkeit" (*Excepţia de neconstituţionalitate*) erhebt. Gleichzeitig muss das Verfahren bis zur Entscheidung des Verfassungsgerichts ausgesetzt werden.[771] Für die nationalen Minderheiten Rumäniens ist es daher extrem schwierig, ihre durch die Verfassung garantierten Rechte gerichtlich geltend zu machen.[772]

Im Zusammenhang mit der Achtung der Minderheitenrechte sollte an dieser Stelle noch erwähnt werden, dass insbesondere die Minderheitenpolitik Rumäniens immer wieder Gegenstand harscher Kritik von Seiten der Europäischen Union darstellte, obwohl sie im Allgemeinen in der Union kaum eine Rolle spielt. Die durchaus vorhandenen ethnischen Konflikte innerhalb der Europäischen Union, etwa hinsichtlich der Basken in Spanien oder der Korsen in Frankreich, waren kaum Gegenstand von diplomatischen Initiativen seitens anderer Mitgliedstaaten oder gar der Gemeinschaft selbst.[773] Die Minderheitenfrage ist weder in den Beitrittsverträgen enthalten noch ist sie Teil des *acquis communautaire*. Der Schutz und die Achtung von Minderheitenrechten sind ausschließlich Bestandteil des politischen Kopenhagener Kriteriums, welches nach dem offiziellen EU-Beitritt für die Mitgliedstaaten offenbar an Bedeutung verliert. Die Europäische Union hat ihrerseits bei der Osterweiterung die Achtung der Minderheitenrechte durch die Beitrittskandidaten verstärkt beobachtet und in ihren Fortschrittsberichten ständig erwähnt. So

---

[770] Dem Rumänischen Verfassungsgericht (*Curtea Constituţională*) ist in erster Linie die Aufgabe anvertraut, die Vorrangstellung der Verfassung in der Normenhierarchie sicherzustellen, indem sie über die Verfassungsmäßigkeit von Rechtsvorschriften entscheidet, vgl. BRUNNER, Die neue Verfassungsgerichtsbarkeit in Osteuropa, in: LUCHTERHANDT/NUßBERGER (HRSG.), Transformation in Mittel- und Osteuropa, S. 284, 297 und 311 ff.; ISMAYR, APuZ B 5-6/2004, S. 5, 13.

[771] Vgl. BRUNNER, Grundrechtsschutz durch Verfassungsgerichtsbarkeit in Osteuropa, in: LUCHTERHANDT/NUßBERGER (HRSG.), Transformation in Mittel- und Osteuropa, S. 333, 349 f.

[772] TONTSCH, Rumänien, in: NUßBERGER (HRSG.), Minderheitenschutz im östlichen Europa, S. 37 ff.

[773] DAUDERSTÄDT, Interessen und Hindernisse bei der EU-Osterweiterung, Politikinformation Osteuropa Nr. 98 der Friedrich-Ebert-Stiftung, abrufbar im Internet unter: http://library.fes.de/fulltext/id/01170.htm (Stand: 30.6.2008).

hat sie etwa den Beitrittsprozess Rumäniens oder der Slowakei jahrelang gestoppt, da sie den Regierungen ILIESCU und MECIAR undemokratische Praktiken den nationalen Minderheiten gegenüber, insbesondere der Roma-Minderheit, anlastete. In der Tat entsprachen eine Reihe von Maßnahmen und Aktivitäten der jeweiligen Regierungen[774] nicht westlichen Vorstellungen, aber sie verletzten auch nicht in nachweisbarer Form die Vorschriften internationaler Vereinbarungen.[775] Vor dem Hintergrund des nicht ernsthaft bestreitbaren Umstandes, dass auch in den alten EU-Mitgliedsstaaten Roma diskriminiert und benachteiligt werden,[776] ohne dass die Kommission darauf hinwiese, stellt sich jedoch die Frage, inwiefern die Kritik der Kommission wirklich Ausdruck echter Sorge um die Situation der Roma ist.[777] Die rumänischen Zigeuner haben schon seit der Ära CEAUŞESCU gravierende sozioökonomische Schwierigkeiten: Sie sind heute kaum in die rumänische Gesellschaft integriert, was häufig zu Konflikten bis hin zu tätlichen Angriffen gegen die Roma-Minderheit führt.[778] Die Union ging bei der Durchführung der

---

[774] Weil die Roma über keinen Patronagestaat verfügen, wie die anderen ethnischen Minderheiten (Deutsche, Tataren und Türken sowie Ungarn), ist für die Roma-Bevölkerung die Internationalisierung ihrer Problematik von großer Bedeutung. Denn trotz der rechtlichen Rahmenbedingungen zum Schutz der nationalen Minderheiten und der seit 2002 bestehenden nationalen Behörde zur Bekämpfung aller Formen von Diskriminierung werden Angehörige der Roma-Bevölkerung auf dem Arbeitsmarkt aufgrund ihrer ethnischen Zugehörigkeit diskriminiert. 80 bis 90 Prozent aller rumänischen Roma sind arbeitslos, vgl. REBREANU, Die Roma Rumäniens, S. 226 ff.; vgl. auch *Cotidianul* vom 6.3.2007, S. 6.

[775] DAUDERSTÄDT, Interessen und Hindernisse bei der EU-Osterweiterung, Politikinformation Osteuropa Nr. 98 der Friedrich-Ebert-Stiftung, abrufbar im Internet unter: http://library.fes.de/fulltext/id/01170.htm (Stand: 30.6.2008).

[776] Vgl. zur Situation der Roma-Minderheit in Spanien die Studie der Heinrich-Böll-Stiftung unter: www.migration-boell.de/web/migration/46_1058.asp (Stand: 30.6.2008). Zur Situation der Roma-Minderheit in England vgl. die Intervention des englischen Abgeordneten CLAUDE MORAES in der Sitzung des Europäischen Parlaments am 27.4.2005: „Wie in meinem eigenen Land, dem Vereinigten Königreich, leiden die in der Diaspora lebenden Roma im so genannten alten Europa genauso sehr, wenn nicht sogar noch mehr, wie in den neuen Mitgliedstaaten, denn sie erleiden die doppelte Erniedrigung, zugleich Einwanderer wie auch Roma zu sein“, abrufbar im Internet unter: www.europarl.europa.eu/sides/getDoc.do?pubRef=-//EP//TEXT+CRE+20050427+ITEM-008+DOC+XML+V0//DE&language=DE (Stand: 30.6.2008); vgl. auch Amtsblatt der Europäischen Union Nr. C 45 E vom 23.2.2006, S. 6.

[777] Vgl. *Die Zeit* Nr. 40 vom 28.9.2006, S. 10.

[778] Vgl. die Klage mehrerer Roma aus Siebenbürgen vor dem Europäischen Gerichtshof für Menschenrechte, die der Polizei vorwarfen, nach Ausschreitungen im September 1993 die rumänische Bevölkerung zu Lynch-Aktionen gegen die Roma-Bevölkerung angestachelt zu haben. Das Gericht verurteilte Rumänien am 12.7.2005 wegen Verstoßes gegen das

Beitrittsverhandlungen davon aus, dass die Position der Minderheiten verbessert und diesbezügliche Probleme noch vor dem Beitritt gelöst werden müssen. In Wirklichkeit sind die monierten Minderheitenprobleme nicht verschwunden, sondern mit dem Beitritt Rumäniens und auch der Slowakei in die Europäische Union „importiert" worden.[779] Trotzdem war die Europäische Kommission bereits in ihrer Stellungnahme von 1997 zu dem Schluss gekommen, dass Rumänien zusammen mit anderen Beitrittskandidaten die politischen Kopenhagener Kriterien erfülle.

2. Die wirtschaftlichen Kriterien

a. Die wirtschaftliche Ausgangslage des Landes

Die Wirtschaft Rumäniens war nach der Besetzung des Landes durch die Sowjetunion im Jahre 1944 durch strukturelle Ungleichgewichte stark geprägt: Die Zahl der in der Landwirtschaft Beschäftigten ging im Zeitraum 1950 – 1987 von ca. 75 Prozent auf nur noch 28 Prozent aller Beschäftigten zurück, während in der gleichen Zeitspanne die Stahlproduktion von 500.000 Tonnen auf 14,4 Millionen Tonnen anwuchs.[780] Im Jahr 1988 wurden 54 Prozent des Bruttoinlandsprodukts durch die Industrie erzielt und nur elf Prozent durch die Landwirtschaft.[781] Der überdimensionierte Aufbau von Kapazitäten im Bereich der Schwerindustrie entsprach aber nicht der Energie- und Rohstoffbasis des Landes. Ein Großteil der zur Verfügung stehenden Ressourcen floss in die verarbeitende Schwerindustrie, so dass in den restlichen Wirt-

Verbot von menschenunwürdiger Behandlung und Diskriminierung der nationalen Minderheiten; vgl. auch die Mitteilungen der Kommission KOM (2005) 534 vom 25.10.2005, S. 23 f., sowie KOM (2006) 549 vom 26.9.2006, S. 26 f. Der „Grundstein" für die Benachteiligung der Roma wird meist schon in frühem Kindesalter gelegt. Eine große Zahl der Roma-Kinder in Rumänien hat aus formalen Gründen keinen Zugang zum staatlichen Bildungssystem. Die gesetzlichen Grundlagen entfalten kaum praktische Wirkung bei der Bekämpfung der Diskriminierung, weil einerseits die erforderlichen Implementierungsmodalitäten fehlen und andererseits anscheinend diese gesellschaftlichen Umgestaltungsprozesse Zeit benötigen, bis sie ins Bewusstsein der Menschen gedrungen sind. Deshalb ist es für die Roma wichtig, dass sich internationale Organisationen für ihre Belange einsetzen, vgl. PONS, Ţiganii din Romania (Die Zigeuner aus Rumänien), S. 15 ff.; REBREANU, Die Roma Rumäniens, S. 23 ff.

779 LEIBE, APuZ 27/2006, S. 6, 12 f.; BOIA, APuZ 27/2006, S. 13, 16 f.; STROHMEIER, APuZ 10/2007, S. 25 ff.

780 Siehe *Direcţia generală de statistică* (Hauptdirektion für Statistik), Bericht 1988, S. 20.

781 Vgl. hierzu FRYDMAN/RAPACZYNSKI, The Privatization Process in Central Europe, S. 211 ff.

schaftssektoren wenig oder gar nicht investiert wurde.[782] Das unerbittliche Festhalten an der schwerfälligen und ineffizienten Zentralverwaltungswirtschaft, die konsequente Reformverweigerung und der persönliche Größenwahn CEAUŞESCUS formten eine Wirtschaftsstruktur, die in fast allen Bereichen von Versorgungsmängeln gekennzeichnet war.[783] Die Weltwirtschaftskrise Ende der 70er Jahre – der Ölpreisschock und die dadurch bedingte Kostenexplosion – war der Auslöser der schweren Finanzkrise Rumäniens.[784] Zwischen 1978 und 1981 verdoppelte sich die Verschuldung Rumäniens gegenüber den westlichen Ländern.[785] Der Schuldenabbau konnte nur durch die rigide Beschränkung der Importe zu erreicht werden,[786] die wiederum eine Überalterung der Maschinen und des Ausrüstungsbestandes zu Folge hatte. Dies führte zu einer abnehmenden Wettbewerbsfähigkeit und nachlassenden Innovationskraft, die Rumänien auf dem Weltmarkt ins Abseits drängten.

Wie in vielen ehemaligen Ostblockländern war der Übergang von der Plan- zur Marktwirtschaft auch in Rumänien besonders schwierig, da die „alt-neue" Elite des Landes eine eigennützige Politik betrieb, um die anstehenden Wahlen gewinnen zu können. Die neue, anfangs auf GORBATSCHOWS systemerhaltenden Reformkurs eingeschworene Führung der FSN plädierte im Gegensatz zur machtlosen demokratischen Opposition nicht für schnelle und tiefgreifende Reformen.[787] Stattdessen wurde die Wirtschaftskrise lange Zeit mit staatlicher Hilfe weitgehend kaschiert. Der im Zuge von CEAUŞESCUS Austeritätspolitik der 80er Jahre drastisch gesunkene Lebensstandard der Bevölkerung wurde wahlwirksam angehoben, die gesamtwirtschaftliche Rechnung dafür wurde der Bevölkerung erst nach den Wahlen präsentiert. Es waren

---

[782] MONTIAS, The Romanian Economy, in: European Economy, Special Edition No. 2/1991, S. 177, 180; NEGULESCU, Politische und wirtschaftliche Transformation in Rumänien, S. 161.

[783] PLATTNER, Privatisierung in der Systemtransformation, S. 224 ff.; MONTIAS, The Romanian Economy, in: European Economy, Special Edition No. 2/1991, S. 177, 179 f.; LEIßE, APuZ 27/2006, S. 6, 11 f.

[784] Siehe auch die Ausführungen auf S. 136 f.

[785] Die Schulden Rumäniens beliefen sich im Jahr 1981 auf über 9.815 Milliarden US Dollar, vgl. GHERMANI, Rumänien, S. 373.

[786] Der Import von Investitionsgütern aus dem Westen ging von einem Volumen von 702,8 Mio. Dollar im Jahr 1980 auf nur 142,3 Mio. im Jahr 1989 zurück, MONTIAS, The Romanian Economy, in: European Economy, Special Edition No. 2/1991, S. 177, 180

[787] FELDMANN, Quo vadis Romania?, S. 112 ff.; LEIßE/LEIßE/RICHTER, Beitrittsbarometer Rumänien, S. 37 ff.; JEFFRIES, Socialist Economies and the Transition to the Market, S. 307 ff.; STERBLING, Gesellschaftliche Eliten und nationale Mythen im Modernisierungsprozess, in: ZACH/ZACH (HRSG.), Modernisierung auf Raten in Rumänien, S. 45 ff.

nicht zuletzt diese politisch motivierten Hemmnisse des ökonomischen Transformationsprozesses, die dazu führten, dass Rumänien seine unverkennbaren Standortvorteile nach der Wende nicht optimal nutzen konnte. Die über lange Zeit fehlende politische Transparenz und Stabilität schreckte viele ausländische Investoren und Kreditgeber ab, sich in größerem Umfang in Rumänien zu engagieren, obwohl gerade dieses Land nach seiner Isolation der Vor-Wende-Zeit in besonderem Maße auf Auslandsinvestitionen und Technologietransfer angewiesen war.[788]

Die Last der zerrütteten Wirtschaft wog schwerer als die anderen Probleme des Landes. Die Lage verschlimmerte sich, als durch das Ende der östlichen Wirtschaftsgemeinschaft RGW im Jahr 1991 sowie durch den Golfkrieg und durch die Blockade Serbiens die wichtigsten Absatzmärkte Rumäniens wegfielen.[789] Gleichzeitig musste aber die Umstrukturierung der Wirtschaft in Angriff genommen werden. In enger Zusammenarbeit mit dem Internationalen Währungsfonds, der Weltbank und internationalen Beratungsfirmen wurden die wichtigsten ordnungspolitischen Vorgaben für den Übergang Rumäniens zur Marktwirtschaft gesetzlich festgeschrieben und die dazu erforderlichen institutionellen Rahmen geschaffen. Innerhalb der ersten zehn Monate nach den Parlamentswahlen im Mai 1990 wurden rund 90 der die Systemtransformation abstützenden Gesetze verabschiedet. Gleichzeitig wurde die rumänische Wirtschaft mit Hilfe spezifischer prozesspolitischer Maßnahmen an Konkurrenz- und Marktbedingungen angepasst. Die staatlichen Unternehmensstrukturen wurden entzerrt, die großen staatlichen Betriebe in Kapitalgesellschaften oder staatliche Regieunternehmen umgewandelt und die Autonomie der Betriebe gesetzlich abgesichert.[790] Die Liberalisierung der Preise erfolgte in mehreren Schritten zwischen November 1990 und Mai 1993. Im November 1991 wurden die Wechselkurse vereinheitlicht und die interne Konvertibilität der rumänischen Währung (*Leu*) hergestellt.[791]

---

[788] GABANYI, Rumänien, in: WEIDENFELD (HRSG.), Demokratie und Marktwirtschaft in Osteuropa, S. 209, 222 f.; DUMITRIU, Company Management and Capital-Markets Development in the Transition in Romania, in: Russian and East European Finance and Trade No. 2/1993, S. 49, 52 ff.

[789] LEIßE/LEIßE/RICHTER, Beitrittsbarometer Rumänien, S. 58 ff.; MONTIAS, The Romanian Economy, in: European Economy, Special Edition No. 2/1991, S. 177, 189 ff.

[790] PLATTNER, Privatisierung in der Systemtransformation, S. 224 ff. und 239 ff.; DĂIANU, Transformation and the Legacy of Backwardness, in: Économies et Sociétés No. 4-5/1992, S. 181, 188 ff.

[791] DUMITRIU, Company Management and Capital-Markets Development in the Transition in Romania, in: Russian and East European Finance and Trade No. 2/1993, S. 49, 55 ff.; PLATTNER, Privatisierung in der Systemtransformation, S. 226 ff.

Die Umsetzung der Reformgesetze brachte in der Anfangsphase in Rumänien wie überall in den ehemaligen Ostblockstaaten eine Deregulierung der Wirtschaft mit sich. Die strukturelle Stagnationskrise der alten Kommandowirtschaft wurde von einer Krise des Zerfalls des alten Wirtschaftssystems abgelöst. Wie in allen Reformstaaten wurden auch in Rumänien per Gesetz zahlreiche Änderungen auf dem Weg zu einer Marktwirtschaft beschlossen, unter anderem die Schaffung eines modernen Bankwesens, die Einführung des Börsenwesens, der Mehrwertsteuer und einer individuell bemessenen Lohnsteuer sowie die Freigabe der Preise.[792] Die Umstrukturierungen reichten jedoch immer noch nicht, um ausländische Investitionen anzulocken, die Vorbehalte des Internationalen Währungsfonds zur Kreditvergabe abzubauen und überhaupt die Produktion wieder in Gang zu setzen.[793] Wie überall im ehemaligen Ostblock beherrschten sehr bald sog. „fliegende Händler" das Straßenbild; in Geschäften wurde zwar alles angeboten, aber zu Preisen, die nur sehr wenige bezahlen konnten.[794] Entgegen dem allgemeinen Trend moderner westlicher Gesellschaften, vom primären Sektor der Landwirtschaft über den sekundären Sektor der Industrie zum tertiären Dienstleistungssektor zu gehen, machte Rumänien in den 90er Jahren den Schritt zurück zur Reagrarisierung.[795] Aber auch wenn gleichzeitig funktionierende Alternativstrukturen entstanden, waren die Folgen für die Wirtschaftsentwicklung massiv und die sozialen Kosten des Transformationsprozesses schwerwiegend: starke Einbrüche der Industrieproduktion und der Exporte, stagnierende Investitionen, chronischer Devisenmangel, negative Handelsbilanz, steigende Inflationsraten und Arbeitslo-

[792] Im Jahr 1992 erreichte die Inflationsrate bereits einen Wert von über 200%. Bis Mitte der 90er Jahre sank die Inflationsrate wieder und Rumänien versuchte, die Lage zu stabilisieren; doch dann verlor die Währung erneut an Wert. Der Höhepunkt dieser zweiten Entwertung wurde 1997 erreicht, als die Jahresinflation fast 155% erreichte, vgl. Institutul național de statistică (Nationales Institut für Statistik), Bericht 1992 bzw. 1997; vgl. auch VÖLKL, Rumänien, S. 224.; LEIBE/LEIBE/RICHTER, Beitrittsbarometer Rumänien, S. 66 ff.

[793] PLATTNER, Privatisierung in der Systemtransformation, S. 224 ff.; MONTIAS, The Romanian Economy, in: European Economy, Special Edition No. 2/1991, S. 177, 180; LEIBE, APuZ 27/2006, S. 6, 11 f.

[794] Noch im Jahr 2005 mussten 43% der Rumänen ein Leben unterhalb der offiziellen Armutsgrenze führen, vgl. *Săptămâna Financiară* vom 31.10.2005, S. 1 f.; vgl. auch VLAD, Rechtsfragen der europäischen Integration, in: SANDER/VLAD (HRSG.), Quo vadis, Europa?, S. 113, 129; VERHEUGEN, Europa in der Krise, S. 95; vgl. außerdem die Informationen auf der Internetseite: www.europa-digital.de/laender/rum/eu_pol (Stand: 30.6.2008).

[795] In den westlichen Ländern arbeiten nur noch ca. 3 – 5% der Beschäftigten in der Landwirtschaft, vgl. LEIBE/LEIBE/RICHTER, Beitrittsbarometer Rumänien, S. 69 f.

senquoten.[796] Erst unter diesen kritischen Umständen entschied sich die neue Regierung Rumäniens unter Premierminister PETRE ROMAN für eine radikalere Reformpolitik, um den Rückstand des Landes gegenüber den anderen mittel- und osteuropäischen Transitionsstaaten aufzuholen. Reformfeindliche Kräfte in den alten Wirtschafts- und Verwaltungsstrukturen verursachten jedoch noch im September 1991 den Sturz der Technokratenregierung PETRE ROMAN und erzwangen unter seinen Nachfolgern (TEODOR STOLOJAN und NICOLAE VĂCĂROIU) die Rückkehr zu moderaten Reformschritten.[797] Die Folgen waren katastrophal und die Wirtschaft geriet noch mehr in eine Talfahrt, die erst 1994 nahezu gestoppt werden konnte.[798]

b. Die Fortschrittsberichte der Europäischen Kommission

In Bezug auf die wirtschaftliche Dimension des Beitrittsprozesses kam die Europäische Kommission in ihrer Stellungnahme von 1997 zum Beitrittsantrag Rumäniens zu dem Schluss, Rumänien habe „beträchtliche Fortschritte beim Aufbau einer Marktwirtschaft" gemacht; das Land verfüge aber nicht über eine funktionsfähige Marktwirtschaft und habe „noch ernsthafte Schwierigkeiten [...], dem Wettbewerbsdruck und den Marktkräften innerhalb der Union mittelfristig [d.h. jedenfalls in den nächsten fünf Jahren] standzuhalten".[799]

In ihrem ersten, insgesamt in auffallend skeptischem Ton gehaltenen Fortschrittsbericht über Rumänien aus dem Jahr 1998 kam die Europäische Kommission zu dem Ergebnis, dass das Land nur sehr geringe Fortschritte im Hinblick auf den Aufbau einer Marktwirtschaft erzielt habe und seine Kapazitäten, gegenüber dem Wettbewerbsdruck und den Marktkräften standzuhalten, abgenommen hätten.[800] Trotz einiger Fortschritte, insbesondere im Bereich

---

796 LEIßE/LEIßE/RICHTER, Beitrittsbarometer Rumänien, S. 58 ff.; JEFFRIES, Socialist Economies and the Transition to the Market, S. 307 ff.

797 Vgl. HARTWIG, Die Europapolitik Rumäniens, S. 64 ff. mit zahlreichen weiteren Nachweisen.

798 VÖLKL, Rumänien, S. 224; HARTWIG, Die Europapolitik Rumäniens, S. 79 ff.; PLATTNER, Privatisierung in der Systemtransformation, S. 239 ff.; LEIßE, APuZ 27/2006, S. 6, 11.

799 Vgl. Stellungnahme der Kommission zu dem Antrag Rumäniens auf EU-Beitritt vom 16.7.1997, KOM (1997) 2003, Bulletin der Europäischen Union, Beilage 8/1997, abrufbar im Internet unter: http://europa.eu/bulletin/de/9707/p104076.htm (Stand: 30.6.2008).

800 Regelmäßiger Bericht über den Fortschritt Rumäniens 1998, S. 21 ff., abrufbar im Internet unter: http://ec.europa.eu/enlargement/archives/pdf/key_documents/1998/romania_de.pdf (Stand: 30.6.2008).

der Preis- und Handelsliberalisierung, der Kontrolle der Inflation, der Konvertibilität der nationalen Währung und der Gesetzgebung im Finanzsektor, wies die Kommission in ihrem Fortschrittsbericht 1998 auf das nur langsame Fortschreiten der Reformen hin. Diese Entwicklung – so die Kommission – sei insbesondere vor dem Hintergrund der „sehr ernsthaften wirtschaftlichen Lage Rumäniens" Besorgnis erregend.[801] Die Kommission forderte daher die rumänische Regierung auf, der Wiederherstellung makroökonomischer Stabilität und der Schaffung von Glaubwürdigkeit auf den internationalen Finanzmärkten dringend absolute Priorität einzuräumen. Schließlich drängte die Kommission Rumänien zur Entwicklung einer mittelfristigen Strategie, um den wirtschaftlichen Übergang des Landes umfassend zu bewältigen.
Der Fortschrittsbericht aus dem Jahr 1999 kam grundsätzlich zu der gleichen Schlussfolgerung wie der Bericht des Vorjahres: „Rumänien verfügt nicht über eine funktionsfähige Marktwirtschaft und kann dem Wettbewerbsdruck und den Marktkräften in der Union mittelfristig nicht standhalten."[802] Zwar erkannte die Kommission die Bemühungen Rumäniens um eine Privatisierung größerer Firmen und des staatseigenen Finanzsektors an, sie verlangte jedoch fortgesetzte Anstrengungen auf diesem Gebiet.[803]
Im Fortschrittsbericht 2002 hieß es: „Es besteht zunehmende Übereinstimmung über die wesentlichen Ziele der Wirtschaftspolitik, doch verhindert die Angst vor den hohen politischen und sozialen Kosten nach wie vor, dass die Strukturreformen mit dem nötigen Nachdruck durchgeführt werden. Häufig wurden makroökonomische Stabilisierung und Strukturreform nur halbherzig unterstützt, was dazu führte, dass die Ziele der Wirtschaftspolitik nicht erreicht wurden."[804]
In dem Fortschrittsbericht aus dem Jahr 2003 kam die Europäische Kommission schließlich zu dem Ergebnis, dass Rumänien als „eine funktionierende Marktwirtschaft" betrachtet werden kann, *„sofern* die bisher erzielten guten

[801] Regelmäßiger Bericht über den Fortschritt Rumäniens 1998, a.a.O., S. 26.
[802] Vgl. Regelmäßiger Bericht über den Fortschritt Rumäniens 1999, S. 25, abrufbar im Internet unter: http://ec.europa.eu/enlargement/archives/pdf/key_documents/1999/romania_de.pdf (Stand: 30.6.2008).
[803] Eingehend zum Privatisierungsprozess in Rumänien HUFEN, Der Verlauf des Transformationsprozesses in Rumänien unter spezieller Berücksichtigung der Steuer- und Privatisierungsproblematik, Bochum 1997, sowie PLATTNER, Privatisierung in der Systemtransformation, Berlin 1996.
[804] Regelmäßiger Bericht über den Fortschritt Rumäniens 2002, S. 45, abrufbar im Internet unter: http://ec.europa.eu/enlargement/archives/pdf/key_documents/2002/ro_de.pdf (Stand: 30.6.2008).

Fortschritte weiterhin vorangetrieben werden".[805] Die Kommission nannte daher auf über zehn Seiten dieses Fortschrittsberichts die Bereiche, deren Entwicklung „stärker gefährdet ist", und die „eine schrittweise Aufwärtsentwicklung angenommen haben".[806]

Die vertiefte europäische Integration, die insbesondere durch die Aufnahme der ersten Länder Mittel- und Osteuropas in die Europäische Union im Jahr 2004 zum Ausdruck kam, erweckte Rumänien offensichtlich aus seiner Lethargie. Angesichts der drohenden Marginalisierung in Europa versucht das Land seitdem vermehrt, den Anschluss an EU-Standards zu finden. Beachtliches wurde dabei in den letzten Jahren geleistet: Viele große Staatsbetriebe wurden privatisiert, darunter der Stahlriese *Sidex* in Galati, der ca. 30.000 Menschen beschäftigt und bis zu fünf Prozent zum rumänischen Bruttoinlandsprodukt beiträgt.[807] Andere Einrichtungen, darunter die staatlichen Strom- und Gasmonopolisten sowie die heruntergewirtschaftete Eisenbahn, warten noch auf eine Überführung in moderne Betriebsformen. Eine Reihe noch offener wirtschaftlicher Punkte wurde ebenfalls im Laufe der letzten Jahre geregelt, beispielsweise die Beseitigung der Exportbeschränkungen für sensible Rohstoffe und die schrittweise Abschaffung des diskriminierenden Systems der Gewinnbesteuerung. Aufgrund bescheidener, aber stetiger Fortschritte in der Wirtschaftsentwicklung konnte die Europäische Kommission erstmals im Jahr 2004 Rumänien eine funktionierende Marktwirtschaft bescheinigen.[808]
Der Fortschrittsbericht 2005 bestätigte bezüglich der wirtschaftlichen Beitrittskriterien diese Einschätzung und bewertete die makroökonomische Gesamtentwicklung Rumäniens als positiv. Die konsequente und uneingeschränkte Durchführung der geplanten Maßnahmen sowie die Vollendung des Reformprozesses und die energische Umsetzung seiner Strukturreformprogramme dürften es – so wurde prognostiziert – Rumänien ermöglichen, mittelfristig dem Wettbewerbsdruck und den Marktkräften innerhalb der Union

[805] Regelmäßiger Bericht über den Fortschritt Rumäniens 2003, S. 48 f., abrufbar im Internet unter: http://ec.europa.eu/enlargement/archives/pdf/key_documents/2003/rr_ro_final_de.pdf (Stand: 30.6.2008).
[806] Regelmäßiger Bericht über den Fortschritt Rumäniens 2003, a.a.O., S. 36 – 48.
[807] GIURCĂNEANU, Industria Metalurgică (Metallurgische Industrie), in: Geografia României (Lehrbuch für Erdkunde), S. 67 ff.
[808] Regelmäßiger Bericht über den Fortschritt Rumäniens 2004, S. 53, abrufbar im Internet unter: http://ec.europa.eu/enlargement/archives/pdf/key_documents/2004/rr_ro_2004_de.pdf (Stand: 30.6.2008).

standzuhalten.[809] Die Kommission gehe weiterhin davon aus, dass Rumänien seine makroökonomische Stabilität weitgehend wahre, auch wenn die Politik eine Zunahme volkswirtschaftlicher Ungleichgewichte fördere.
In den Fortschrittsberichten von Mai und Oktober 2006 bestätigte die Europäische Kommission schließlich erneut, dass Rumänien über eine funktionsfähige Marktwirtschaft verfüge. Bei einer konsequenten Durchführung seines Strukturreformprogramms dürfe Rumänien in der Lage sein, die wirtschaftlichen Kriterien auf kurze Sicht zu erfüllen. Rumänien habe seine makroökonomische Stabilität weitgehend gewahrt und die Strukturreformen vorangetrieben.[810] Weitere Reformen in den Bereichen, die für die Einführung des gemeinschaftlichen Besitzstandes und eine reibungslose Integration in den Binnenmarkt notwendig sind, wurden von der Kommission jedoch in den Berichten des Jahres 2006 angemahnt. Dabei handelt es sich um vier Bereiche (*Makroökonomische Stabilität*; *Ausgabenpolitik*; *Privatisierung und Umstrukturierung von Unternehmen* sowie *Allgemeine wirtschaftliche Rahmenbedingungen*), die jedoch, darauf wurde in Bukarest erleichtert hingewiesen, eher technischen Charakter besitzen.[811]

c. Die gegenwärtige Wirtschaftslage Rumäniens

Trotz der weltweit schwierigen Wirtschaftslage weist Rumänien seit Anfang dieses Jahrzehntes mit ca. fünf Prozent die höchste Wachstumsrate unter den neuen EU-Mitgliedsländern auf.[812] Die derzeitigen wirtschaftlichen Indikatoren lassen eine Fortsetzung des Wachstums auch im Jahr 2008 und darüber hinaus erwarten. Obwohl das rumänische Bruttoinlandsprodukt dynamisch wächst, erreicht das Pro-Kopf-BIP verglichen mit den anderen neuen EU-Mitgliedern lediglich das Niveau Bulgariens. So wird das Land noch eine lan-

---

[809] Regelmäßiger Bericht über den Fortschritt Rumäniens 2005, S. 48 f., abrufbar im Internet unter: http://ec.europa.eu/enlargement/archives/pdf/key_documents/2005/sec1354_cmr_master_ro_college_de.pdf (Stand: 30.6.2008).

[810] Monitoring-Bericht über den Stand der Beitrittsvorbereitungen Rumäniens vom 16.5.2006, Mitteilung der Kommission KOM (2006) 214, S. 19.

[811] Vgl. Monitoring-Bericht über den Stand der Beitrittsvorbereitungen Rumäniens vom 26.9.2006, Mitteilung der Kommission KOM (2006) 549, S. 47 ff., abrufbar im Internet unter: http://ec.europa.eu/enlargement/pdf/key_documents/2006/sept/report_bg_ro_2006_de.pdf (Stand: 30.6.2008).

[812] Das rasante Wirtschaftswachstum bedroht sich in einigen Regionen bereits selbst. Denn es mangelt mittlerweile schlicht an Arbeitskräften. Ein Beispiel dafür ist die Stadt Timişoara (Temeschwar) im Westen Rumäniens: Vor zehn Jahren betrug die Arbeitslosenquote dort über 10%. Heute sind es kaum noch 2%, vgl. *VDI Nachrichten* Nr. 48 vom 1.12.2006, S. 3 f.

ge Phase dynamischen Wachstums benötigen, um zur Europäischen Union wirklich aufzuschließen.[813] Im Jahr 2006 lag das Wirtschaftswachstum bei 7-8 Prozent und war damit noch deutlich dynamischer als im Vorjahr (4,1 Prozent). Wachstumsträger waren vor allem der private Konsum und die Anlageinvestitionen,[814] während die Außenhandelsbilanz durch die starke Importnachfrage negativ beeinflusst wurde.[815] Die Inflation sank in Rumänien kontinuierlich und fiel 2006 zum ersten Mal mit einem Wert von 4,8 Prozent unter die von der Nationalbank prognostizierte Inflationsschwelle von fünf Prozent.[816]

Das *Screening-Verfahren* des Beitrittsprozesses Rumäniens hat die kontinuierliche kritische Beurteilung der Europäischen Kommission in Bezug auf die Erfüllung der wirtschaftlichen Kriterien bestätigt. Das Verfahren brachte Verzögerungen im Annäherungsprozess vor allem in den Bereichen *Dienstleistungen*, *Umweltschutz*, *Unternehmensrecht* und *Verkehrspolitik* zu Tage. Das rumänische Wirtschaftsleben leidet trotz zahlreicher Fortschritte ganz allgemein unter einem Problemkomplex, in dem sich verschleppte Reformen, unrentable Staatsbetriebe, Bürokratismus, Zentralismus und Korruption zu einer Gemengelage vermischen, die die weitere Entwicklung des Landes nachhaltig hemmt.[817] Die Anpassung an eine marktorientierte Wirtschaft wurde ernsthaft erst im Jahr 2001 eingeleitet. Die Krise im wirtschaftlichen und politischen Bereich musste wohl so tiefgreifend werden, bevor aufrichtige Reformen in Angriff genommen wurden. Zuvor musste die politische Elite erst ihre post-

[813] Das Pro-Kopf-Einkommen betrug 2005 in Rumänien ca. 3.400 Euro. In Deutschland waren es etwa 27.700 Euro.

[814] Die ausländischen Direktinvestitionen stiegen in den ersten fünf Monaten des Jahres 2006 im Vergleich zum Vorjahreszeitraum um über 90% auf 2,9 Milliarden Euro. Deutschland ist nach Italien der zweitwichtigste Handelspartner Rumäniens.

[815] Vgl. *debizz*, Februar 2007, S. 52 f. Aktuelle Informationen sind darüber hinaus abrufbar auf der Internet-Seite des Rumänischen Ministeriums für Wirtschaft und Kommerz unter: www.dce.gov.ro (Stand: 30.6.2008).

[816] Die Inflationsrate, die 2004 mit rund 9,6 % zum ersten Mal nach 15 Jahren einstellig war, konnte 2005 weiter auf 8,6% gesenkt werden. Sie lag für 2006 bei 4,8%, vgl. die wirtschaftlichen Zeitschriften *Capitalul* vom 10.1.2007 und *Săptămâna Financiară* vom 12.1.2007. Weitere Informationen über die Wirtschaftslage in Rumänien sind auf der Internet-Seite des Rumänischen sowie des Deutschen Außenministeriums zu finden unter: www.mae.ro/index.php?unde=doc&id=4951&idlnk=1&cat=3 und www.auswaertiges-amt.de/diplo/de/Laenderinformationen/Rumaenien/Wirtschaft.html (Stand: 30.6.2008).

[817] LEIßE/LEIßE/RICHTER, Beitrittsbarometer Rumänien, S. 58 ff.; PLATTNER, Privatisierung in der Systemtransformation, S. 239 ff.; DĂIANU, Transformation and the Legacy of Backwardness, in: Économies et Sociétés No. 4-5/1992, S. 181, 188 ff.

kommunistischen Illusionen verlieren, die das Land immer tiefer in den ökonomischen Ruin getrieben hatten.[818]

Die vier großen Probleme, unter denen die rumänische Wirtschaftspolitik derzeit leidet, können wie folgt zusammengefasst werden:
1. Die Wirtschaftsförderung aller rumänischen Regierungen ist noch viel zu unkoordiniert und zielgerichtet. Wichtige Reformen sind längst überfällig, da weiterhin auf mächtige Klientelgruppen Rücksicht genommen und aufgrund innerparteilicher Auseinandersetzungen die Gesetzgebung verzögert wird.[819]
2. Ein weiteres Dauerproblem in Rumänien ist die ineffiziente Landwirtschaft: Sie erwirtschaftet zu wenig Ertrag und ist durch Überbeschäftigung gekennzeichnet. Der Anteil der in der Land- und Forstwirtschaft sowie in der Fischerei Beschäftigten liegt bei rund 30 Prozent aller Beschäftigten, im Jahr 2000 waren es sogar fast 43 Prozent. Der Anteil der Landwirtschaft an der Bruttowertschöpfung des Landes ist mit rund 14 Prozent jedoch unverhältnismäßig gering.[820] Hinzu kommen politische Fehlentscheidungen in diesem Bereich: Bei der Rückführung der Genossenschaften und Staatsfarmen wurden die verbliebenen rentablen Großbetriebe zu Gunsten der rund 3,5 Millionen Einzelhöfe zerschlagen, weitere staatliche Unterstützung erhielten die Bauern jedoch nicht. Kredite für die Anschaffung von Maschinen und Saatgut wurden in zu geringem Umfang bereitgestellt.[821] Die Hektarerträge in dem im Grunde sehr fruchtbaren Land sanken in der Folgezeit auf das niedrigste Niveau unter den mittel- und osteuropäischen Ländern; wichtige Grundnahrungsmittel wie Kartoffeln, Zucker oder Weizen müssen mittlerweile importiert werden. Der Fortschritt scheint über den Agrarsektor hinwegzugehen, zumal die Landwirtschaft auch eher subsistenzwirtschaftlichen Charakter aufweist.[822]
3. Ein weiteres Problem der Wirtschaftspolitik Rumäniens bildet die Überzentralisierung des Landes. Sie führt zur vollständigen Abhängigkeit des Landes von der Hauptstadt Bukarest.[823] Ohne Zustimmung aus der weit entfernten

---

[818] Vgl. STERBLING, Gesellschaftliche Eliten und nationale Mythen im Modernisierungsprozess, in: ZACH/ZACH (HRSG.), S. 45, 49 ff.

[819] Siehe dazu oben S. 134 f.

[820] Vgl. LEIBE/LEIBE/RICHTER, Beitrittsbarometer Rumänien, S. 58 ff.

[821] Vgl. PLATTNER, Privatisierung in der Systemtransformation, S. 239 ff.

[822] Bei einer Umfrage der Zeitung *Curierul Național* aus dem Jahr 2004 gaben 83 Prozent der Befragten an, nur für den Eigenbedarf zu produzieren. Nur vier Prozent der Befragten verkauften mehr als die Hälfte der Produktion.

[823] Ähnlich wie in Frankreich, vgl. LEIBE/LEIBE/RICHTER, Beitrittsbarometer Rumänien, S. 64 ff. u. 74 ff.

Zentrale in der Hauptstadt, unter deren gründliche Oberaufsicht die lokalen und regionalen Behörden gestellt sind, ist in den Provinzen Rumäniens keine Entscheidung möglich.[824] In Rumänien gibt es einen „Hauptstadtbonus“: Das regionale Bruttoinlandsprodukt liegt in Bukarest um 100 Prozent höher als im übrigen Land.[825] Damit verfügt Rumänien über ein hyperzentralisiertes System, das den Regionen kaum gestalterischen Spielraum lässt, sich zugleich aber an der Spitze oft als schwerfällig erweist. Verschärft wird dieses Problem dadurch, dass die Behörden in der Zentrale mit der Regelung von regionalen Details oftmals überfordert sind: Entscheidungen über Projekte und die damit verbundene Mittelvergabe werden dort getroffen, wo wenig aufgabenspezifischer Sachverstand lokalisiert ist. Außerdem ist auch die Frage der Zuständigkeit in der Zentrale in Bukarest vielfach ungeklärt; oft herrschen dort Parallelkompetenzen sowie zahlreiche Konkurrenzen zwischen den Ministerien und den untergeordneten Behörden. Hinzu kommt das Fehlen von festen Kriterien zur Vergabe von EU-Mitteln. Wie zu kommunistischen Zeiten ist die Zuteilung von Geldern mehr von persönlichen Beziehungen und Wohlwollen abhängig als von rechtlichen Rahmenbedingungen.[826]

4. Auch die Korruption hat in den letzten Jahren in Rumänien ein immenses Ausmaß angenommen. Auf dem Korruptionswahrnehmungsindex (*Corruption Perceptions Index*) der *Transparency International Organisation* nahm Rumänien im Jahr 2002 Rang 79 von insgesamt 102 untersuchten Ländern ein.[827] Eine höhere Korruption als in Rumänien wurde in Europa lediglich den

---

[824] Die Verwaltungsstruktur Rumäniens umfasst insgesamt 41 Judeţe (Kreise/Departements), fünf Städte mit erweiterter Selbstverwaltung (einschließlich Municipiul (Municipality) Bukarest), 189 Städte und rund 1.700 Landgemeinden. Die Regierung ist das oberste Verwaltungsorgan Rumäniens und ernennt in den 41 Kreisen und in Bukarest die Präfekten als ihre Vertreter. Die Präfekten sind die politischen Leiter der Kreise und können ihrerseits die Beschlüsse von Gemeinderäten, Kreis- und Lokalräten aufheben, diese Gremien unter bestimmten Voraussetzungen auflösen und Bürgermeister absetzen. Die Präfekten, die den Departements vorstehen, werden von der Regierung berufen. Seit 2006 dürfen sie jedoch keiner Partei mehr angehören.

[825] Vgl. LEIßE, APuZ 27/2006, S. 6, 11.

[826] Insofern vergleichbar mit dem Italien der frühen 90er Jahre, welche ebenfalls durch Vetternwirtschaft und Privilegien zwischen der politischen Elite und der Mafia gekennzeichnet waren, vgl. SACCO, Europa-Archiv 1992, S. 335: „In Italien ist ein Phänomen entstanden, die neue Weisskragenbande, die Steuern auferlegt, aktiv mit Machtstrukturen der Unterwelt zusammenarbeitet und die Regierung zum Sklaven privater Interessen macht, nicht weniger beunruhigend als die Mafia.“ Vgl. auch PRIDHAM, Between Rhetoric and Action, in: Romanian Journal of European Affairs, Vol. 6, No. 3, 2006, S. 5, 23.

[827] *Corruption Perceptions Index* (CPI) ist ein von der *Transparency International Organisation* zusammengesetzter Index, der auf einer Vielzahl von Umfragen bei Experten ba-

postsowjetischen Staaten Georgien, Moldawien und der Ukraine bescheinigt. Unter den neuen Mitgliedern der Europäischen Union steht Rumänien damit auf dem ersten Platz der Korruptions-Negativliste. Daraufhin erklärte sich im April 2003 die Weltbank bereit, Rumänien drei Anleihen im Gesamtwert von 450 Millionen Dollar zur Unterstützung im Kampf gegen die Korruption zu gewähren. Voraussetzung war allerdings, so die Weltbank, „eine Verpflichtung der rumänischen Behörden, das Geld in diesem Bereich zu investieren, und der politische Wille, die Anti-Korruptionsgesetze tatsächlich anzuwenden.“[828] Das rumänische Parlament verabschiedete tatsächlich im gleichen Monat ein umfangreiches Anti-Korruptionspaket, das insbesondere auf Verstöße im Justizbereich abzielte.

Fälle schwerwiegender Korruption im Bereich der Polizei und des Grenzschutzes (nicht zuletzt aufgrund der sehr geringen Bezahlung der Beamten) und eine gewisse Anfälligkeit der Länder Mittel- und Osteuropas für politische Einflussnahme auf Gerichtsentscheidungen wurden im Vorfeld der Osterweiterung von den EU-Entscheidungsträgern wiederholt als Hindernisse auf dem Weg zu einer erfolgreichen, den hohen EU-Standards entsprechenden Verbrechensbekämpfung angesehen.[829] Dementsprechend nannte die EU-Kommission in jedem ihrer Fortschrittsberichte über den Stand der Beitrittsvorbereitungen Rumäniens die *Korruption* als mögliches Hindernis auf dem Weg zum EU-Beitritt. Die allgegenwärtige Armut der Bevölkerung, die Wucherung der Bürokratie in Verbindung mit ungeklärten Zuständigkeiten und Parallelkompetenzen, die Unterbezahlung der Bediensteten in der öffentlichen Verwaltung sowie Mängel der politischen Kultur, die sich in einer ausgeprägten Selbstbereicherungsmentalität der politischen und ökonomischen Eliten ausdrücken,[830] führen dazu, dass der Alltag in Rumänien von Korruption geprägt ist: Sie zieht sich durch Polizei, Justiz, Zoll, öffentliche Ämter, Kran-

---

siert, in denen die Wahrnehmungen von Korruption im öffentlichen Sektor untersucht werden. CPI 2002 ist abrufbar im Internet unter: www.transparency.de (Stand: 30.6.2008).

[828] Siehe *Allgemeine Deutsche Zeitung für Rumänien* (Bukarest) vom 18.4.2003, S. 1 f.

[829] VLAD, Rechtsfragen der europäischen Integration, in: SANDER/VLAD (HRSG.), Quo vadis, Europa?, S. 113, 115; SCHASER, Die Kontrolle der Außengrenzen der EU, in: STURM/PEHLE (HRSG.), Die neue Europäische Union, S. 165, 176.

[830] Vgl. STERBLING, Gesellschaftliche Eliten und nationale Mythen im Modernisierungsprozess, in: ZACH/ZACH (HRSG.), Modernisierung auf Raten in Rumänien, S. 45 ff.; LEIßE, APuZ 27/2006, S. 6, 7 ff.; vgl. auch VLAD, Rechtsfragen der europäischen Integration, in: SANDER/VLAD (HRSG.), Quo vadis, Europa?, S. 113, 115: „In Rumänien ist die Korruption eine protektionistische Schranke für die Industrie, ein konstantes Einkommen für die Bürokratie und eine Garantie für die langfristige Isolierung des Landes.“

kenhäuser[831] und Arztpraxen, sogar durch Universitäten[832] und das Militär. Die Korruption scheint keine sozialen Schranken zu kennen. Bei einer Umfrage aus dem Jahr 2005 gaben 80 Prozent der Rumänen zu, schon einmal Schmiergeld gezahlt, und rund 40 Prozent der Beamten ebensolches angenommen zu haben.[833]

Der Korruptionswahrnehmungsindex 2006[834] zeigt, dass in mehreren Ländern, darunter auch Rumänien, wichtige Maßnahmen mit dem Ziel durchgeführt wurden, Anti-Korruptionsgesetze und -regulierungen einzuführen bzw. die bereits bestehenden zu verbessern. Rumänien wurde auf Rang 84 von 163 Ländern gesetzt und steht damit immer noch auf dem ersten Platz der Korruptions-Negativliste unter den EU-Ländern und folglich im Mittelpunkt der Kritik. Aber wenn die Ergebnisse des Korruptionswahrnehmungsindex 2006 genauer betrachtet werden, so befindet sich Polen nur auf Rang 61 und somit zwischen Bulgarien (Rang 57) und Rumänien und erhält außerdem Millionen an finanzieller Unterstützung durch die Europäische Union. Auch ältere EU-Mitgliedsländer wie Italien (Rang 45 hinter den neuen EU-Mitgliedern Estland, Slowenien und Ungarn) oder Griechenland (Rang 54) haben ernste Probleme, die Korruption in den Griff zu bekommen. Als Beitrittskandidat

---

[831] In rumänischen Kliniken ist es z.B. üblich, den Schwestern täglich drei bis fünf Euro zu zahlen. Ärzte können bei schwierigen Operationen mit einem Handgeld zwischen 400 und 1.000 Euro rechnen, für eine Narkose werden bis zu 60 Euro fällig. Nach einer Untersuchung der Weltbank werden im rumänischen Gesundheitswesen jeden Tag Schmiergelder in Höhe von etwa einer Million Dollar gezahlt, vgl. die Informationen auf der Internet-Seite der Weltbank: www.worldbank.org/eca/act3 (Stand: 30.6.2008).

[832] Am 31.8.2006 wurde ein Protokoll zwischen der Nationalen Studentenunion (*Uniunea Naţională a Studenţilor din România* - UNSR) und dem Bildungs- und Forschungsministerium abgeschlossen, wonach dieses sich verpflichtete, die Unregelmäßigkeiten innerhalb der Hochschulen Rumäniens zu untersuchen bzw. korrupte Professoren zu entlassen, die Schmiergeld zum Bestehen von Prüfungen verlangen. Weitere Informationen zu diesem Thema mit zahlreichen Zeitungsartikeln befinden sich auf der Internet-Seite der UNSR unter: http://www.unsr.ro/index.php (Stand: 30.6.2008); siehe auch *Adevărul* vom 5.2.2007, die über die erste Entlassung einer Universitätsprofessorin nach Aufdeckung einer Schmiergeldaffäre berichtete.

[833] Vgl. den von der Weltbank 2006 veröffentlichten Bericht „Anticorruption in Transition"; vgl. auch ANDERSON/GRAY, Anticorruption in Transition, S. 55 ff.; *Allgemeine Deutsche Zeitung für Rumänien* (Bukarest) vom 29.4.2003, S. 2 f.

[834] CPI 2006 ist abrufbar im Internet unter: www.transparency.de/Corruption-Perceptions-Index-2.950.98.html (Stand: 30.6.2008). Er erfasst nun 163 Länder und damit mehr als je zuvor. Der CPI 2006 lässt einen starken Zusammenhang zwischen Korruption und Armut erkennen. Viele der sehr armen Länder (Haiti, Guinea, Irak, Myanmar) finden sich am unteren Ende des Index wieder.

stand Rumänien aber noch unter genauerer Beobachtung der EU-Organe und es galt, diese davon zu überzeugen, dass das Land reif für die EU-Mitgliedschaft ist.
In ihrem letzten Fortschrittsbericht von September 2006 bestätigte die Europäische Kommission, dass die Umsetzung des nationalen strategischen Aktionsplans zur Korruptionsbekämpfung in Rumänien fortgeführt worden sei. Erst mit der Ernennung der parteilosen Justizministerin MONICA MACOVEI im Dezember 2004 konnte der Abbau der ausufernden Korruption und Vetternwirtschaft wirksam in Angriff genommen werden. So wurde beispielsweise im Juni 2006 durch entsprechende Änderung des Strafrechts das Konzept der strafrechtlichen Verantwortlichkeit juristischer Personen eingeführt.[835] Im Juli 2006 wurde ein neues Gesetz angenommen, das die Vorschriften über die Parteienfinanzierung weiter verschärft.[836] Außerdem wurden gegenüber dem vorherigen Berichtszeitraum sowohl Quantität als auch Qualität der überparteilichen Ermittlungen bei Korruptionsverdacht auf höchster Ebene beträchtlich verbessert.[837] Zwei nationale Aufklärungskampagnen wurden darüber hinaus eingeleitet, um die Öffentlichkeit und die Beschäftigten des öffentlichen Dienstes, einschließlich der Justizbediensteten, stärker für die negativen Auswirkungen der Korruption zu sensibilisieren.[838] Die vom Justizministerium und der Nationalen Direktion für Korruptionsbekämpfung eingeleiteten Reformen müssen nun durch nachhaltige Anstrengungen aller anderen Voll-

[835] Legea Nr. 278 din 4.7.2006 pentru modificarea şi completarea Codului penal (Gesetz Nr. 278 vom 4.7.2006 zur Änderung und Ergänzung des Strafgesetzbuchs) abgedruckt in *Monitorul Oficial al României* Nr. 601 vom 12.6.2006, abrufbar im Internet unter: www.cdep.ro/proiecte/2006/000/20/4/leg_pl024_06.pdf (Stand: 30.6.2008).
[836] Legea Nr. 334 din 17.7.2006 privind finanţarea activităţii partidelor politice şi a campaniilor electorale (Gesetz Nr. 334 vom 17.7.2006 betreffend die Finanzierung der Aktivität der politischen Parteien und deren Wahlkampf), abgedruckt in *Monitorul Oficial al României* Nr. 632 vom 21.7.2006, abrufbar im Internet unter: www.cdep.ro/proiecte/2006/500/70/7/leg_pl577_06.pdf (Stand: 30.6.2008).
[837] Der Ex-Premierminister ADRIAN NĂSTASE (2001 bis 2004) sowie andere über Nacht reich gewordene Politiker und Staatsbedienstete wurden angeklagt, sehr hohe Bestechungssummen angenommen zu haben.
[838] Eine Aufklärungskampagne heißt z.B. „Nu da şpagă!“ (Gib kein Schmiergeld!) und ist abrufbar im Internet unter: www.nudaspaga.ro (Stand: 30.12.2007). 2006 ist sogar ein „Manual de şpagă“ (Schmiergeld-Handbuch) erschienen, das genau auflistet, wo mit welchen Summen zu rechnen und wie zu verhandeln ist. Das *Manual de şpagă* dokumentiert so das schwer zu beziffernde Ausmaß der Korruption in Rumänien. Die junge Autorin ADINA POPESCU hofft, mit ihrem Buch ein Zeichen *gegen* die Korruption zu setzen.

zugsbehörden, der Legislative[839] und des Justizwesens ergänzt werden, um die bereits erzielten Fortschritte zu konsolidieren. Außerdem muss die Zusammenarbeit zwischen den beiden verantwortlichen Vollzugsbehörden (der *Nationalen Direktion für Korruptionsbekämpfung* und der im Ministerium für Verwaltung und Inneres angesiedelten *Generaldirektion Korruptionsbekämpfung*) bei Fällen von Korruption auf höchster Ebene und organisiertem Verbrechen gestärkt werden.[840] Die Entlassung der rigorosen Justizministerin MACOVEI sowie anderer reformorientierten Minister gibt jedoch Anlass zu der Annahme, dass die geplanten Reformschritte nach dem erfolgten EU-Beitritt ins Stocken geraten sind.[841]
Ein weiteres Problem stellen in Rumänien die unzureichend qualifizierten Richter im komplexen Bereich der Wirtschafts- und Finanzkriminalität dar. Die meisten Richter sind in diesen Rechtsgebieten nicht fähig, Gerichtsverhandlungen sachlich zu führen und Urteile zu verhängen. Aus diesem Grund wurden bisher in den Fällen von Korruption auf höchster Ebene,[842] die die

---

[839] Im Parlament gab es bereits einige Versuche, die Effektivität dieser Anstrengungen zu entkräften. So versuchte im Februar 2006 der Senat, die Ermittlungen der Nationalen Direktion für Korruptionsbekämpfung gegen Parlamentsmitglieder zu verhindern. Ferner wurde der Versuch unternommen, die Leistungsfähigkeit der geplanten nationalen Behörde für Integrität zu schwächen, als der Entwurf des Gesetzes, dessen Annahme Rumänien in seinem strategischen Aktionsplan zur Korruptionsbekämpfung zugesagt hatte, im Parlament eingebracht wurde. Darüber hinaus wurde im Parlament versucht, die Ernennungsverfahren für den Generalstaatsanwalt und den Leiter der Nationalen Direktion für Korruptionsbekämpfung zu ändern, wodurch die Grundlage der Korruptionsbekämpfung durch zusätzliche Unsicherheit auf rechtlicher und institutioneller Ebene geschwächt würde. Die damalige Justizministerin MONICA MACOVEI brachte ebenfalls einen Gesetzentwurf ein, der alle Parlamentarier dazu verpflichtet, ihre Vermögensverhältnisse offen zu legen und die Herkunft größerer Summen zu erklären. Doch der Antrag wurde vom Parlament abgelehnt.

[840] Der Leiter der Anti-Korruptionsbehörde in Rumänien, Staatsanwalt DANIEL MARIUS MORAR, geht davon aus, dass Rumänien noch lange mit Schmiergeld und Betrug kämpfen wird: „Die Korruption ist in Rumänien leider immer noch ein allgegenwärtiges Phänomen. In allen Bereichen wird Schmiergeld gezahlt, das ist in der Mentalität der Menschen fest verankert. Wir richten unser Augenmerk jetzt auf die höheren und höchsten Ebenen. Wir kämpfen gegen korrupte Politiker, ermitteln in den Führungsetagen der Polizei und der Justiz.“, Pressemitteilung vom 26.9.2006, abrufbar im Internet unter: www.pna.ro (Stand: 30.6.2008).

[841] Siehe auch die Ausführungen auf S. 168 ff.

[842] Am 14.12.2006 begann endlich der Prozess gegen den Ex-Premierminister ADRIAN NĂSTASE und seine Frau. Damit wurde erstmals in der postkommunistischen Ära des Landes ein ranghoher Vertreter des Staates angeklagt. Ihm wird vorgeworfen, 1,4 Millionen

Nationale Direktion für Korruptionsbekämpfung mit ihren jüngsten Untersuchungen von Betrugsfällen bei Privatisierungen oder im öffentlichen Auftragswesen seit September 2005 aufgedeckt hatte, noch keine endgültigen Urteile gesprochen.[843] Rumänien muss folglich seine Anstrengungen fortsetzen, um die bereits erzielten Fortschritte in der Korruptionsbekämpfung zu konsolidieren und für die Unumkehrbarkeit des Erreichten zu sorgen.[844]

d. Zusammenfassung

Die wirtschaftlichen Fortschritte Rumäniens auf seinem Weg in die Europäische Union sind von großer Bedeutung für die zukünftige Entwicklung des Landes. Jedoch wird ein Ineinandergreifen aller Bereiche der Wirtschaftspolitik notwendig sein, um den Anforderungen der EU-Mitgliedschaft gerecht zu werden und den Abstand zu den anderen EU-Mitgliedstaaten nach und nach zu verringern. Der von Seiten der Europäischen Union zum Beitrittskriterium erhobenen Forderung nach einer bereits ausgeprägten marktwirtschaftlichen Ordnung der Wirtschaftssysteme der Beitrittskandidaten ist entgegenzuhalten, dass weder die Wirtschaftssysteme der EU-Mitgliedstaaten noch die Wirtschaftsordnung der Union selbst in allen ihren Teilaspekten marktwirtschaftlichen Grundprinzipien folgen. So tritt beispielsweise im Rahmen der Gemeinsamen Agrar-, Struktur- und Industriepolitik eine interventionistische Marktlenkung durch die Europäische Union an die Stelle des Marktmechanismus hervor.[845] Vor diesem Hintergrund erscheint es wenig gerechtfertigt, den Beitritt der jungen postkommunistischen Länder zur Europäischen Union an Bedingungen knüpfen zu wollen, die in den alten EU-Mitgliedstaaten selbst kaum erfüllt werden. Auch wenn noch keinem mittel- oder osteuropäischen Reformland die vollständige Systemtransformation gelungen ist, so herrscht doch überall das eindeutige Bekenntnis zur Notwendigkeit eines marktwirtschaftlichen Systemwandels vor. Auch wenn dieser marktwirtschaftliche Transformationskurs mit erheblichen Härten, besonders für die Bevölkerung, verbunden ist, hält kein Reformland eine Rückkehr zu alten zentralverwal-

---

Euro Bestechungsgelder angenommen zu haben, vgl. die Tageszeitungen *România Liberă* sowie *ZIUA* vom 14.12.2006, S. 1.

[843] Vgl. Mitteilung der Kommission KOM (2006) 549 vom 26.9.2006, S. 40 f.; DEGE/ JANKU, Rumänien vor dem EU-Beitritt, *Deutsche-Welle*, 20.12.2006

[844] WAGENER, Rückkehr nach Europa, in: NUTZINGER (HRSG.), Osterweiterung und Transformationskrisen, S. 93, 105.

[845] Vgl. ACHTEN, Die Osterweiterung der Europäischen Union, S. 151 ff.

tungswirtschaftlichen Strukturen für möglich.[846] Aus diesem Grund sollten lediglich die kontinuierlichen, konsequenten Bemühungen der Beitrittskandidaten zur Ausrichtung ihrer Wirtschaftsordnungen an marktwirtschaftlichen Prinzipien unter Abkehr von zentralverwaltungswirtschaftlichen Strukturen als Beitrittskriterium herangezogen werden, keinesfalls aber das *Vorhandensein* einer bereits ausgeprägten marktwirtschaftlichen Ordnung.[847] Denn die im Rahmen der bisherigen Erweiterungen gewonnenen Erfahrungen zeigen deutlich, dass durchaus auch im Zeitpunkt des Beitritts beträchtliche Unterschiede wirtschaftlicher und infrastruktureller Art zwischen den alten und neuen Mitgliedstaaten bestehen können.[848] Insofern räumt auch die Europäische Kommission ganz allgemein ein, „es werde selbst lange Zeit nach der Erweiterung einen Anpassungsdruck auf die neuen Mitglieder geben, der wirtschaftliche, soziale und politische Spannungen verursachen könnte".[849]
Die letzten Fortschrittsberichte der Europäischen Kommission über Rumänien scheinen mit diesen Überlegungen zu korrespondieren. Denn die Kommission empfiel die Aufnahme des Landes (zusammen mit Bulgarien) zum 1. Januar 2007, obwohl beide Staaten die wirtschaftlichen Kriterien noch nicht vollständig erfüllt hatten. Wie dem letzten *Monitoring-Bericht* der EU-Kommission von September 2006 zu entnehmen ist, gibt es in zahlreichen Bereichen der rumänischen Wirtschaft (z.B. wirtschaftliche Rahmenbedingungen; Privatisierung und Umstrukturierung von Unternehmen; makroökonomische Stabilität) „weiterhin Anlass zur Besorgnis".[850] Durch die Entscheidung der Europäischen Union, den Beitritt Rumäniens nicht auf 2008 zu verschieben, wurden jedoch die erfolgreich durchgeführten Reformanstrengun-

---

846 ACHTEN, Die Osterweiterung der Europäischen Union, S. 62 f.; WAGENER, Rückkehr nach Europa, in: NUTZINGER (HRSG.), Osterweiterung und Transformationskrisen, S. 93, 105.

847 HERRNFELD in: SCHWARZE, Art. 49 EU-Vertrag Rn. 6; ACHTEN, Die Osterweiterung der Europäischen Union, S. 151 ff.; NETTESHEIM, EuR 2003, S. 36, 58 ff.

848 EVERLING, Integrationspolitische Probleme der Erweiterung der EG, in: HASENPFLUG/ KOHLER (HRSG.), Die Süd-Erweiterung der Europäischen Gemeinschaft, S. 61, 68 ff.; LIPPERT, Erweiterungsfragen und Nachbarschaftspolitik der Europäischen Union, in: MÜLLER-GRAFF (HRSG.), Die Rolle der erweiterten Union in der Welt, S. 175 ff.

849 Vgl. Europäische Kommission KOM (1997) 2000 vom 15.7.1997, Agenda 2000: Eine stärkere und erweiterte Union, Bulletin der Europäischen Union, Beilage 5/1997, S. 20.

850 Vgl. Mitteilung der Kommission KOM (2006) 549 vom 26.9.2006, S. 47 ff. „Dennoch gibt es weiterhin Anlass zu Besorgnis." ist der mit Abstand am häufigsten verwendete Satz im letzten Fortschrittsbericht der EU-Kommission über Rumänien und Bulgarien. Er steht praktisch unter jedem Kapitel, sei es nun *Justizreform*, *Korruption*, *organisierte Kriminalität*, *Menschenhandel*, *Kinderschutz*, *Ausgabenpolitik* oder *Verwaltung von Subventionen*; vgl. auch *Die Zeit* Nr. 40 vom 28.9.2006, S. 10.

gen des Landes honoriert. In der Wirtschaftspolitik Rumäniens sind insbesondere das Wachstum des Bruttoinlandsproduktes, die vollständige und rechtzeitige Erfüllung der internationalen Verpflichtungen in den letzten Jahren, das Ansteigen der Devisenreserven, die günstigen Produktionsbedingungen (sehr niedriges Lohnniveau; gut ausgebildete Arbeitskräfte; hoher Bedarf an Investitionsgütern) positiv zu erwähnen.[851] Nicht zu verachten ist auch das bedeutende Potential Rumäniens als künftiger Handelspartner, insbesondere wegen seiner günstigen geographischen Lage an wichtigen europäischen Verkehrswegen. Es ist ferner nicht zu bestreiten, dass die internationalen Rating-Agenturen Rumänien inzwischen wesentlich positiver bewerten und deshalb auch sein Ranking als interessanter Investitionsstandort heraufgesetzt wurde.[852] Die dynamische Entwicklung der Auslandsinvestitionen (mehr als fünf Milliarden Euro in 2006) könnte diesen Prozess weiter beschleunigen, als Voraussetzung für ein stabiles Wachstum der Wirtschaft. Trotzdem leben immer noch ca. 40 Prozent der Rumänen unter der offiziellen Armutsgrenze, eine Realität, die Forderungen nach sozialem Schutz, neuen Arbeitsplätzen und die Beschleunigung der Reformen zur Gründung einer Mittelschicht der Bevölkerung hervorruft.[853]

3. Die Fähigkeit zur Übernahme der aus der Mitgliedschaft erwachsenden Verpflichtungen

a. Die Übernahme des *acquis communautaire*

aa. Allgemeines

Das Beitrittskriterium der Übernahme des *acquis communautaire* und die daraus resultierenden Schwierigkeiten Rumäniens auf dem Weg zum EU-Beitritt

---

[851] Jedoch scheint der größte Standortvorteil Rumäniens, nämlich die niedrigen Personalkosten, allmählich zu verblassen. Denn etliche ausländische Investoren, die sich von den niedrigen Lohnkosten und Steuersätzen anlocken ließen, haben den Arbeitsmarkt beinahe leergefegt, vgl. *Welt am Sonntag* Nr. 53 vom 31.12.2006, S. 34 f.

[852] Im Jahr 2006 wurde Rumänien in dem Länderrating der COFACE-Gruppe von der Bewertung B in die Stufe A 4 aufgenommen, vgl. die Informationen auf der Internetseite: www.trading-safely.com (Stand: 30.6.2008). Allgemeine Wirtschaftsinformationen über Rumänien sind ebenfalls auf der Internetseite der Industrie- und Handelskammer Rheinland-Pfalz abrufbar unter: www.pfalz.ihk24.de/produktmarken/international/Laender_-_Maerkte/laender_regionen/Rumaenien.jsp (Stand: 30.6.2008).

[853] VLAD, Rechtsfragen der europäischen Integration, in: SANDER/VLAD (HRSG.), Quo vadis, Europa?, S. 113, 127 ff.

werden in diesem Teil der Arbeit detailliert untersucht, da sie eine zentrale Rolle bei der Beurteilung der Beitrittsreife Rumäniens spielen. Im Vordergrund steht dabei die Frage, ob die Übernahme des *acquis communautaire* ein sinnvolles Beitrittskriterium darstellt oder ob daran nicht vielmehr ein Erweiterungshindernis zu sehen ist.
In den Beitrittsverhandlungen wird der gesamte Besitzstand der Union in 31 Unterkapitel aufgeteilt und von den Beteiligten „verhandelt". Besonders kritisch sind dabei die Bereiche *Landwirtschaft*, *Justiz und Inneres*, *Arbeitnehmerfreizügigkeit* und *Umwelt*. Wie bei allen vorangegangenen Beitrittsrunden, wurde auch im Fall Rumäniens die gesamte Anpassungsleistung des Landes gefordert. Zwar war die Europäische Union bereit, technische Hilfe im Anpassungsprozess zu leisten, dennoch war der *acquis communautaire* nicht verhandelbar.[854] Hinzu kam bei der Osterweiterung, dass weder ein Zeitplan noch quantifizierbare Ziele existierten, anhand derer die Beitrittskandidaten ihre Anpassungsfortschritte messen konnten.

bb. Ausgewählte Themenbereiche der rumänischen Beitrittsproblematik

(1) Einführende Bemerkungen

Wie auch die anderen Beitrittskandidaten, musste Rumänien den gesamten Besitzstand der Union nicht nur in das nationale Recht übernehmen, sondern auch die Gewähr für seine praktische Anwendung bieten. In den Grundsatzartikeln der Beitrittsakte wurde festgelegt, dass Rumänien die Gemeinschaft so anzunehmen hat, wie sie im Augenblick des Beitritts besteht. Das gilt sowohl für die Gründungsverträge als auch für die aufgrund der Verträge erlassenen Rechtsakte. Hiervon ausgenommen waren lediglich die in der Beitrittsakte und die in den beigefügten Protokollen aufgeführten Anpassungs- und Übergangsvorschriften. Die konkreten Bedingungen zur Übernahme des *acquis communautaire* im Fall Rumäniens hat die Europäische Union in einem fast fünfjährigen Verhandlungsmarathon ausgehandelt. Am Ende der Beitrittsverhandlungen ging es, wie auch bei den anderen Erweiterungen, um Einzelanliegen, wie die Bekämpfung der Korruption, die Arbeitnehmerfreizügigkeit, die Arbeitsweise der Justiz, die Situation in den Waisenhäusern des Landes sowie den Schutz der Minderheitenrechte.

---

[854] OPPERMANN, Europarecht, § 32 Rn. 13; BARTZ, Arbeitnehmerfreizügigkeit erst nach einer Übergangsfrist, in: STURM/PEHLE (HRSG.), Die neue Europäische Union, S. 127, 135 ff.; VARWICK, APuZ B 1-2/2002, S. 23, 26 ff.

Im Beitrittsvertrag mit Rumänien wurden unterschiedliche Übergangsregelungen von zeitlich befristeter Geltungsdauer vereinbart.[855] Sie gehen in der großen Mehrheit auf Forderungen der rumänischen Seite zurück, teilweise aber auch auf Forderungen der Europäischen Union selbst (z.B. in den Bereichen *Arbeitnehmerfreizügigkeit*, *Wettbewerb* oder *Verkehrspolitik*).[856] Die Übergangsregelungen beziehen sich im Fall Rumäniens überraschenderweise auf lediglich neun der 31 Verhandlungskapitel und sind jeweils zeitlich begrenzt und inhaltlich genau definiert. Sie schwanken je nach Sachgebiet zwischen einem und dreizehn Jahren. Besonders viele Übergangsregelungen bzw. lange Übergangsfristen betreffen die Kapitel *Umwelt* (ca. 35 verschiedene Übergangsfristen zwischen einem und dreizehn Jahren, die ca. 70 verschiedene Übergangsregelungen betreffen)[857] und *Landwirtschaft* (ca. 10 verschiedene Übergangsfristen zwischen drei und acht Jahren, die über 70 verschiedene Übergangsregelungen betreffen).[858] Aufgrund der Vielzahl der Übergangsregelungen versucht die erweiterte Union durch strikte Überwachung die einheitliche Anwendung des EU-Rechts sicherzustellen und der Tendenz in den neuen Mitgliedstaaten entgegenzuwirken, Qualität und Tempo der Implementierung des EU-Rechts in das nationale Recht zu bremsen.[859]

[855] Anhang VII der Beitrittsakte, vgl. Amtsblatt der Europäischen Union Nr. L 157 vom 21.6.2005, S. 311 – 361.

[856] Bei den Beitrittsverhandlungen hatten insbesondere Deutschland und Österreich angesichts ihrer damaligen östlichen Randlage in der Europäischen Union besonders lange Übergangsregelungen in diesen Bereichen gefordert und – gegen den Widerstand vieler Beitrittsstaaten – erfolgreich durchgesetzt, vgl. SCHEFFER, ZRP 2003, S. 55 ff.; NOWAK, EuZW 2003, S. 101 ff.

[857] Für die Umsetzung des gemeinschaftlichen Besitzstandes auf Gebieten wie dem der Abwasserreinigung in Städten, Trinkwasser, der Emissionen flüchtiger organischer Verbindungen durch bestimmte Anlagen und der Abfallbehandlung wurden Übergangsregelungen für ein Jahr bis zu zwölf Jahren gewährt, vgl. Anhang VII der Beitrittsakte über die Bedingungen und Einzelheiten der Aufnahme Rumäniens in die Europäische Union, Amtsblatt der Europäischen Union L 157, S. 330 – 361.

[858] Rumänien wurde eine Übergangszeit von drei Jahren bewilligt, in der Sondermaßnahmen zugunsten der Entwicklung des ländlichen Raums getroffen werden können, vgl. die Informationen des Rumänischen Ministeriums für Europäische Integration unter: www.mie.ro (Stand: 30.6.2008).

[859] VLAD, Rechtsfragen der europäischen Integration, in: SANDER/VLAD (HRSG.), Quo vadis, Europa?, S. 113, 127 ff.; BERCK, Die EU-Osterweiterung, S. 188 ff.; HERRNFELD, EuR 2000, S. 454, 460 ff.; SCHLADEBACH, EuR 2000, S. 999, 1005 f.

(2) Kapitel 2 der Beitrittsverhandlungen: Die Arbeitnehmerfreizügigkeit

(2.1) Einleitung

Ein wichtiges zu lösendes Problem auf dem Weg zum EU-Beitritt stellt die Teilnahme am Binnenmarkt der Europäischen Union mit seinen vier Freiheiten (freier Verkehr von Waren, Personen, Dienstleistungen und Kapital) dar. Mit dem EU-Beitritt wird grundsätzlich die volle Personenfreizügigkeit eingeführt. Das bedeutet, dass die Bürger aus den alten wie aus den neuen Mitgliedstaaten überall in der erweiterten Europäischen Union frei reisen dürfen. Eine Ausnahme gilt jedoch für den sensiblen Bereich der *Arbeitnehmerfreizügigkeit.*[860] Zu den umstrittensten Kapiteln der Beitrittsverhandlungen gehört daher die Frage, ob Arbeitnehmer aus den beitretenden Staaten sofort mit dem Beitritt oder erst später freien Zugang zum Arbeitsmarkt der alten Mitgliedstaaten erhalten sollten. Grundsätzlich gewährt die in Art. 39 EG-Vertrag geregelte und in der sog. Freizügigkeitsverordnung Nr. 1612/68 des Rates vom 15. Oktober 1968 konkretisierte Freizügigkeit den Unionsarbeitnehmern das Recht, sich in einem anderen EU-Mitgliedstaat um tatsächlich angebotene Stellen zu bewerben und dort nach den für die Arbeitnehmer dieses Staates geltenden Vorschriften eine Beschäftigung auszuüben.[861]
Bei der Norderweiterung im Jahr 1973 sowie auch bei den Beitritten im Jahr 1995 wurde auf Übergangsregelungen im Bereich der Arbeitnehmerfreizügigkeit verzichtet.[862] Sie wurden insbesondere bei solchen Erweiterungsrunden durchgesetzt, die beträchtliche Wanderungen von Arbeitnehmern aus den Beitrittsstaaten in die Mitgliedstaaten erwarten ließen, wie z.B. der Beitritt Spaniens und Portugals.[863] Als Gründe für die im Rahmen der Osterweiterung geforderten Einschränkungen im Bereich der Arbeitnehmerfreizügigkeit wurden die hohen Arbeitslosenzahlen in den Beitrittsstaaten,[864] die vergleichswei-

---

860 Ausführlich zu dieser Thematik HEBLER, Arbeitsmarkteffekte der EU-Osterweiterung, 2002; BÖHMER, Migrationseffekte der Osterweiterung auf die EU-Arbeitsmärkte, 2001; CONLAN in: FS für Oppermann, S. 551 ff.

861 Vgl. Amtsblatt EG Nr. L 257 vom 15.10.1968, S. 2 ff.

862 Vgl. BECKER, EU-Erweiterung und differenzierte Integration, S. 15 ff.; BARTZ, Arbeitnehmerfreizügigkeit erst nach einer Übergangsfrist, in: STURM/PEHLE (HRSG.), Die neue Europäische Union, S. 127 ff.

863 Vgl. OPPERMANN, Europarecht, § 25 Rn. 1; EVERLING, Integrationspolitische Probleme der Erweiterung der EG, in: HASENPFLUG/KOHLER (HRSG.), Die Süd-Erweiterung der Europäischen Gemeinschaft, S. 61, 72 f.; BECKER, Arbeitnehmerfreizügigkeit, in: EHLERS (HRSG.), Europäische Grundrechte und Grundfreiheiten, S. 214 ff.; BÖHMER, Migrationseffekte der Osterweiterung auf die EU-Arbeitsmärkte, S. 6 f.

864 Seit 1994 liegen jedoch die Arbeitslosenquoten in mehreren mittel- und osteuropäischen Ländern, darunter auch Rumänien, unterhalb des EU-Durchschnitts. Z.B. im Jahr 1995:

se geringe wirtschaftliche Leistungskraft sowie das hohe Auswanderungspotenzial dieser Länder[865] und die strukturellen Defizite der jeweiligen nationalen Volkswirtschaft genannt.[866] Eine wesentliche Rolle spielte dabei auch die geographische Nähe der Mitgliedstaaten zu den Beitrittskandidaten. Bei der Osterweiterung argumentierten insbesondere Deutschland und Österreich während der Beitrittsverhandlungen angesichts ihrer damaligen östlichen Randlage in der Europäischen Union und wegen des substantiellen Lohnunterschiedes zwischen Ost und West, dass eine sofortige Öffnung ihrer Arbeitsmärkte eine schwer zu verkraftende Belastung der ohnehin angespannten Situation auf dem deutschen bzw. österreichischen Arbeitsmarkt zur Folge hätte.[867] In Deutschland bestanden außerdem erhebliche Ängste im Hinblick auf die Stabilität der sozialen Sicherungssysteme, deren Reformbedürftigkeit unabhängig von der EU-Osterweiterung außer Frage steht.[868] Mit der Oster-

---

Rumänien 8,2%; Slowenien 9,0%; Ungarn 10,7% im Vergleich zur EU-15 10,9%. Im Jahr 1997: Rumänien 6,0%; Slowenien 7,4%; Ungarn 8,7% im Vergleich zur EU-15 10,4%. Im Jahr 2000: Rumänien 7,1%; Slowenien 7,0%; Ungarn 6,4% im Vergleich zur EU-15 8,1%. Im Jahr 2005: Rumänien 5,8% im Vergleich zur EU-15 8,8%. Alle Daten sind abrufbar auf der Internet-Site der Deutsch-Rumänischen Industrie- und Handelskammer unter: www.ahkrumaenien.ro/index-ge.html (Stand: 30.6.2008).

865 Der Höhepunkt der Einwanderungswelle in die Europäische Union war jedoch bereits im Jahr 1990 mit etwas mehr als 300.000 Immigranten erreicht. Ab 1993 nahm die Einwanderung aus den mittel- und osteuropäischen Ländern in die Europäische Union stetig ab und ist seitdem nahezu zum Stillstand gekommen. Aus einer Studie der Europäischen Kommission und der Europäischen Stiftung zur Verbesserung der Lebens- und Arbeitsbedingungen aus dem Jahr 2001 geht hervor, dass die Abwanderung von Arbeitnehmern von allen Neumitgliedern in die Alt-Mitgliedstaaten über das Jahr 2007 hinaus selbst bei uneingeschränkter Freizügigkeit nur etwa ein Prozent der Bevölkerung im Arbeitsalter der neuen Mitgliedstaaten ausmachen würde. Das sind ca. 220.000 Bürger pro Jahr bei einer EU-Gesamtbevölkerung von über 490 Millionen, vgl. Commission of the European Communities, Information Note: The Free Movement of Workers in the Context of Enlargement, Brussels 2001; siehe auch HEBLER, Arbeitsmarkteffekte der EU-Osterweiterung, S. 47 ff.; DIETZ, APuZ B 5-6/2004, S. 41 ff.

866 Vgl. BERCK, Die EU-Osterweiterung, S. 168 ff.; BRÜCKER, The Impact of Eastern Enlargement on Employment and Labour Markets in the EU Member States, S. 51 ff.; KRIEGER, Migration Trends in an Enlarged Europe, S. 4 ff., abrufbar im Internet unter: www.eurofound.europa.eu/pubdocs/2003/109/en/1/ef03109en.pdf (Stand: 30.6.2008); vgl. auch *Kölner Stadt-Anzeiger* vom 24.4.2005, S. 2; *Frankfurter Allgemeine Zeitung* vom 14.5.2001, S. 4; *Süddeutsche Zeitung* vom 26.6.2001, S. 2.

867 OPPERMANN, Europarecht, § 25 Rn. 39; PECHSTEIN/KUBICKI, EuZW 2004, S. 167 ff.; NOWAK, EuZW 2003, S. 101 ff.; KRÖGER/RÖSLER, ZRP 2001, S. 473 ff.; ROLFS, NZS 2000, S. 429 ff.

868 HEBLER, Arbeitsmarkteffekte der EU-Osterweiterung, S. 142 ff.; HAFT, ZRP 2002, S. 457 ff.; MAAß, ZRP 2002, S. 462; HÄNLEIN, EuZW 2001, S. 165 ff.; zu den aus der sozial-

weiterung verbanden die einzelnen EU-Mitgliedstaaten jedoch unterschiedliche Interessen und befürworteten die Teilnahme der Länder Mittel- und Osteuropas am Gemeinsamen Binnenmarkt insbesondere aus handelspolitischen Gründen.[869] Die Haltung der EU-15 zur Arbeitnehmerfreizügigkeit kann der folgenden Tabelle entnommen werden:[870]

EU-Staaten	**Haltung zur Freizügigkeitsproblematik**
Belgien	zweijährige Übergangszeit
Dänemark	Arbeitserlaubnis nur bei Vollzeittätigkeit, Aufenthaltsgenehmigung erforderlich
Deutschland	Abwanderung von Arbeitskräften befürchtet, Forderung nach Übergangsfristen, volle sieben Jahre werden ausgeschöpft
Finnland	zweijährige Übergangsfrist, Arbeitserlaubnis, wenn sich kein Finne für die Arbeit meldet
Frankreich	fünfjährige Übergangsfrist, flexible Lösungen zur Erhaltung einer Arbeitserlaubnis
Griechenland	zweijährige Übergangsfrist
Großbritannien	keine Übergangsfristen, Arbeiter aus den mittel- und osteuropäischen Ländern müssen ein *Workers Registration Scheme* vorweisen
Irland	keine Übergangsfristen, sofortiger Zutritt zum irischen Arbeitsmarkt
Italien	zweijährige Übergangsfrist, Gesamtzahl der Arbeitnehmer aus den mittel- und osteuropäischen Ländern ist auf 20.000 pro Jahr begrenzt
Luxemburg	zweijährige Übergangsfrist
Niederlande	keine Übergangsfrist, erleichterte Arbeitserlaubnis für hochqualifizierte Arbeitnehmer

rechtlichen Flankierung der EG-Arbeitnehmerfreizügigkeit erwachsenden – beitrittsbedingten – Gefahren für die Stabilität innerstaatlicher Sozialversicherungssysteme vgl. SODAN, JZ 2002, S. 53 ff.

[869] Ausführlich zu diesem Thema BRUNNER, Die Europäische Union zwischen Erweiterung und Vertiefung, in: LUCHTERHANDT/NUßBERGER (HRSG.), Transformation in Mittel- und Osteuropa, S. 354, 358 ff.; BÖHMER, Migrationseffekte der Osterweiterung auf die EU-Arbeitsmärkte, S. 5 ff.

[870] Quelle: BARTZ, Arbeitnehmerfreizügigkeit erst nach einer Übergangsfrist, in: STURM/PEHLE (HRSG.), Die neue Europäische Union, S. 127, 137 f.

Österreich	große Befürchtung von Arbeitskräftemigration und Standortverlagerung, maximale Übergangsfrist von sieben Jahren wird ausgeschöpft
Portugal	jährliches Kontingent von 6.500 Arbeitern weltweit, keine Übergangsfrist
Schweden	keine Übergangsfristen
Spanien	zweijährige Übergangsfrist

Die Übergangsregelungen im Bereich der Arbeitnehmerfreizügigkeit sind kein Ausdruck von Problemen der neuen Mitgliedsländer bei der Umsetzung von europäischen Rechtsvorschriften in nationales Recht, sondern vielmehr eine Möglichkeit für die bisherigen Mitgliedstaaten, die vollständige Freizügigkeit der Arbeitnehmer aus den beitretenden Staaten zu beschränken und ggf. hinauszuzögern.[871] Die alten Mitgliedstaaten wahren dadurch ihre nationalen Interessen, die heimischen Arbeitsmärkte vor zuwandernden Arbeitnehmern aus den Beitrittsstaaten zu schützen und daraus resultierende soziale Konflikte zu vermeiden.[872] Die Übergangsfristen sind daher in diesem Bereich insoweit asymmetrisch, als die genannten Regelungen für die Beitrittsstaaten gelten, nicht jedoch für die alten Mitgliedstaaten.[873] Den mittel- und osteuropäischen Ländern werden aus diesem Grund nur bestimmte jährliche Wanderungsquoten zugestanden, obwohl eine Zuwanderungspolitik entsprechend nationaler Interessen in einem Gemeinsamen Markt ausgeschlossen ist.[874] Die handelspolitischen Bedenken der Europäischen Union in diesem

[871] BARTZ, Arbeitnehmerfreizügigkeit erst nach einer Übergangsfrist, in: STURM/PEHLE (HRSG.), Die neue Europäische Union, S. 127 ff.; BERCK, Die EU-Osterweiterung, S. 168 ff.; HÄNLEIN, EuZW 2001, S. 165 ff.; NOWAK, EuZW 2003, S. 101 ff.; SCHLADEBACH, LKV 2004, S. 10, 12; DIETZ, APuZ B 5-6/2004, S. 41 ff.

[872] Der ungarische Ministerpräsident a.D. VIKTOR ORBAN bezeichnete die Furcht Österreichs und Deutschlands vor einem massenhaften Einfall ungarischer Arbeitskräfte als unbegründet. Tatsächlich wurde das zwischen Deutschland und Ungarn vereinbarte Kontingent von über 63.000 ungarischen Arbeitnehmern Ende der 90er Jahre nicht vollständig ausgeschöpft. Nach Angaben des Bundesministeriums für Arbeit nutzten nur ca. 56.000 ungarische Arbeitnehmer diese Arbeitsmöglichkeit in Deutschland, vgl. *Frankfurter Allgemeine Zeitung* vom 14.3.2000, S. 17 ff.

[873] Deutschland, das ein starkes Interesse an einer möglichst langen Übergangsfrist für Arbeitnehmer aus Griechenland, Spanien und Portugal hatte, gelang es im Rahmen der Süderweiterung, auch die anderen Mitglieder der Europäischen Gemeinschaft von ihrer Sichtweise zu überzeugen. Darüber hinaus gelang es Luxemburg als einem kleinen Land, sogar eine individuelle Lösung im Rahmen der Gemeinschaft mit einer Übergangsfrist von zehn Jahren durchzusetzen.

[874] Vgl. BERCK, Die EU-Osterweiterung, S. 192 ff. m.w.N.

Bereich sind daher als eine Form von Protektionismus zu bewerten, da der zu erwartende Einwanderungsdruck in den aufgrund ihrer geographischen Lage am meisten betroffenen Ländern Deutschland und Österreich anders kaum bewältigt werden könnte.

(2.2) Die Übergangsmaßnahmen für Rumänien

Im Bereich der Arbeitnehmerfreizügigkeit wurde im Fall Rumäniens eine gestaffelte Übergangsfrist von bis zu sieben Jahren vereinbart (sog. „2+3+2-Modell"), die es den bisherigen Mitgliedstaaten erlaubt, vorerst den Rechtszustand beizubehalten, der sich aus bilateralen Abkommen mit Rumänien ergibt.[875] Der jeweilige nationale Arbeitsmarkt ist bis 2009 für rumänische Arbeitnehmer nur mit einer Arbeitsgenehmigung geöffnet. Die Notwendigkeit dieser Regelung ist spätestens zwei Jahre nach dem Beitritt zu überprüfen.[876] Diese Möglichkeit kommt Spanien[877] und anderen südeuropäischen Ländern entgegen, die sich während der Beitrittsverhandlungen gegen lange Übergangsfristen ausgesprochen haben, weil sie es nicht für erforderlich hielten, den Zugang zu ihren nationalen Arbeitsmärkten zu beschränken.[878] Fünf Jahre nach dem Beitritt ist prinzipiell der Gemeinschaftliche Besitzstand anzuwenden. Nur im Falle einer schweren Störung des Arbeitsmarktes oder der Gefahr einer solchen Störung können die Mitgliedstaaten ihre nationale Regelung für

---

[875] Die gleiche Regelung wurde auch im Fall der ersten Runde der Osterweiterung vereinbart. Nach dem Beitritt der ersten zehn mittel- und osteuropäischen Staaten hat sich jedoch gezeigt, dass zwar die Übergangsfristen für Arbeitnehmer unionsweit Gültigkeit haben, dass jedoch Dänemark, Großbritannien und Irland ihre Arbeitsmärkte ab dem 1.5.2004 öffneten und keine Übergangsfristen zur Einschränkung der Arbeitnehmerfreizügigkeit in Anspruch nahmen. Sozialleistungen werden jedoch nur vorläufig gewährt, solange der Arbeitnehmer tatsächlich in einem Beschäftigungsverhältnis steht, vgl. OPPERMANN, Europarecht, § 25 Rn. 39; PECHSTEIN/KUBICKI, EuZW 2004, S. 167 ff.; DIETZ, APuZ B 5-6/2004, S. 41 ff.

[876] Anhang VII der Beitrittsakte über die Bedingungen und Einzelheiten der Aufnahme Rumäniens in die Europäische Union, Amtsblatt der Europäischen Union Nr. L 157, S. 311 – 361.

[877] Sehr viele rumänische Arbeitnehmer sind bereits vor dem EU-Beitritt nach Spanien ausgewandert. Die Rumänen bilden gegenwärtig die drittgrößte Minderheit in Spanien, vgl. *Gândul* vom 25.10.2005, S. 1.

[878] Die spanische Regierung gab am 9.3.2006 bekannt, dass sie die Übergangsregelungen bezüglich der Freizügigkeit der Arbeitnehmer aus den 2004 beigetretenen Mitgliedstaaten aus Mittel- und Osteuropa nicht verlängern werde. Diese liefen am 1.5.2006 aus. Zu gleichen Entscheidung kamen auch Großbritannien, Schweden, Irland, Belgien und Portugal, vgl. Nachrichtenportal *EurActiv*, 10.3.2006.

maximal zwei weitere Jahre bis 2014 aufrechterhalten.[879] Entgegen dem Wunsch Deutschlands befindet nicht nur eine nationale Regierung allein über eine Verlängerung der Übergangsfrist, sondern die europäischen Regierungen gemeinsam. Hierbei ist eine einstimmige Entscheidung notwendig.[880] Spätestens zum 1. Januar 2014 soll die vollständige Arbeitnehmerfreizügigkeit EU-weit gelten.

(3) Kapitel 3 der Beitrittsverhandlungen: Das Niederlassungsrecht und der freie Dienstleistungsverkehr

(3.1) Einleitung

Die EU-Mitgliedstaaten müssen grundsätzlich sicherstellen, dass sowohl die Niederlassungsfreiheit der natürlichen und juristischen Personen aus der Europäischen Union in allen Mitgliedstaaten als auch die freien grenzüberschreitenden Dienstleistungen nicht durch innerstaatliche Rechtsvorschriften beeinträchtigt werden, vorbehaltlich der in den jeweiligen Beitrittsverträgen dargelegten Ausnahmen.

Im Rahmen der Beitrittsverhandlungen wird daher auch die Problematik der Dienstleistungsfreiheit erörtert. Eine Ausdehnung der Übergangsbestimmungen für die Freizügigkeit der Arbeitnehmer auf den Dienstleistungsbereich erschien im Rahmen der Osterweiterung notwendig, um einer Unterwanderung der eingeschränkten Arbeitnehmerfreizügigkeit durch grenzüberschreitenden Dienstleistungsverkehr vorzubeugen.[881] Die in diesem Bereich getroffenen Übergangsregelungen betreffen im Gegensatz zu den Beschränkungen der Arbeitnehmerfreizügigkeit nur einen Teilbereich der Dienstleistungsfreiheit und zwar die grenzüberschreitende Dienstleistungserbringung.

(3.2) Die Übergangsmaßnahmen für Rumänien

Kurz vor der Unterzeichnung der EU-Beitrittsverträge mit Rumänien und Bulgarien ist in Deutschland ein Streit um den darin vereinbarten Marktzu-

---

[879] Im Rahmen der Osterweiterung haben lediglich Polen und die Tschechische Republik aus Verärgerung über die maßgeblich von Deutschland und Österreich angestrengten langen Übergangsfristen ihre nationalen Arbeitsmärkte für deutsche und österreichische Arbeitnehmer ebenfalls für sieben Jahre gesperrt.

[880] BARTZ, Arbeitnehmerfreizügigkeit erst nach einer Übergangsfrist, in: STURM/PEHLE (HRSG.), Die neue Europäische Union, S. 127, 140 ff.

[881] Ausführlich dazu HEBLER, Arbeitsmarkteffekte der EU-Osterweiterung, S. 142 ff.; BÖHMER, Migrationseffekte der Osterweiterung auf die EU-Arbeitsmärkte, S. 5 ff.

gang für Beschäftigte und Unternehmen aus den beiden Beitrittsstaaten entbrannt. Der damalige bayrische Ministerpräsident EDMUND STOIBER forderte den Bundeskanzler a.D. GERHARD SCHRÖDER auf, sich für Nachbesserungen in diesen Bereichen einzusetzen oder die Beitritte notfalls sogar zu verschieben. Die in den Beitrittsverträgen vereinbarten Regeln für den Zugang von Arbeitnehmern und Unternehmen aus Rumänien und Bulgarien zum EU-Markt, hieß es in einem Brief STOIBERS an SCHRÖDER, reichten nicht aus.[882] Gegen erheblichen Widerstand in der Europäischen Union und den Beitrittsstaaten ist es der damaligen Bundesregierung jedoch gelungen, im gesamten Bereich der Arbeitnehmerfreizügigkeit sowie in Teilbereichen der grenzüberschreitenden Dienstleistungserbringung (Baugewerbe und Teilbereiche des Handwerks) in den Beitrittsverträgen mit Rumänien und Bulgarien Übergangsfristen durchzusetzen.[883]

Während im Bereich der Arbeitnehmerfreizügigkeit der Zugang von Arbeitnehmern aus Rumänien und Bulgarien nach dem „2+3+2-Modell" umfassend beschränkt wird, beziehen sich die Regelungen zur Dienstleistungsfreiheit zum einen nur auf einige ausgewählte Wirtschaftszweige und sind zum anderen auch in ihrem personellen und sachlichen Anwendungsbereich begrenzt. Darüber hinaus kann diese Übergangsregelung lediglich von Deutschland und Österreich in Anspruch genommen werden und setzt neben einer Unterrichtung der Europäischen Kommission voraus, dass diese Mitgliedstaaten in dem betreffenden Zeitraum von den Beschränkungen der Arbeitnehmerfreizügigkeit Gebrauch machen werden.[884] Die in Deutschland unter die Übergangsregelung fallenden Wirtschaftszweige sind das Baugewerbe (einschließlich verwandter Wirtschaftszweige), die Reinigung von Gebäuden, Inventar und Verkehrsmitteln sowie die Tätigkeit von Innendekorateuren.[885] Österreich hingegen darf zusätzlich noch im Bereich Steinmetzbranche, Metallbau, Gar-

---

[882] „Der Kanzler kann nicht zu Hause über ausländische Billigarbeit für ein paar Kröten schimpfen und gleichzeitig in Brüssel das Tor für weitere Billigarbeiter aus Rumänien öffnen", so STOIBER, vgl. *Kölner Stadt-Anzeiger* vom 24.4.2005, S. 2.

[883] Vgl. Anhang VII der Beitrittsakte mit Rumänien, Amtsblatt der Europäischen Union Nr. L 157 vom 21.6.2005, S. 311 – 314; vgl. auch die Informationen des Deutschen Auswärtigen Amtes, abrufbar im Internet unter: www.auswaertiges-amt.de (Stand: 30.6.2008).

[884] Nach Angaben der Bundesagentur für Arbeit werden die Übergangsregelungen für Arbeitnehmer aus Rumänien und Bulgarien bis 2013 ausgeschöpft, vgl. diesbezüglich auch die Informationen der Europäischen Kommission, abrufbar im Internet unter: ec.europa.eu/employment_social/free_movement/docs/accession_2007_de.pdf (Stand: 30.6.2008).

[885] Vgl. Anhang VII der Beitrittsakte mit Rumänien, Amtsblatt der Europäischen Union Nr. L 157 vom 21.6.2005, S. 313.

tenbau, private Pflegedienste und Sicherheitsdienste Übergangsfristen verhängen. In allen anderen Bereichen gilt die Dienstleistungsfreiheit uneingeschränkt. Der personelle und sachliche Anwendungsbereich der Übergangsregelung erfasst nur Unternehmen mit Sitz in Rumänien, die im Rahmen der Erbringung von Dienstleistungen Arbeitnehmer in das Hoheitsgebiet Deutschlands oder Österreichs entsenden.[886] Betroffen ist somit die aktive Dienstleistungsfreiheit für rumänische Unternehmen. Die anderen Modalitäten der Dienstleistungsfreiheit wie die passive oder Korrespondenzdienstleistung sind hingegen von diesen Übergangsregelungen nicht erfasst.[887] Ebenfalls bezieht sich die Übergangsregelung in diesem Bereich nicht auf natürliche Personen, die als selbstständige Dienstleistungserbringer die nationalen Grenzen überschreiten, um die Dienstleistungen persönlich in Deutschland oder Österreich zu erbringen.

(4) Kapitel 24 der Beitrittsverhandlungen: Die Zusammenarbeit im Bereich Justiz und Inneres

(4.1) Einleitung

Gemäß Art. 49 Abs. 2 EU-Vertrag erstreckt sich der Beitritt zur Europäischen Union auch auf den Regelungsbereich des EU-Vertrages. Wie oben bereits festgestellt,[888] bedeutet die Mitgliedschaft in der Europäischen Union nicht nur die Teilnahme an einer Wirtschaftsgemeinschaft im Sinne des EG- und EAG-Vertrages, sondern auch die Teilnahme an der Erhaltung und Weiterentwicklung einer Zone der Freiheit, Sicherheit und des Rechts nach dem Wegfall der Binnengrenzen.[889] Aus diesen Gründen müssen die Beitrittskandidaten gewillt und in der Lage sein, auch die Ziele der politischen Union als eigene zu verfolgen. Der gemeinschaftliche Besitzstand im Bereich der Inneren Sicherheit umfasst alle innen- und justizpolitischen Rechtsakte der ersten

---

[886] Vgl. auch Art. 1 Abs. 1 der Richtlinie 96/71/EG des Europäischen Parlaments und des Rates vom 16.12.1996 über die Entsendung von Arbeitnehmern im Rahmen der Erbringung von Dienstleistungen, Amtsblatt der Europäischen Union Nr. L 18 vom 21.1.1997, S. 1 – 6.

[887] Vgl. zu den einzelnen Modalitäten der Dienstleistungsfreiheit FRENZ, Handbuch Europarecht, Band 1, Rn. 2484 ff.; HOBE, Europarecht, § 17 Rn. 683; FISCHER, Europarecht, § 17 Rn. 2; ARNDT, Europarecht, S. 237 f.; HERDEGEN, Europarecht, § 18 Rn. 1 ff.

[888] Siehe die Ausführungen auf S. 79 ff.

[889] Ausführlich dazu MONAR, Der Raum der Freiheit, der Sicherheit und des Rechts in der erweiterten Union, in: LIPPERT (HRSG.), Bilanz und Folgeprobleme der EU-Erweiterung, S. 221 ff.

und dritten Säule der Europäischen Union, aber auch die außerhalb des EU-Rahmens abgeschlossenen Verträge, die in untrennbarem Zusammenhang damit stehen,[890] wie die Konventionen des Europarates, die Genfer Flüchtlingskonvention oder das Dubliner Übereinkommen über die Bestimmung des zuständigen Staates für die Prüfung von Asylanträgen. Art. 2 der Beitrittsakte über die Bedingungen des Beitritts Rumäniens (und Bulgariens) sieht beispielsweise vor, dass für die beitretenden Staaten auch die Vorschriften der ursprünglichen Verträge und die vor dem Beitritt erlassenen Rechtsakte der Organe und der Europäischen Zentralbank gelten, die die Bestimmungen über die zweite und dritte Säule der Europäischen Union regeln.[891] Den am weitesten gediehenen Teil dieser Bestimmungen bildet der Schengen-Besitzstand, der die Grundlage für die Abschaffung der Kontrollen an den EU-Binnengrenzen bildet. Wesentliche Teile dieses Besitzstandes gelten jedoch nicht vom Beitritt eines neuen Mitgliedstaates an, sondern erst ab einem späteren Zeitpunkt nach einer besonderen Entscheidung des Rates.[892]

(4.2) Schwierigkeiten bei der Übernahme des *Sicherheits-Acquis*

Mit der Unterzeichnung der Beitrittsverträge verpflichten sich die Beitrittsstaaten, auch den sogenannten *Sicherheits-Acquis* in ihr nationales Recht zu übernehmen.[893] Die übergeordnete ratio des Osterweiterungsprozesses, die Stabilität Westeuropas nach Mittel- und Osteuropa gleichsam zu exportieren, um einen Import von Instabilität zu vermeiden, findet insoweit in der Innen- und Justizpolitik einen exponierten Ausdruck. Das Kapitel *Innen- und Justizpolitik* gehörte somit zu den wichtigsten, aber auch zu den schwierigsten Ka-

---

[890] Damit ist eine Reihe von Rechtsvorschriften gemeint, die mindestens in quantitativer Hinsicht (über 250 Rechtsakte) mit dem Binnenmarktprogramm der Europäischen Union vergleichbar ist, vgl. KNELANGEN, Das Politikfeld innere Sicherheit im Integrationsprozess, S. 301 ff. Informationen dazu und einschlägige EU-Dokumente sind im Internet abrufbar unter: http://europa.eu.int/comm/justice_home/news/terrorism/index_en.htm (Stand 30.6.2008); siehe auch *Kölnische Rundschau* vom 17.3.2004, S. 4 f. sowie vom 20.3.2004, S. 4 und vom 26.3.2004, S. 4.

[891] Art. 2 der Beitrittsakte für Rumänien und Bulgarien: „Ab dem Tag des Beitritts sind die ursprünglichen Verträge und die vor dem Beitritt erlassenen Rechtsakte der Organe und der Europäischen Zentralbank für Rumänien und Bulgarien verbindlich und gelten in diesen Staaten nach Maßgabe der genannten Verträge und dieser Akte", Amtsblatt der Europäischen Union Nr. 157 vom 21.6.2005, S. 203.

[892] Vgl. die Mitteilung der Kommission KOM (2005) 534 vom 25.10.2005, S. 81; so auch der damalige Erweiterungs-Kommissar GÜNTER VERHEUGEN bereits 2001 in einem Interview mit der *Frankfurter Allgemeinen Sonntagszeitung* vom 21.10.2001, S. 10.

[893] Vgl. Art. 4 der Beitrittsakte zum EU-Beitrittsvertrag mit Rumänien und Bulgarien.

piteln der Beitrittsverhandlungen mit den Beitrittsstaaten aus Mittel- und Osteuropa.
Rumänien bildete dabei auch keine Ausnahme. Am Anfang des Beitrittsprozesses wurde in Rumänien eine nur schleppende Umsetzung der EU-Vorschriften im Bereich *Justiz und Inneres* verzeichnet, was auf eine mangelhafte technische und personelle Ausstattung von Polizei und Justiz zurückzuführen ist. Zwar kamen die im Rat der Europäischen Union vertretenen Innen- und Justizminister seit der Ratstagung von Madrid 1995 im Rahmen des sog. *Strukturierten Dialogs* regelmäßig mit ihren Kollegen aus den Beitrittskandidaten, einschließlich aus Rumänien, zusammen. Doch erschöpften sich diese Treffen weitgehend in einem konsultativen Erfahrungsaustausch und der routinemäßigen Berichterstattung über die Entwicklung der Zusammenarbeit.[894] Diese Praxis war auf mittlere Sicht nur begrenzt zielführend, denn in dieser Konstellation bestand nicht die Möglichkeit, auf die jeweils sehr spezifischen Bedingungen der einzelnen Beitrittskandidaten einzugehen. So machte Rumänien anfangs nur in geringem Umfang von der Möglichkeit Gebrauch, im Rahmen des PHARE-Programms Fördermittel für Projekte mit innenpolitischem und justiziellem Hintergrund abzurufen.[895] So kam die Kommission in ihrer Stellungnahme vom Juli 1997 zu dem Antrag Rumäniens auf Aufnahme in die Europäische Union zu dem Schluss, dass es für Rumänien wegen der nur geringen bis dato erzielten Erfolge schwierig werden würde, mittelfristig die einschlägigen Gemeinschaftsnormen im Bereich *Justiz- und Inneres* zu erfüllen, und dass Fortschritte nur dann erreicht werden könnten, wenn Rumänien eine allgemeine, tiefgreifende Reform seiner Institutionen einleiten würde.[896]
Angesichts der Dynamisierung der innen- und justizpolitischen Zusammenarbeit auf EU-Ebene wurde im Rahmen des Osterweiterungsprozesses ein besonderes Evaluierungsverfahren für diesen Bereich eingeführt, das nicht durch die Europäische Kommission, sondern durch den Rat selbst koordiniert wird. Mit einer gemeinsamen Maßnahme vom 29. Juni 1998 schuf der Europäische Rat einen „Mechanismus zur gemeinsamen Bewertung der Übernahme, Anwendung und effizienten Umsetzung des Besitzstandes der Europäi-

---

[894] Vgl. KNELANGEN, Chance oder Risiko?, in: Politische Bildung 35/2002, S. 29, 32 ff.
[895] Vgl. HARTWIG, Die Europapolitik Rumäniens, S. 79 ff. Für Einzelheiten siehe http://europa.eu/scadplus/leg/de/lvb/e40108.htm (Stand: 30.6.2008).
[896] Vgl. Stellungnahme der Kommission zu dem Antrag Rumäniens auf EU-Beitritt vom 16.7.1997, KOM (1997) 2003, Bulletin der Europäischen Union, Beilage 8/1997, abrufbar im Internet unter: http://europa.eu/bulletin/de/9707/p104076.htm (Stand: 30.6.2008); vgl. auch PRIDHAM, Between Rhetoric and Action, in: Romanian Journal of European Affairs, Vol. 6, No. 3, 2006, S. 5, 19 ff.; SLAVU, Osteuropa-Recht 2007, S. 314, 322 ff.

schen Union im Bereich *Justiz und Inneres* durch die Beitrittsländer".[897] Der Einführung dieses Evaluierungsverfahrens lag die Überlegung zugrunde, dass sich die tatsächlichen Fortschritte der Beitrittsländer gerade im Bereich der Innen- und Justizpolitik nicht alleine an der Zahl der ratifizierten Gesetze messen lassen könnten. Entscheidend sei vielmehr die Prüfung der praktischen Fähigkeit der zuständigen Polizei-, Justiz- und Verwaltungsbehörden zur Anwendung der neuen Rechtsvorschriften.[898] Daraufhin verabschiedeten die Beitrittsstaaten im Rahmen der Beitrittspartnerschaften verschiedene nationale Aktionsprogramme, mit denen die Prioritäten der Reform der innerstaatlichen Strukturen sowie ein Zeitplan für deren Umsetzung festgelegt wurden. Speziell für die Anforderungen der Umsetzung des Schengen-Besitzstandes waren die Staaten Mittel- und Osteuropas gehalten, einen *Schengen-Aktionsplan* zu beschließen, mit dem sie die Prioritäten für eine Verbesserung der Zusammenarbeit in diesem Bereich und einen Zeitplan ihrer Umsetzung festzusetzen hatten.[899] So verabschiedete Rumänien jedes Jahr einen neuen *Schengen-Aktionsplan*, der jedoch nicht den EU-Anforderungen entsprach und jedes Mal geändert werden musste. So nahm der Anpassungs- und Reformdruck für Rumänien mit jedem neuen Aktionsplan und jedem neuen Maßnahmenkatalog der Europäischen Union stetig zu.
Erst im Fortschrittsbericht aus dem Jahr 2003 stellte die Europäische Kommission fest, dass in Rumänien auf vielen Gebieten, insbesondere in Bezug auf Migration, organisierte Kriminalität und Geldwäsche die Übernahme des Besitzstandes relativ gut vorangekommen sei, wenn auch in einigen wichtigen Bereichen, wie beim Schengen-Besitzstand, noch zusätzliche Anstrengungen erforderlich seien.[900] Im Juni 2005 wurde ein letzter *Schengen-Aktionsplan* angenommen, der jedoch im Mai 2006 aktualisiert werden musste; er stößt bislang auf Zustimmung der EU-Behörden und stellt die Kontrolle und Verwaltung der neuen EU-Außengrenze sicher.[901] Das Schengener-Durch-

---

[897] Vgl. Amtsblatt der Europäischen Union Nr. L 191 vom 7.7.1998, S. 8 f.

[898] SCHASER, Die Kontrolle der Außengrenzen der EU, in: STURM/PEHLE (HRSG.), Die neue Europäische Union, S. 165, 177 ff.; MONAR, Der Raum der Freiheit, der Sicherheit und des Rechts in der erweiterten Union, in: LIPPERT (HRSG.), Bilanz und Folgeprobleme der EU-Erweiterung, S. 221 ff.

[899] Für den Fall Rumäniens DUCULESCU, Dreptul Integrării Europene (Das Recht der Europäischen Integration), S. 50 ff. Siehe auch die Beschlüsse des Rates zu der Beitrittspartnerschaft mit Rumänien vom 30.3.1998, Amtsblatt der Europäischen Union Nr. L 121 vom 23.4.1998, S. 11 ff.

[900] Mitteilung der Kommission KOM (2003) 676 vom 5.11.2003, S. 116 u. 119.

[901] Vgl. die Mitteilungen der Kommission KOM (2005) 534 vom 25.10.2005, S. 84 sowie KOM (2006) 214 vom 16.5.2006, S. 40 u. 43 f.

führungsübereinkommen sieht vor, dass der effektive Abbau der Grenzkontrollen erst stattfindet, wenn die beigetretenen Staaten in der Lage sind, die hohen Schengener-Kontrollstandards zu erfüllen. Der wichtigste Fortschritt, den Rumänien in den letzten Jahren im Zuge der Vorbereitungen des *Sicherheits-Acquis* erzielt hat, stellt daher die Besetzung aller Posten der rumänischen Grenzpolizei mit dem erforderlichen Personal dar. Für diese über 4.500 erst kürzlich eingestellten Grenzsicherungskräfte müssen jedoch weitere Fortbildungsmaßnahmen durchgeführt werden, damit ein hohes Kontrollniveau an der EU-Außengrenze sichergestellt wird.[902] Darüber hinaus wurden die Überwachungseinrichtungen entlang der Grenze und die damit verbundene Infrastruktur modernisiert. In Anbetracht der im März 2006 erfolgten Unterzeichnung eines Vertrages über die Gewährleistung eines integrierten Beobachtungs- und Kontrollsystems für die Schwarzmeerküste wurden zusätzliche technische Ausrüstungen zur Verfügung gestellt. Es bedarf jedoch noch der Einstellung weiterer IT- und Kommunikationsexperten für die Installierung und Anwendung dieses Grenzverwaltungssystems.

Weitere Fortschritte im Bereich *Justiz und Inneres* sind in der Visapolitik Rumäniens zu verzeichnen. Auf diesem Gebiet nahm das Land alle Bestimmungen an, die zur Gewährleistung einer effektiven Anwendung des einschlägigen *acquis* erforderlich sind. Die Republik Moldau ist das einzige Land auf der „Negativliste“ der Europäischen Union, für das Rumänien noch keine Visumpflicht eingeführt hat. Ein entsprechendes Abkommen wird zurzeit ausgehandelt. Visumabkommen mit der Türkei, Ukraine, Serbien, Montenegro und Russland sind bereits abgeschlossen. Dadurch ist Rumänien gezwungen, sich gegenüber seinen Nachbarstaaten, die nicht der Europäischen Union angehören, in bisher unbekanntem Maße abzuschotten – mit allen Folgen, die das für das Leben in den Grenzregionen, für die Minderheiten beiderseits der Grenze und nicht zuletzt für die politischen Beziehungen zwischen beiden Seiten haben wird.[903]

---

902 Mitteilung der Kommission KOM (2006) 214 vom 16.5.2006, S. 40.

903 Vgl. dazu GIERING, Die institutionellen Reformen von Nizza, in: WEIDENFELD (HRSG.), Nizza in der Analyse, S. 51, 99 f.; MONAR, Die Integration der mittel- und osteuropäischen Länder in den Raum der Freiheit, der Sicherheit und des Rechts, in: LIPPERT (HRSG.), Osterweiterung der Europäischen Union, S. 327 ff.

(4.3) Zusammenfassung

Bei den ersten drei Erweiterungen der Europäischen Gemeinschaften (1973, 1981, 1986) konnte von einer gemeinsamen Innen- und Justizpolitik keine Rede sein. Bei den Beitritten von Österreich, Schweden und Finnland (1995) war die innen- und justizpolitische Zusammenarbeit der Europäischen Union noch in ihren Anfängen.[904] Diese rückte jedoch in einem bemerkenswert kurzen Zeitraum, insbesondere nach den Anschlägen vom 11. September 2001, vom Rande in das Zentrum der EU-Politik. Der Osterweiterungsprozess kommt insoweit in innen- und justizpolitischer Perspektive einem groß angelegten Präventionsprojekt gleich, das dem Ziel dient, befürchteten Belastungen durch organisierte Kriminalität und illegale Einwanderung zu begegnen.[905] Die Staaten Mittel- und Osteuropas mussten daher bei der Umsetzung des *acquis* im Bereich *Innen- und Justizpolitik* im übertragenen Sinne „auf einen fahrenden Zug aufspringen", da sich das Gemeinschaftsrecht gerade in diesem Bereich ständig weiter entwickelt.[906] Diese dynamische Fortentwicklung muss von den neuen Mitgliedstaaten verfolgt und legislativ nachvollzogen werden. Der gemeinschaftliche Besitzstand, insbesondere im Bereich des „Raumes der Freiheit, der Sicherheit und des Rechts", stellt sich insofern als bewegliches Ziel dar.[907] Aus diesem Grund ist in Rumänien nicht nur die erforderliche Anpassung der gesetzlichen Rahmenbedingungen in diesem Bereich mit besonderen Schwierigkeiten verbunden. Sie ist auch mit dem Tag des Beitritts nicht in vollem Umfang abgeschlossen, sondern bedarf einer längeren Betrachtungsperspektive.

---

[904] Zu dieser Problematik insgesamt VARWICK, Die Europäische Union als überforderter Stabilitätsanker?, in: Politische Bildung 35/2002, S. 42 ff.

[905] KNELANGEN, Chance oder Risiko?, in: Politische Bildung 35/2002, S. 29, 35 ff.; MONAR, integration 23/2000, S. 18 ff. So auch der damalige Erweiterungs-Kommissar GÜNTER VERHEUGEN in einem Interview mit der *Frankfurter Allgemeinen Sonntagszeitung* vom 21.10.2001, S. 10.

[906] HERRNFELD in: SCHWARZE, Art. 49 EU-Vertrag Rn. 6; SCHASER, Die Kontrolle der Außengrenzen der EU, in: STURM/PEHLE (HRSG.), Die neue Europäische Union, S. 165, 175; KNELANGEN, Chance oder Risiko?, in: Politische Bildung 35/2002, S. 29 ff.; SLAVU, Osteuropa-Recht 2007, S. 314, 322.

[907] Da der *acquis communautaire* gegenüber früheren Erweiterungen heute weit umfangreicher ist und sich zudem bis zum tatsächlichen Beitritt ständig fortentwickelt, wird die Europäische Union in diesem Kontext immer häufiger als ein „moving target" betrachtet, vgl. HERRNFELD, EuR 2000, S. 454, 468; STEPACHER in: MICKEL/BERGMANN (HRSG.), Handlexikon der Europäischen Union, Stichwort „Beitrittskriterien (Kopenhagener Beitrittskriterien)".

Insgesamt lässt sich feststellen, dass Rumänien bei seiner Annäherung an den innen- und justizpolitischen *acquis communautaire* die einschlägigen EU-Rechtsakte in das nationale Recht überführt hat. Ebenfalls hat Rumänien einen großen Teil der völkerrechtlichen Übereinkommen des Europarates und der Vereinten Nationen ratifiziert, die von der Europäischen Union zum Bestandteil des gemeinschaftlichen Besitzstandes erklärt wurden.[908] Insofern war die Heranführungsstrategie der Europäischen Union trotz der anfänglichen Verzögerungen durchaus erfolgreich. Dennoch ist nicht zu übersehen, dass trotz der beachtlichen Fortschritte bei der Leistungsfähigkeit der rumänischen Polizei-, Justiz- und Innenbehörden nach wie vor erhebliche Defizite bestehen, die dringend einer Lösung bedürfen. Insbesondere im Bereich der Asylpolitik sowie der Bekämpfung der organisierten und nicht-organisierten Kriminalität besteht erheblicher Handlungsbedarf. Die Kriminalitätsstatistiken der mittel- und osteuropäischen Staaten zeigen eine negative Entwicklung auf. Insbesondere im Bereich der grenzüberschreitenden organisierten Kriminalität bestehen durch mittel- und osteuropäische Tätergruppierungen erhebliche Verflechtungen nach Westeuropa.[909] Kriminologische und kriminalistische Analysen zeigen darüber hinaus, dass durch den mittel- und osteuropäischen Raum wichtige Transitwege führen, z.B. im Menschen- und Drogenhandel, in der Schleusungskriminalität, der Markenpiraterie oder der Verschiebung von Fahrzeugen.[910] Die Unionsorgane beobachten weiterhin mit großer Aufmerksamkeit die Bemühungen Rumäniens, seine Polizei-, Justiz- und Verwaltungssysteme mit dem Ziel zu reformieren, die effektive Anwendung des *Sicherheits-Acquis* auch praktisch zu gewährleisten. Die Bewährungsprobe für die Union und ihre neue östliche Außengrenze Rumänien steht daher noch bevor. Gegenwärtig und auf absehbare Zeit ist jedoch nicht mit einem effektiven Abbau der Grenzkontrollen in den neuen EU-Mitgliedstaaten zu rechnen, da die Grenzschutzkräfte der mittel- und osteuropäischen Staaten zum einen erst seit kurzer Zeit europäischen Anforderungen entsprechend ausgebildet werden, und diese zum anderen auch in technischer und organisatorischer Hinsicht den Beamten der alten EU-Mitgliedstaaten unterlegen sind.

---

[908] Vgl. auch die Ausführungen auf S. 79 ff.

[909] Zu der Situation in Deutschland siehe die Lageberichte Organisierte Kriminalität 2000 – 2005 des Bundeskriminalamtes, abrufbar im Internet unter: www.bka.de/lageberichte/ok.html (Stand: 30.6.2008).

[910] Vgl. die Mitteilungen der Kommission KOM (2005) 534 vom 25.10.2005, S. 84 ff.; KOM (2006) 214 vom 16.5.2006, S. 41 ff.; KOM (2006) 549 vom 26.9.2006, S. 53 f.

(5) Kapitel 22 der Beitrittsverhandlungen: Der Umweltschutz

(5.1) Einleitung

Bereits seit Anfang der 70er Jahre entwickelte die Europäische Gemeinschaft erste sektorale Ansätze einer Umweltpolitik, die primär auf die Beseitigung von Wettbewerbsverzerrungen im Gemeinsamen Markt zielten.[911] Der Umweltschutz wurde das erste Mal als „wesentliche Aufgabe der Europäischen Gemeinschaft" in der Mitteilung der Europäischen Kommission über die Politik der Gemeinschaft auf dem Gebiet des Umweltschutzes vom 22. Juli 1971 erwähnt.[912] Seit der EEA von 1986 hat der Umweltschutz eine eigenständige Rechtsgrundlage im EG-Vertrag (Art. 174 ff. EG-Vertrag).[913] Seit Inkrafttreten des Amsterdamer Vertrages am 1. Mai 1999 ist der Umweltschutz als eigenständiges Ziel der Union formuliert und wird zusätzlich durch das Postulat des hohen Schutzniveaus und der Verbesserung der Umweltqualität aufgewertet.[914] Ziel der Umweltpolitik der Europäischen Union ist eine nachhaltige Entwicklung in diesem Bereich. Sie beruht auf der Einbeziehung des Umweltschutzes in die einzelnen Politikbereiche der Europäischen Union, dem Prinzip der Vorbeugung, dem Verursacherprinzip, der Bekämpfung von Umweltbeeinträchtigungen an ihrem Ursprung und dem Grundsatz der gemeinsamen Verantwortung aller Mitgliedstaaten.[915]

---

[911] Ausführlich zu diesem Thema EPINEY in: BIEBER/EPINEY/HAAG (HRSG.), Die Europäische Union, § 32 Rn. 1 ff.

[912] Vgl. Mitteilung der Kommission vom 22.7.1971, Bulletin EG, Beilage 9-10/1971, S. 62 ff.; vgl. darüber hinaus die Schlussfolgerungen des Europäischen Rates von Paris vom 20.10.1972, der die Ausarbeitung eines umweltpolitischen Aktionsprogramms forderte, Bulletin EG, Beilage 10/1972, S. 15 ff.

[913] Vgl. BERCK, Die EU-Osterweiterung, S. 179 ff.; HOBE, Europarecht, § 26 Rn. 980; FISCHER, Europarecht, § 22 Rn. 1 f.

[914] Vgl. Art. 2 EG-Vertrag („Aufgabe der Gemeinschaft ist es, […] ein hohes Maß an Umweltschutz […] zu fördern.") i.V.m. Art. 3 Abs. 1 lit. l) EG-Vertrag; vgl. außerdem Art. 6 EG-Vertrag sowie den 8. Erwägungsgrund der Präambel des EU-Vertrages, der ausdrücklich die „Stärkung […] des Umweltschutzes" erwähnt; vgl. auch das Urteil des EuGH Rs. 240/83, *Procureur de la République/ADBHU*, Slg. 1985, S. 531, das den Umweltschutz als „wesentliches Ziel der Gemeinschaft" anerkannte.

[915] EPINEY in: BIEBER/EPINEY/HAAG (HRSG.), Die Europäische Union, § 32 Rn. 16 ff.; BERCK, Die EU-Osterweiterung, S. 179 ff.; SLAVU, Osteuropa-Recht 2007, S. 314, 325 f.; SCHLADEBACH, EuR 2000, S. 999, 1000 ff.

(5.2) Die Fortschrittsberichte der Europäischen Kommission

In Anbetracht der vielfach katastrophalen, weil ausschließlich anhand von Wirtschaftsplänen ausgerichteten Produktionsbedingungen zu Zeiten des Kommunismus stellt die Verbesserung des Umweltschutzes in den neuen Mitgliedstaaten aus Mittel- und Osteuropa ein dringendes Anliegen der Europäischen Union dar. Aus diesen Gründen wurde dem Umweltschutz auch in den Beitrittsverhandlungen mit Rumänien eine große Bedeutung beigemessen.

Laut Stellungnahme der Europäischen Kommission vom Juli 1997 müsse Rumänien im Hinblick auf die Anpassung an den gemeinschaftlichen Besitzstand dem Unweltschutz höhere Priorität einräumen, gezielte umweltpolitische Beitrittsstrategien und Arbeitsprogramme durchführen, die dazu notwendigen finanziellen Mittel erheblich aufstocken und seine Verwaltungskapazitäten ausbauen.[916] Die Erfüllung entsprechender Rechtsvorschriften, die laufende hohe Investitionen und erheblichen Verwaltungsaufwand erfordern, wie z.B. die Behandlung städtischer Abwässer, das Trinkwasser, die Abfallentsorgung oder die Luftverschmutzung, sei nach Aussage der Kommission erst sehr langfristig zu erwarten.

Im letzten Fortschrittsbericht der Europäischen Kommission vor der Eröffnung der Beitrittsverhandlungen mit Rumänien aus dem Jahr 1999 wurde darauf hingewiesen, dass Rumänien in seinen Angleichungsbemühungen noch nicht weit vorangekommen sei. Das Land verfüge nach wie vor über keine allgemeine Umweltstrategie mit Kostenschätzungen sowie Durchführungs- und Finanzierungsplänen zu den einzelnen EU-Richtlinien im Bereich des Umweltschutzes.[917]

Im Fortschrittsbericht von Oktober 2004, der den offiziellen Abschluss der Beitrittsverhandlungen über das Kapitel *Umwelt* bestätigte, wurde festgestellt, dass Rumänien weitere Fortschritte bei der Angleichung seiner Rechtsvorschriften an den gemeinschaftlichen Besitzstand erzielt habe.[918] Darüber hinaus wurde auf die Anstrengungen hingewiesen, die noch erforderlich seien, um die vollständige Übernahme der gemeinschaftlichen Rechtsvorschriften in wichtigen Bereichen wie dem der Luft- und Wasserqualität sowie der Abfallwirtschaft zu erreichen. Außerdem müssten vor allem Anstrengungen zur

---

[916] Vgl. Stellungnahme der Kommission zu dem Antrag Rumäniens auf EU-Beitritt vom 16.7.1997, KOM (1997) 2003, Bulletin der Europäischen Union, Beilage 8/1997, abrufbar im Internet unter: http://europa.eu/bulletin/de/9707/p104076.htm (Stand: 30.6.2008).

[917] Monitoring-Bericht der Europäischen Kommission KOM (1999) 510 vom 13.10.1999, S. 56 ff.

[918] Monitoring-Bericht der Europäischen Kommission KOM (2004) 657 vom 6.10.2004, S. 130 ff.

praktischen Anwendung dieser Vorschriften unternommen werden, insbesondere was die Schaffung der erforderlichen Verwaltungseinrichtungen betreffe. In ihrem letzten Fortschrittsbericht über Rumänien von September 2006 bestätigte die Europäische Kommission, dass das Land gute Fortschritte bei der Stärkung der Verwaltungskapazität im Bereich Umwelt erzielt habe.[919] Es sei insbesondere auf regionaler Ebene nun besser auf die Umsetzung des einschlägigen Besitzstandes vorbereitet. Insbesondere im Bereich der Wasserqualität und Abfallwirtschaft[920] sei der Besitzstand der Union vollständig umgesetzt worden.

(5.3) Zusammenfassung

Die Europäische Kommission prognostizierte bereits in ihrer Agenda 2000, dass kein Land Mittel- und Osteuropas bis zum Zeitpunkt seines Beitritts alle umweltrechtlichen EU-Bestimmungen erfüllen werde.[921] Im Beitrittsvertrag mit Rumänien von 2005 wurden rund 32 verschiedene Übergangsfristen im Bereich *Umwelt* vereinbart, die eine erhebliche Fülle von Regelungen betreffen. Im Anhang VII der Beitrittsakte über die Bedingungen und Einzelheiten der Aufnahme Rumäniens in die Europäische Union werden Übergangsregelungen in diesem Bereich auf mehr als 30 Seiten aufgeführt.[922] Dadurch tritt die Diskrepanz zwischen der Realität in Rumänien und den von der Kommission bescheinigten „Fortschritten" des Landes einmal mehr zu Tage. Der Umweltschutz ist heute in Rumänien – trotz gewisser Fortschritte – immer noch ein Thema von untergeordneter Bedeutung. Dies hat seine Ursache vor allem darin, dass der Umweltschutz in Rumänien bis zum Beginn der 90er Jahre stark vernachlässigt wurde. Gemäß dem europäischen Assoziierungsabkommen musste Rumänien seine wirtschaftliche Entwicklung auf dem Grundsatz der langfristigen Tragbarkeit aufbauen und dabei Umweltbelange in vollem Umfang berücksichtigen. Im Zeitraum 1990 – 1996 plante Rumä-

---

[919] Monitoring-Bericht der Europäischen Kommission KOM (2006) 549 vom 26.9.2006, S. 52 f.

[920] Die Entwürfe der regionalen Abfallwirtschaftspläne wurden fertig gestellt. Außerdem wurden weitere wichtige Schritte zur Vorbereitung der Umsetzung der EU-Richtlinien über Einwegverpackungen, Mülldeponien und alte Elektro- und Elektronikgeräte unternommen.

[921] Europäische Kommission KOM (1997) 2000 vom 15.7.1997, Agenda 2000: Eine stärkere und erweiterte Union, Bulletin der Europäischen Union, Beilage 5/1997, S. 61.

[922] Anhang VII der Beitrittsakte über die Bedingungen und Einzelheiten der Aufnahme Rumäniens in die Europäische Union, Amtsblatt der Europäischen Union L 157, S. 311 ff. Für die Übergangsmaßnahmen im Bereich *Umwelt*, Amtsblatt der Europäischen Union L 157, S. 330 ff.

nien jedoch lediglich 0,6 Prozent der PHARE-Mittel für den Bereich *Umwelt und nukleare Sicherheit* ein.[923] Erst Ende 1995 wurde nach einem langwierigen Gesetzgebungsverfahren ein umfassendes Gesetz zum Schutz der Umwelt verabschiedet.[924] Dadurch passte Rumänien seine Gesetzgebung an die europäische an. Ebenfalls Ende 1995 wurden eine nationale Umweltstrategie sowie ein nationales Umweltprogramm beschlossen, jedoch wird ein neues Gesetz zum Erhalt der Naturschutzgebiete dringend erforderlich. Dieses soll die gesetzlich garantierte Unabhängigkeit der Umweltschutzbehörden vom Umweltministerium verankern. Derzeit sind diese Behörden dem Ministerium unterworfen, was zu Lasten effizienter Umweltschutzmaßnahmen geht.[925]

Dringender Rechtsschutz ist insbesondere in Bezug auf die Umweltverschmutzung des Donaudeltas notwendig. Sein Status als wichtigstes Ökosystem Europas[926] benötigt Rechtsgarantien auf nationaler und internationaler Ebene zur Vorbeugung gegen weitere Beeinträchtigungen des dortigen Naturreichtums. Unter den katastrophalen Umständen, die von der Vogelgrippe und dem Hochwasser im Sommer 2005 hervorgingen, erhielt die Solidarität der Bevölkerung in dieser Region eine besondere Bedeutung, ebenso die effizienten Maßnahmen, die von der Regierung TĂRICEANU getroffen wurden, um den Betroffenen Schutz zu gewährleisten.[927]

Durch die EU-Beitrittspartnerschaft wurde Rumänien aufgefordert, den Bereichen Luft, Wasser und Abfall besondere Beachtung zu schenken. Außer-

---

[923] Im Vergleich haben z.B. Polen und Bulgarien einen beträchtlichen Anteil der PHARE-Mittel (8,2% bzw. 12,4%) für diesen Sektor verwendet, vgl. LANGEWIESCHE, The Enlargement of the European Union, in: South-East Europe Review, Vol. 2/1999, S. 95, 96.

[924] Vgl. Legea Nr. 137 din 29.12.1995 privind protecţia mediului (Gesetz Nr. 137 vom 29.12.1995 zum Umweltschutz) abgedruckt in *Monitorul Oficial al României* Nr. 304 vom 30.12.1995.

[925] Vgl. PASCAL/VLAD/DIACONU, Protecţia mediului înconjurător (Der Umweltschutz), Bericht der Vertretung der Europäischen Kommission in Bukarest, 2004; SLAVU, Osteuropa-Recht 2007, S. 314, 327 f.

[926] Das 5.000 km^2 große Flussdelta wurde 1991 von der UNESCO zum Weltnaturerbe erklärt. Das Donaudelta wurde von der internationaltätigen Umwelt-, Kultur-, Freizeit- und Touristikorganisation „Naturfreunde" zur Landschaft des Jahres 2007/2008 gewählt, vgl. die Informationen des Naturschutzbundes Deutschland e.V. unter: www.nabu.de/m05/m05_10/05612.html (Stand: 30.6.2008) sowie http://de.wikipedia.org/wiki/Donau#Biosph.C3.A4renreservat_Donaudelta (Stand: 30.6.2008).

[927] Vgl. VLAD, Rechtsfragen der europäischen Integration, in: SANDER/VLAD (HRSG.), Quo vadis, Europa?, S. 113, 124; GABANYI, Rumänien, in: WEIDENFELD/WESSELS (HRSG.), Jahrbuch der Europäischen Integration 2005, S. 441, 444.

dem wurde darauf hingewiesen, dass die Belange des Umweltschutzes in die Verfolgung nationaler Sektorpolitiken zu integrieren und die Anforderungen des Nachhaltigkeitsgrundsatzes zu berücksichtigen seien.[928] Dennoch wurden in den letzten Jahren bei der Einbeziehung von Umweltbelangen in andere Bereiche der rumänischen Politik kaum Fortschritte erzielt. Obwohl Rumänien seine für die Umwelt vorgesehenen Haushaltsmittel aufgestockt hat, sind diese im europäischen Vergleich immer noch sehr gering. Die rumänischen Ausgaben für Umweltbelange belaufen sich lediglich auf 0,4 Prozent des Bruttoinlandsprodukts (EU-Schnitt: 1,5 Prozent). Insgesamt gesehen ist der Aufbau wirksamer Umweltschutzstrukturen mit erheblichen Schwierigkeiten verbunden. In diesem Bereich muss Rumänien noch nach seiner Aufnahme in die Europäische Union erhebliche Investitionen tätigen.
Die Vorgaben der Europäischen Union im Umweltbereich beinhalten bislang über 240 Richtlinien, die schwerpunktmäßig die Bereiche Luftreinhalte- und Antilärmpolitik, Schutz von Grund- und Oberflächengewässern sowie Abfallwirtschaftspolitik betreffen und von den Beitrittsländern in nationales Recht transformiert und effektiv umgesetzt werden müssen.[929] Die bei der Umsetzung schwierigste Richtlinie im Bereich des Umweltschutzes ist die Kommunalabwasser-Richtlinie,[930] deren Übernahme auch in Deutschland erhebliche Probleme bereitet.[931] Rumänien wurde eine Übergangsfrist bis zum 31. Dezember 2018 für deren Umsetzung gewährt.[932] Im Bereich des industriellen Umweltschutzes wurden beispielsweise Übergangsfristen bis 2015 bei der IVU-Richtlinie vereinbart.[933] Die Wasser-, Luft- und Bodenqualität in Rumänien ist aufgrund industriebedingter Umweltverschmutzung, vor allem durch die Bergbau-, Schwermetall- und Ölindustrie, gegenwärtig noch extrem schlecht.[934] Laut eines Berichts des *Regional Environmental Center for Cent-*

[928] Vgl. die Beschlüsse des Rates zu der Beitrittspartnerschaft mit Rumänien vom 30.3.1998, Amtsblatt der Europäischen Union Nr. L 121 vom 23.4.1998, S. 11 ff.
[929] Ausführlich dazu BERCK, Die EU-Osterweiterung, S. 179 ff.
[930] Richtlinie 91/271/EWG des Rates vom 21.5.1991 über die Behandlung von kommunalem Abwasser, Amtsblatt der Europäischen Union Nr. L 135 vom 30.5.1991, S. 40.
[931] Vgl. BREUER, DVBl. 1997, S. 1211, 1222 f.; VON DANWITZ, JZ 2006, S. 1, 7 f.
[932] Amtsblatt der Europäischen Union L 157 vom 21.6.2005, S. 342 f.
[933] Amtsblatt der Europäischen Union L 157 vom 21.6.2005, S. 344 – 353.
[934] Von den insgesamt 1.100 Großbetrieben des Landes, die eine Umweltverschmutzung der Klasse A produzieren, verfügen nur fünf über eine von der Umweltbehörde ausgestellte Bescheinigung, dass der Betrieb den Umweltnormen entspricht. Der Rest hat eine solche entweder beantragt oder funktioniert ohne Genehmigung. Von den 12.300 rumänischen Kleinbetrieben besitzen lediglich 1.300 eine Umweltgenehmigung. Von den 1.214 Müllhalden in Bukarest sind nur zehn von der rumänischen Umweltbehörde genehmigt, vgl. *Cotidianul* vom 17.8.2006, S. 1; *România Liberă* vom 18.8.2006, S. 3.

ral and Eastern Europe,[935] das im Auftrag der EU-Kommission umweltbezogene Länderberichte erstellt, sind in Rumänien neben den Gewässern vor allem die Böden stark mit Schwermetallen wie Blei, Eisen und Mangan sowie Mineralölrückständen belastet. Etwa 75 Prozent der landwirtschaftlich genutzten Fläche ist davon betroffen. Ähnlich schlecht steht es auch um die Wasserqualität.[936] Obwohl seit 1994 eine stetige Verbesserung der Trinkwasser- und Gewässerqualität nachgewiesen werden konnte, gelten 18 Prozent der Wasserläufe Rumäniens als ökologisch tot.[937] Neue Regelungen der Forstverwaltung und der nationalen Gewässer, vor allem im Bereich der staatlichen Kontrolle über die wichtigsten Bodenschätze, sind dringend notwendig. Eine strenge Gesetzgebung soll insbesondere im Bereich des Umweltschutzes den privaten Missbrauch der nationalen Bodenschätze verhindern. Wegen der Tatsache, dass die Umsetzung des europäischen Wasserrechts mit erheblichen Kosten und verwaltungstechnischen Schwierigkeiten verbunden ist, wird zum Teil die Befreiung von bestimmten Regelungen im Wasserbereich befürwortet.[938] Auch die Kommission selbst betont, dass das Umsetzungserfordernis kein Selbstzweck sei.[939] Da diese Fragen letztlich das Grundprinzip der EU-Erweiterung, nämlich der vollständigen Übernahme des *acquis communautaire*, berühren, liegt die Entscheidung über die Zulässigkeit von Ausnahmen lediglich bei der Europäischen Kommission.

---

[935] Ausführliche Informationen sind abrufbar im Internet unter: www.rec.org/REC/Annual Reports (Stand: 30.6.2008).

[936] Die Überwachung der Wasserqualität erfolgt nunmehr gemäß der durch den Besitzstand vorgegebenen Parameter und Kontrollhäufigkeit, vgl. Monitoring-Bericht der Europäischen Kommission KOM (2006) 549 vom 26.9.2006, S. 52.

[937] Einen traurigen Höhepunkt markierte unter anderem die Giftflut-Katastrophe im Januar 2000, als aus einem defekten Abwasserbecken einer Goldmine im Nordwesten Rumäniens ca. 100.000 Kubikmeter schwermetallhaltige Schadstoffe (in erster Linie hochgiftige Cyanide) die Zuflüsse der Donau auf einer Gesamtlänge von 300 km verseuchten. Über 65 Tonnen toter Fisch wurden im Zuge dieser Kontaminierung geborgen.

[938] Vgl. SLAVU, Osteuropa-Recht 2007, S. 314, 327 ff.; CARIUS/VON HOMEYER/BÄR, APuZ B 48/1999, S. 21, 27; SCHLADEBACH, EuR 2000, S. 999, 1005 f.; vgl. auch BERCK, Die EU-Osterweiterung, S. 179 ff., der die Auffassung vertritt, dass die Verpflichtung zur Rechtsangleichung im Umweltbereich nicht begründet werden könne, da viele EU-Richtlinien nationale Umweltgüter betreffen, wie etwa im Falle der Festlegung von Qualitätsstandards für Trinkwasser und kommunale Abwasser sowie Badegewässer.

[939] Vgl. Mitteilung der Europäischen Kommission KOM (1998) 294 vom 20.5.1998 („Die Erweiterung bewältigen mit den Kandidatenländern Mittel- und Osteuropas“) über Beitrittsstrategien für die Umwelt.

cc. Der *acquis communautaire* als Beitrittshindernis

Die assoziierten Staaten aus Mittel- und Osteuropa, einschließlich Rumänien, mussten im Vergleich zu früheren Assoziierungsländern in erheblich kürzerer Zeit[940] ein wesentlich umfangreicheres Vertragswerk mit seinen zahlreichen Regelungen anerkennen und sowohl in nationales Recht übernehmen wie auch effektiv anwenden.[941] Zugleich mit den Beitrittsvorbereitungen befanden sich die mittel- und osteuropäischen Staaten in einer Phase grundlegender politischer und marktwirtschaftlicher Reformen, die teilweise heute noch andauert.

Ob diese Beitrittspraxis der zwingenden vollständigen Übernahme des *acquis communautaire* tatsächlich der Finalität und den Zielsetzungen der Union entspricht, ist sehr umstritten.[942] Denn durch diese Beitrittsbedingung werden zwei gegensätzlich wirkende Effekte ausgelöst: Einerseits gewährleistet die Übernahme des *acquis* die Einheitlichkeit des Binnenmarktes und einen gemeinsamen harmonisierten Standard zwischen den beteiligten Mitgliedstaaten.[943] Andererseits wird jedoch wegen der langen Übergangsfristen der Zugang der neuen EU-Mitglieder zum Binnenmarkt durch den *acquis communautaire* erheblich behindert. Hier sind Mindeststandards definiert, die die mittel- und osteuropäischen Länder einerseits einzuhalten haben, wenn sie den freien Zutritt zum Binnenmarkt erlangen wollen. Andererseits wirken sie jedoch verstärkt als Marktzugangsbarriere für die Länder Mittel- und Osteu-

---

[940] So hatte etwa Griechenland 20 Jahre Zeit, das entsprechende Assoziierungsabkommen durchzuführen und die damit verbundene Rechtsangleichung vorzunehmen, bevor die Beitrittsverhandlungen offiziell gestartet wurden; bei Spanien waren es 17 Jahre; zur Situation in den EFTA-Staaten siehe die Ausführungen in der Fn. 428.

[941] In den Beitrittsverhandlungen mit den zehn Ländern der ersten Osterweiterungsrunde wurden rund 500 Übergangsfristen vereinbart, die über 250 verschiedene Übergangsregelungen betreffen, näher dazu HUSEMANN, BArbBl. 2002, S. 15 ff.

[942] BERCK, Die EU-Osterweiterung, S. 191 ff.; PHINNEMORE, Romania and the European Union, in: ERDELI/DUMBRĂVEANU (HRSG.), Romanian-British Geographical Interchanges, S. 19 ff.; NOWAK, EuZW 2003, S. 101 ff.; SCHLADEBACH, EuR 2000, S. 999, 1006; PECHSTEIN/KUBICKI, EuZW 2004, S. 167 ff.; CARIUS/VON HOMEYER/BÄR, APuZ B 48/1999, S. 21, 27; DAUDERSTÄDT, Interessen und Hindernisse bei der EU-Osterweiterung, Politikinformation Osteuropa Nr. 98 der Friedrich-Ebert-Stiftung, abrufbar im Internet unter: http://library.fes.de/fulltext/id/01170.htm (Stand: 30.6.2008).

[943] Vgl. Europäische Kommission KOM (1997) 2000 vom 15.7.1997, Agenda 2000: Eine stärkere und erweiterte Union, Bulletin der Europäischen Union, Beilage 5/1997, S. 71 f.; SCHORKOPF in: MICKEL/BERGMANN (HRSG.), Handlexikon der Europäischen Union, Stichwort „Acquis communautaire“.

ropas, da viele Vorschriften des Gemeinschaftsrechts von diesen Ländern zur Zeit nur schwerlich erfüllt werden können.[944]

Im Zusammenhang mit der Bedingung der Übernahme des *acquis communautaire* werden von EU-Seite u.a. Befürchtungen vorgetragen, die mittel- und osteuropäischen Länder seien dem Wettbewerbsdruck des Binnenmarktes (noch) nicht gewachsen. Sie müssten sich zuerst selbst wettbewerbsfähig machen, bevor ihnen der freie Zugang zum Binnenmarkt gewährt werden könne.[945] Durch diese Verlautbarungen wird aber letztlich verschleiert, dass die Europäische Union selbst nicht bereit ist, ihren Binnenmarkt den mittel- und osteuropäischen Ländern zu öffnen und sich dem Wettbewerb zu stellen, sondern sich vielmehr vor Wettbewerb zu schützen versucht.[946] Daher wachsen in den neuen Mitgliedsländern erhebliche Zweifel sowohl an der Konkurrenzfähigkeit der eigenen Wirtschaft unter den Bedingungen des EU-Binnenmarktes wie auch an der Bereitschaft der bisherigen EU-Mitgliedstaaten, den Neumitgliedern volle wirtschaftliche Solidarität innerhalb der Union zuteil werden zu lassen. Die vereinbarten Übergangsregelungen und -fristen, insbesondere bei der Freizügigkeit der Arbeitnehmer, oder die Signale, die Landwirtschaft der Beitrittsländer nicht in vollem Maße in die europäische Agrarpolitik (vor allem in das System der direkten Einkommensbeihilfen) integrieren zu wollen, werden zunehmend als Versuch der Alt-Mitglieder interpretiert, sich wirtschaftliche Vorteile durch die Osterweiterung zu sichern[947] und „die Neumitglieder mit einer Mitgliedschaft zweiter Klasse abzuspeisen".[948] Zwar erlaubt

---

[944] ACHTEN, Die Osterweiterung der Europäischen Union, S. 81 ff.; LIPPERT, APuZ B 1-2/2003, S. 9; SLAVU, Rumänien auf dem Weg in die Europäische Union, in: BOȚA-MOISIN (HRSG.), Acquis Communautaire – A Need for the European Integration, S. 364, 371 ff.

[945] NOWAK, Übergangsfristen im Rahmen der EU-Osterweiterung und alternative Arrangements zur Migrationssteuerung, in: BRUHA/SCHÄFER/WASS VON CZEGE (HRSG.), Die Europäische Union nach der Erweiterung, S. 98, 108 ff.; NAGEL, Konsequenzen der EU-Osterweiterung, in: KOCH (HRSG.), Osterweiterung der EU – neue Chancen für interkulturelle Kooperation, S. 81; BIEBER in: BEUTLER/BIEBER/PIPKORN/STREIL, Die Europäische Union, Kap. 35 Rn. 1284 f.

[946] SCHÜLLER, Zur Osterweiterung der EG, in: HASSE/MOLSBERGER/WATRIN (HRSG.), Ordnung in Freiheit, S. 324; BERCK, Die EU-Osterweiterung, S. 192 ff.

[947] MENG in: VON DER GROEBEN/SCHWARZE, Art. 49 EU-Vertrag Rn. 16; STURM, Internationale Politik 1/2003, S. 3 ff.; vgl. auch die Studie der Europäischen Kommission „Enlargement, two years after: an economic evaluation", Occasional Papers No. 24, Brussels May 2006, S. 22 ff., abrufbar im Internet unter: http://ec.europa.eu/economy_finance/publications/publication7548_en.pdf (Stand: 30.6.2008).

[948] ZUREK/LOTZ, EU-Landwirtschaft und Osterweiterung, S. 21 ff.; ACHTEN, Die Osterweiterung der Europäischen Union, S. 87 ff.; BERCK, Die EU-Osterweiterung, S. 192 ff.; MIL-

der Amsterdamer Vertrag in bestimmten Bereichen eine differenzierte Integration, jedoch bezieht sich diese nur auf weitergehende Integrationsschritte, nicht hingegen auf partielle Außerkraftsetzung des bereits Erreichten.[949] Die Rechtmäßigkeit der vereinbarten Übergangsregelungen ist daher in gemeinschaftsverfassungsrechtlicher Hinsicht insoweit bedenklich, als jede Außerkraftsetzung grundfreiheitlicher Verbotstatbestände, und sei sie auch lediglich vorübergehender Art, mit dem vom EuGH anerkannten Grundsatz der einheitlichen Geltung des Gemeinschaftsrechts kollidiert.[950] Des Weiteren geraten diese „beitrittsbedingten" Übergangsregelungen mit den vom EuGH anerkannten Grundsätzen der sofortigen vollständigen Anwendung des Gemeinschaftsrechts auf die neuen Mitgliedstaaten[951] sowie der Gleichheit aller Mitgliedstaaten vor dem Gemeinschaftsrecht in Konflikt.[952]

Nach der hier vertretenen Auffassung ist eine zwingende vollständige Übernahme des *acquis communautaire*, die auch als *Rechtsangleichung* interpretiert werden kann,[953] gegenwärtig keinesfalls erforderlich, da der *acquis communautaire* seit der Gründung der Europäischen Gemeinschaften nie einer umfassenden Überarbeitung seiner Organisation oder Verhältnismäßigkeit unterzogen wurde.[954] Aus diesem Grund sind zahlreiche Rechtsakte aus dem gemeinsamen Besitzstand eindeutig überholt und müssten aufgehoben wer-

---

DENBERGER, Die EU-Erweiterung aus Sicht der Beitrittskandidaten, in: Europäische Integration 2002, S. 62; NOWAK, EuZW 2003, S. 101 ff.; PECHSTEIN/KUBICKI, EuZW 2004, S. 167 ff.; SCHEFFER, ZRP 2003, S. 55, 58.

[949] Vgl. JANNING, Die verstärkte Zusammenarbeit im Vertrag von Nizza, in: WEIDENFELD (HRSG.), Nizza in der Analyse, S. 145 ff.; KELLERBAUER, Von Maastricht bis Nizza, S. 21 ff.; BÖHMER, Migrationseffekte der Osterweiterung auf die EU-Arbeitsmärkte, S. 5 ff.; ILIOPOULOS, EuR 2004, S. 637, 642 f.; vgl. auch die Bestimmungen des Art. 43 EU-Vertrag.

[950] Vgl. zur Bedeutung der Einheitlichkeit des Gemeinschaftsrechts die grundlegenden Ausführungen des Europäischen Gerichtshofs in der Rechtssache *Costa/E.N.E.L.*, EuGH Rs. 6/64, Slg. 1964, S. 1251, 1269 f.; vgl. darüber hinaus BECKER, EU-Erweiterung und differenzierte Integration, S. 73 f.; KADELBACH, EuR 1998, S. 51 ff.

[951] Vgl. EuGH Rs. 258/81, *Metallurgiki Halyps*, Slg. 1982, S. 4261; SCHLADEBACH, LKV 2002, S. 457, 459.

[952] Siehe EuGH Rs. 128/78, *Kommission/Großbritannien*, Slg. 1979, S. 419.

[953] Ausführlich zu der *Rechtsangleichung* in den Staaten Mittel- und Osteuropas HERRNFELD, EuR 2000, S. 454 ff.

[954] Vgl. Mitteilung der Kommission KOM (2003) 71 vom 11.2.2003, abrufbar im Internet unter: http://eur-lex.europa.eu/LexUriServ/LexUriServ.do?uri=COM:2003:0071:FIN:DE:PDF (Stand: 30.6.2008); GRUNDMANN, JZ 2005, S. 860, 869.

den.[955] Es besteht folglich kein Anlass mehr, sie in einem aktiven, den Beitrittsverhandlungen zugrunde liegenden Besitzstand zu erhalten.[956] Dass die Beitrittsbedingung der vollständigen Übernahme des *acquis communautaire* nicht mehr realitäts- bzw. zeitnah ist, zeigen in erster Linie auch die Bemühungen der Europäischen Union selbst, ihren Besitzstand zu aktualisieren bzw. zu vereinfachen. So legte die Kommission am 5. Juni 2002 einen Aktionsplan zur „Vereinfachung und Verbesserung des Regelungsumfeldes" in der Europäischen Union vor.[957] Darüber hinaus kündigte die Kommission ihre Absicht an, schwebende Rechtsetzungsvorschläge intensiver als bisher zu prüfen und ggf. sogar zurückzuziehen. Am 11. Februar 2003 bekundete die Kommission durch die Mitteilung KOM (2003) 71 weitere Bemühungen zur Aktualisierung und Vereinfachung des bestehenden *acquis communautaire*.[958] Dieser Mitteilung liegt das Ziel zugrunde, „einen aktuellen und benutzerfreundlichen Bestand" des Unionsrechts sicherzustellen. Diese Zielsetzung wurde bereits 1995 in dem Weißbuch der Europäischen Kommission[959] entwickelt und 2000 in ihren Beiträgen zu der *Lissaboner Strategie*[960] bekräftigt.

---

[955] Dies ist z.B. bei den Rechtsakten der Fall, in denen die Agrarpreisniveaus in einem bestimmten Jahr festgelegt worden sind. Zahlreiche Rechtsakte sind auch deswegen überholt, da ihre zeitliche Gültigkeit abgelaufen ist, vgl. Mitteilung der Kommission KOM (2003) 71 vom 11.2.2003, S. 16 f.; VON DANWITZ, JZ 2006, S. 1, 3 ff.

[956] Vgl. die Mitteilungen der Kommission KOM (2003) 71 vom 11.2.2003 sowie KOM (2005) 97 vom 16.3.2005; vgl. auch die Schlussfolgerungen des Vorsitzes der Regierungskonferenz des Europäischen Rates von Brüssel vom 8./9.3.2007, Punkt 21 ff., EU-Nachrichten Nr. 1 vom 9.3.2007, abrufbar im Internet unter: www.consilium.europa.eu/ueDocs/cms_Data/docs/pressdata/de/ec/93139.pdf (Stand 30.6.2008).

[957] Mitteilung der Kommission KOM (2002) 278 vom 5.6.2002.

[958] Mitteilung der Kommission KOM (2003) 71 vom 11.2.2003, abrufbar im Internet unter: http://eur-lex.europa.eu/LexUriServ/LexUriServ.do?uri=COM:2003:0071:FIN:DE:PDF (Stand: 30.6.2008).

[959] Weißbuch der Kommission „Vorbereitung der assoziierten Staaten Mittel- und Osteuropas auf die Integration in den Binnenmarkt der Union" vom 3.5.1995, vgl. Mitteilung der Kommission KOM (1995), 163.

[960] Die Union setzte sich in der *Lissaboner Strategie* das Ziel, bis 2010 „die Union zum wettbewerbsfähigsten und dynamischsten wissensbasierten Wirtschaftsraum der Welt zu machen – einem Wirtschaftsraum, der fähig ist, ein dauerhaftes Wirtschaftswachstum mit mehr und besseren Arbeitsplätzen und einem größeren sozialen Zusammenhalt zu erzielen", vgl. die Schlussfolgerungen des Vorsitzes der Regierungskonferenz des Europäischen Rates von Lissabon vom 23./24.3.2000, Punkt 5, abrufbar im Internet unter: www.consilium.europa.eu/ueDocs/cms_Data/docs/pressdata/de/ec/00100-r1.d0.htm (Stand: 30.6.2008). Bei der Halbzeitbilanz 2005 wurde festgestellt, dass die ursprünglichen (zu ehrgeizigen) Ziele nicht zu erreichen sind und dass weitere Reformen nötig sind, um mehr Wachstum und Beschäftigung zu schaffen, vgl. *Die Welt* vom 24.3.2007, S. 5.

Inhalt der Mitteilung sind die kohärentere Neugestaltung und Beseitigung von überholten und veralteten Rechtstexten, die bessere Präsentation des *acquis communautaire*, der einfache Zugang zu Konsultation und Nutzung des Gemeinschaftsrechts sowie die langfristige Modernisierung und Vereinfachung bestehender Vorschriften der Union. Insgesamt sollen die Rechtsvorschriften in den kommenden Jahren um ein Drittel reduziert werden. Dabei sollen rund 35.000 Seiten des momentan über 100.000 Druckseiten umfassenden Amtsblattes gestrichen werden.[961]

Weiterhin wird die Notwendigkeit der Übernahmeverpflichtung durch die vielfältigen Defizite in der heutigen europäischen Gesetzgebung in Frage gestellt. Diese Defizite ergeben sich insbesondere aus den systematischen Unstimmigkeiten und häufig kaum auflösbaren, inneren Widersprüchen von gemeinschaftlichen Vorschriften. Die festzustellende Intransparenz der Gemeinschaftsbestimmungen und die für Außenstehende oftmals nicht nachvollziehbare Geschwindigkeit, mit der in der Europäischen Union die Rechtsakte, teilweise bereits vor ihrem In-Kraft-Treten, geändert werden,[962] bereiten in den Beitrittsländern große Schwierigkeiten bei der Umsetzung des *acquis communautaire*. Darüber hinaus ist eine verspätete und ungenügende Umsetzung des Gemeinschaftsrechts in den alten EU-Mitgliedsländern allgegenwärtig zu beobachten.[963] Dieses Phänomen bildet seit mehreren Jahren ein reichlich trübes Kapitel der europäischen Integration und scheint in manchen Mitgliedstaaten mehr die Regel als die Ausnahme zu sein.[964] Erleichtert wird ein

---

[961] Anlässlich der o.g. Mitteilung der Kommission KOM (2003) 71 haben die Kommissionsdienststellen bereits vorläufig über 450 Rechtsakte ausfindig gemacht, die weit über 1.000 Amtsblattseiten entsprechen und für eine Aufhebung oder eine förmliche Bestätigung in Frage kommen. Diese Rechtsakte sind in dem dieser Mitteilung beigefügten Arbeitspapier der Kommissionsdienststellen aufgeführt.

[962] Vgl. MENG in: VON DER GROEBEN/SCHWARZE, Art. 49 EU-Vertrag Rn. 73; VON DANWITZ, JZ 2006, S. 1 ff.

[963] Seit 1983 werden alljährliche Kommissionsberichte über die Kontrolle der Einhaltung des Gemeinschaftsrechts erstellt. Aus den letzten Jahren siehe den 20. Jahresbericht KOM (2003) 669 vom 21.11.2003, den 22. Jahresbericht KOM (2005) 570 vom 5.11.2005) und den 23. Jahresbericht KOM (2006) 416 vom 24.7.2006. Die Jahresberichte der Kommission sind abrufbar im Internet unter: http://ec.europa.eu/community_law/infringements/infringements_annual_report_en.htm (Stand: 30.6.2008)

[964] Bis November 2004 wurden im EU-Schnitt 3,6% aller Gesetzestexte nicht rechtzeitig von den nationalen Parlamenten übernommen. Insgesamt waren somit mehr als ein Viertel aller EU-Richtlinien in einem oder mehreren Staaten nicht in Kraft. In Deutschland lag der Rückstand bei 2,5% (ca. 40 EU-Gesetze), vgl. *Frankfurter Allgemeine Zeitung* vom

derartiges regelwidriges Verhalten der Mitgliedstaaten dadurch, dass die Europäische Union nicht über eigene Organe zur Rechtsdurchsetzung in den einzelnen Mitgliedstaaten verfügt und diesbezüglich auf die Organe der Nationalstaaten angewiesen ist,[965] welche aber ihrer Pflicht zur Überwachung der Einhaltung von EU-Recht innerhalb ihrer Landesgrenzen nicht unbedingt nachkommen.[966] Neben offener Obstruktion und schlichter Nachlässigkeit der Mitgliedstaaten bei der Umsetzung der EU-Richtlinien haben sich in der Zwischenzeit vielfach auch objektive Umsetzungsschwierigkeiten herauskristallisiert, die gemeinschaftsrechtlich unentschuldbar bleiben, jedoch sachlich bedingt sind.[967] Benachteiligt sind insbesondere die Mitgliedstaaten, in denen die Umsetzung besonders stark von der parlamentarischen Rechtsetzung abhängt, wie z.B. in Deutschland oder Italien. In kleineren Mitgliedstaaten stößt die Umsetzung des ambitionierten Binnenmarktprogramms schon auf objektive Grenzen der Leistungsfähigkeit der Verwaltungskapazitäten.[968] Die Effektivität gemeinschaftlicher Politik wird dadurch in Frage gestellt, denn sie ist nicht nur von der Effizienz der Entscheidungsfindung auf der europäischen Ebene, sondern auch von der Bereitschaft und Fähigkeit der Mitgliedstaaten zur Implementierung von Entscheidungen auf der nationalen Ebene abhängig.[969] Die Gesetzgebungskultur bei der Umsetzung von Gemeinschaftsrecht ins innerstaatliche Recht bedarf daher dringend einer grundlegenden Reform.

Zur Beseitigung der oben genannten Schwierigkeiten wird eine Verbesserung der Gesetzgebungsqualität auf Gemeinschaftsebene angestrebt. Dieses Thema fand insbesondere während der britischen Ratspräsidentschaft im Jahr 2005 eine besondere Akzentuierung, indem es zu einer prioritären Aufgabenstel-

---

28.1.2005, S. 11; vgl. auch GRIMM/MERKEL, Die Grenzen der EU, in: ALBER/MERKEL, Europas Osterweiterung: Das Ende der Vertiefung?, S. 183, 192 ff.

[965] In Deutschland muss zum Beispiel der Bund gegenüber den Ländern für die Befolgung des EU-Rechts sorgen, vgl. ACHTEN, Die Osterweiterung der Europäischen Union, S. 73 ff.; VON DANWITZ, JZ 2006, S. 1, 5.

[966] WUERMELING, EuR 2004, S. 216 ff.; OPPERMANN, JZ 1999, S. 317, 324 f.; SCHLADEBACH, EuR 2000, S. 999, 1007 f.

[967] Ausführlich dazu VON DANWITZ, JZ 2006, S. 1, 7 ff. mit zahlreichen Nachweisen; OPPERMANN, JZ 2005, S. 1017 ff.

[968] Siehe für Luxemburg den 11. Jahresbericht der Kommission, Amtsblatt EG Nr. C 154 vom 6.6.1994, S. 44.

[969] GRIMM/MERKEL, Die Grenzen der EU, in: ALBER/MERKEL, Europas Osterweiterung: Das Ende der Vertiefung?, S. 183, 192.

lung erklärt wurde.[970] Ein möglicher Weg dahin könnte in dem ausdrücklichen Verzicht auf einzelne umstrittene Gesetzesvorhaben als beispielhafte Abkehr von bürokratischer Überregulierung innerhalb der Europäischen Union gesehen werden.[971] Einen richtigen Schritt in diese Richtung bedeutet unter anderem die Ankündigung von Kommissionspräsidenten BARROSO, im Rahmen einer Deregulierungsinitiative 60 Entwürfe für Verordnungen und Richtlinien zurückzuziehen, die er selbst als „absurde" Vorschläge bezeichnete.[972]

Die oben genannten Initiativen und Maßnahmen der Europäischen Union zur Verbesserung ihrer Gesetzgebungsqualität bzw. zur Aktualisierung und Vereinfachung des bestehenden Besitzstandes zeigen, dass es dringend notwendig ist, von überzogenen Einheitlichkeitsvorstellungen in allen Mitgliedstaaten Abschied zu nehmen.[973] Die Rechtsangleichung darf nicht mehr als Selbstzweck angesehen werden, die der Schaffung von Einheitsrecht dienen soll. Vielmehr müsste sie dazu führen, dass die tatsächlichen Hindernisse für die

---

[970] Vgl. "Priorities for the UK Presidency of the European Union 2005" abrufbar im Internet unter: www.eu2005.gov.uk/servlet/Front?pagename=OpenMarket/Xcelerate/ShowPage &c=Page&cid=1107293521089 (Stand: 30.6.2008).

[971] SCHWARZE, JZ 2005, S. 1130, 1137; VON DANWITZ, JZ 2006, S. 1, 5.

[972] Vgl. *Süddeutsche Zeitung* vom 15.9.2005, S. 8 und vom 27.9.2005, S. 6.; vgl. auch die Rede des Kommissionspräsidenten BARROSO vom 22.9.2005 in Lissabon über die Vereinfachung des Besitzstandes: „There are three elements to our work here. The first part was the mainstreaming of impact assessments, and the Commission will continue to improve their quality and coverage. The second part, which is drawing to a close now, is the screening of pending proposals to check their compatibility with the Lisbon Strategy and Better Regulation principles. The third part of our Better Regulation programme will be a root and branch review of all Community legislation leading to a major simplification package. This will include rolling back legislation which is no longer necessary. Our goal should be precisely targeted legislation that works. The last of our immediate challenges is to encourage a rapid agreement on the financial perspectives, to avoid paralysis in the Union beyond 2006. It is crucial that the British Presidency devotes to this all energy and commitment. Any delay risks having a very negative effect on our policies and on our Member States – particularly the new ones. The time has come for the Commission to go on the offensive, and we will put forward some ideas at the most appropriate moment to try to help the Presidency of the Council unblock the negotiations."

[973] Vgl. EuGH JZ 2001, S. 32, 33 (Tabakwerbeverbot); vgl. auch PHINNEMORE, Romania and the European Union, in: ERDELI/DUMBRĂVEANU (HRSG.), Romanian-British Geographical Interchanges, S. 19 ff.; BERCK, Die EU-Osterweiterung, S. 190; CARIUS/VON HOMEYER/BÄR, APuZ B 48/1999, S. 21, 27; OPPERMANN, JZ 1999, S. 317, 325 f.; FIEGEN, Die Reform des EU-Finanzsystems, S. 19: „Die Mitgliedschaft der mittel- und osteuropäischen Länder in die Europäische Union zwingt sie zur Abschiedsnahme von ihrer status-quo-Mentalität."

Verwirklichung der Grundfreiheiten, insbesondere in den neuen Mitgliedsländern, und die damit verbundenen Wettbewerbsverfälschungen beseitigt werden.[974] Die Europäische Union sollte sich den wichtigen Problemen, wie dem Ungleichgewicht von wirtschaftlicher Leistungsfähigkeit, der sozialen Gerechtigkeit in den Mitgliedstaaten oder der Verknappung von Arbeitsplätzen sowie dem Umweltschutz oder dem Klimawandel widmen und hierfür nach tragfähigen Lösungen suchen, anstatt sich mit großem Zeitaufwand mit technischen Detailfragen zu beschäftigen, wie z.B. dem Geräuschemissionspegel von Rasenmähern, dem richtigen Winkel von Traktorsitzlehnen oder der einheitlichen Herstellung von Feuerzeugen in den EU-Mitgliedstaaten.[975]

Obwohl rechtlich weitergehende Umgestaltungen des *acquis communautaire* mittels einer Vertragsänderung im Rahmen des Erweiterungsprozesses möglich gewesen wären, zog die Erweiterungsstrategie der Union neben den unvermeidlichen „technischen Anpassungen" (wie die geänderte Mitgliederzahl in den Unionsorganen) bislang grundsätzlich nur Übergangsregelungen nach sich, mit deren Hilfe den Neumitgliedern für die allmähliche Integration in die Europäische Gemeinschaft mehrjährige Übergangsfristen eingeräumt wurden.[976] Die Erweiterungserfahrung zeigt, dass die Europäische Union in Wirklichkeit bislang keine Abstriche von ihrer Beitrittspraxis zur Übernahme des *acquis communautaire* gemacht hat. Dabei darf jedoch nicht übersehen werden, dass bei den vorangegangenen Erweiterungsrunden die politische sowie wirtschaftliche Diskrepanz zwischen den Alt- und Neumitgliedern der Europäischen Union erheblich geringer war als bei der Osterweiterung und bei den noch bevorstehenden Beitritten.[977] Außerdem war der zu übernehmende *acquis* bei weitem nicht so umfangreich wie zu heutigem Zeitpunkt, so dass es für die ehemaligen Beitrittskandidaten einfacher war, dieses Beitrittskriterium zu erfüllen.

---

[974] Vgl. VON DANWITZ, JZ 2006, S. 1 ff. mit zahlreichen Nachweisen.

[975] PFETSCH, Die Europäische Union, S. 305 ff.; OPPERMANN, JZ 2005, S. 1017 ff.; PHINNEMORE, Romania and the European Union, in: ERDELI/DUMBRĂVEANU (HRSG.), Romanian-British Geographical Interchanges, S. 19 ff.; vgl. auch das Interview mit JACQUES DELORS, Präsident der EU-Kommission a.D., Eine Kultur des Kompromisses, *Die Welt* vom 24.3.2007, S. 3.

[976] RICHTER, Die Erweiterung der Europäischen Union, S. 42; WESSELS, Grenzen- und ratlos, in: LIPPERT (HRSG.), Osterweiterung der Europäischen Union, S. 349, 351 ff.; HÄNLEIN, EuZW 2001, S. 165 ff.; LIPPERT/BODE, integration 4/2001, S. 369 ff.

[977] BECKER, EU-Erweiterung und differenzierte Integration, S. 12 f.; WOYKE, Osterweiterung, in: Politische Bildung 35/2002, S. 8, 26 f.; NOWAK, EuZW 2003, S. 101 ff.; HERRNFELD, EuR 2000, S. 454, 461 f.

Die Osterweiterung hat ein Beitrittskonzept offenbart, welches den neuen Mitgliedstaaten ungewöhnlich viele Übergangsregelungen, sehr lange Übergangsfristen[978] sowie zusätzliche Verabredungen von bestimmten Zwischenschritten bei der Umsetzung des *acquis communautaire* einräumt und mit großzügigen finanziellen EU-Hilfen verbunden ist. Solche *Sonderbestimmungen* haben keinen Ausnahmecharakter mehr, sondern stellen gegenwärtig in der Beitrittspraxis der Union die Regel dar.[979] Anstelle des jetzigen Erweiterungskonzeptes wäre zu überlegen, ob im Rahmen der Beitrittsverhandlungen klar bezeichnete, sachlich begründete länderbezogene und vor allem ökonomisch vertretbare Ausnahmen vereinbart werden könnten.[980] Darüber hinaus könnte die Möglichkeit in Erwägung gezogen werden, Übergangsfristen zur Beseitigung *marktwidriger* Elemente des *acquis communautaire* und zur Dezentralisierung von EU-Kompetenzen zu vereinbaren – ähnlich wie z.B. bei den multilateralen Reduzierungen von Handelshemmnissen im Rahmen vom *General Agreement on Tariffs and Trade* (GATT) oder der *World Trade Organisation* (WTO).[981] Denn diese Vorgehensweisen würden die jetzigen finanziellen Zuwendungen der Europäischen Union zugunsten der mittel- und osteuropäischen Länder in ganz erheblicher Weise reduzieren. Vor diesem Hintergrund ist es erforderlich, dass in den Beitrittsverhandlungen zukünftig auf die vollständige Übernahme des *acquis communautaire* mit ihren zahlreichen Sonderregelungen und langen Übergangsfristen nach Möglichkeit verzichtet wird.

---

[978] In den Beitrittsverträgen aus dem Jahr 2002 mit den zehn Ländern Mittel- und Osteuropas waren besonders lange Übergangsfristen für den Bereich *Umwelt* (teilweise bis 2015) und beim Landerwerb für Unionsbürger (7 – 12 Jahre) vorgesehen. Die bis dahin längsten Übergangsfristen gab es bei den Beitritten Spaniens und Portugals im Bereich der Arbeitnehmerfreizügigkeit, die erst nach zehn Jahren zum 31.12.1995 ausliefen.

[979] OPPERMANN, Europarecht, § 32 Rn. 19; HOBE, Europarecht, § 5 Rn. 87; HERRNFELD, EuR 2000, S. 454, 460 ff.; SCHLADEBACH, EuR 2000, S. 999, 1006.

[980] Vgl. ACHTEN, Die Osterweiterung der Europäischen Union, S. 145 ff. u. 190 ff.; WESSELS, Grenzen- und ratlos, in: LIPPERT (HRSG.), Osterweiterung der Europäischen Union, S. 349, 351 ff.; PHINNEMORE, Romania and the European Union, in: ERDELI/ DUMBRĂVEANU (HRSG.), Romanian-British Geographical Interchanges, S. 19 ff.; CARIUS/ VON HOMEYER/BÄR, APuZ B 48/1999, S. 21, 27; SCHLADEBACH, EuR 2000, S. 999, 1005 f.

[981] Ausführlich zur Beseitigung von Handelshemmnissen siehe HERRMANN, Die Rolle der erweiterten Union in der WTO, in: BRUHA/NOWAK (HRSG.), Die Europäische Union, S. 233 ff.; ACHTEN, Die Osterweiterung der Europäischen Union, S. 81 ff. mit zahlreichen Nachweisen; vgl. auch FIEGEN, Die Reform des EU-Finanzsystems, S. 26 ff.; LIPPERT/ BODE, integration 4/2001, S. 369 ff.

b. Sonstige Verpflichtungen aus der EU-Mitgliedschaft

aa. Allgemeines

Das Gemeinschaftsrecht wird weitgehend durch die Behörden der Mitgliedstaaten vollzogen. Zur tatsächlichen Einführung und Anwendung des *aquis communautaire* müssen die neuen EU-Mitgliedstaaten folglich über die nötige Kapazität in Verwaltung und Justiz verfügen.[982] Dies stellt in der Praxis eine beachtliche Herausforderung dar, denn die Übernahme des *acquis communautaire* ist nicht nur ein rechtliches und gesetzgeberisches, sondern vielmehr ein administratives Problem.[983] Neben geeigneten rechtlichen Grundlagen müssen zu einer effektiven Durchsetzung des Gemeinschaftsrechts in den Verwaltungsbehörden der neuen EU-Mitglieder auch die notwendigen technischen und administrativen Voraussetzungen geschaffen werden. Diese Beitrittsvoraussetzung erfordert geeignete, den Anforderungen des Europäischen Gemeinschaftsrechts genügende Behörden etwa für die Ausübung von Aufsichtsfunktionen im Finanzbereich, für die Wettbewerbskontrolle und Beihilfenaufsicht, Aufsichtsbehörden in den Bereichen Landwirtschaft, Arbeits-, Gesundheits- und Umweltschutz sowie Zoll- oder Steuerbehörden. Darüber hinaus müssen die neuen EU-Mitglieder die ausreichende Qualifizierung ihres Personals für diese Aufgaben erreichen. Eine effektive Anwendung des Gemeinschaftsrechts erfordert jedoch auch im privaten Sektor die Existenz einer Reihe von Organisationsstrukturen und Instrumentarien, wie z.B. im Bereich der Wirtschaft, der Verbraucherverbände oder Berufsorganisationen.
Eine weitere Voraussetzung zur Anwendung der gemeinschaftsrechtlichen Vorschriften bildet die Übersetzung des gesamten Besitzstandes in die jeweilige Landessprache. Darüber hinaus müssen die neuen EU-Mitglieder die Grundsätze des Völkerrechts achten und der Verpflichtung nachkommen, territoriale Streitigkeiten mit Hilfe des Internationalen Gerichtshofs zu lösen.[984]

bb. Die Schaffung von Justiz- und Verwaltungskapazitäten

Bereits gegenwärtig beruht das Gemeinschaftsrecht in vielen Bereichen auf dem Grundsatz der gegenseitigen Anerkennung aufsichtsbehördlicher Entscheidungen anderer EU-Mitgliedstaaten. Ein Beitritt zur Union setzt daher

[982] BERGMANN, ZRP 2001, S. 18, 20 ff.; ROTHACHER, APuZ B 5-6/2004, S. 25, 28 ff.; siehe auch die Ausführungen auf S. 92 f.
[983] OPPERMANN, Europarecht, § 32 Rn. 13; LEIPOLD, Die Osterweiterung als Prüfstein für die Reformfähigkeit der EU, in: NUTZINGER (HRSG.), Osterweiterung und Transformationskrisen, S. 51, 56 f.
[984] Vgl. dazu auch die Ausführungen auf S. 93.

ein vergleichbares Niveau der Qualität der Überwachungsmaßnahmen und Entscheidungen mitgliedstaatlicher Aufsichtsbehörden voraus. Am 28. Januar 2002 nahm der Europäische Rat eine überarbeitete Beitrittspartnerschaft für Rumänien[985] an, die sich auf einen Vorschlag der Europäischen Kommission stützte. Sie war der Ausgangspunkt für den von der Kommission und Rumänien gemeinsam entwickelten „Aktionsplan zur Stärkung der rumänischen Verwaltungs- und Justizkapazitäten“.[986] Mit diesem Aktionsplan wurden die wichtigsten Schritte festgelegt, die Rumänien gehen müsse, um die Leistungsfähigkeit von Verwaltung und Justiz bis zum Beitritt und darüber hinaus auf ein mit den anderen EU-Mitgliedstaaten vergleichbares Niveau zu bringen. Ferner sollte Rumänien alle notwendigen Maßnahmen ergreifen, um leistungsfähige Behörden zu schaffen und einen angemessenen Stand der Überwachungsmaßnahmen zu erreichen. Dazu erhält das Land heute noch gezielte Hilfe von der Europäischen Union.

Für die Funktionsfähigkeit einer erweiterten Union sind neben diesen verwaltungstechnischen Anstrengungen im exekutiven Sektor auch vergleichbare Reformen im Justizbereich von wesentlicher Bedeutung. Auf dem Weg in die Europäische Union sollte daher auch das rumänische Justizwesen auf rechtsstaatlichen Grundsätzen aufgebaut werden. Damit war zunächst eine grundlegende Justizreform auf allen Ebenen der Gesetzgebung und Rechtsprechung verbunden. Dies erforderte vielfach eine Reform der Gerichtsorganisation, eine ausreichende personelle und technische Ausstattung der Justiz sowie die Erarbeitung geeigneter verfahrensrechtlicher Grundlagen im innerstaatlichen Recht. Im Jahr 2001 wurden beispielsweise 284 Gesetze verabschiedet, die den *acquis communautaire* direkt in die rumänische Rechtsordnung umsetzten und politische sowie ökonomische Kriterien des Beitritts betrafen. Im Zeitraum 2002 – 2004 wurden 1.144 Gesetze verabschiedet, die alle relevant für die Integration Rumäniens in die Europäische Union waren und sind.[987]
Zu den Grundbedingungen eines funktionierenden Justizwesens gehört darüber hinaus, dass die Angehörigen der Justiz (insb. die Richterschaft, die Staats- und Rechtsanwälte) mit den Grundlagen des Gemeinschaftsrechts ver-

---

985 Vgl. Amtsblatt der Europäischen Union Nr. L 44 vom 14.2.2002, S. 82 ff.

986 Ausführlich zu diesem Aktionsplan DUCULESCU, Dreptul Integrării Europene (Das Recht der Europäischen Integration), S. 456 ff.; SLAVU, Rumänien auf dem Weg in die Europäische Union, in: BOȚA-MOISIN (HRSG.), Acquis Communautaire – A Need for the European Integration, S. 364, 371 ff.

987 PREDESCU, Armonizarea legislativă (Rechtsangleichung), in: Reformele administrative şi judiciare în perspectiva integrării europene (Verwaltungs- und Justizreformen im Hinblick auf die europäische Integration), S. 88 ff.

traut gemacht werden.[988] Denn die Rechtsprechung in den neuen Mitgliedstaaten muss sich ihrerseits an der Rechtsprechung des EuGH orientieren. Ansonsten droht die Gefahr, dass der Regelungsgehalt der vom Gesetzgeber bereits an das Gemeinschaftsrecht angeglichenen innerstaatlichen Rechtsvorschriften sich im Laufe einer längeren Vor-Beitrittsphase in der Anwendungspraxis von demjenigen der zugrundeliegenden EG-Richtlinien entfernt.[989] Aus diesen Gründen wurden wichtige Schritte unternommen, um eine einheitliche Auslegung bzw. Anwendung des Gemeinschaftsrechts zu gewährleisten.[990] Das Justizministerium und der Oberste Richterrat zusammen mit amtierenden Richtern, Staats- und Rechtsanwälten sowie ausländischen Sachverständigen leiteten daher eine grundlegende Überarbeitung des Zivil- und Strafrechts sowie der jeweiligen Prozessordnung ein.[991]

Darüber hinaus wurden moderne Informations- und Kommunikationstechnologien innerhalb des Justizsystems eingeführt. Seit Juli 2006 sind alle rumänischen Gerichte über ein sicheres Netzwerk miteinander verbunden; derzeit wird die Ausweitung dieses Netzes auf die Staatsanwaltschaften vorbereitet. Ebenfalls im Juli 2006 ist der bedeutende Schritt gelungen, allen Gerichten und Staatsanwaltschaften einen Online-Zugriff auf Rechtsvorschriften und Urteile zu ermöglichen.[992]

Seit der Stellungnahme der Europäischen Kommission von 1997 hat Rumänien bei der Übernahme des Besitzstands – wie oben bereits dargelegt – kontinuierliche Fortschritte erzielt.[993] Jedoch verschärfte sich in vielen Bereichen die Diskrepanz zwischen den Fortschritten bei der Rechtsangleichung und der begrenzten Fähigkeit der rumänischen Verwaltung zur Um- und Durchset-

---

[988] Vgl. HERRNFELD, EuR 2000, S. 454, 462 f.; SLAVU, Osteuropa-Recht 2007, S. 314, 329 ff.

[989] MENG in: VON DER GROEBEN/SCHWARZE, Art. 49 EU-Vertrag Rn. 72; HERRNFELD, EuR 2000, S. 454, 468; SCHLADEBACH, LKV 2002, S. 457, 459 f.

[990] Mitteilung der Kommission KOM (2006) 549 vom 26.9.2006, S. 38 f. Zur Vermeidung von Auslegungsdivergenzen bezüglich des EU-Rechts wird vereinzelt sogar gefordert, den nationalen Verwaltungen und Gerichten der EU-Mitgliedstaaten gemeinschaftliche Verwaltungen und Gerichte zur Seite zu stellen, um diese „Missstände“ zu beseitigen, vgl. ACHTEN, Die Osterweiterung der Europäischen Union, S. 75 f.

[991] Mitteilung der Kommission KOM (2006) 549 vom 26.9.2006, S. 38.

[992] Vgl. *România Liberă* vom 16.8.2006, S. 4 f.; *Cotidianul* vom 21.8.2006, S. 5; *ZIUA* vom 11.9.2006, S. 1.

[993] Siehe die Ausführungen auf S. 168 ff.

zung der neuen Rechtsvorschriften.[994] Im Jahr 2006 beschleunigte Rumänien die Rechtsangleichung und fuhr mit dem Aufbau der für die Umsetzung des Besitzstandes erforderlichen Verwaltungsstrukturen fort.[995] Das Land muss sich, insbesondere nach seinem EU-Beitritt, mit mehr Nachdruck dafür einsetzen, die Kapazitäten der Verwaltungs- und Justizbehörden soweit auszubauen, dass sie eine einheitliche und effektive Anwendung und Durchsetzung des Besitzstandes gewährleisten können. Problematisch bleibt weiterhin weniger die Verabschiedung neuer Gesetze, die den *acquis communautaire* direkt in die rumänische Rechtsordnung umsetzen, sondern vielmehr die praktische Anwendung dieser neuen Vorschriften.

cc. Die Übersetzung des gemeinschaftlichen Besitzstandes

Als EU-Mitglied muss Rumänien sicherstellen, dass der gesamte Besitzstand der Union ins Rumänische übersetzt wird. Bei dieser Aufgabe ist möglichst auf Homogenität der Begrifflichkeit in allen Mitgliedsländern zu achten. Die Übersetzung jedes Rechtsaktes ist deshalb insbesondere dahin zu überprüfen, ob die Bedeutung eines bestimmten Rechtsbegriffs, der in mehreren Rechtsakten vorkommt, auch jeweils übereinstimmt. Daraufhin müssen diese neuen Regeln mit dem vorhandenen nationalen Rechtsbestand verglichen und ggf. Änderungen vorgenommen werden. Dieser Vorgang hat auch innerhalb betroffener Ministerien bzw. – bei Gesetzen – zwischen Exekutive und Parlament zu erfolgen. Schließlich sind die Richter und die kontrollierenden Organe der Verwaltung zu schulen, damit sie das neue Recht korrekt anwenden (können).[996] Bei diesem Vorgang folgen Schwierigkeiten auch aus der stetigen Fortentwicklung des Gemeinschaftsrechts selbst, die von den neuen Mitgliedstaaten ebenfalls zu verfolgen, zu übersetzen und somit legislativ nachzuvollziehen ist.

Alle Maßnahmen dieser Art werden von der Europäischen Union aufmerksam beobachtet. Seit dem Madrider Gipfel von 1995 prüft sie nämlich sorgfältig entsprechende Fortschritte und Mängel bei der Übersetzung des Besitzstandes und vermerkt diese in ihren jährlichen Regelmäßigen Berichten. Die vollstän-

---

[994] Hilfsbereite Beamte sind in Rumänien eine schwer zu findende Ausnahme. Statt dessen trifft man in der Regel immer noch die Staatsdiener an, die auf die Bürger herabschauen und bei günstiger Gelegenheit in die eigene Tasche wirtschaften, vgl. *VDI Nachrichten* Nr. 48 vom 1.12.2006, S. 3.

[995] Vgl. Monitoring-Bericht 2005, KOM (2005) 534 vom 25.10.2005, abrufbar unter: ec.europa.eu/enlargement/archives/pdf/key_documents/2005/sec1354_cmr_master_ro_coll ege_de.pdf (Stand: 30.6.2008).

[996] Vgl. dazu auch die Ausführungen auf S. 226 f.

dige rechtzeitige Übersetzung des Besitzstandes ist insbesondere für die neuen EU-Mitglieder von größter Bedeutung, damit die Rechtssicherheit der sekundärrechtlichen Vorschriften unmittelbar nach deren Beitritt in allen Mitgliedsländern gewährleistet werden kann.[997]

Die Übersetzungs- und Revisionskapazitäten Rumäniens haben in den letzten Jahren nicht das erforderliche Maß von etwa 6.000 Seiten pro Monat erreicht, was vor allem an den Schwierigkeiten lag, geeignete Mitarbeiter für diese Aufgabe zu finden und zu halten.[998] Rumänien wurde daher mehrmals aufgefordert, seine Bemühungen um die Verwirklichung dieses Zieles zu verstärken.[999] Es bleibt aus diesen Gründen – auch nach dem erfolgten Beitritt – eine prioritäre Aufgabe Rumäniens, den gemeinschaftlichen Besitzstand unverzüglich in die Landessprache zu übersetzen.

c. Zusammenfassung

Rumänien, genauso wie die übrigen neuen EU-Mitglieder aus Mittel- und Osteuropa, hatte innerhalb eines Zeitraums von wenigen Jahren eine doppelte Herausforderung mit enormer Tragweite zu meistern: Zum einen war der Übergang vom autoritären System kommunistischer Prägung zu Demokratie und Rechtsstaatlichkeit zu schaffen. Zum anderen mussten parallel dazu im Zuge des Beitrittsprozesses die hohen Anforderungen erfüllt werden, welche die Europäische Union insbesondere gegen Ende der 90er Jahre an Gesetzgebung und Verwaltungspraxis der Beitrittsstaaten stellte. Hinzu kam, dass der Großteil des gemeinschaftlichen Besitzstandes, der von den beitrittswilligen

---

[997] Bis Oktober 2005 hatte Rumänien rund 60% des *acquis communautaire* übersetzt, musste aber noch mehr als die Hälfte davon von den nationalen Behörden revidieren lassen, vgl. Monitoring-Bericht 2005, KOM (2005) 534 vom 25.10.2005, S. 10.

[998] Im Oktober 2006 musste Rumänien noch etwa 8% des Besitzstandes (etwa 7.000 Seiten) übersetzen und rund 12% (etwa 11.500 Seiten) revidieren. Hätte man hierzu noch den Stand der Arbeiten in den übrigen Produktionsphasen (Gegenlesen, Korrektur, abschließende Bearbeitung durch die Rechtssachverständigen der europäischen Institutionen) hinzugezogen, so hätte dies bedeutet, dass noch ca. 47% (etwa 44.000 Seiten) des gesamten Textes für die Amtsblatt-Sonderausgabe vorzubereiten waren, die seit dem Tag des Beitritts Rumäniens auch in rumänischer Sprache veröffentlicht wird.

[999] Vgl. Mitteilung der Kommission KOM (2006) 549 vom 26.9.2006, S. 59, abrufbar im Internet unter: http://ec.europa.eu/enlargement/pdf/key_documents/2006/sept/report_bg_ro_2006_de.pdf (Stand: 30.6.2008).

Staaten umgesetzt werden musste und – nach deren Beitritt – noch umgesetzt werden muss, erst in den letzten Jahren entstanden ist.[1000]

Der letzte Monitoring-Bericht der EU-Kommission über Rumänien von September 2006 lässt die Schlussfolgerung zu, dass die Europäischen Institutionen seit der ersten Stellungnahme der Kommission im Juli 1997 Rumänien – was die Erfüllung der Verpflichtung zur Übernahme des *acquis communautaire* angeht – große Fortschritte auf seinem Weg in die Europäische Union bescheinigen. Insgesamt lässt sich feststellen, dass Rumänien viele Rechtsvorschriften in zahlreichen Bereichen seiner Rechts-, Wirtschafts- und Gesellschaftsordnung an den Besitzstand angepasst hat. Es liegt folglich ein sehr hoher Harmonisierungsgrad des rumänischen Rechts gemessen am EU-Recht vor. Trotzdem weist das rumänische Rechtssystem noch erhebliche Mängel auf, die insbesondere auf Regelungslücken in den Gesetzen, aber auch auf die mangelnde Rechtsfortbildung durch Rechtsprechung und Fachliteratur zurückzuführen sind.[1001] Die Unzulänglichkeiten sowohl in den Gesetzestexten als auch in der Rechtsprechung und Literatur sind besonders in den Bereichen *Justiz und Inneres*, *Umweltschutz*, *Wettbewerbsrecht*, *Steuerrecht* sowie *Handels- und Gesellschaftsrecht*[1002] spürbar. In den nächsten Jahren wird der rumänische Gesetzgeber daher gehalten sein, die rechtlichen Vorschriften in verschiedenen Rechtsbereichen weiter von Regelungslücken zu befreien. Aber auch die Rechtsprechung in dem ihr möglichen Umfang und insbesondere die Fachliteratur sind aufgefordert, sich den bestehenden Problemen des Landes konstruktiv zu stellen. Zur Steigerung der administrativen Leistungsfähigkeit sind weiterhin umfassende Strukturreformen der öffentlichen Verwaltung wie auch der Justiz erforderlich. Darüber hinaus muss die Übersetzung des gemeinschaftlichen Besitzstandes ins Rumänische möglichst schnell bewerkstelligt werden.

[1000] Dies ist vor allem im Bereich *Justiz und Inneres* der Fall. Hier wurden die meisten Vorschriften, insb. über Terrorismusbekämpfung, in den letzten Jahren verabschiedet, vgl. SCHASER, Die Kontrolle der Außengrenzen der EU, in: STURM/PEHLE (HRSG.), Die neue Europäische Union, S. 165, 176; HERRNFELD, EuR 2000, S. 454, 460 ff.; STEPACHER in: MICKEL/BERGMANN (HRSG.), Handlexikon der Europäischen Union, Stichwort „Beitrittskriterien (Kopenhagener Beitrittskriterien)"; siehe auch die Ausführungen auf S. 208 f.

[1001] Die Software für die Falldokumentation und -verwaltung wird derzeit nur in 152 von 237 rumänischen Gerichten eingesetzt und nur in 40 von 235 Staatsanwaltschaften, vgl. Mitteilung der Kommission KOM (2006) 549 vom 26.9.2006, S. 39.

[1002] Zum Regelungsbedarf in diesen Bereichen ACKERMANN, GmbH nach rumänischem und deutschem Recht, S. 173 ff.; GABANYI, Rumänien, in: WEIDENFELD/WESSELS (HRSG.), Jahrbuch der Europäischen Integration 2006, S. 449 ff.

4. Abschließende Zusammenfassung

Insgesamt lässt sich feststellen, dass die Rückkehr Rumäniens nach Europa auch rund 18 Jahre nach dem Ende des Kommunismus in Mittel- und Osteuropa sich sehr schwierig gestaltet. Obwohl der EU-Beitritt des Landes oberste politische Priorität nach dem politischen Umbruch im Dezember 1989 hatte, bleiben die Fortsetzung der Transformation der Wirtschaft, die Reform des Justizsystems und der öffentlichen Verwaltung sowie die Bekämpfung der Korruption sehr große Herausforderungen für das neue EU-Mitglied Rumänien. Hinzu kommt, dass in Rumänien mit den Reformen im Vergleich zu Polen, Ungarn oder Tschechien erst später begonnen wurde und daher immer noch zahlreiche Änderungen und Ergänzungen der Rechtsgrundlagen vorgenommen werden müssen.

Die Europäische Kommission erklärte in ihrem letzten Fortschrittsbericht vom September 2006,[1003] dass Rumänien „nach wie vor" die politischen Kriterien für den EU-Beitritt erfülle. Außerdem erfülle das Land „fast" alle Voraussetzungen, um als „funktionierende Marktwirtschaft" gelten zu können. Dies lässt erkennen, dass Rumänien erhebliche Fortschritte auf seinem Weg in die Europäische Union erreicht hat. Der Bericht enthält jedoch auch eine umfangreiche Pflichtenliste, die Rumänien noch erfüllen muss.

Bei den politischen Kriterien werden die Reform der Justiz in Richtung Unabhängigkeit und Leistungsfähigkeit sowie die Verbesserungen in den Bereichen *Medienfreiheit* und *Kinderschutz* gewürdigt. Jedoch werden die Unzulänglichkeiten in den Bereichen *Minderheitenschutz*, *öffentliche Verwaltung und öffentlicher Dienst* negativ registriert und der Kampf gegen die Korruption mit höchster Priorität angemahnt.[1004]

Bei den wirtschaftlichen Kriterien muss betont werden, dass bei der Verbesserung der makroökonomischen Lage Rumäniens besonders die Ergebnisse der Beschäftigungsentwicklung, die steigenden Steuereinnahmen und die erfolgreiche Inflationsbekämpfung gewürdigt werden. Zunächst bleibt aber das Risiko einer unausgewogenen Weiterentwicklung, zumal das hauptsächlich konsumgestützte Wachstum von einer negativen Auswirkung der Außenhandels-

---

[1003] Vgl. Monitoring-Bericht über den Stand der Beitrittsvorbereitungen Bulgariens und Rumäniens vom 26.9.2006, KOM (2006) 549, S. 7, abrufbar im Internet unter: http://ec.europa.eu/enlargement/pdf/key_documents/2006/sept/report_bg_ro_2006_de.pdf (Stand: 30.6.2008).

[1004] Siehe dazu die Ausführungen auf S. 168 ff.

entwicklung auf die nationale Leistungsbilanz begleitet wird.[1005]. Problematisch sind weiterhin zahlreiche Bereiche, insbesondere die zwar rückläufige, aber nach wie vor sehr hohe Inflation,[1006] die zögerliche Umsetzung von Strukturreformen im Industrie- und Bankensektor, die mangelnde Kaufkraft der Bevölkerung[1007] sowie die rückständige Infrastruktur.

Bei der Übernahme der aus der Mitgliedschaft erwachsenden Verpflichtungen lässt sich insgesamt feststellen, dass Rumänien bereits viele Rechtsvorschriften in zahlreichen Bereichen seiner Rechts-, Wirtschafts- und Gesellschaftsordnung an den Besitzstand angepasst hat. Die Europäische Kommission legt bei diesem Beitrittskriterium vor allem auf die Umsetzung der Zollgesetze, auf den Schutz vor industrieller Umweltbelastung und auf die Beseitigung der Korruption besonderes Gewicht. Nichtsdestotrotz gibt es in vielen Bereichen der Beitrittsverhandlungen aber auch noch hohen Reformbedarf.[1008]

Trotz der genannten zahlreichen Kritikpunkte sehen die Entscheidungsträger der Union Rumänien jedoch „auf dem richtigen Weg in die Europäische Union“:[1009] Die Kommission rang sich trotz Feststellung vieler Defizite immer wieder zu positiven Abschlussbewertungen über Rumänien in ihren Regelmäßigen Berichten durch; der Europäische Rat beschloss folglich die Aufnahme des Landes zum 1. Januar 2007 als neues Mitglied der Europäischen Union. Obwohl dies vor allem für die rumänische Bevölkerung wünschenswert war, erfüllt das Land noch nicht die Beitrittsvoraussetzungen und muss nach seinem Beitritt noch sehr viele Reformen durchführen.[1010]

[1005] Im Jahr 2005 beispielsweise lag der Wert rumänischer Importe ca. 9% über den Exporten. Dieses Defizit konnte durch ausländische Direktinvestitionen nur teilweise gedeckt werden. Der Defizitabbau wurde darüber hinaus durch den gestiegenen Wert des rumänischen Leu erschwert, da dadurch Importe attraktiver und gleichzeitig rumänische Exporte international weniger wettbewerbsfähig wurden; siehe dazu auch die Ausführungen auf S. 191 ff.

[1006] Die Inflationsrate betrug im Jahr 2004 9,6% und im Jahr 2005 8,6%. Im Jahr 2006 war die Inflationsrate 4,8% und lag somit unter dem Zielband (5% +/-1%-Punkt am Jahresende), vgl. die Ausführungen auf S. 183 f.

[1007] Das Durchschnittsnettogehalt liegt in Rumänien bei etwa 300 Euro im Monat.

[1008] Vgl. auch die Ausführungen auf S. 229 f.

[1009] Vgl. Monitoring-Bericht über den Stand der Beitrittsvorbereitungen Bulgariens und Rumäniens vom 26.9.2006, KOM (2006) 549, S. 7.

[1010] Vgl. MIRCEA DINESCU, rumänischer Schriftsteller und Bürgerrechtler: „Wir sind auf dem Weg nach Europa wie ein Hund, der eine Konservendose hinter sich herzieht. Das Rasseln wird man noch ein Weilchen hören“, *Die Zeit* Nr. 2 vom 4.1.2007, S. 20.

Der Weg von einer kommunistischen Diktatur hin zu einer Zivil- und Bürgergesellschaft ist weit und kann nicht innerhalb weniger Jahre per Dekret aus Brüssel durchgesetzt werden.[1011] Auf die zahllosen neu verabschiedeten Gesetze kann die Europäische Union erst vertrauen, wenn sie sich im Rechtsalltag tatsächlich bewährt haben. Hiervon kann gegenwärtig in Rumänien noch nicht gesprochen werden. Es bedarf vielmehr einer Verankerung der rechtlichen Regelungen nicht nur bei den Eliten des Landes, sondern auch bei den breiten Bevölkerungsschichten.[1012] Die Wirksamkeit solcher Regelungen setzt ein sie tragendes Rechtsbewusstsein der Rechtsanwendungsorgane und der Bevölkerung voraus. Der Rechtsstaat ist ohne eine adäquate Rechtskultur ebenso wenig funktionsfähig wie die Marktwirtschaft ohne eine entsprechende Wirtschaftskultur.[1013] Die Erzeugung dieser Rechts- und Wirtschaftskultur stellt eine wesentlich schwierigere Aufgabe und einen viel längeren Prozess dar als die Verabschiedung der für die EU-Mitgliedschaft benötigten Gesetze. Das mit der Beitrittsstrategie verfolgte Klassenziel wurde in Rumänien trotz erheblicher Fortschritte nicht erreicht: In sehr vielen Bereichen, die Gegenstand der vermeintlich abgeschlossenen Beitrittsverhandlungen waren, besteht weiterhin ein erheblicher Reform- bzw. Umsetzungsbedarf. Die festgestellten Defizite wurden weder bis zum Beitrittstermin noch kurzzeitig danach endgültig beseitigt. Dies gilt auch für diejenigen Verhandlungskapitel, in denen keine Übergangsregelungen beantragt bzw. gewährt worden sind.[1014] Rumänien erfüllt somit keine Kategorie der Beitrittskriterien vollständig.[1015] Dies wird allenfalls sehr langfristig zu erwarten sein.

[1011] Ausführlich dazu HAGEDORN, Gleiche Maßstäbe für Ost und West, S. 89 ff.; SLAVU, Osteuropa-Recht 2007, S. 314, 332 f.

[1012] STERBLING, Gesellschaftliche Eliten und nationale Mythen im Modernisierungsprozess, in: ZACH/ZACH (HRSG.), Modernisierung auf Raten in Rumänien, S. 45 ff.; KENDI, Minderheitenschutz in Rumänien, S. 163 ff.; LEIBE/LEIBE/RICHTER, Beitrittsbarometer Rumänien, S. 79 ff.

[1013] Vgl. BRUNNER, Verfassungsrechtliche Rahmenbedingungen der wirtschaftlichen Transformation, in: LUCHTERHANDT/NUßBERGER (HRSG.), Transformation in Mittel- und Osteuropa, S. 239, 259; HAGEDORN, Gleiche Maßstäbe für Ost und West, S. 89 ff.

[1014] In den Bereichen *Wirtschafts- und Währungsunion* sowie *Freier Warenverkehr* oder *Soziale Angelegenheiten* wurden z.B. keine Übergangsregelungen beantragt, obwohl hier das Niveau Rumäniens noch nicht dem jeweiligen Europäischen entspricht.

[1015] Auch in den abschließenden Empfehlungen zur ersten Osterweiterungsrunde vom Mai 2004 merkte die Europäische Kommission an, dass zwar „zum gegenwärtigen Zeitpunkt kein Land alle Kriterien in vollem Umfang erfüllt", dass aber fünf der zehn beitretenden Staaten (Estland, Polen, Slowenien, Tschechien und Ungarn) in der Lage sein könnten, „alle Voraussetzungen für die Mitgliedschaft auf mittlere Sicht zu erfüllen", vgl. Mitteilung der Kommission KOM (2002) 700 vom 9.10.2002.

Im Ergebnis bleibt folglich festzuhalten, dass Rumänien zum 1. Januar 2007 noch nicht reif für die EU-Mitgliedschaft war. Es bleibt zu hoffen, dass der Beitritt zur Europäischen Union die geplanten Reformschritte beschleunigen und zur Erfüllung der Verpflichtungen aus der EU-Mitgliedschaft führen wird. Vor diesem Hintergrund stellt sich unmittelbar die Frage, warum dennoch die Entscheidung getroffen wurde, Rumänien wie geplant zum 1. Januar 2007 in den „Europäischen Club" aufzunehmen? Politisch hatte die Europäische Union keine andere Wahl: Die Entscheidung, den Beitritt um ein Jahr zu verschieben, hätte die Reformanstrengungen in Rumänien lediglich gebremst, denn zum 1. Januar 2008 wäre das Land der Union automatisch beigetreten. Eine weitergehende Hinauszögerung des Beitritts wäre indes nicht möglich gewesen. So legten es die Beitrittsverträge vom 25. April 2005 fest.[1016] Dadurch wurde schließlich für Rumänien sowie für Bulgarien die Möglichkeit eröffnet, trotz Nichterfüllung ihrer Vertragspflicht zur vollständigen Übernahme des *acquis communautaire* Mitglieder der Europäischen Union zu werden. Hier lag der eigentliche juristische Konstruktionsfehler der Beitrittsverträge, denn die Androhung einer Verschiebung des Beitrittstermins kann die Regierung und Bevölkerung eines Landes nur dann zu verstärkten Reformbemühungen ermuntern, wenn nicht nur – wie im Fall Rumäniens und Bulgariens – der *Beitrittstermin*, sondern der *Beitritt* als solcher ungewiss bleibt. Die Beitrittsverhandlungen mit den 2004 beigetretenen Staaten zeigten ebenfalls, dass es gerade die Verbindung von motivierenden Anreizen und zwingender Konditionalität war, die die Regierungen zu konsequenten Anpassungsmaßnahmen anspornte.[1017] Da aber der Beitrittstermin Rumäniens und Bulgariens spätestens im Jahr 2008 bereits beschlossene Sache war, besaß die Europäische Union nur so lange eine Handhabe zur Steuerung der Reformanstrengungen, wie die Aussicht auf einen Beitritt zum vorgesehen Termin 2007 motivierend und die Furcht vor einer möglichen Verzögerung um ein Jahr abschreckend wirkte. Ein *Nein* aus Brüssel zur Aufnahme zum 1. Januar 2007 hätte höchstwahrscheinlich auch zu schweren innenpolitischen Kri-

[1016] Art. 4 Abs. 2 EU-Beitrittsvertrag mit Rumänien und Bulgarien bzw. Art. 39 Abs. 1 der Beitrittsakte; vgl. auch das Dokument „Unterrichtung über das Inkrafttreten des Beitrittsvertrages", Amtsblatt der Europäischen Union Nr. L 157 vom 21.6.2005, S. 10: „Der Beitrittsvertrag tritt vorbehaltlich des Ratifizierungsverfahrens am 1. Januar 2007 in Kraft, es sei denn, der Rat beschließt gemäß Art. 4 Abs. 2 des Beitrittsvertrages, dass der Termin des Beitritts von Bulgarien und/oder Rumänien auf den 1. Januar 2008 verschoben wird."

[1017] BEICHELT, Nach der Osterweiterung, in: KUTTER/TRAPPMANN (HRSG.), Das Erbe des Beitritts, S. 75 ff.; LANGENFELD, ZRP 2005, S. 73, 75 f.; STROHMEIER, APuZ 10/2007, S. 24, 25 ff.

sen in Rumänien geführt.[1018] Mit der Entscheidung, das Land in die Europäische Union aufzunehmen, wurde Rumänien jedoch lediglich eine „Mitgliedschaft zweiter Klasse"[1019] gewährt: Denn seinen Bürgern werden mehrere der prägnantesten Attribute der EU-Mitgliedschaft, wie Freizügigkeit auf dem Arbeitsmarkt der alten Mitgliedstaaten und die vollständige Teilnahme am Binnenmarkt oder am Schengener-Abkommen noch über Jahre vorenthalten bleiben. Dadurch kommt es nicht zu einer wünschenswerten einheitlichen Behandlung aller Arbeitsplätze im europäischen Binnenraum, mittels derer eine integrierende Wirkung hätte erzielt werden können. Vielmehr führt dieses Modell der verzögerten Integration zu einer befristeten Ungleichbehandlung der rumänischen Bürger in der Europäischen Union, welche dem Grundsatz der Gleichbehandlung aller Unionsbürger diametral entgegensteht.[1020] Aus diesen Gründen besteht die Gefahr, dass das beeindruckende Reformtempo der Vor-Beitrittsphase in Rumänien nach dem feierlichen Beitrittszeremoniell rapide abnehmen wird. Eine entsprechende Entwicklung lässt sich gerade am Beispiel Polens und Ungarns beobachten, wo Europaskepsis und unfähige Haushaltspolitik kurze Zeit nach dem EU-Beitritt beider Staaten um sich greifen.[1021]

[1018] Vgl. auch *Frankfurter Allgemeine Zeitung* vom 17.5.2006, S. 1; *Die Zeit* vom 28.9.2006, S. 10; ähnlich auch PECHSTEIN/KOENIG, Die Europäische Union, Kap. 8 Rn. 442; SANDER in: FS für Oppermann, S. 301, 326 ff.; KRAFT, APuZ B 15/2001, S. 6, 10 ff.

[1019] Siehe dazu oben die Ausführungen auf S. 100 f. u. 217 f.

[1020] HERDEGEN, Europarecht, § 13 Rn. 3 ff.; HOBE, Europarecht, § 6 Rn. 145 ff.; OPPERMANN, Europarecht, § 6 Rn. 27 u. § 24 Rn. 2 f.; BERCK, Die EU-Osterweiterung, S. 189 f.; SCHEFFER, ZRP 2003, S. 55, 58.

[1021] Im Jahr 2005 gaben 42% der Befragten in Polen und 40% in Ungarn an, ihre Situation sei schlechter als vor fünf Jahren, vgl. Europäische Kommission, Eurobarometer 63/2005, S. 10 ff., abrufbar im Internet unter: http://ec.europa.eu/public_opinion/archives/eb/eb63/eb63_de.pdf (Stand: 30.6.2008); vgl. auch European Commission, Special Eurobarometer 255: Attitudes towards European Union Enlargement, Brüssel Juli 2006, S. 3 ff., abrufbar im Internet unter: http://ec.europa.eu/public_opinion/archives/ebs/ebs_255_en.pdf (Stand: 30.6.2008); vgl. für die Situation in Polen nach dem EU-Beitritt auch die Informationen auf der Internet-Seite: www.polish-online.com/polen/wirtschaft/index.php (Stand: 30.6.2008). Darüber hinaus BUCHOWSKI, When Myth Becomes Reality, in: KUTTER/TRAPPMANN (HRSG.), Das Erbe des Beitritts, S. 135, 138 ff.

Werden alle diese Gegebenheiten berücksichtigt, so bleibt die Aufnahme Rumäniens, eines unzureichend vorbereiteten Staates,[1022] in die Europäische Union eine politisch angelegte und motivierte Entscheidung. Die Bereitschaft der alten EU-Mitglieder zum „erfolgreichen“ Abschluss der Osterweiterung basierte grundsätzlich auf außenpolitischen Überlegungen über die demokratische Stabilisierung Mittel- und Osteuropas sowie auf historisch bedingten Erwägungen wie die „Wiedervereinigung des Kontinents“.[1023] So wurde die letzte Erweiterungsrunde trotz festgestellter Defizite in den Beitrittskandidaten durchgeführt. Wie im zweiten Teil der Arbeit bereits festgestellt wurde,[1024] war auch bei den früheren Erweiterungsrunden durchgängig zu beobachten, dass den politisch handelnden Organen der Europäischen Union beim Beitritt neuer Staaten ein weit reichender Entscheidungsspielraum zuerkannt wird. Denn die entscheidenden Amtsträger der Union haben sich im Prozess der Aufnahme neuer Mitgliedstaaten am Maßstab eines europäischen Gemeinwohls zu orientieren.[1025] Ungeachtet des Auftrages zur Einigung Europas setzt jede Erweiterung jedoch stets eine sorgfältige Entscheidung über die Vor- und Nachteile einer Vollmitgliedschaft voraus, und zwar sowohl auf Seiten der Beitrittskandidaten als auch auf Seiten der bisherigen Mitglieder und der Union selbst.[1026] Die politischen Entscheidungsträger müssen jeweils abwägen, ob der Schaden, der durch die Zurückweisung eines unzureichend vorbereiteten Kandidaten entstünde, nicht größer ist als der Nutzen, den eine solche Zurückweisung für den Bestand, das Funktionieren und die Zukunft der Europäischen Union hätte. Vor diesem Hintergrund eröffnet Art. 49 EU-Vertrag den Entscheidungsträgern der Union die Möglichkeit, unter Abwägung aller europarechtlicher Argumente[1027] und im Lichte übergeordneter Erwägungen eines europäischen Gemeinwohls der Aufnahme eines Staates in die Europäische Union selbst dann zuzustimmen, wenn die vollständige Erfüllung der Beitrittskriterien in Teilbereichen der Rechts-, Wirtschafts- oder Ge-

---

[1022] Das Gleiche gilt auch für Bulgarien, das ebenfalls erhebliche Defizite in der Beitrittsreife aufweist und Lettland seit dem 1.1.2007 als ärmstes Land der Europäischen Union abgelöst hat, vgl. *Die Zeit* Nr. 2 vom 4.1.2007, S. 21; *Die Zeit* Nr. 20 vom 11.5.2006, S. 13; vgl. auch ARNDT, Europarecht, S. 23 f.

[1023] Siehe oben die Ausführungen auf S. 22 f.

[1024] Vgl. die Stellungnahme auf S. 108 f.

[1025] RICHTER, Die Erweiterung der Europäischen Union, S. 57 ff.; BRUHA/VOGT, VRÜ 1997, S. 477, 500 f.; EHLERMANN, EuR 1984, S. 113, 116.

[1026] VEDDER in: GRABITZ/HILF, Art. 49 EU-Vertrag Rn. 8; STREINZ, Europarecht, § 2 Rn. 67; KNELANGEN, Chance oder Risiko?, in: Politische Bildung 35/2002, S. 29, 32 ff.

[1027] Vgl. BERCK, Die EU-Osterweiterung, S. 193 ff.; NETTESHEIM, EuR 2003, S. 36, 61; LEIßE, APuZ 27/2006, S. 6, 12 f.

sellschaftsordnung noch aussteht.[1028] Dies gilt jedenfalls dann, wenn die von den politischen Entscheidungsträgern vorgenommene Abwägung ergibt, dass die mit der Aufnahme eines noch nicht vollständig beitrittsreifen Staates erzielbaren Vorteile die dadurch verursachten Beeinträchtigungen für den Bestand, das Funktionieren und die Zukunft der Europäischen Union überwiegen. Von dieser Abwägungsmöglichkeit haben die Entscheidungsträger der Union auch beim Beitritt Rumäniens Gebrauch gemacht und dem Aufnahmeantrag des Landes zugestimmt, obwohl die Erfüllung der Beitrittsvoraussetzungen nicht vollständig gegeben war.

V. Die Bedeutung des rumänischen Beitritts zur Europäischen Union

Wie bereits festgestellt, wurde Rumänien in die Europäische Union zu einem Zeitpunkt aufgenommen, in dem das Land noch kein Beitrittskriterium vollständig erfüllte.[1029] Die Europäische Kommission sowie die entscheidenden Amtsträger der Europäischen Union gelangten trotzdem zu dem Schluss, dass die Vorteile des rumänischen Beitritts größer sind als die dadurch verursachten Beeinträchtigungen für den Bestand und das Funktionieren der Europäischen Union. Diese Entscheidung könnte dadurch erklärt werden, dass Rumänien über einige entscheidende Besonderheiten verfügt, die für die Europäische Union von beträchtlichem Vorteil sein können.
Zunächst einmal ist die günstige geographische Lage Rumäniens hervorzuheben, welche die Etablierung von transnational tätigen Unternehmen begünstigt.[1030] Rumänien liegt in der Mitte dreier bedeutender Regionen: Mitteleuropa, Südeuropa und der weiter östlich liegenden Staaten (wie Russland oder Ukraine) und bildet somit eine wichtige „Brücke" nach Asien und zur islamischen Welt. Aus der günstigen geographischen Lage des Landes folgt eine beachtliche Marktgröße, die Rumänien der Europäischen Union anbieten kann. Mit fast 23 Millionen Verbrauchern ist Rumänien der zweitgrößte

---

[1028] Vgl. STREINZ, Europarecht, § 2 Rn. 67; NETTESHEIM, EuR 2003, S. 36, 59 ff.; VARWICK, APuZ B 1-2/ 2002, S. 23, 25 ff.; INOTAI, Droht der „Big Bang"?, in: Internationale Politik 1/2002, S. 27, 29 ff.

[1029] Vgl. die Zusammenfassung auf S. 231 ff.

[1030] Das von insgesamt 60 Millionen Menschen bevölkerte Südosteuropa ist mit einem regionalen Wirtschaftswachstum von über sechs Prozent gegenwärtig der sich am dynamischsten entwickelnde Wirtschaftsraum des gesamten Kontinents – und Bukarest und Sofia sind dabei zentrale Standorte zu seiner Erschließung, vgl. *Die Zeit* vom 28.9.2006, S. 10; BOIA, APuZ 27/2006, S. 13, 14 f.

Markt Mittel- und Osteuropas nach Polen.[1031] Als ein Großteil der südlichen und östlichen Landesgrenze bieten die Donau und das Schwarze Meer einen wichtigen Zugang der Europäischen Union zum Kaukasus auf dem Seeweg.[1032] Dies ist besonders wichtig, seitdem der größte Teil des Außenhandels der Gemeinschaft, der rund 40 Prozent des Welthandels ausmacht, über die See- und Binnenschifffahrt abgewickelt wird.[1033] Hieraus folgt, dass die rumänische Handelsmarine einen bedeutenden Entwicklungsfaktor für Rumänien wie auch für die Europäische Union darstellt.[1034] Bereits seit dem Beitritt Griechenlands verfügt die Union über die größte Handelsflotte der Welt. Durch den Zugang Rumäniens zum Schwarzen Meer wird zusammen mit dem größten Hafen Osteuropas in Constanța, der bereits heute von verschiedenen internationalen Handelsakteuren als Alternative zu den Nordhäfen Europas in Erwägung gezogen wird,[1035] sowie dem neuen modernen Großhafen Agigea am Ausgang des Donau-Schwarzmeer-Kanals die Güterbeförderung auf dem Wasserweg innerhalb der Europäischen Union erheblich erleichtert und stellt somit wichtige Vorteile des rumänischen Beitritts für die Europäische Union dar. Darüber hinaus sei als Standortvorteil der Luftwaffenstützpunkt MIHAIL KOGĂLNICEANU am Schwarzen Meer genannt, für dessen Modernisierung die US-Armee über drei Millionen Dollar während des Irak-Krieges ausgegeben hat.[1036] Angesichts der bald in Rumänien anstehenden Investitionsentschei-

---

[1031] Rumänien ist inzwischen ein wichtiges Abnehmerland insbesondere deutscher Exporte geworden. Im Jahr 2006 stiegen die Ausfuhren nach Rumänien im Vergleich zu 2005 um ein Drittel – so stark wie in kaum ein anderes Land der Welt, vgl. *Die Zeit* Nr. 2 vom 4.1.2007, S. 20 f.

[1032] Die Europäische Union fördert zurzeit das Projekt des Baus einer Donaubrücke von Calafat (Rumänien) nach Vidin (Bulgarien) als strategisch wichtige Verbindung auf dem EU-Transport-Korridor Nummer IV (Dresden-Thessaloniki-Istanbul). Durch den Bau dieser Brücke kann der Paneuropäische Transportkorridor Nummer IV von Deutschland über Rumänien und Bulgarien in die Türkei befahren werden.

[1033] Vgl. BIEBER in: BIEBER/EPINEY/HAAG (HRSG.), Die Europäische Union, § 24 Rn. 20 ff. Der österreichische Baumaterialienhersteller KNAUF plant die Errichtung eines großen Logistikzentrums in Calafat (an der Donau), um seine Gipsfaserplatten zukünftig auf der europäischen Wasserstraße in Richtung Westeuropa zu transportieren. Auch ein Großteil der von RENAULT in Rumänien hergestellten Autos der Marke DACIA nimmt diesen Weg nach Westen.

[1034] Ausführliche Informationen zur Rolle und Bedeutung der Mitgliedschaft Rumäniens im Kooperationsprozess der Schwarzmeerstaaten liefert HARTWIG, Die Europapolitik Rumäniens, S. 145 ff.

[1035] Die Rumänische Handelsflotte verfügt über insgesamt 220 Schiffe, davon rund 50 über 1.000 Bruttoregistertonnen.

[1036] Vgl. die Tageszeitung *ZIUA* vom 7.12.2005, S. 1 f.

dungen öffnen sich durch die EU-Mitgliedschaft des Landes beispielsweise im Rüstungsbereich (Kampfflugzeuge) ebenfalls wichtige Absatzmärkte für europäische Firmen.

Weiterhin gewinnt der rumänische Beitritt zur Europäischen Union dadurch an Bedeutung, dass Rumänien über große Reserven verschiedener, noch nicht abgebauter mineralischer Rohstoffe verfügt (z.B. Eisen, Blei, Kupfer, Chrom, Aluminium sowie Gold und Silber).[1037] Hinzu kommen zahlreiche Öl-, Gas- und Kohlevorkommen, die sich insbesondere im südlichen Teil Rumäniens befinden (zwischen Donau und Karpaten).[1038] Europa, das nicht so reich an solchen Bodenschätzen ist, wird dadurch in die Lage versetzt, systematisch diese Bodenschätze abzubauen und somit am rumänischen Bodenreichtum teilzuhaben.
Zudem hebt sich Rumänien durch zwei Besonderheiten ab: Zum einen ist es mit Ausnahme der GUS-Staaten[1039] der einzige Erdöl- und Erdgasproduzent der Region und zum anderen besitzt das Land keine Kernkraftwerke sowjetischer Bauart, dafür aber ein mit westlicher Technologie ausgestattetes Kernkraftwerk in Cernavodă, das im Jahr 1996 ans Netz gegangen ist.[1040]

[1037] GIURCĂNEANU, Industria Metalurgică (Metallurgische Industrie), in: Geografia României (Lehrbuch für Erdkunde), S. 67 ff. In der kleinen Ortschaft Roşia Montana in Nordwest-Rumänien befindet sich das größte Gold- und Silbervorkommen Europas. Die kanadische Firma GABRIEL RESSOURCES plant hier die Eröffnung der größten Gold- und Silbermine Europas. Ausführliche Informationen über dieses Projekt sind abrufbar im Internet unter: http://www.rmgc.ro/en/rosia_montana.php?page=replica (Stand: 30.6.2008).

[1038] GIURCĂNEANU, Industria Metalurgică (Metallurgische Industrie), in: Geografia României (Lehrbuch für Erdkunde), S. 60 ff.

[1039] Die *Gemeinschaft unabhängiger Staaten* bezeichnet den Zusammenschluss verschiedener Nachfolgestaaten der Sowjetunion; sie wurde am 21.12.1991 gegründet und umfasst Armenien, Aserbaidschan, Kasachstan, Kirgisien, Moldawien, Russland, Tadschikistan, Turkmenistan, die Ukraine, Usbekistan und Weißrussland.

[1040] Das Kernkraftwerk Cernavodă wurde in den 80er Jahren geplant. Nach einer ungewöhnlich langen Bauzeit wurde erst im Jahr 1996 der erste Block fertig gestellt. Er erzeugt zwischen 18 und 20 Prozent der gesamten Elektrizität Rumäniens zusammen mit Block Zwei des Kraftwerks Cernavodă, der im August 2007 ans Netz gegangen ist; die Netzsynchronisation des dritten Blocks ist für das Jahr 2012 vorgesehen. Wenn alle geplanten Blöcke des Kraftwerks am Netz sind, wird es ca. 40% des rumänischen Strombedarfs decken.

Einen weiteren wichtigen Standortvorteil stellen die billigen Arbeitskräfte dar, deren Ausbildungsstand über demjenigen der Entwicklungsländer liegt und in vielen Bereichen mit dem der entwickelten Industriestaaten vergleichbar ist.[1041]

Durch seine geostrategischen Koordinaten und dank seiner Größe und Bevölkerungszahl, seines Ressourcenreichtums, seiner Situierung innerhalb eines Krisenbogens zwischen dem westlichen Balkan und dem Territorium der ehemaligen Sowjetunion sowie seiner Lage an wichtigen europäischen Verkehrswegen, Erdöl- und Erdgas-Transportsystemen ist Rumänien ein vielversprechender Markt innerhalb der Europäischen Union und darüber hinaus ein wichtiges Transitland im Osten unseres Kontinents. Die Mitgliedschaft in der Europäischen Union verschafft Rumänien daher eine Verbesserung der Standortwettbewerbsfähigkeit, die es aus eigener Kraft in absehbarer Zeit nicht hätte erreichen können.

Das Land ist insbesondere durch seine romanische Sprache und seine Geschichte in besonderem Maße kulturell, ideologisch, traditionell und religiös mit den anderen europäischen Nationen verbunden. Rumänien stellt einen Pfeiler der Demokratie, der Freiheit und der Friedenssicherung an der neuen Ostgrenze der Europäischen Union dar. Darum liegt es im sozialen, politischen und ökonomischen Interesse der Gemeinschaft, diesen Pfeiler zu unterstützen und zu stärken.[1042] Je eher Rumänien als das größte neue EU-Mitglied in Südosteuropa in die Lage versetzt wird, den Migrationsfluss seiner eigenen Bürger und den Transmigranten aus dem Osten in geregelte Bahnen zu lenken und seine Grenzanlagen im Norden, Osten und Südwesten sowie am Schwarzen Meer zu modernisieren, desto schneller und nachhaltiger kann die Sicherheit des gemeinsamen europäischen Raums gewährleistet werden. Vieles wird in Rumänien künftig davon abhängen, ob die wirtschaftliche Lage konsolidiert, der erreichte Grad an politischer Stabilität und der Frieden in der Regi-

---

[1041] Vgl. NISTORESCU, Der Vergleichsvorteil im Außenhandel Rumäniens, in: Tribuna Economică Nr. 13 vom 1.4.1994.

[1042] Ansprache des Kommissionspräsidenten BARROSO auf dem Gipfeltreffen vom 14./15.12.2006 in Brüssel anlässlich der Feierlichkeiten zum Beitritt Rumäniens und Bulgariens: „Finally the moment of celebration has arrived. 1 January 2007 will be an important day in European history. Bulgaria's and Romania's accession to the EU completes our historic fifth round of enlargement, which peacefully reunified Western and Eastern Europe." Vgl. http://europa.eu/rapid/pressReleasesAction.do?reference=IP/06/1801&format=HTML &aged=1&language=EN&guiLanguage=en (Stand: 30.6.2008).

on erhalten werden kann.[1043] In der Einbindung des Landes in westliche Wirtschafts- und Sicherheitsstrukturen sehen die verantwortlichen Politiker aus Rumänien und der Europäischen Union die verlässlichste Garantie für eine solche Entwicklung.[1044]

[1043] Vgl. bezüglich des Beitritts Rumäniens und Bulgariens *Die Zeit* Nr. 2 vom 4.1.2007, S. 21: „Rumänien und Bulgarien freuen sich auf Europa, das in beiden Ländern umgangssprachlich für all das steht, wonach sie streben: Qualität, Fortschritt, Wohlstand." Vgl. auch BERCK, Die EU-Osterweiterung, S. 188 ff.

[1044] GABANYI, Rumänien, in: WEIDENFELD/WESSELS (HRSG.), Jahrbuch der Europäischen Integration 2006, S. 449 ff.; VLAD, Rechtsfragen der europäischen Integration, in: SANDER/VLAD (HRSG.), Quo vadis, Europa?, S. 113, 127 ff.; ähnlich VERHEUGEN, integration 4/2000, S. 221 ff.; vgl. auch PECHSTEIN/KOENIG, Die Europäische Union, Kap. 8 Rn. 442: Wenn die mittel- und osteuropäischen Länder außerhalb der Europäischen Gemeinschaft bleiben, „droht ihnen eine erneute Satellitisierung, diesmal jedoch gegenüber einer westlichen Macht".

4. Teil: Zusammenfassende Ergebnisse der Untersuchung

I. Ein Rückblick auf den Erweiterungsprozess

Vor Inkrafttreten des EU-Vertrages sind die Europäischen Gemeinschaften in drei Schritten (1973, 1981, 1986) von anfänglich sechs auf zwölf Mitglieder erweitert worden. Nach dem Inkrafttreten des Unionsvertrages hat sich die westlich geprägte Europäische Union in lediglich zwölf Jahren (1995 – 2007) von anfänglich zwölf Mitgliedern zu einer (Gesamt-)Europäischen Union von 27 Staaten entwickelt.[1045] Zum 1. Januar 1995 wurde eine Erweiterung um Österreich, Schweden und Finnland vollzogen. Am 1. Mai 2004 traten zehn neue mittel- und osteuropäische Länder der Union bei, die mit einem simultan in allen Beitrittsländern stattfindenden Festakt begrüßt wurden. Am 1. Januar 2007 wurden Rumänien und Bulgarien als (vorerst letzte) Mitglieder der Union aufgenommen. Die Erweiterung der Europäischen Union um zwölf Staaten Mittel- und Osteuropas (einschließlich Zyperns und Maltas) ist somit Realität geworden.[1046] Die begleitenden Festreden und Feuerwerke konnten jedoch nicht übertönen, dass ein Großteil der Öffentlichkeit die Osterweiterung durchaus mit gemischten Gefühlen betrachtet, denn eine „immer größer werdende Union" steht zwangsläufig in einem Spannungsverhältnis zum Ziel „einer engen und dauerhaften Integrationsgemeinschaft" im Sinne der Gründungsväter.[1047] Die umfassende Erweiterung innerhalb relativ kurzer Zeit[1048] hat die Gemeinschaft heterogener gemacht und damit vor neue Herausforde-

---

[1045] PECHSTEIN in: STREINZ, Art. 49 EU-Vertrag Rn. 13; OPPERMANN, Europarecht, § 1 Rn. 42; STREINZ, Europarecht, § 2 Rn. 65; PFETSCH, Die Europäische Union, S. 343 ff.; LIPPERT, Erweiterungsfragen und Nachbarschaftspolitik der Europäischen Union, in: MÜLLER-GRAFF (HRSG.), Die Rolle der erweiterten Union in der Welt, S. 175 ff.

[1046] Vgl. Monitoring-Bericht 2005, KOM (2005) 534 vom 25.10.2005, S. 2: „Mit dem Beitritt Bulgariens und Rumäniens wird die fünfte Erweiterung der EU abgeschlossen, die im Mai 2004 mit der Aufnahme zehn neuer mittel- und osteuropäischer Mitgliedstaaten eingeleitet wurde. Damit werden diese durch die jüngste Geschichte künstlich von Europa getrennten Länder wieder in die europäische Familie aufgenommen und der Raum des Friedens, der Demokratie und des Wohlstandes ausgeweitet, was allen Mitgliedstaaten in der erweiterten EU zugute kommt."

[1047] Vgl. OPPERMANN in: FS für Zuleeg, S. 72 ff.; GÖLER/JOPP, integration 1/2007, S. 3, 19 ff.; vgl. auch *Die Zeit* Nr. 40 vom 28.9.2006, S. 10; *Rheinische Post* vom 14.4.2005, S. A2; *Kölnische Rundschau* vom 15.5.2004, S. 2.

[1048] Während die Union zunächst in mehr als 50 Jahren um weniger als zehn Mitglieder erweitert wurde, erhielt sie anschließend in weniger als 15 Jahren sogar mehr als zehn neue Mitglieder, vgl. STROHMEIER, APuZ 10/2007, S. 24.

rungen zur Sicherung ihrer Funktionsfähigkeit gestellt.[1049] Denn die Europäische Union wird schließlich mit jeder Erweiterung mit der Aufgabe konfrontiert, ihrer stabilisierenden und friedenssichernden Funktion in Europa auch unter veränderten Bedingungen weiterhin nachzukommen.[1050]

II. Wohin führt der Weg der Europäischen Union?

„Quo vadis Europa?“ ist die Frage, die sich heute zur Zukunft unseres Kontinents für ein weiteres Mal stellt. Vier Daten markierten in jüngster Vergangenheit europäische Entscheidungen, die von einer weit reichenden und noch keineswegs überschaubaren Bedeutung für die Zukunft der Union sein werden. Am 1. Mai 2004 wurde die Europäische Union um zehn neue Mitgliedstaaten erweitert, im Mai/Juni 2005 scheiterte der Verfassungsvertrag an den Referenden in Frankreich und den Niederlanden. Dessen ungeachtet beschloss der Europäische Rat unmittelbar danach gegen den alleinigen Widerstand Österreichs die Aufnahme von Beitrittsverhandlungen mit der Türkei mit dem Ziel einer Vollmitgliedschaft des Landes in der Europäischen Union. Im Juni 2008 wurde die Ratifizieriung des geänderten Vertrags von Lissabon in einem Referendum in Irland abgelehnt.

Unter Berücksichtigung dieser Entwicklung wird die Europäische Union in den kommenden Jahren ihr bislang größtes Projekt „Osterweiterung“ zu wesentlichen Teilen vollenden müssen. Um diese historische Herausforderung bewältigen und die zwölf neuen Mitgliedstaaten integrieren zu können, ohne dabei die Handlungsfähigkeit der Europäischen Union substantiell in Frage zu stellen, müsste gleichzeitig der letzte Baustein in das Gebäude der europäischen Integration eingefügt werden, nämlich die politische Integration der Union.[1051] Die Notwendigkeit, diese beiden Prozesse parallel zu organisieren, ist die wohl größte Herausforderung, vor der die Union seit ihrer Gründung jemals gestanden hat.[1052]

[1049] Ausführlich zu dieser Entwicklung FISCHER, integration 3/2000, S. 149 ff.; FIEGEN, Die Reform des EU-Finanzsystems, S. 15 ff.; LIPPERT, integration 1/2003, S. 48 ff.

[1050] OPPERMANN, Europarecht, § 1 Rn. 47; PFETSCH, Die Europäische Union, S. 343 ff.; MARTENS, APuZ B 17/2004, S. 3 ff.; VERHEUGEN, integration 23/2000, S. 221 f.

[1051] BOOß in: LENZ/BORCHARDT, Art. 49 EU-Vertrag Rn. 2; STREINZ, Europarecht, § 2 Rn. 65; OPPERMANN, JZ 2005, S. 1017, 1019.

[1052] Vgl. PECHSTEIN/KOENIG, Die Europäische Union, Kap. 8 Rn. 412; LIPPERT, Erweiterungsfragen und Nachbarschaftspolitik der Europäischen Union, in: MÜLLER-GRAFF (HRSG.), Die Rolle der erweiterten Union in der Welt, S. 175 ff.; NICOLL, Does the EU have a Future?, Romanian Journal of European Affairs, Vol. 5, No. 4, 2005, S. 29, 31 ff.;

Obwohl der EU-Beitritt neuer Staaten der Gemeinschaft die Möglichkeit eröffnet, das freiheitliche System westlicher Demokratien in ganz Europa zu verbreiten und zu festigen,[1053] wächst damit zugleich die Notwendigkeit, in eine politische Diskussion über die geographischen Grenzen der Europäischen Union einzutreten, um den erreichten Integrationsprozess insgesamt nicht zu gefährden.[1054] Derzeit werden Beitrittsverhandlungen mit der Türkei, Kroatien und Mazedonien geführt.[1055] Darüber hinaus wurde 1999 auf dem Gipfeltreffen des Europäischen Rates in Helsinki beschlossen,[1056] langfristig auch die Balkanstaaten (Albanien, Bosnien und Herzegowina, Serbien, Montenegro und Kosovo konform UN-Resolution Nr. 1244) von einer Mitgliedschaft in der Europäischen Union nicht auszuschließen.[1057] Die Grenzen der Union

---

LANGENFELD, ZRP 2005, S. 73, 75 f.; MARTENS, APuZ B 17/2004, S. 3 f.; BRUHA/VOGT, VRÜ 1997, S. 477, 482 f.

1053 SCHASER, Die Kontrolle der Außengrenzen der EU, in: STURM/PEHLE (HRSG.), Die neue Europäische Union, S. 165, 178 ff.; OPPERMANN, JZ 2005, S. 1017, 1019.

1054 CREMER in: CALLIESS/RUFFERT, Art. 49 EU-Vertrag Rn. 18; STREINZ, Europarecht, § 2 Rn. 65; OPPERMANN, Europarecht, § 1 Rn. 47; SCHOLL, integration 3/2003, S. 204, 215 ff.; GEERLINGS, DVBl. 2006, S. 129 ff.; LIPPERT, integration 1/2003, S. 48, 62, vertritt die Meinung, dass „die Großerweiterung einen Sprung ins Ungewisse für die Union bedeutet".

1055 Zum Stand der Beitrittsverhandlungen siehe Fn. 184.

1056 Die Schlussfolgerungen des Vorsitzes der Regierungskonferenz des Europäischen Rates von Helsinki vom 10./11.12.1999 sind abrufbar im Internet unter: www.consilium.europa.eu/ueDocs/cms_Data/docs/pressData/de/ec/00300-r1.d9.htm (Stand: 30.6.2008).

1057 Das Verhältnis der Europäischen Union zu den Staaten dieser Region wird gegenwärtig durch den Stabilitätspakt bestimmt, der von den 27 Teilnehmerstaaten der Pariser Friedenskonferenz über Bosnien-Herzegowina zur Durchführung des Friedens von Dayton und Paris am 13.12.1995 in Royaumont vereinbart worden ist. Im Rahmen der Pariser Friedensverhandlungen wurde die politische Perspektive eröffnet, mit diesen Staaten Kooperationsabkommen abzuschließen. Darüber hinaus wird immer wieder betont, dass die Länder dieser Region „näher an die Perspektive einer vollen Integration in die EU-Strukturen" heranzuführen seien, vgl. die Schlussfolgerungen des Vorsitzes der Regierungskonferenz des Europäischen Rates von Köln vom 3./4.6.1999, abrufbar im Internet unter: www.consilium.europa.eu/ueDocs/cms_Data/docs/pressData/de/ec/57872.pdf (Stand: 30.6. 2008); bestätigt in den Schlussfolgerungen des Vorsitzes der Regierungskonferenz des Europäischen Rates von Lissabon vom 23./24.3.2000, abrufbar im Internet unter: www.consilium.europa.eu/ueDocs/cms_Data/docs/pressdata/de/ec/00100-r1.d0.htm, sowie in den Schlussfolgerungen des Vorsitzes der Regierungskonferenz des Europäischen Rates von Nizza vom 7./8./9.12.2000, abrufbar im Internet unter: www.consilium.europa.eu/ueDocs/cms_Data/docs/pressData/de/ec/00400.ann.d0.htm (Stand: 30.6.2008). Der künftige EU-Beitritt der Länder des westlichen Balkans ist als „eine nächste Phase im Hinblick auf die Wiedervereinigung Europas nach dem Kalten Krieg zu erachten", vgl. Presseerklärung des EU-Parlaments vom 16.3.2006, abrufbar im Internet unter: www.europarl.europa.eu/sides/getDoc.do?language=DE&type=IM-PRESS&reference=20

werden jedoch durch den Beitritt der aktuellen Beitrittskandidaten oder der potentiellen Bewerberländer möglicherweise über Europa hinausgezogen. Bei einer Europäischen Union vom Nordkap bis Malta und von Irland bis zum Kaukasus besteht die Gefahr, dass sich die Integrationskraft der Europäischen Union abschwächen würde. Jedenfalls wäre die geographische Zweckbestimmung als Union *europäischer Staaten* jedoch endgültig ausgereizt.[1058] Nach dem Beitritt Rumäniens und Bulgariens sollte daher zunächst eine Phase der inneren Konsolidierung der Union eingeleitet werden, bevor eine weitere Vergrößerung der Union um die Balkanstaaten in Angriff genommen wird.[1059]

III. Die Erweiterung der Union und die Europaskepsis der Unionsbürger

Die Europäische Union erhält zunehmend immer gewichtigere Aufgaben und Zuständigkeiten von ihren Mitgliedstaaten, die das Alltagsleben der Unions-

---

060309IPR06054 (Stand: 30.6.2008). Zu den Beitrittsperspektiven dieser Staaten vgl. BIERMANN, Stabilitätspakt und EU-Balkanpolitik: Von der Stabilisierung zur Integration?, in: integration 3/2002, S. 210 ff.

[1058] Zur „Gefahr der Rückentwicklung in eine Art „Europa-UNO", in der die Mitglieder leicht eigene Wege gehen können", OPPERMANN, Europarecht, § 1 Rn. 47; vgl. auch VEDDER in: GRABITZ/HILF, Art. 49 EU-Vertrag Rn. 3; WESSELS, Grenzen- und ratlos, in: LIPPERT (HRSG.), Osterweiterung der Europäischen Union, S. 349 ff.; KRAFT, APuZ B 15/2001, S. 6 ff.; LIPPERT, integration 1/2003, S. 48, 62, die von einem „destruktiven Potenzial der Erweiterung" spricht.

[1059] OPPERMANN, Europarecht, § 1 Rn. 47; VERHEUGEN, Europa in der Krise, S. 57 ff.; LANGENFELD, ZRP 2005, S. 73, 75; GÖLER/JOPP, integration 1/2007, S. 3, 15 ff.; NICOLL, Does the EU have a Future?, Romanian Journal of European Affairs, Vol. 5, No. 4, 2005, S. 29, 31 ff., der eine Konsolidierungsphase mindestens bis 2014 für notwendig hält. Nach dem Beitritt Rumäniens und Bulgariens ist auch für den EU-Kommissionspräsidenten BARROSO erst einmal Schluss mit der Erweiterung der Europäischen Union. Mit 27 Mitgliedern seien die jetzigen Institutionen der Union am Ende ihrer Leistungsfähigkeit angelangt, vgl. die Ansprache BARROSOS vor dem Europäischen Parlament am 26.9.2006: „After the completion of the 5th enlargement, with the accession of Bulgaria and Romania, I believe that an institutional settlement should precede any future enlargement. This is the way to ensure that our enlarged Union will function in an efficient und harmonious way.", abrufbar im Internet unter: http://europa.eu/rapid/pressReleasesAction.do?reference=SPEECH/06/535&format=HTML&aged=1&language=EN&guiLanguage=en (Stand: 30.6. 2008); vgl. auch Mitteilung der Kommission „Erweiterungsstrategie und wichtigste Herausforderungen für den Zeitraum 2006 – 2007" mit Sonderbericht über die Fähigkeit der EU zur Integration neuer Mitglieder, KOM (2006) 649 vom 9.11.2006, S. 18 ff., abrufbar im Internet unter: http://eur-lex.europa.eu/LexUriServ/LexUriServ.do?uri=COM:2006:0649:FIN:DE:PDF (Stand: 30.6.2008).

bürger tiefgreifend beeinflussen und mitunter unmittelbar gestalten. Die Union steht daher derzeit an einem Scheideweg, an dem sie grundlegende Entscheidungen für ihre Zukunft treffen muss. Sie befindet sich in einer entscheidenden Phase,[1060] in der sich zeigen muss, ob ihre Erweiterung ein Erfolg ist, eine weitere Vertiefung der politischen Integration möglich bleibt[1061] und sie weiterhin in der Lage ist, auch in schwierigen Zeiten politische und wirtschaftliche Dynamik zurückzuerlangen.[1062] Vor allem aber muss Europa die Unterstützung durch seine Bürger wiedergewinnen.[1063] Denn in der Tat kann ein solcher Staatenverbund nicht ohne die nachhaltige Einbindung der in ihm

---

[1060] Wichtige Ereignisse 2007/2008: 1.1.2007 – Beitritt Rumäniens und Bulgariens zur Europäischen Union und die Übernahme der EU-Ratspräsidentschaft durch Deutschland; 8./9.3.2007 – Erstes Gipfeltreffen der EU-27 in Brüssel, wo sich die EU-Mitgliedstaaten erstmals auf verbindliche Ziele beim Kampf gegen den Klimawandel verständigten und einen umfassenden energiepolitischen Aktionsplan für die Jahre 2007 bis 2009 annahmen; 25.3.2007 – 50 Jahre seit der Unterzeichnung der Römischen Verträge und die „Berliner Erklärung" der Deutschen Ratspräsidentschaft zur Schaffung einer „gemeinsamen Grundlage" für die Europäische Union bis 2009; Mai 2007 – Neuwahlen in Frankreich, einem der zwei Länder, die bislang gegen den EU-Verfassungsvertrag gestimmt haben; Juni 2007 – Darstellung eines neues Projekts zur „Wiederbelebung" des Verfassungsvertrages durch Deutschland; 1.1.2008 – Übernahme der EU-Ratspräsidentschaft durch Slowenien und Beginn des Ratifizierungsprozesses des Vertrags von Lissabon; 13./14.3.2008 – Der Europäische Rat leitet auf seinem Brüsseler Gipfeltreffen den zweiten Dreijahreszyklus (2008 – 2010) der Lissabon-Strategie für Wachstum und Beschäftigung ein; 13.6.2008 – Ablehnung des Vertrags von Lissabon in Irland; 19./20.6.2008 – Der Europäische Rat beschließt auf seinem Brüsseler EU-Gipfeltreffen die Fortsetzung des Ratifikationsprozesses in den übrigen Mitgliedstaaten. Der Europäische Rat stimmt darüber hinaus dem Vorschlag Irlands zu, auf seiner Tagung am 15. Oktober 2008 über das weitere Vorgehen zu beraten. Er unterstreicht, wie wichtig es ist, dass bis dahin weitere konkrete Ergebnisse in den verschiedenen für die Bürgerinnen und Bürger belangreichen Politikbereichen erzielt werden; 1.7.2008 – Übernahme der EU-Ratspräsidentschaft durch Frankreich, das sich insbesondere auf die Zukunft Europas konzentrieren wird, sowie auf Anreize für Wachstum und Beschäftigung, die Stärkung des europäischen Einflusses auf der internationalen Bühne und den Schutz der Unionsbürger.

[1061] Grundlegend zum Thema Integration GRABITZ (HRSG.), Abgestufte Integration, 1984, worin hieraus resultierende Alternativen zum herkömmlichen Integrationskonzept untersucht werden.

[1062] CREMER in: CALLIESS/RUFFERT, Art. 49 EU-Vertrag Rn. 18; OPPERMANN, Europarecht, § 1 Rn. 47; BEICHELT, Nach der Osterweiterung, in: KUTTER/TRAPPMANN (HRSG.), Das Erbe des Beitritts, S. 75 ff.; LANGENFELD, ZRP 2005, S. 73, 75 f.

[1063] Vgl. BERCK, Die EU-Osterweiterung, S. 191 ff.; OPPERMANN, JZ 2005, S. 1017 f.; MILDENBERGER, APuZ B 1-2/2002, S. 3 ff.; ROTHACHER, APuZ B 5-6/2004, S. 25, 33 f.; vgl. auch DE WINTER, *Der Spiegel* 19/2004, S. 152, 158; *Frankfurter Allgemeine Zeitung* vom 3.6.2005, S. 1 u. 3; *Westdeutsche Zeitung* vom 4.6.2005, S. 5.

lebenden Menschen auskommen. Eine gemeinsame Politik für eine multikulturelle Unionsbürgerschaft in souveränen Nationalstaaten zu betreiben, die auf Akzeptanz der Bürger stößt, ist ein hoher Anspruch.[1064] Dies ist der Europäischen Union – wie die aktuelle Entwicklung, insbesondere im Europäischen Verfassungsprozess, in drastischer Weise zeigt – bislang nicht in der notwendigen Weise gelungen. Der Mehrheit der Unionsbürger ist nicht klar, was und wie auf europäischer Ebene entschieden wird.[1065] Der Grund dafür liegt nicht zuletzt darin, dass es bislang an einem europäischen politischen Diskurs fehlt, an einer europäischen öffentlichen Meinung ebenso wie an europäischen Parteien.[1066] Die dringend gebotene weitere Demokratisierung der Entscheidungsprozesse innerhalb der Europäischen Union wird nur dann Erfolg haben, wenn sich die europäischen Völker stärker mit der Union identifizieren, wenn sie ein sog. „Wir-Gefühl" entwickeln, eine Schicksals- und Verantwortungsgemeinschaft, die künftige Herausforderungen gemeinsam in Angriff nimmt.[1067] Die politischen Mitwirkungsrechte innerhalb der Europäischen Union müssen durch die Unterstützung der Unionsbürger gestärkt werden und somit zur Erhöhung der Transparenz in der Union führen. Dazu gehört unter anderem, dass es in Zukunft gemeinsame europäische Wahlen – mit länderübergreifendem aktivem und pasivem Wahlrecht – zum Europäischen Parlament geben sollte. Denn nur so kann in der gesamten Europäischen Union über vergleichbare politische Ziele entschieden werden, die Auswirkungen auf alle Unionsbürger haben.[1068] Die stetige Bemühung um die weitere Stär-

---

[1064] NICOLL, Does the EU have a Future?, Romanian Journal of European Affairs, Vol. 5, No. 4, 2005, S. 29, 32 ff.; HATJE, EuR 2005, S. 148, 150; KRAFT, APuZ B 15/2001, S. 6, 10; FISCHER, integration 3/2000, S. 149, 152 ff.

[1065] Im Sommer 2006 waren es immer noch 66% der Deutschen, 62% der Franzosen und ca. 60% der Österreicher und Finnen, die die Osterweiterung der Europäischen Union ablehnten, vgl. European Commission, Special Eurobarometer 255: Attitudes towards European Union Enlargement, Brüssel Juli 2006, S. 3; vgl. auch STROHMEIER, APuZ 10/2007, S. 24 ff.; GEERLINGS, DVBl. 2006, S. 129, 131; LEIßE, APuZ 27/2006, S. 6, 13; WUERMELING, ZRP 2005, S. 149.

[1066] WAGNER in: FS für Rudolf, S. 223, 231; LEINEN, integration 3/2006, S. 229 ff.

[1067] OPPERMANN, Europarecht, § 24 Rn. 4 u. 10; LANGENFELD, ZRP 2005, S. 73, 75; LEPSIUS, APuZ B 38/2004 S. 3 ff.; ausführlich zu den Grundlagen europäischer Solidarität BÖCKENFÖRDE, *Frankfurter Allgemeine Zeitung* vom 20.6.2003, S. 8.

[1068] Vgl. WAGNER in: FS für Rudolf, S. 223, 231; KÜHNHARDT, APuZ 36/2005, S. 3, 7; vgl. auch *Westdeutsche Zeitung* vom 4.6.2005, S. 5: „Nach dem *Non* der Franzosen und dem *Nee* der Niederländer zur EU-Verfassung gilt die Motivationslage der Nein-Sager als wichtigstes Forschungsfeld innerhalb der Europäischen Union. Nach dem fehlenden Engagement für ein klares *Ja* fragt indes kaum jemand." Für Reaktionen zum irischen Referen-

kung von Demokratie, Effizienz und Transparenz der Entscheidungen auf europäischer Ebene sowie um eine gemeinschaftlichere und effizientere Nutzung der der Union übertragenen Kompetenzen ist eine zentrale Aufgabe der Europäischen Union.[1069]
Zur Skepsis der Europäischen Bürger gegenüber der ständigen Erweiterung der Union trägt weiterhin auch die immer noch viel zu abgehoben wirkende Art bei, mit der die europäische Politik gestaltet wird,[1070] wie auch die Tendenz einiger Regierungen, alles Übel kurzerhand auf Brüssel abzuwälzen.[1071] Darin liegt das größte strukturelle Problem im derzeitigen Entwicklungsstadium der europäischen Integration: Während die nationalen Staats- und Regierungschefs nach wie vor einen erheblichen Einfluss auf die politischen Entscheidungen der Europäischen Union ausüben, wird von diesen Politikern ein Großteil der Kritik an den Folgen ihrer Entscheidungen auf die Union und ihre Institutionen abgeschoben.[1072] Die Europäische Union fördert seit den Umwälzungen der Jahre 1989 und 1990 die politische und wirtschaftliche Entwicklung der Transformations- und Reformländer Mittel- und Osteuropas. Heute sind zwölf Länder dieser Region EU-Mitglieder. Die Erweiterung der Union im Mai 2004 sowie die Beitritte Rumäniens und Bulgariens im Januar 2007 wurden ebenfalls von den politischen Eliten der Europäischen Union beschlossen. Die wachsende Skepsis vieler Bürger in den alten Mitgliedstaaten gegenüber einer weiteren Ausdehnung der Union wurde dabei wenig beachtet.[1073] Die Bedenken der Öffentlichkeit gegenüber der Osterweiterung be-

---

dum vgl. *Frankfurter Allgemeine Zeitung* vom 14.6.2008, S. 1 f., 16.6.2008, S. 1 ff. sowie vom 17.6.2008, S. 1 u. 10.

[1069] BEICHELT, Nach der Osterweiterung, in: KUTTER/TRAPPMANN (HRSG.), Das Erbe des Beitritts, S. 75, 89 ff.; FIEGEN, Die Reform des EU-Finanzsystems, S. 45 ff.; LANGENFELD, ZRP 2005, S. 73, 75; GRIMM, JZ 1995, S. 581, 587 ff.

[1070] Laut Eurobarometer geben 78% der Befragten an, die EU-Institutionen sollten Anstrengungen unternehmen, um die Bürger besser in die Angelegenheiten der Europäischen Union einzubeziehen, vgl. Europäische Kommission, Eurobarometer 63/2005, S. 37 – 41, abrufbar im Internet unter: http://europa.eu.int/comm/public_opinion/archives/eb/eb63/eb63.4_de_first.pdf (Stand: 30.6.2008).

[1071] GRIMM/MERKEL, Die Grenzen der EU, in: ALBER/MERKEL (HRSG.), Europas Osterweiterung: Das Ende der Vertiefung?, S. 183, 200 f.; KÜHNHARDT, APuZ 36/2005, S. 3, 4; HANKEL, APuZ 52-53/2000, S. 5 ff.; vgl. auch *Frankfurter Allgemeine Zeitung* vom 14.6.2008, S. 1 f.

[1072] Vgl. BEICHELT, Nach der Osterweiterung, in: KUTTER/TRAPPMANN (HRSG.), Das Erbe des Beitritts, S. 75, 85 ff.; KÜHNHARDT, APuZ 36/2005, S. 3, 4 f.; vgl. auch *Frankfurter Allgemeine Zeitung* vom 20.6.2005, S. 1 u. 3 sowie vom 16.3.2006, S. 2.

[1073] WUERMELING, ZRP 2005, S. 149, 153; LANGENFELD, ZRP 2005, S. 73, 75 f.; dazu eingehend NISSEN, APuZ B 38/2004, S. 21 ff.

ziehen sich zum Teil auf die Demokratiequalität der ehemals kommunistischen Länder Mittel- und Osteuropas.[1074] Die Verdrängungsfolgen auf dem Arbeitsmarkt für die unteren, schlecht ausgebildeten Arbeitskräfte und der Druck auf die Tariflöhne dieser Länder wurden während der Beitrittsverhandlungen kaum thematisiert. Damit ist in den alten Mitgliedsländern durch die Osterweiterung ein Beschäftigungs- und Tarifproblem entstanden, das entweder durch eine weitere Liberalisierung oder aber durch die Abschottung der Arbeitsmärkte mit jeweils unterschiedlichen Folgen gelöst werden könnte. Ein Konsens in dieser Frage ist gegenwärtig in der Europäischen Union nicht abzusehen. Die Dramatik, die dem Sprung von der EU-15 zur EU-27 innewohnt, wurde durch die routinierte und professionelle Abwicklung des Verhandlungsmarathons überlagert.[1075] Die hierdurch verborgenen systembedingten Probleme traten jedoch zunehmend hervor.[1076] Je näher der Beitrittstermin des 1. Mai 2004 rückte, desto mehr machte sich ein allgemeines Unbehagen breit, das lange verdrängt wurde und nach dem ersten Scheitern des Verfassungsentwurfs auf dem EU-Gipfeltreffen in Brüssel im Dezember 2003, der Debatte um den Türkei-Beitritt sowie nach den gescheiterten Referenden in Frankreich und den Niederlanden und jetzt auch in Irland mit voller Wucht in das Bewusstsein der Öffentlichkeit zurückkehrte. Die bis dato gepflegte Illusion einer gewissen Selbstverständlichkeit der weiteren Integration ist verflogen,[1077] der ungeschönte Blick auf die nationalen Realitäten in den Mitgliedstaaten und die gerne verdrängten Probleme der Europäischen Union sind freigegeben.[1078] Noch schwerer wiegt die Tatsache, dass der Rat der europäischen Staats- und Regierungschefs sich immer noch außerstande sieht, zu einer gemeinsamen, grundsätzlichen Vorstellung von Europa zu gelangen. Der Europäische Rat hat es versäumt, mit einem richtungsweisenden Beitrag der Debatte über die Aufnahme von Beitrittsverhandlungen mit der Türkei eine klare Orientierung zu geben. So ist die Türkei-Entscheidung vom Dezember 2004 keine Entscheidung im eigentlichen Sinne, denn erstmals wurden die

---

[1074] Entsprechende Zweifel wurden nicht zuletzt durch die Europawahlen des Jahres 2004 verstärkt, bei denen die durchschnittliche Wahlbeteiligung in diesen Ländern mit 40,3% extrem niedrig war, vgl. GRIMM/MERKEL, Die Grenzen der EU, in: ALBER/MERKEL (HRSG.), Europas Osterweiterung: Das Ende der Vertiefung?, S. 183, 198 f.

[1075] LIPPERT, APuZ B 1-2/2003, S. 7, 14; ROTHACHER, APuZ B 5-6/2004, S. 25, 32 ff.

[1076] Die französische Bevölkerung lehnte die Osterweiterung bereits im Jahr 2003 mehrheitlich ab, vgl. Europäische Kommission, Eurobarometer 57/2003 sowie *The Economist* vom 4.10.2003, S. 5.

[1077] CREMER in: CALLIESS/RUFFERT, Art. 49 EU-Vertrag Rn. 18; STREINZ, Europarecht, § 2 Rn. 65; BERGMANN, ZEuS 2003, S. 103, 105.

[1078] OPPERMANN, Europarecht, § 1 Rn. 42; CALLIESS, Quo vadis Europa?, S. 3.

Beitrittsverhandlungen ausdrücklich als „Prozess mit offenem Ende" qualifiziert. Für die Verhandlungen wird ein Zeitraum von zehn bis fünfzehn Jahren angesetzt. Denkbar ist, dass am Ende ein Beitritt mit einem komplexen Sonderregime für die Türkei mit langen Übergangsfristen sowie zahllosen Ausnahme- und Schutzklauseln für besonders sensible Bereiche stehen wird. Dieser Sonderstatus mag sich in wichtigen Bereichen einer „privilegierten Partnerschaft" annähern,[1079] obwohl eine derartige Alternative außerhalb der gegenwärtigen Verhandlungsperspektive steht.[1080] Auch die Befürworter eines Türkei-Beitritts mussten einsehen,[1081] dass eine derart folgenreiche Weichenstellung nicht gegen den Willen und die Interessen der Europäer vorgenommen werden kann.[1082]

Im Ergebnis bleibt die ersehnte Klärung des Verhältnisses zwischen Erweiterung und Vertiefung weiter aufgeschoben und die Europäische Union mit einem Mangel an Zielvorstellungen belastet, einer Schwäche, die in eine gefährliche Erosion des Europäischen Bundes umschlagen kann.[1083] Nur wenn Ziel und Richtung stimmig und verständlich sind, wird die Union den Bürgern näher gebracht werden können. Die erschreckend niedrige Beteiligung an den letzten Wahlen zum Europäischen Parlament im Sommer 2004 sowie die Ablehnung des Verfassungsvertrages durch die Bürger in Frankreich und den Niederlanden und kürzlich die Ablehnung des geänderten Vertrags von Lissabon durch das irische Referendum sollten als Mahnung für die „Zukunftspläne" der Union nicht in Vergessenheit geraten. Die Ablehnung des Souveräns

---

[1079] SEUFERT, Türkei, in: WEIDENFELD/WESSELS (HRSG.), Jahrbuch der Europäischen Integration 2005, S. 445, 447 f.; *Frankfurter Allgemeine Zeitung* vom 17.12.2004, S. 1; *Kölnische Rundschau* vom 7.10.2004, S. 1 tituliert: „Ein Ja für die Beitrittsverhandlungen mit der Türkei – aber mit vielen Fußnoten".

[1080] HERDEGEN, Europarecht, § 32 Rn. 2 f.; DIRVANA/ERDEM/KIRAN, Der lange Weg der Türkei nach Europa, in: SANDER/VLAD (HRSG.), Quo vadis, Europa?, S. 193, 210 f.

[1081] PLATTNER, Die Türkei – Eine Herausforderung für Europa, S. 211 ff.; MEIER, EuZW 2005, S. 134; AXT, Selbstbewusstere Türkei – Worauf sich die EU einstellen muss, in: Internationale Politik 2002, S. 45; CYRUS, Die deutschen Interessen an einer festen Verankerung der Türkei in den Strukturen des geeinten Europas, in: Südosteuropa Mitteilungen 1/2004, S. 8.

[1082] Vgl. LANGENFELD, Erweiterung und Vertiefung?, S. 2 ff.; BRUHA/VOGT, VRÜ 1997, S. 477, 500 f.; SEUFERT, Türkei, in: WEIDENFELD/WESSELS (HRSG.), Jahrbuch der Europäischen Integration 2006, S. 453 ff.; vgl. auch *Frankfurter Allgemeine Zeitung* vom 17.12.2004, S. 1; *Die Zeit* Nr. 40 vom 28.9.2006, S. 10.

[1083] VEDDER in: GRABITZ/HILF, Art. 49 EU-Vertrag Rn. 4; CREMER in: CALLIESS/RUFFERT, Art. 49 EU-Vertrag Rn. 18; FIEGEN, Die Reform des EU-Finanzsystems, S. 45 ff.; DIEDRICHS/WESSELS, Internationale Politik 1/2003, S. 11 ff.; GLOTZ, APuZ B 1-2/2003, S. 3 ff.

in zwei Gründungsstaaten der Europäischen Union im Jahr 2005 und das negative Referendum in Irland im Juni 2008 liegen vor allem an der Unzufriedenheit mit einer veränderten Union, in der sich viele Bürger nicht mehr erkennen bzw. in ihrer gewohnten Lebenswelt bedroht sehen.[1084] Je größer und heterogener die Europäische Union wird, umso weniger können sich ihre Bürger mit ihr als Gemeinschaft identifizieren.[1085] Die Europäische Union müsste zur Legitimierung ihrer Politik und ihrer Entscheidungen auf weit mehr Zustimmung der Bürger bauen können, um sicherzustellen, dass sich die Bürger als Urheber und zugleich Adressaten verbindlicher europäischer Entscheidungen verstehen. Das gilt vor allem dann, wenn im Zuge der Integration weitere Politikbereiche auf europäischer Ebene verhandelt und entschieden werden sollen.[1086]

Die Europäische Union steht heute durch den institutionell nicht vorbereiteten Beitritt weiterer Staaten erneut vor tiefgreifenden Veränderungen.[1087] Es bleibt deshalb eine vorrangige Aufgabe der europäischen Politik zu lernen, mit der veränderten Agenda und den vielschichtigen Interessenlagen der sehr heterogenen Mitgliedstaaten in einer erweiterten Union umzugehen, und aus der Verfassungskrise einen Weg zu finden.[1088] Denn ein gemeinsamer europäischer Verfassungsvertrag in seiner geänderten Fassung von Lissabon könnte im Kompetenzgeflecht der geltenden Verträge Ordnung schaffen, indem er die Zuständigkeiten der Europäischen Union transparenter und kohärenter formuliert.[1089] Der neue Vertrag von Lissabon würde folgerichtig den formellen und materiellen Zusammenhalt der Union gewährleisten: In formeller Hinsicht geschähe dies dadurch, dass die gemeinsamen europäischen Organe

---

[1084] Viele Unionsbürger sehen sich als „Integrationsverlierer", vgl. WOYKE, Osterweiterung, in: Politische Bildung 35/2002, S. 8, 25; vgl. auch SANDER in: FS für Oppermann, S. 301 ff.; CUPERUS, Progressive Politics, 2005, Vol. 4, No. 2, S. 92 ff.; OLAH, Die Osterweiterung der Europäischen Union, in: BOȚA-MOISIN (HRSG.), Acquis Communautaire – A Need for the European Integration, S. 303, 309 f.

[1085] FIEGEN, Die Reform des EU-Finanzsystems, S. 15 ff.; HATJE, EuR 2005, S. 148, 150; KRAFT, APuZ B 15/2001, S. 6, 10.

[1086] GRIMM/MERKEL, Die Grenzen der EU, in: ALBER/MERKEL (HRSG.), Europas Osterweiterung: Das Ende der Vertiefung?, S. 183, 195.

[1087] PECHSTEIN/KOENIG, Die Europäische Union, Kap. 8 Rn. 440 ff.; OPPERMANN, Europarecht, § 1 Rn. 47; BEUTLER in: BEUTLER/BIEBER/PIPKORN/STREIL, Die Europäische Union, Kap. 2 Rn. 110; VERHEUGEN, integration 23/2000, S. 221 ff.

[1088] CREMER in: CALLIESS/RUFFERT, Art. 49 EU-Vertrag Rn. 18; OPPERMANN, Europarecht, § 1 Rn. 47; SCHWARZE, JZ 2005, S. 1130 ff.; LIPPERT, APuZ B 1-2/2003, S. 7, 14 f.

[1089] Vgl. auch OPPERMANN in: FS für Zuleeg, S. 72, 73 f.; SCHWARZE, EuR 2003, S. 535, 542 ff.; CALLIESS, Quo vadis Europa?, S. 9; GEERLINGS, DVBl. 2006, S. 129, 131.

in die Lage versetzt würden, effizient und demokratisch zu handeln. In materieller Hinsicht würde der notwendige Zusammenhalt des Verbunds durch die Formulierung gemeinsamer fundamentaler Werte, wie Freiheit, Gleichheit oder Garantie von Grundrechten und damit eng verbundener europäischer Gemeinwohlbelange, wie z.B. Umwelt-, Verbraucher- und Gesundheitsschutz bewirkt. Ein solcher Vertrag könnte weiterhin der Union die Möglichkeit verleihen, auf gesichertem „verfassungsrechtlichem" Grund der von ihr erwarteten Rolle als internationaler Akteur im Zeitalter der Globalisierung besser gerecht zu werden. Das Inkrafttreten des Europäischen Verfassungsvertrages in seiner modifizierten und auf die eigentlichen Verfassungselemente begrenzten Form von Lissabon[1090] ist daher wünschenswert, wenn nicht sogar notwendig für die Zukunft der Europäischen Union.[1091] Auch wenn durch den neuen Vertrag von Lissabon der europäische Integrationsprozess noch nicht endgültig als abgeschlossen betrachtet werden kann, sondern mit Blick auf weitere Beitritte weiterhin als ein dynamischer Entwicklungsprozess angesehen werden muss, bilden die meisten Ergebnisse des Europäischen Konvents, auf deren Grundlage der Vertrag von Lissabon entstanden ist, dennoch eine annehmbare und solide Ausgangslage, um die oben beschriebenen Probleme in Angriff zu nehmen und zu bewältigen.[1092] Vor diesem Hintergrund wurde bei einem zweitägigen Treffen von Mitgliedern des EU-Parlaments und der einzelstaatlichen Volksvertreter in Brüssel im Dezember 2006 überwiegend die Forderung erhoben, zum Ende der deutschen Ratspräsidentschaft im Juni 2007 eine Regierungskonferenz einzuberufen, die unter Wahrung der Substanz des Verfassungsvertrages bis spätestens Ende 2008 einen neuen Text ausarbeiten sollte. Die Bundeskanzlerin ANGELA MERKEL benannte die Wie-

---

[1090] Insbesondere die Bezeichnung „Europäische Verfassung" musste aufgrund der harschen Kritik aufgegeben werden; die Bezeichnung „Grundstatut" der Europäischen Union wäre dem europäischen Einigungswerk und seinen Legitimationsgrundlagen gerechter, PECHSTEIN/KOENIG, Die Europäische Union, Kap. 11 Rn. 593; VON BOGDANDY, JZ 2005, S, 529, 532 f.

[1091] WEBER, EuZW 2008, S. 7, 14; RABE, NJW 2007, S. 3153, 3157; vgl. auch ARNDT, Europarecht, S. 22 f.; SCHWARZE, JZ 2005, S. 1130, 1132 ff.; ähnlich auch HOBE, Europarecht, § 31 Rn. 1059; OPPERMANN in: FS für Zuleeg, S. 72, 73 f.; STROHMEIER, APuZ 2007, S. 24 ff.

[1092] WEBER, EuZW 2008, S. 7 ff.; RABE, NJW 2007, S. 3153 ff.; vgl. auch *Frankfurter Allgemeine Zeitung* vom 16.6.2008, S. 1 f. sowie vom 17.6.2008, S. 1 f.; vgl. auch OPPERMANN, Europarecht, § 1 Rn. 47; RUFFERT, EuR 2004, S. 165, 199 ff.; WUERMELING, EuR 2004, S. 216, 228 f.; GEERLINGS, DVBl. 2006, S. 129 ff.; EINEM, EuR 2004, S. 202, 214; KÜHNHARDT, APuZ 36/2005, S. 3 ff.; vgl. auch das Interview mit JACQUES DELORS, Präsident der EU-Kommission a.D., Eine Kultur des Kompromisses, *Die Welt* vom 24.3.2007, S. 3.

derbelebung des europäischen Verfassungsprozesses als wichtigstes Ziel der deutschen EU-Ratspräsidentschaft und appellierte in ihrer Regierungserklärung vom 14. Dezember 2006 an die Koalitionsparteien und die Opposition im Bundestag zu einer „gemeinsamen Anstrengung“ zur Rettung des EU-Verfassungsvorhabens.[1093] Die Kanzlerin warnte vor einem „historischen Versäumnis“, sollte die Rettung der Substanz des Verfassungsvertrages bis zum Frühjahr 2009, dem Termin für die nächsten Europawahlen, nicht gelingen.[1094] Am 25. März 2007 gedachten die 27 Staats- und Regierungschefs der Europäischen Union in Berlin der Unterzeichnung der Römischen Verträge vor 50 Jahren und bekannten sich in der sog. „Berliner Erklärung“ dazu, die Europäische Union bis 2009 auf „eine erneuerte gemeinsame Grundlage“ zu stellen.[1095] Auf der Brüsseler EU-Ratstagung am 21./22. Juni 2007 wurde einer Regierungskonferenz das Mandat erteilt, noch bis Ende des Jahres 2007 einen Reformvertrag zu erarbeiten, der die bestehenden Verträge (EU- und EG-Vertrag) ändern und ergänzen sollte. Die Regierungskonferenz von Brüssel unter deutscher Ratspräsidentschaft sollte einen Vorschlag unterbreiten, der die wesentliche „Substanz“ des Verfassungsvertrags wahrt hinsichtlich der Rechtspersönlichkeit der Union, Aufteilung der Kompetenzen zwischen Union und ihren Mitgliedstaaten sowie der Aufwertung des Europäischen Parlaments, Abstimmungsregel der doppelten Mehrheit im Rat sowie Verringerung der Zahl der Kommissare ab 2014 und der sozialen Dimension des Binnenmarktes.

Am 13. Dezember 2007 wurde der Reformvertrag von Lissabon von den 27 EU-Staats- und Regierungschefs unterzeichnet. Damit der Vertrag in Kraft tritt, muss er von allen Mitgliedsländern ratifiziert werden. Dabei ist Irland das einzige EU-Land, in dem die Abstimmung in einem Referendum stattfinden kann. Am 13. Juni 2008 sprachen sich rund 53 Prozent der irischen Wähler gegen das Vertragswerk aus.[1096] Jedoch nicht nur durch das irische Nein, sondern auch durch das Verhalten weiterer EU-Länder scheint die planmäßige Fortführung des Ratifizierungsprozesses zum Lissaboner Vertrag gefährdet zu sein: Der polnische Präsident LECH KACZYNSKI weigert sich unter Hinweis auf die irische Volksabstimmung, den Lissabon-Vertrag mit seiner Unterschrift in Kraft zu setzen. Überdies liegt der Vertrag in Deutschland auf Eis, denn Bundespräsident HORST KÖHLER wird die Ratifikationsurkunde nicht

[1093] Vgl. *Frankfurter Allgemeine Zeitung* vom 15.12.2006, S. 1 f.

[1094] Die Regierungserklärung ist abrufbar im Internet unter: www.bundesregierung.de/nn_774/Content/DE/StatischeSeiten/Breg/Europa/berliner-erklaerung.html (Stand: 30.6.2008).

[1095] Vgl. www.eu2007.de/de/News/download_docs/Maerz/0324-RAA/German.pdf (Stand: 30.6.2008).

[1096] Vgl. *Frankfurter Allgemeine Zeitung* vom 14.6.2008, S.1 u. 16.6.2008, S. 1 f.

unterzeichnen, solange das Bundesverfassungsgericht über die Verfassungsmäßigkeit des Zustimmungsgesetzes zum Vertrag von Lissabon nicht entschieden hat. Auch in Tschechien wartet der europakritische Präsident VACLAV KLAUS auf ein ähnliches Urteil des obersten Gerichtshofs.[1097] Der Vertrag von Lissabon wurde bislang in Italien und Schweden ebenfalls nicht ratifiziert. Diese Entwicklung zeigt, dass die seit über 50 Jahren praktizierten Methoden der europäischen Integrationspolitik sich abgenutzt haben, viele Wähler ihnen misstrauen und nicht wenige den bisherigen Erweiterungskurs der Union schlichtweg ablehnen. Das mag engstirnig erscheinen, es ist aber, wie die Referenden in Frankreich, den Niederlanden und kürzlich in Irland deutlich zeigen, ein politisches Faktum. Es bleibt daher abzuwarten, ob „Lissabon“ scheitert oder letztlich doch gerettet und noch vor den nächsten Wahlen zum Europaparlament im Juni 2009 in Kraft treten wird.

IV. Rumänien – ein EU-Mitglied zweiter Klasse?

Die Signale der Unsicherheit aus dem Westen gegenüber der Osterweiterung wirken sich unmittelbar auch auf die Stimmung der Bevölkerung in den Ländern Ost- und Mitteleuropas aus und verstärken die dort ohnehin schon bestehenden Ressentiments gegenüber Europa.[1098] Vor diesem Hintergrund ist erstaunlich, dass die Annäherung Rumäniens an die Europäische Union in der Bevölkerung mehr Rückhalt fand, als es in den anderen Ländern Mittel- und Osteuropas vor ihrem EU-Beitritt am 1. Mai 2004 der Fall war.[1099] Nach dem politischen Umbruch im Dezember 1989 stand das Ziel des EU-Beitritts des

[1097] Zum Stand des Ratifizierungsprozesses siehe http://europa.eu/lisbon_treaty/countries/index_en.htm# (Stand: 30.6.2008).

[1098] Siehe hierzu das Interview mit dem polnischen Außenminister a.D. BARTOSZEWSKI in *Frankfurter Allgemeine Zeitung* vom 25.7.2000, S. 5: „Polen ist bis Ende 2002 sprungbereit, aber ob und wohin wir springen werden, wissen wir immer noch nicht“; vgl. auch WOYKE, Osterweiterung, in: Politische Bildung 35/2002, S. 8, 27; MILDENBERGER, APuZ B 1-2/2002, S. 3, 4 f.; VERHEUGEN, integration 4/2000, S. 221, 224 ff.; NUßBERGER, DÖV 2005, S. 357, 367.

[1099] Bei einer Umfrage des Eurobarometers im Oktober 2001 waren 80% der befragten Rumänen der Meinung, dass die EU-Mitgliedschaft eine gute Sache für das Land sei. Bei einem Referendum würden sogar 85% der Rumänen für einen EU-Beitritt stimmen (vgl. auch Länderanalyse Rumänien des F.A.Z.-Instituts für Management-, Markt und Medieninformationen GmbH, Dezember 2001, S. 7). Bei einer Umfrage im Januar 2006 waren es jedoch nur noch 64% der Bevölkerung, die weiterhin optimistisch eine EU-Mitgliedschaft betrachteten, im Vergleich zu 74% im Herbst 2004 und 68% im Frühling 2005, vgl. Eurobarometer unter: europa.eu.int/comm/public_opinion/index_en.htm (Stand: 30.6.2008).

Landes auch in Rumänien ganz oben auf der politischen Tagesordnung.[1100] Der Weg Rumäniens zur EU-Mitgliedschaft wurde jedoch von vielen Hemmnissen und von sich oft widersprechenden Schlussfolgerungen in den Berichten der Europäischen Kommission gekennzeichnet. Obwohl Rumänien sehr viele Fortschritte bis zu seinem EU-Beitritt erzielte, ist das Land noch nicht auf die EU-Mitgliedschaft vorbereitet. Die Situation in Rumänien ist weiterhin durch eine frappierende Diskrepanz zwischen Theorie und Praxis, zwischen Anspruch und Wirklichkeit, zwischen Reichtum und Armut gekennzeichnet.[1101] Ein Blick in den letzten *Monitoring-Bericht* der Europäischen Kommission vom September 2006 lässt erkennen, dass es noch zahlreiche Bereiche gibt, die erheblicher Anstrengungen bedürfen, um europäische Standards zu erfüllen und eine volle Integration des Landes sicherzustellen.[1102] Der Beitrittsvertrag enthält ebenfalls eine Reihe von mehrjährigen Übergangsbestimmungen und nicht unwesentlichen Schutzklauseln, auf deren Grundlage die Europäische Union ermächtigt wird, unter Beachtung des Grundsatzes der Verhältnismäßigkeit und des Verbots der willkürlichen Diskriminierung geeignete Maßnahmen gegen Rumänien zu treffen, um ernsthafte Störungen des Binnenmarktes zu verhindern oder gegen eine mangelhafte Zusammenarbeit des Landes in zivil- und strafrechtlichen Fragen vorzugehen.[1103] Aus diesen Gründen wird der EU-Beitritt Rumäniens als „Beitritt zweiter Klasse“[1104] oder „Beitritt auf Bewährung“[1105] angesehen. So wird

[1100] Vgl. die Ausführungen auf S. 141 f.

[1101] Allein in Rumänien gelten mehr als zwei Millionen Menschen als extrem arm und sechs der zehn ärmsten Regionen der Europäischen Union liegen seit dem 1.1.2007 innerhalb seiner Landesgrenzen; fließendes Wasser und Stromanschluss sind nicht in allen Dörfern Rumäniens selbstverständlich, vgl. *Welt am Sonntag* Nr. 53 vom 31.12.2006, S. 34 f. sowie *Die Zeit* Nr. 2 vom 4.1.2007, S. 20 f.; vgl. auch VERHEUGEN, Europa in der Krise, S. 95; BOIA, APuZ 27/2006, S. 13, 19 f.

[1102] Vgl. die Ansprache des EU-Erweiterungskommissars OLLI REHN vor dem Europäischen Parlament am 26.9.2006: „Das europäische Klassenziel ist noch nicht erreicht. […] Die organisierte Kriminalität wird nach wie vor unzureichend verfolgt. Die vollständige Unabhängigkeit der Justiz ist nicht gewährleistet. Zwar hat es seit dem letzten Zeugnis im Mai 2006 erhebliche Verbesserungen gegeben, aber immer noch ist die Liste der Mängel lang.“ Die Ansprache ist abrufbar im Internet unter: http://europa.eu/rapid/ pressReleasesAction.do?reference=SPEECH/06/533&format=HTML&aged=0&language=EN&guiLanguage=en (Stand: 30.6.2008).

[1103] Siehe die Ausführungen auf S. 152 f.

[1104] Vgl. *Die Zeit* Nr. 2 vom 4.1.2007, S. 20 f.; SCHEFFER, ZRP 2003, S. 55, 58.

[1105] Vgl. ROTHACHER, APuZ B 5-6/2004, S. 25, 32 f.; PECHSTEIN/KUBICKI, EuZW 2004, S. 167 ff.; SCHEFFER, ZRP 2003, S. 55, 58; vgl. auch *Die Zeit* Nr. 40 vom 28.9.2006, S. 10;

auch die Kritik immer lauter, dass sich die Europäische Union unumkehrbar in Richtung einer „Zwei-Klassen-Union" bewege.[1106] Denn obwohl über „Vollmitgliedschaft" gesprochen wird, werden die mit der Integration verbundenen Rechte und Pflichten lediglich lückenhaft und ungleichgewichtig nachvollzogen.[1107]

V. Abschließende Betrachtungen und Ausblick

Angesichts der zunehmenden Härte der zukünftigen Verteilungsdebatten um die EU-Haushaltspolitik, der schlechten Umsetzung des EU-Rechts und der begrenzten Integrationsneigung der neuen EU-Mitglieder verbreitet sich allmählich der Eindruck, die Osterweiterung sei mit nicht beitrittsreifen Kandidaten überstürzt vorgenommen worden.[1108] Auch das Verhalten von Kommission und Rat wirkt befremdlich, denkt man lediglich an die in diesem Ausmaß noch nie gewährte Vielzahl von Ausnahmen und Übergangskonzessionen bei der Übernahme des *acquis communautaire*. Die Entscheidung, Rumänien und Bulgarien zum 1. Januar 2007 in die Europäische Union aufzunehmen, war somit wegen der moralischen Verpflichtung zur „Überwindung der Teilung des europäischen Kontinents" maßgeblich, wenn nicht sogar rein politisch motiviert.[1109] Sie ist ein Beweis für den Wandel des Erweiterungskonzeptes der Europäischen Union, das sich in den letzten Jahren entwickelt hat und den politischen Entscheidungsträgern der Union erlaubt, dem Beitritt eines nicht vollständig beitrittsreifen Staates auch dann zuzustimmen, wenn die durch diesen Beitritt erzielten Vorteile für die Union größer sind als die Beeinträchtigungen für ihre Zukunft und ihre Funktionsfähigkeit. Dies sollte jedoch keine isolierte Grundlage der Entscheidung über den Beitritt neuer Staaten dar-

Frankfurter Allgemeine Zeitung vom 17.5.2006, S. 1 f. Die *Frankfurter Rundschau* titelte am 26.9.2006 „Rumänien und Bulgarien – Herzlos willkommen".

[1106] CREMER in: CALLIESS/RUFFERT, Art. 49 EU-Vertrag Rn. 6; CREMONA, ELRev 30/ 2005, S. 3, 19 ff.; vgl. auch *Frankfurter Allgemeine Zeitung* vom 6.11.2007, S. 1.

[1107] SLAVU, Osteuropa-Recht 2007, S. 314, 332 f.; NOWAK, EuZW 2003, S. 101 ff.; SCHLADEBACH, LKV 2002, S. 457, 459; PECHSTEIN/KUBICKI, EuZW 2004, S. 167 ff.; ähnlich auch HASENPFLUG, Industrie- und agrarpolitische Probleme der Beitrittskandidaten, in: HASENPFLUG/KOHLER (HRSG.), Die Süd-Erweiterung der Europäischen Gemeinschaft, S. 109, 123.

[1108] Vgl. BERCK, Die EU-Osterweiterung, S. 191 ff.; ARNDT, Europarecht, S. 23 f.; LEIßE, APuZ 27/2006, S. 6, 12 f.; vgl. auch *Frankfurter Allgemeine Zeitung* vom 17.5.2006, S. 1; *Die Welt* vom 26.9.2006, S. 1; *Süddeutsche Zeitung* vom 27.9.2006, S. 1; *Frankfurter Allgemeine Zeitung* vom 6.11.2007, S. 1.

[1109] Vgl. auch die Ausführungen auf S. 234 ff.

stellen. Vielmehr müssten die Grundlagen der Integration und die Wahrung des gemeinschaftlichen Besitzstandes stärker berücksichtigt werden.[1110] Das Ziel, langjährige Übergangsregelungen und Sonderbestimmungen für die neuen EU-Mitglieder zu vermeiden, müsste zukünftig mit Nachdruck verfolgt werden. Auch die Grundsätze des Unionsrechts, insbesondere die Nichtdiskriminierung der Unionsbürger[1111] sowie die Gleichheit der Rechte und Pflichten aller Mitgliedstaaten,[1112] müssten garantiert werden.

Durch die Entscheidung zur Osterweiterung und somit zum Beitritt teilweise beitrittsunreifer Länder,[1113] befindet sich die Europäische Union in einer kritischen Phase ihrer Entwicklung. Die durch den Beitritt unzureichend vorbereiteter Länder verursachten Beeinträchtigungen kann die Europäische Union nur mit Schwierigkeiten verkraften. In den nächsten Jahren muss daher der Osterweiterungsprozess zunächst verarbeitet werden, und zwar sowohl institutionell als auch politisch.[1114] Hierbei ist es zwingend erforderlich, dass die politischen Entscheidungsträger der Europäischen Union anlässlich jedes neuen Beitritts das vierte Kopenhagener Kriterium, die Aufnahmefähigkeit der Union, stärker in ihrer Entscheidung mitberücksichtigen. Die Union müsste künftig zwischen dem Beitrittsversprechen an einzelne Länder und der eigenen Zukunftsfähigkeit genau abwägen, denn eine Erweiterung der Union ohne gleichzeitige institutionelle Vertiefung stellt die Handlungsfähigkeit der

---

[1110] CREMER in: CALLIESS/RUFFERT, Art. 49 EU-Vertrag Rn. 18; BEUTLER in: BEUTLER/BIEBER/PIPKORN/STREIL, Die Europäische Union, Kap. 2 Rn. 110; STREINZ, Europarecht, § 2 Rn. 67; GABANYI, Rumänien vor dem EU-Beitritt, S. 27 f.

[1111] Ausführlich dazu STREINZ, Europarecht, § 3 Rn. 97; SCHEFFER, ZRP 2003, S. 55 ff.; siehe auch die Ausführungen auf S. 87 ff.

[1112] GABANYI, Rumänien vor dem EU-Beitritt, S. 26 ff.; vgl. auch die Ausführungen auf S. 216 ff.

[1113] Es wurde wiederholt die Meinung geäußert, dass einige Länder, die 2004 der Europäischen Union beigetreten sind, darunter auch Polen und Tschechien, besser in einer zweiten Erweiterungsrunde mit Rumänien und Bulgarien hätten aufgenommen werden sollen, vgl. ROTHACHER, APuZ B 5-6/2004, S. 25, 32; GABANYI, Rumänien vor dem EU-Beitritt, S. 6; *Frankfurter Allgemeine Zeitung* vom 28.4.2004, S. 1; *Handelsblatt* vom 31.12.2003, S. 8; vgl. auch OPPERMANN, Europarecht, § 32 Rn. 27 f: „Die wirkliche ‚Beitrittsreife' vieler MOE-Staaten mochte Zweifeln unterliegen."

[1114] Vgl. die Ansprache des Kommissionspräsidenten BARROSO vor dem Europäischen Parlament am 26.9.2006: „The accession of Bulgaria and Romania will mark an historic achievement: the completion of the 5th enlargement of the European Union, which further pursues the reunification of our European family.", abrufbar im Internet unter: http://europa.eu/rapid/pressReleasesAction.do?reference=SPEECH/06/535&format=HTML&aged=0&language=EN&guiLanguage=en (Stand: 30.6.2008).

Union selbst in Frage.[1115] Vor diesem Hintergrund sind sowohl die Festigung des Integrationsprozesses als auch die Entwicklung weiterer Optionen für die Zukunft der Union nur dann möglich, wenn der Konsolidierung der Integration absoluter politischer Vorrang eingeräumt wird.[1116] Die abnehmende Erweiterungstendenz innerhalb der Europäischen Union fand ihren Niederschlag auch im EU-Verfassungsvertrag, sowohl in der Präambel („*nunmehr* geeintes Europa“)[1117] als auch in den Bestimmungen des Titels VIII[1118] über „Die Union und Ihre Nachbarn“. Nach dem Beitritt Rumäniens und Bulgariens sollte daher eine Phase der inneren Konsolidierung der Union eingeleitet werden.[1119] Während dieser Konsolidierungsphase ist es besonders wichtig, Strategien und Optionen zur Stabilisierung des geopolitischen Umfelds der Union zu schaffen und eine Lösung für die Verfassungskrise zu finden, um Handlungsfähigkeit, Effizienz und Legitimität der Union zu stärken, bevor unter Berücksichtigung ihrer Integrationsfähigkeit nächste Schritte in der Erweiterungspolitik erfolgen können.[1120] Eine darüber hinaus gehende Erweiterung in einer bislang einmaligen Dimension, wie durch einen Beitritt der Türkei,

---

[1115] OPPERMANN, Europarecht, § 1 Rn. 47; BERCK, Die EU-Osterweiterung, S. 194 f.; SEELER, Perspektiven der weiteren Entwicklung der Europäischen Union, in: BRUHA/NOWAK (HRSG.), Die Europäische Union, S. 335, 340 ff.; VERHEUGEN, integration 4/2000, S. 221 ff.; VON BOGDANDY, Europa-Archiv 1993, S. 49, 57 f.; LEIßE, APuZ 27/2006, S. 6, 13; CREMER in: CALLIESS/RUFFERT, Art. 49 EU-Vertrag Rn. 18: „Die Union darf nicht nur in die Breite, sie muss auch in die Tiefe wachsen.“

[1116] Vgl. Bundeskanzler a.D. HELMUT KOHL, Europa hat seine Chance genutzt, *Die Welt* vom 24.3.2007, S. 1.

[1117] Abs. 1 der Präambel des Verfassungsvertrages: „IN DER ÜBERZEUGUNG, dass ein nach schmerzlichen Erfahrungen nunmehr geeintes Europa auf dem Weg der Zivilisation, des Fortschritts und des Wohlstands zum Wohl aller seiner Bewohner, auch der Schwächsten und der Ärmsten, weiter voranschreiten will [...].“

[1118] Vgl. Art. I-57 Verfassungsvertrag, der jedoch in den Vertrag von Lissabon nicht übernommen wurde; siehe auch Mitteilung der Kommission KOM (2003) 104, Größeres Europa – Nachbarschaft. Ein neuer Rahmen für die Beziehungen der EU zu ihren östlichen und südlichen Nachbarn, Brüssel 2003; ausführlich zu diesem Thema HUMMER, Die Union und ihre Nachbarn, integration 3/2005, S. 233 ff.

[1119] Siehe auch die Ausführungen auf S. 244 ff.

[1120] Vgl. Europäische Kommission: Erweiterungsstrategie und wichtigste Herausforderungen für den Zeitraum 2006 – 2007 mit Sonderbericht über die Fähigkeit der EU zur Integration neuer Mitglieder, KOM (2006) 649 vom 9.11.2006, S. 18: „Institutionelle Reformen sind notwendig, um die Wirksamkeit der Entscheidungsfindung in einer erweiterten EU zu verbessern. Eine neue institutionelle Regelung sollte bis zu dem Zeitpunkt gefunden werden, an dem das nächste Mitglied voraussichtlich in der Lage sein wird, der EU beizutreten.“ Die Mitteilung ist abrufbar im Internet unter: http://ec.europa.eu/enlargement/pdf/key_documents/2006/Nov/com_649_strategy_paper_de.pdf (Stand: 30.6.2008).

würde die interne Konsolidierung der Union auf Dauer blockieren.[1121] Die mühsam erreichte Einigung Europas unter dem Dach der Europäischen Union wäre somit endgültig in Frage gestellt. Das langjährige Konzept eines dynamischen Binnenmarktes ebenso wie das einer auch im globalen Rahmen politisch handlungsfähigen und wirtschaftlich schlagkräftigen Union wäre ernsthaft gefährdet.[1122] Und was wäre für die neuen Mitgliedstaaten sowie für mögliche Beitrittsaspiranten – einschließlich der Türkei – gewonnen, wenn sie Mitglieder einer Union werden, die langsam aber sicher von innen her zerfiele und damit gerade die wirtschaftliche und politische Dynamik verlöre, die sie einmal so anziehend gemacht hat?[1123]

Um diesem Szenario entgegenzuwirken, sollte die Europäische Union mehr Mut in ihrer Entscheidungsfindung aufzeigen, insbesondere was ihre Erweiterungspolitik betrifft. Auf eine Kurzformel gebracht, müsste die Union ihr bei den letzten Beitritten praktiziertes, von der vorherrschenden Rolle politischer Überlegungen geprägtes Erweiterungskonzept aufgeben.[1124] Anlässlich des Beitritts neuer Staaten sollte die Europäische Union hingegen eine leistungsorientierte Strategie anwenden, die auf der Eigenleistung der Kandidatenstaaten beruht. Dabei sollte berücksichtigt werden, dass nur diejenigen Staaten Mitglieder der Union werden können, die zum Zeitpunkt des Beitritts die grundlegenden Kriterien der Mitgliedschaft erfüllen und somit in der Lage sind, die aus der Mitgliedschaft resultierenden Verpflichtungen auch tatsäch-

---

1121 Vgl. STREINZ, Europarecht, § 2 Rn. 67; GÖLER/JOPP, integration 1/2007, S. 3, 15 ff.; HATJE, EuR 2005, S. 148, 150 f.; WAGNER, APuZ 27/2006, S. 3, 5; VAN ACKEREN, Steinmeier streitet mit Merkel über Türkei, *Rheinische Post* vom 11.12.2006, S. A1 f.

1122 STREINZ, Europarecht, § 2 Rn. 67; OPPERMANN in: FS für Zuleeg, S. 72, 77 f.; LEIßE, APuZ 27/2006, S. 6, 12 f.; ähnlich auch HASENPFLUG, Industrie- und agrarpolitische Probleme der Beitrittskandidaten, in: HASENPFLUG/KOHLER (HRSG.), Die Süd-Erweiterung der Europäischen Gemeinschaft, S. 109, 123 f.; vgl auch SEELER, Perspektiven der weiteren Entwicklung der Europäischen Union, in: BRUHA/NOWAK (HRSG.), Die Europäische Union, S. 335, 362 f.: „Wenn Europas Staaten den Weg zur politischen Einheit weiter so zögernd beschreiten oder einzelne Staaten gar zerfallen, wie Jugoslawien und die Tschechoslowakei oder wie Tendenzen in Spanien und Italien zeigen, dann verliert Europa die Kraft, die es braucht, um seine Interessen in der Welt zu behaupten."

1123 Vgl. OPPERMANN, Europarecht, § 32 Rn. 46; DERS. in: FS für Zuleeg, S. 72, 73; BEUTLER in: BEUTLER/BIEBER/PIPKORN/STREIL, Die Europäische Union, Kap. 2 Rn. 110; VARWICK, APuZ B 1-2/2002, S. 23, 29 ff.; BRUHA/VOGT, VRÜ 1997, S. 477, 501: „Die Gemeinschaft dürfte sich – im Interesse einer möglichst „großen" Union – eben nicht in eine paneuropäische Freihandelszone verwandeln."

1124 GABANYI, Rumänien vor dem EU-Beitritt, S. 26 ff.; *Frankfurter Allgemeine Zeitung* vom 18.8.2005, S. 1.

lich einzuhalten. Diese Beitrittsbedingungen sind, wie in dieser Untersuchung dargestellt, in den Gründungsverträgen und den Kopenhagener Kriterien definiert, die auch den Fortschrittsberichten der Europäischen Kommission für die Beurteilung der Beitrittsreife eines Beitrittskandidaten als Leitfaden dienen. Wird dieser Erweiterungspolitik gefolgt und werden dadurch nur vollständig vorbereitete Länder in die Europäische Union aufgenommen, so sind drei positive Wirkungen vorauszusehen:[1125] Erstens wird die Funktionsfähigkeit der Union in den grundlegenden Bereichen der Gemeinschaftspolitik, wie in den verschiedenen Institutionen und Entscheidungsmechanismen, in der Agrarpolitik, beim Arbeitsmarkt oder im Haushalt, nicht in Frage gestellt. Zweitens erlangen die beigetretenen Länder die berechtigte Hoffnung, dass sie sich den teilweise über Jahrzehnte ausgestalteten EU-Strukturen wenigstens ohne großen Reibungsverlust anpassen können. Und drittens, und dies ist die wichtigste Konsequenz eines solchen Erweiterungskonzeptes, wird die „sanfte" Anpassung sowohl in der politischen Führung als auch in der Gesellschaft und öffentlichen Meinung der alten Mitgliedstaaten als ein Erfolg der Erweiterung aufgefasst. Dadurch können der Erfolg der bisherigen Beitritte sowie die politische und gesellschaftliche Unterstützung für folgende Erweiterungen gesichert werden.[1126]

[1125] INOTAI, Internationale Politik 1/2002, S. 28 f.; LEIBE, APuZ 27/2006, S. 6, 12 f.; HANKEL, APuZ 52-53/2000, S. 5 ff., warnt davor, dass „mit dem Beitritt immer neuer und schwächerer Partner" auch deren Probleme auf die gemeinsame Europapolitik durchschlagen.

[1126] Vgl. BOOß in: LENZ/BORCHARDT, Art. 49 EU-Vertrag Rn. 2; OPPERMANN in: FS für Zuleeg, S. 72, 77 ff.; DERS., JZ 2005, S. 1017, 1021; vgl. auch die Umfrage von INFRATEST DIMAP vom Januar 2007, wonach es 67% der Deutschen für notwendig halten, dass die Europäische Union genaue Kriterien für den Beitritt weiterer Länder festlegt, *Die Welt* vom 24.3.2007, S. 5.

Kölner Schriften zu Recht und Staat

Herausgegeben von
Hartmut Schiedermair und Bernhard Kempen

Band 1 Bernhard Kempen: Die deutsch-polnische Grenze nach der Friedensregelung des Zwei-plus-Vier-Vertrages. 1997.

Band 2 Hans-Georg Maaßen: Die Rechtsstellung des Asylbewerbers im Völkerrecht. Überlegungen zu den völkerrechtlichen Rahmenbedingungen einer europäischen Asylrechtsharmonisierung. 1997.

Band 3 Udo Fink: Kollektive Friedenssicherung. Kapitel VII UN-Charta in der Praxis des Sicherheitsrats der Vereinten Nationen. 1999.

Band 4 Stephan Grigolli: Sprachliche Minderheiten in Italien, insbesondere Südtirol, und in Europa. Der Gebrauch der Sprache vor Behörden und Gerichten und die Vergabe öffentlicher Stellen. 1997.

Band 5 Uta Stoy-Schnell: Das Bundesverfassungsgericht und die Corte costituzionale. Ein Vergleich der Verfassungsgerichtsbarkeiten in Deutschland und Italien. 1998.

Band 6 Christian Hillgruber: Die Aufnahme neuer Staaten in die Völkerrechtsgemeinschaft. Das völkerrechtliche Institut der Anerkennung von Neustaaten in der Praxis des 19. und 20. Jahrhunderts. 1998.

Band 7 Jochen Seitz: Planungshoheit und Grundeigentum. Die verfassungsrechtlichen Schranken der städtebaulichen Entwicklungsmaßnahmen. 1999.

Band 8 Jochen Herbst: Rechtskontrolle des UN-Sicherheitsrates. 1999.

Band 9 Kristin Möller: Die Beschaffung naturschutzrechtlicher Ausgleichsflächen im Baurecht. 1999.

Band 10 Klaus Löffelbein: Genehmigungsfreies Bauen und Nachbarrechtsschutz. Die baurechtlichen Anzeige- und Freistellungsverfahren der Länder aus nachbarlicher Sicht. 2000.

Band 11 Patrick Mittmann: Die Rechtsfortbildung durch den Gerichtshof der Europäischen Gemeinschaften und die Rechtsstellung der Mitgliedstaaten der Europäischen Union. 2000.

Band 12 Martin R. Albus: Zur Notwendigkeit eines Internationalen Umweltgerichtshofs. Zugleich eine Analyse der Staatenpraxis zum Internationalen Umwelthaftungsrecht und der Rechtsschutzmöglichkeiten bei grenzüberschreitenden Umweltbeeinträchtigungen. 2000.

Band 13 Irene Baur: Die Haftung der Europäischen Zentralbank. 2001.

Band 14 Tobias R. Ehlen: Zentralisierungsmöglichkeiten der deutschen Börsenaufsicht. 2003.

Band 15 Ulrich Steiner: Wertsicherungsklauseln. Zur Europarechtskonformität des neuen § 2 PaPkG. 2003.

Band 16 Stephanie Vogel: Der Prüfungsumfang des Bundesverfassungsgerichts bei Verfassungsbeschwerden am Beispiel der Kunstfreiheitsrechtsprechung. 2004.

Band 17 Thomas Schmidt: Deutsche Hochschulräte. Begriff, Darstellung und rechtliche Analyse. 2004.

Band 18 Kirsten Schmalenbach: Die Haftung Internationaler Organisationen im Rahmen von Militäreinsätzen und Territorialverwaltungen. 2004.

Band 19 Gunter Warg: Von Verteidigung zu kollektiver Sicherheit. Der Nato-Vertrag *auf Rädern*. 2004.

Band 20 Bernhard Kempen / Yvonne Dorf: Bodenreform 1945–1949. Eine verfassungsrechtliche Neubewertung. 2004.

Band 21 Jeanette Nolte: Die völkerrechtliche Vertragspraxis der EG und die Haftung der Mitgliedstaaten am Beispiel der Fischereipolitik. 2004.

Band 22 Rüdiger Schmid-Kühnhöfer: Die Staatlichkeit von Beihilfen. Mittel- und Transferzurechnung nach Art. 87 Abs. 1 EG-Vertrag. 2004.

Band 23 Florian Schöler: Die Reform des Europäischen Kartellverfahrensrechts durch die Verordnung (EG) Nr. 1/2003. 2004.

Band 24 Christina Maria Pelzer: Die Kompetenzen der EG im Bereich Forschung. Eine Analyse ihrer Reichweite und Grenzen vor dem Hintergrund des Art. 5 Abs. 3 GG. Dargestellt am Beispiel der Gentechnologie. 2004.

Band 25 Nikolaus Vieten: Die verfassungsrechtliche Zulässigkeit der Wiedereinführung einer Vermögensteuer. Zugleich eine Untersuchung des Halbteilungsbeschlusses des Bundesverfassungsgerichts. 2005.

Band 26 Bernhard Kempen (Hrsg.): Die rechtsstaatliche Bewältigung der demokratischen Bodenreform. 2005.

Band 27 Erik Hansalek: Die parlamentarische Kontrolle der Bundesregierung im Bereich der Nachrichtendienste. 2006.

Band 28 Thomas Günther: Zur Zulässigkeit der Errichtung privater Volksschulen als Bekenntnisschulen religiös-ethnischer Minderheiten nach Art. 7 Abs. 5 GG. Am Beispiel einer islamischen Grundschule. 2006.

Band 29 Christian Hoppe: Staatshaftung und Rechtsschutz bei Verletzung grundfreiheitlicher Schutzpflichten. 2006.

Band 30 Julia Schäfer: Die Entscheidung des ECOFIN-Rats über das Vorliegen eines übermäßigen Defizits. Eine Entscheidung zwischen Politik und Recht. 2007.

Band 31 Erika Elisabeth Orth: Ein Grundrecht auf Umweltschutz in Europa? Eine rechtsdogmatische Einordnung des Art. 37 GRC. 2007.

Band 32 Cécile Günther: Die Auslegung des Rechts auf Bildung in der europäischen Grundrechtsordnung. Eine Analyse von Schutzbereich und Reichweite – dargestellt am Beispiel des Art. 14 EU-GRCh (Art. II-74 EuVerf). 2007.

Band 33 Muna A. Yousif: Die extraterritoriale Geltung der Grundrechte bei der Ausübung deutscher Staatsgewalt im Ausland. 2007.

Band 34 Stefanie von Hoff: Die Rolle des US-Supreme Court im Prozess der Verfassungsänderung in den Vereinigten Staaten von Amerika. 2008.

Band 35 Alexander Metz: Das Recht Prominenter am eigenen Bild in Kollision mit Drittinteressen. Insbesondere vor dem Hintergrund des Falles Caroline von Hannover. 2008.

Band 36 Susanne Dyrchs: Das hybride Khmer Rouge-Tribunal. Entstehung, Entwicklung und rechtliche Grundlagen. 2008.

Band 37 Heiko F. Schmitz-Elvenich: Targeted Killing. Die völkerrechtliche Zulässigkeit der gezielten Tötung von Terroristen im Ausland. 2008.

Band 38 Stefania Slavu: Die Osterweiterung der Europäischen Union. Eine Analyse des EU-Beitritts Rumäniens. 2008.

www.peterlang.de

Peter Lang · Internationaler Verlag der Wissenschaften

Metin Aksoy

Die Türkei auf dem Weg in die EU

Die Beziehungen zwischen der Türkei und der Europäischen Union – insbesondere von 1990 bis Ende 2004

Frankfurt am Main, Berlin, Bern, Bruxelles, New York, Oxford, Wien, 2007.
144 S., 6 Tab.
Europäische Hochschulschriften: Reihe 31, Politikwissenschaft. Bd. 543
ISBN 978-3-631-56164-5 · br. € 26.60*

Die Türkei und die Europäische Union verbindet eine 40-jährige Geschichte. Ob Osmanisches Reich oder heutige Türkei – immer gab es ein wechselvolles Auf und Ab. Im Osmanischen Reich begann der Verwestlichungsprozess mit der Charta Hatt-i Humayun im Jahre 1839. Mit dieser Charta, einem verfassungsähnlichen Erlass, wurde in den Bereichen Ökonomie und Politik die Umwandlung nach westlichem Vorbild in Gang gesetzt. Das Ziel dieser Arbeit liegt darin, die Problematik des türkischen EU-Beitritts herauszuarbeiten. Der Schwerpunkt befasst sich mit der politischen, sozialen und wirtschaftlichen Integration der Türkei in die EU, besonders aber mit dem Zeitraum von der Ablehnung des Mitgliedschaftsantrages 1990 bis hin zum Beginn der Verhandlungen im Jahr 2004.

Aus dem Inhalt: Die Türkei und die EU · Assoziationsabkommen · Zollunion · Kopenhagenkriterien

Frankfurt am Main · Berlin · Bern · Bruxelles · New York · Oxford · Wien
Auslieferung: Verlag Peter Lang AG
Moosstr. 1, CH-2542 Pieterlen
Telefax 0041 (0) 32 / 376 17 27

*inklusive der in Deutschland gültigen Mehrwertsteuer
Preisänderungen vorbehalten

Homepage http://www.peterlang.de